Betriebliche Partizipation in Unternehmen der Neuen Medien

Arbeit – Interessen – Partizipation

Herausgegeben von Ludger Pries and Rainer Trinczek

Band 6

Peter Ittermann, Dr. rer. soc., ist wissenschaftlicher Mitarbeiter am Lehrstuhl Wirtschafts- und Industriesoziologie der Technischen Universität Dortmund.

Peter Ittermann

Betriebliche Partizipation in Unternehmen der Neuen Medien

Innovative Formen der Beteiligung auf dem Prüfstand

Campus Verlag
Frankfurt/New York

Bibliografische Information der Deutschen Nationalbibliothek
Die Deutsche Nationalbibliothek verzeichnet diese Publikation in der Deutschen Nationalbibliografie; detaillierte bibliografische Daten sind im Internet unter http://dnb.d-nb.de abrufbar.
ISBN 978-3-593-38879-3

Zugl. Diss. Ruhr-Universität Bochum 2007

Gedruckt auf säurefreiem und chlorfrei gebleichtem Papier.
Printed in Germany

Besuchen Sie uns im Internet: www.campus.de

Inhalt

Danksagung

Ein Buch zu schreiben, das sich mit der Thematik Partizipation befasst, verpflichtet, jenen Kollegen und Freunden meinen Dank auszusprechen, die bei der Entstehung und Veröffentlichung der Studie in unterschiedlicher Art und Weise beteiligt waren. Das Buch ist eine gekürzte Fassung meiner Dissertation, die von der Fakultät für Sozialwissenschaft der Ruhr-Universität Bochum angenommen wurde. Sie ist im Kontext des Forschungsprojektes ›Zwischen Selbstvertretung und Mitbestimmung – Partizipationskulturen in Unternehmen der Neuen Wirtschaft‹ entstanden, das von der Hans-Böckler-Stiftung in Düsseldorf gefördert und am Lehrstuhl Organisationssoziologie und Mitbestimmungsforschung an der Ruhr-Universität Bochum durchgeführt wurde. Ich danke der Stiftung für die Projektförderung sowie den Geschäftsführern und Beschäftigten der beteiligten Unternehmen, die sich für die Fallstudien und Interviews zur Verfügung gestellt haben.

Mein besonderer Dank gilt Ludger Pries. Er hat meine Dissertation betreut und mit vielen konstruktiven Anregungen zur Weiterentwicklung und Fertigstellung der Arbeit beigetragen. Hilfreiche Hinweise zur Überarbeitung und Konkretisierung der Argumentation erhielt ich auch von Heiner Minssen, der das Zweitgutachten der Dissertation verfasste.

Für ihre wertvolle Unterstützung bei der Ausarbeitung der vorliegenden Studie und für ausführliche Kommentierungen zum gesamten Manuskript bin ich Jörg Abel, Diana Schumann und Manfred Wannöffel zu großem Dank verpflichtet. Die Mitarbeit in dem Forschungsprojekt und die Einbindung in den Lehrstuhlbetrieb haben dazu geführt, dass die Arbeiten durch eine Vielzahl von Kollegen und Kolleginnen begleitet und bereichert wurden. In diesem Kontext möchte ich besonders Axel Hauser-Ditz, Markus Hertwig, Lena Hilkermeier, Barbara Laubenthal, Gernot Mühge, Claudia Niewerth, Luitpold Rampeltshammer und Petra Szabo meinen Dank aussprechen. Die Verantwortung für die folgenden Darstellungen und Bewertungen liegt jedoch allein bei mir.

Die Durchführung der Studie und die Fertigstellung dieses Buches wären ohne die Hilfe aus meinem Familien- und Freundeskreis nicht möglich gewesen. Ich danke insbesondere Christina Ufer für ihre endlose Geduld und unschätzbare Unterstützung. Größter Dank gilt meiner Schwester, Barbara Müller, und meiner Mutter, Marga Ittermann, der ich dieses Buch widme.

Peter Ittermann, Bochum, im Januar 2009

1 Einleitung

Partizipation ist ein konstitutives Prinzip demokratisch verfasster Gesellschaften, das auch im Arbeits- und Wirtschaftsleben strukturell verankert ist. Auf der betrieblichen Ebene findet Partizipation einen gesellschaftlich legitimierten Ausdruck in den institutionellen Mechanismen der verfassten Mitbestimmung, die mit der tarifvertraglichen Regulierung die ›duale Struktur‹ der Industriellen Beziehungen in Deutschland bildet. Die Folgewirkungen der globalen wirtschaftlichen Umbrüche und des strukturellen Wandels von der Industrie- zur Wissensgesellschaft stellen jedoch die Reichweite der Mechanismen der Industriellen Beziehungen in Frage. Mit Blick auf die betriebliche Ebene zeigt sich, dass eine beachtliche Anzahl der Betriebe und Beschäftigten von der verfassten Mitbestimmung nicht (mehr) erfasst wird. Vielmehr lassen sich zahlreiche ›mitbestimmungsfreie Zonen‹ (vgl. Kommission Mitbestimmung 1998: 53; Ellguth 2006) in der Wirtschaft identifizieren, in denen andere Partizipationsmodelle praktiziert werden.

Als Vorreiter in der Entwicklung innovativer Formen der Partizipation und Interessenregulierung galten zu Beginn des Jahrzehnts insbesondere die Hightech-Unternehmen der sogenannten ›New Economy‹. In den wachstumsstarken Unternehmen zählten neue Formen der direkten Partizipation und der repräsentativen Interessenregulierung (beispielsweise ›Ältestenräte‹ oder ›Coaches‹) zu den spezifischen Mustern der Beteiligung der Mitarbeiter, die in den Unternehmen in expliziter oder impliziter Abgrenzung zur ›traditionellen‹ Mitbestimmung entwickelt worden sind. Betriebsräten, Gewerkschaften und tarifvertraglicher Regulierung begegneten die Hightech-Betriebe und hochqualifizierten Beschäftigten zunächst mit Skepsis. Mit dem Zusammenbruch der Technologiemärkte 2000/2001 und dem Ende des ›New-Economy-Booms‹ veränderte sich dieses Bild: Angesichts verschärfter Markt- und Professionalisierungsanforderungen, die zu Firmeninsolvenzen und Beschäftigungsabbau führten, wurden die »Sonderbedingungen« (Boes 2004: 4) der New-Economy-Unternehmen in Frage gestellt: Krisenerfahrungen, eine erodierende Primärmacht der Hochqualifizierten und neue Interessenkonflikte begründeten Betriebsratswahlen in zahlreichen Betrieben und eine wachsende gewerkschaftliche Bindungsbereitschaft der ›Wissensarbeiter‹. Diese Entwicklungen legten eine ›Normalisierung‹ der Industriellen Beziehungen in den Hightech-Unternehmen nahe. Die innovativen Formen der Partizipation und Interessenregulierung schienen sich als ›Modeerscheinungen‹ zu erweisen, die sich in Krisenphasen und bei zunehmenden Organisationserfordernissen nicht bewähren konnten.

1.1 Fragestellungen und Bezugsrahmen

Der New-Economy-Diskurs in Wirtschaft und Gesellschaft zu Beginn dieses Jahrzehnts begründete zahlreiche Studien der Industrial-Relations-Forschung zu den betrieblichen Partizipationsformen und neuere Überlegungen zu einer möglichen »Hybridisierung« (Schmierl 2001) der Industriellen Beziehungen. Der Kenntnisstand zu den Merkmalen und Entwicklungsperspektiven der Partizipationsmodelle in den Hightech-Betrieben ist jedoch letztlich rudimentär geblieben und durch mitunter widersprüchliche Bestandsaufnahmen gekennzeichnet (zu den Befunden und Positionen vgl. Abel/Ittermann 2001; Abel u.a. 2005; Boes/Trinks 2006; vgl. zusammenfassend Kapitel 2). Eine systematische Einbettung der empirischen Befunde in die konzeptionelle Weiterentwicklung der Industrial-Relations-Forschung blieb weitgehend aus. Mit der konstatierten ›Normalisierung‹ der New Economy rückten die ›alternativen‹ Partizipationsformen in den Hightech-Unternehmen weitgehend aus dem Blickfeld des öffentlichen und wissenschaftlichen Erkenntnisinteresses. Dabei blieben jedoch zahlreiche Fragen unbeantwortet.

An diesen Erkenntnisstand knüpft die vorliegende Arbeit an. Sie richtet den Blick auf den Bereich der Neue-Medien-Unternehmen, der als ein ›Kernsegment‹ der digitalen Wirtschaft[1] an der Nahtstelle von IT-Industrie und Mediensektor identifiziert wurde (vgl. Mayer-Ahuja/Wolf 2003). Bei

1 Im Weiteren wird der Begriff ›digitale Wirtschaft‹ gegenüber dem Begriff ›New Economy‹ präferiert, wenn von einem weiter gefassten Bereich der Hightech-Unternehmen in der Wirtschaft die Rede ist.

der Untersuchung der Partizipations- und Mitbestimmungsstrukturen in den Neue-Medien-Unternehmen stehen die folgenden Forschungsfragen im Zentrum:

- Ist der Bereich der Neue-Medien-Unternehmen von neuartigen Formen der Partizipation und Interessenregulierung geprägt?
- Welche Beteiligungsmöglichkeiten bieten sich den Beschäftigten? An welchen Entscheidungen und in welcher Intensität werden sie beteiligt?
- Erweisen sich die Partizipationsmuster in den Neue-Medien-Unternehmen angesichts veränderter Kontextbedingungen als stabil?
- Wie lassen sich die strukturprägenden Muster der Beschäftigtenpartizipation in den Neue-Medien-Unternehmen erklären?

Bei der Beantwortung dieser Fragen wird die These verfolgt, dass sich in der Wachstumsphase der Neue-Medien-Unternehmen ein Muster der Beschäftigtenpartizipation auf der betrieblichen Ebene herausgebildet hat, das durch direkte Partizipation und Selbstvertretung der Beschäftigten gekennzeichnet ist. Diese Formen individueller Interessenaushandlung in den Unternehmen implizieren weitreichende Beteiligungsmöglichkeiten der hochqualifizierten Beschäftigten. Sie sind ein Element der gewachsenen Sozialbeziehungen und erweisen sich als strukturprägend, wenngleich in einigen Unternehmen aufgrund neuer Marktanforderungen und Organisationserfordernisse Betriebsräte gegründet worden sind.

Die These knüpft an Überlegungen an, die Partizipation als »kategorischen Imperativ« (Müller-Jentsch 2004: 144) in der Bewältigung komplexer Leistungserstellungsprozesse in modernen Wirtschaftsunternehmen verstehen. In den Neue-Medien-Unternehmen ist die Beteiligung der Beschäftigten in den Arbeitsprozessen strukturell verankert. Die Erstellung wissensintensiver Produkte und Dienstleistungen in den Neue-Medien-Unternehmen erfordert die Gewährleistung von weit reichenden Handlungs- und Beteiligungsspielräumen und ein hohes Maß an »verantwortlicher Autonomie« (Friedman 1987) der hochqualifizierten Beschäftigten. Diese haben aufgrund ihres beruflichen Selbstverständnisses ausgeprägte Partizipationserwartungen und präferieren die Selbstvertretung ihrer Interessen.

Einen theoretischen Bezugspunkt für eine systematische Analyse der Partizipationspraktiken in den Neue-Medien-Unternehmen bietet das Konzept der betrieblichen ›Sozialordnungen‹ (vgl. Kotthoff/Reindl 1990, 1991; Kotthoff 1994, 2005). Der Ansatz lenkt den Blick auf die soziale Organisation der Betriebe. Dieser Vorstellung zufolge ist der Betrieb eine »erlebte, gedachte und gedeutete Einheit« (Kotthoff 1994: 27), auf die sich die Akteure in ihrem Denken und Handeln beziehen. Ausgehend von der Annahme der Diversität betrieblicher Sozialordnungen zielt der Ansatz auf die Identifizierung verschiedener Sozialordnungsmuster, die zu Typen verdichtet werden können und eine »Morphologie von ›Ordnungen‹« (Kotthoff 2005: 79) begründen. Während Typen der instrumentalistischen Sozialordnung durch gegensätzliche Interessen und Misstrauensverhältnisse der Akteure gekennzeichnet sind, werden die Typen gemeinschaftlicher Sozialordnungen durch ausgeprägte Vertrauensbeziehungen und die wechselseitige Akzeptanz von Management und Beschäftigten charakterisiert. Dabei zeigt sich, dass insbesondere die Ausprägungen gemeinschaftlicher Sozialordnungen weitreichende Beteiligungs- und Mitbestimmungsmöglichkeiten der Beschäftigten implizieren.

Der Erklärungsansatz zu den betrieblichen Sozialordnungen bietet »theoriedynamische Möglichkeiten« (ebd.: 86) zur Analyse von Partizipations- und Mitbestimmungsstrukturen auf der betrieblichen Ebene. Die Arbeiten zu den betrieblichen Sozialordnungen konzentrieren sich bislang vorwiegend auf Bereiche der gewerblichen Produktion (vgl. Kotthoff/-Reindl 1990; Hilbert/Sperling 1993; Kotthoff 1994, 1997, 2000). Hingegen gibt »es kaum Sozialordnungsanalysen über Arbeitsbereiche und Betriebe mit qualifizierter und hoch-qualifizierter Arbeit« (Kotthoff 2005: 103; vgl. Kotthoff/Wagner 2008).[2] Die »sachliche Spezifik moderner Wissensarbeit« (Lange u.a. 2005: 142) und Besonderheiten der hochqualifizierten Arbeit sprechen jedoch für eine eingehendere Betrachtung der betrieblichen Sozialordnungen in den Neue-Medien-Unternehmen. Diese werden durch die Anforderungen wissensintensiver und flexibler Leistungserstellung und Notwendigkeiten wechselseitiger Verpflichtungen der betrieblichen Akteure geprägt (vgl. Petersen 2004; Eichmann u.a. 2006).

Veränderte Marktanforderungen und Organisationserfordernissen in der digitalen Wirtschaft verweisen auf die Kontextbedingungen, die auf die eingespielten betrieblichen Sozialordnungen einwirken. Die institutionellen Einflussmechanismen der betrieblichen Sozialordnungen und Partizipationsstrukturen werden im handlungstheoretisch begründeten Konzept betrieblicher Sozialordnungen nicht eingehender berücksichtigt (vgl. zur Kritik Bergmann 1991; Lengfeld 2003; Kotthoff 2005). Aus diesem Grund ist

2 Allenfalls Boes und Trinks (2006) und Eichmann u.a. (2006) knüpfen an den Ansatz betrieblicher Sozialordnungen an, ohne diesen jedoch systematisch zur Grundlage ihrer Untersuchungen zu machen.

der Ansatz betrieblicher Sozialordnungen durch eine institutionentheoretische Perspektive zu ergänzen: Ausprägungen und Wandel von betrieblichen Sozialordnungen und Partizipationsmustern werden in ein komplexes Kräftefeld gesellschaftlicher Wirkungsmechanismen eingebettet (vgl. Pries 2005). Diese Einflussmechanismen äußern sich in den Neue-Medien-Unternehmen in Spannungsfeldern beispielsweise zwischen beruflichem Selbstverständnis der hochqualifizierten Angestellten (HQA) und den Anforderungen betrieblicher Formalstrukturen oder zwischen den Praktiken informeller Interessenregulierung und den neuen marktinduzierten Kontrollformen. Die Durchsetzung von »vermarktlichten Sozialordnungen« (Boes/Trinks 2006) kann den gemeinschaftlichen Grundkonsens der betrieblichen Akteure in Frage stellen und zu einem Wandel der Partizipationsstrukturen führen (vgl. Wolf 2003; Kotthoff 2005). Die neuen Anforderungen wirken jedoch nicht ungefiltert auf die betrieblichen Sozialbeziehungen ein. Die Sozialordnungen bilden eine Grundlage für eine Verankerung der Partizipationsstrukturen, die einer Instrumentalisierung und beliebigen Rücknahme Grenzen setzt.

Die Studie zielt letztlich auf neue Erkenntnisse zum Stellenwert neuer Formen der Beschäftigtenpartizipation in der Wissensgesellschaft und somit zur Reichweite der institutionellen Mechanismen der Industriellen Beziehungen. Die aktuellen Befunde aus der arbeits- und industriesoziologischen Forschung zur Entgrenzung und Subjektivierung von Arbeit (vgl. Moldaschl/Sauer 2000; Moldaschl 2002; Kratzer u.a. 2004; Beck/Lau 2004; Minssen 2007) sowie zur Bedeutung des »Arbeitskraftunternehmers« (Voß/Pongratz 1998; Pongratz/Voß 2003, 2004a) verweisen auf Entwicklungen, die eine Ausdifferenzierung betrieblicher Partizipationsstrukturen in der Wirtschaft weiter forcieren können. In der Bearbeitung dieser Thematik liegt somit eine wichtige Aufgabe für die Industrial-Relations-Forschung.

1.2 Methodik und Aufbau der Arbeit

In der Betrachtung der Ausdifferenzierung betrieblicher Partizipationsstrukturen wurde zum einen darauf verwiesen, dass mitbestimmungsfreie Zonen insbesondere im klein- und mittelbetrieblichen Bereich identifiziert werden können. Zum anderen ist der Bereich der hochqualifizierten Angestelltentätigkeit durch individuelle und informelle Muster der Interessenregulierung gekennzeichnet. Diese Befunde sprechen für die Auswahl eines Untersuchungsfeldes, das durch eine klein- und mittelbetriebliche Struktur und hochqualifizierte Angestelltentätigkeit charakterisiert ist. In diesem Feld ist die Frage nach der Ausdifferenzierung betrieblicher Partizipationsstrukturen von besonderer Relevanz. Mit den Neue-Medien-Unternehmen der digitalen Wirtschaft wird ein solches Untersuchungsfeld, in dem sich die Fragen nach den Merkmalen und dem Wandel betrieblicher Partizipationsstrukturen in besonderer Weise stellen, identifiziert. In dieser Perspektive grenzt sich die Arbeit von weiteren Studien ab, die andere Untersuchungsfelder der digitalen Wirtschaft wie beispielsweise die IT-Industrie, die Telekommunikationsindustrie oder den Mediensektor in den Blick genommen haben (vgl. u.a. Boes/Baukrowitz 2002; Ahlers/Trautwein-Kalms 2002; Kalkowski/Mickler 2005). Die Neue-Medien-Unternehmen stellen ein vergleichsweise homogenes Segment von jungen, klein- und mittelbetrieblich strukturierten Software-, Internet-, Multimedia- und IT-Services-Betrieben mit hochqualifizierter und wissensintensiver Arbeit dar.

Die Auswahl der Unternehmen für die Betriebsfallstudien erfolgte anhand mehrerer Kriterien. So wurden Unternehmen ausgewählt, die bereits seit einigen Jahren in dem Bereich tätig waren. So konnten die Auswirkungen der wirtschaftlichen Entwicklungsdynamiken, das heißt der Wachstums- und Krisenphasen, untersucht werden. Darüber hinaus sollten die Unternehmen eine mittlere Betriebsgröße (50–250 Beschäftigte) aufweisen. Bei dieser Betriebsgröße ist zum einen eine Voraussetzung zur Herausbildung von betrieblichen Formalstrukturen gegeben (zur Situation in den Kleinbetrieben der Internetwirtschaft vgl. Städtler u.a. 2004). Zum anderen ließ sich aufgrund dieser Beschränkung die Vergleichbarkeit der Betriebe gewährleisten. Großunternehmen in der Wirtschaft unterliegen anderen Gesetzmäßigkeiten in der Interessenregulierung und sind stärker durch die Institutionen der Industriellen Beziehungen geprägt.[3] Da die Charakteristika, Wirkungsweisen und Beurteilungen betrieblicher Partizipationsformen im Zentrum dieser Arbeit stehen, wurden sowohl Betriebsratsbetriebe als

3 So verweisen die quantitativen Erhebungen der Industrial-Relations-Forschung auf den flächendeckenden Verbreitungsgrad von Betriebsratsgremien in den Unternehmen mit mehr als 500 Beschäftigten. Auch Untersuchungen zur digitalen Wirtschaft zeigen die strukturprägende Bedeutung der verfassten Mitbestimmung in den Großbetrieben (vgl. Boes/Baukrowitz 2002), wenngleich diese in den größeren Unternehmen nicht das alleinige oder vorherrschende Muster der betrieblichen Partizipation darstellen muss (vgl. Kotthoff 1997; Hoose u.a. 2009).

auch betriebsratslose Unternehmen ausgewählt. So sollte die Möglichkeit zur Analyse der betrieblichen Partizipationsstrukturen in Unternehmen ohne verfasste Mitbestimmung und zur Betrachtung des Stellenwertes der Mitbestimmung in Betrieben mit Betriebsrat gewährleistet werden. Die Auswahl der Unternehmen basierte auf Gesprächen mit Experten und Verbandsvertretern, auf Informationen aus der Tagespresse und der einschlägigen Literatur sowie auf der Eigenbewerbung der Unternehmen.

Vorliegende Breitenerhebungen der Industrial-Relations-Forschung konzentrieren sich auf die quantitative Analyse des Verbreitungsgrades unterschiedlicher Formen der Beschäftigtenpartizipation in der Wirtschaft (vgl. Ellguth 2006; Hauser-Ditz u.a. 2008). Diese liefern wichtige »Strukturinformationen für betriebsspezifische Mitarbeitervertretungen« (Ellguth 2006: 46) und die Mitbestimmung in der Wirtschaft, die auch Erkenntnisse zu den betrieblichen Partizipationsstrukturen in der digitalen Wirtschaft implizieren. Sie lassen jedoch nur wenige Aussagen über deren konkrete Ausprägungen und die betrieblichen Praktiken zu. So sind Erhebungen, die sich auf den Aspekt konzentrieren, welche Partizipationsformen in Unternehmen praktiziert werden, nur bedingt geeignet, Fragen nach der Bedeutung, der Umsetzung und Reichweite von Partizipation zu beantworten. In der Darstellung zentraler Eckdaten von Partizipation und Interessenregulierung in der digitalen Wirtschaft im Allgemeinen und der Neue-Medien-Unternehmen im Besonderen stützt sich die Arbeit auf eine sekundäranalytische Auswertung des vorhandenen Datenmaterials einschlägiger Erhebungen.

Das Hauptaugenmerk der folgenden Ausführungen richtet sich auf die Betrachtung der konkreten Ausdrucksformen und der Bewertung des Stellenwertes und der Wirkungsweisen der Beschäftigtenpartizipation. Für diese Untersuchung bildet die Literaturanalyse vorliegender Studien der Industrial-Relations-Forschung eine wichtige Grundlage. Des Weiteren basieren die Ausführungen auf empirischen Erkenntnissen, die mittels vergleichender Unternehmensfallstudien in den Neue-Medien-Unternehmen erzielt wurden.[4] Dabei wurde ein Methodenmix aus qualitativen und quantitativen Methoden der empirischen Sozialforschung verwendet

4 Die Erkenntnisse basieren auf Arbeiten des Forschungsprojektes »Zwischen Selbstvertretung und Mitbestimmung – Partizipationskulturen in Unternehmen der Neuen Wirtschaft«. Das Forschungsprojekt wurde von der Hans-Böckler-Stiftung in Düsseldorf gefördert und zwischen 2003 und 2005 am Lehrstuhl Organisationssoziologie und Mitbestimmungsforschung der Ruhr-Universität Bochum durchgeführt.

(vgl. Merton/Kendall 1979; Barton/Lazarsfeld 1979; Dieckmann 1999). Um sowohl den Stellenwert als auch die konkreten Ausprägungen von Partizipation und betrieblicher Interessenregulierung in den Blick zu nehmen, bieten sich qualitative Methoden der Sozialforschung an. Qualitative Verfahren verfolgen die Ziele der »Deskription empirischer Sachverhalte und sozialer Prozesse, Aufstellung von Klassifikationen oder Typologien, Gewinnung von Hypothesen am empirischen Material, Prüfung von Forschungshypothesen« (Dieckmann 1999: 444). In der qualitativen Sozialforschung werden Leitfadeninterviews eingesetzt, »da durch die Möglichkeit, Situationsdeutungen oder Handlungsmotive in offener Form zu erfragen, Alltagstheorien und Selbstinterpretationen differenziert und offen zu erheben, und durch die Möglichkeit der diskursiven Verständigung über Interpretationen [...] mit offenen und teilstandardisierten Interviews wichtige Chancen einer empirischen Umsetzung handlungstheoretischer Konzeptionen in Soziologie und Psychologie gegeben (sind)« (Hopf 2000: 350).

In allen zehn ausgewählten Betrieben wurden leitfadengestützte, themenzentrierte Interviews mit den betrieblichen Akteuren durchgeführt. Die Befragung mittels strukturierter Leitfäden sollte die Vergleichbarkeit der von den Interviewpartnern getroffenen Aussagen zu den Themenkomplexen ermöglichen. Es wurden Angaben zum Unternehmen, zur wirtschaftlichen Situation, zu den Arbeits- und Organisationsstrukturen, den betrieblichen Reorganisationsprozessen, zu den Arbeits- und Beschäftigungsbedingungen, zur betrieblichen Integrationspraxis sowie zu den praktizierten Kommunikations- und Partizipationsformen im Unternehmen erhoben. Interviews wurden mit Geschäftsführungen (GF) und Personalverantwortlichen (PA), Führungskräften der Abteilungsleitungen (AL) und Teamleitungen (TL) sowie Mitarbeitern (MA) aus den ›produktiven‹ Bereichen des Unternehmens (Development, Services, Design etc.) durchgeführt. In den Betrieben mit Betriebsrat wurden zusätzlich Mitglieder der betrieblichen Interessenvertretung befragt.[5] Tabelle 1 gibt einen Überblick über die in den Unternehmen durchgeführten Leitfadengespräche.

---

5 In einem Betrieb des Sample war der Betriebsrat zum Zeitpunkt der Erhebung bereits wieder aufgelöst worden, sodass kein Gespräch durchgeführt werden konnte. Da jedoch eine betriebliche Interessenvertretung in dem Unternehmen bestand, wird dieses den ›Betriebsratsunternehmen‹ zugeordnet.

Tabelle 1 Anzahl der Befragten in den Neue-Medien-Unternehmen nach betrieblicher Position[6]

Position	*Anzahl der Befragten*
Unternehmensleitungen / Geschäftsführungen	14
Personalverantwortliche	5
Unit- / Abteilungsleitungen	10
Teamleitungen	6
Mitarbeiter	17
Betriebsräte	4
Gesamt	*56*

Quelle: eigene Darstellung

Neben den Leitfadeninterviews basiert die vorliegende Untersuchung auch auf quantitativen Erhebungen. Um eine möglichst breite Sichtweise der Beschäftigten einzufangen und dabei nicht auf die Darstellung einzelner Mitarbeiter zu fokussieren, wurden Breitenerhebungen in Form von Online-Befragungen der Beschäftigten in fünf Neue-Medien-Unternehmen ohne Betriebsrat durchgeführt. Im Zentrum der Befragungen stand die Untersuchung der Interessenpräferenzen der Beschäftigten sowie deren Einstellungen zur Arbeits- und Partizipationspraxis. Dabei sollte insbesondere die Interessenvertretungspraxis der Beschäftigten als Ausdruck der betrieblichen Partizipationsmuster und die Wirksamkeit der Muster anhand der Einschätzungen durch die befragten Mitarbeiter erhoben werden. Aufgrund der rechnergestützten Tätigkeiten in den Unternehmen der Neuen Medien konnten alle Beschäftigten durch die Online-Befragungen angesprochen werden. Die Beschäftigten wurden durch Emails und Ankündigungen der Geschäftsführungen über die Befragungen informiert. Auf dieser Basis konnten hohe Rücklaufquoten zwischen 50 und 70 Prozent erzielt werden. Insgesamt sind 389 Fragebögen in anonymisierter Form in die Auswertung eingegangen.

6 Die Zuordnung der Befragten zu den einzelnen Positionen wurde vom Verfasser vorgenommen und beruht auf Plausibilitätsüberlegungen. Die unterschiedliche Zahl von formalen Hierarchieebenen und eine Vielzahl von Positionsbeschreibungen in den einzelnen Neue-Medien-Unternehmen macht eine präzise Zuordnung der Beschäftigten zu den Funktionsebenen nicht möglich. Des Weiteren ist die Trennung zwischen Abteilungs- und Teamleitungsebene nicht immer eindeutig. Die Gruppe der ›Mitarbeiter‹ umfasst auch Personen mit Führungsfunktionen.

Bei der Auswertung der erhobenen Daten wurden die Erkenntnisse aus den qualitativen Interviews und den Online-Befragungen der Beschäftigten zunächst aus den einzelnen Unternehmen analysiert und zu Betriebsprofilen zusammengefasst. Die Betriebsprofile wurden durch schriftliche Dokumente aus den Unternehmen sowie durch Informationen über die Unternehmen aus der Tagespresse und dem Internet ergänzt. In einem zweiten Schritt wurden in einer vergleichenden Analyse der Unternehmen die empirischen Erkenntnisse aus den Befragungen themenzentriert ausgewertet und aufbereitet.

Die Ausführungen zur methodischen Vorgehensweise begründen den Aufbau der Arbeit: Im Kapitel 2 wird der Stand der Industrial-Relations-Forschung zur Entwicklung von Partizipation und Mitbestimmung auf der betrieblichen Ebene dargestellt. Insbesondere werden die vorliegenden Befunde zu den Partizipations- und Interessenregulierungsstrukturen in den Neue-Medien-Unternehmen bilanziert. Im Mittelpunkt des dritten Kapitels steht die Entwicklung eines Erklärungsmodells, welches die weitere Untersuchung der Partizipationspraktiken in den Neue-Medien-Unternehmen der digitalen Wirtschaft anleitet. Dieses basiert auf dem Konzept der betrieblichen Sozialordnungen, das in eine übergreifende Perspektive zu den Wirkungsmechanismen erwerbsstrukturierender Institutionen eingebettet wird. Im vierten Kapitel werden das Untersuchungsfeld und die untersuchten Neue-Medien-Unternehmen näher vorgestellt. Im Kapitel 5 werden zunächst die Arbeitsprozesse, Organisationsstrukturen und Partizipationsformen aus der Perspektive des Managements dargestellt, während sich im Kapitel 6 der Blick auf die Handlungsorientierungen und Interessenlagen der Beschäftigten richtet. Die Sichtweisen der Beschäftigten auf die Sozialbeziehungen und betrieblichen Partizipationsmöglichkeiten werden analysiert. Das Kapitel sieben widmet sich der betrieblichen Mitbestimmungspraxis in den ›Betriebsratsbetrieben‹ der Neue-Medien-Unternehmen. Im achten Kapitel werden die Erkenntnisse zu den betrieblichen Partizipationsstrukturen in den Neue-Medien-Unternehmen zusammengeführt und zentrale Schlussfolgerungen abgeleitet.

2 Partizipation und Mitbestimmung in der Wissensgesellschaft

In den letzten Jahrzehnten haben sich angesichts des sinkenden Stellenwerts kollektivvertraglicher Regelungen und der Dezentralisierung der Tarifpolitik viele Arbeiten der Industrial-Relations-Forschung intensiver der betrieblichen Ebene des Partizipationsgeschehens gewidmet. Die Betrachtungen konzentrieren sich dabei weitgehend auf die Analyse der verfassten Mitbestimmung sowie die Interaktionsmuster und Aushandlungsdynamiken zwischen Betriebsräten und Management. Weitere Formen der betrieblichen Partizipation fanden dabei allenfalls als Elemente partizipativer Managementkonzepte oder als wenig verbindliche Beteiligungsangebote in den ›mitbestimmungsfreien Zonen‹ der Wirtschaft Eingang in die Forschung. Erst mit den Folgewirkungen des wirtschaftsstrukturellen Wandels und der Verbreitung von »neuartigen Interessenvertretungsmodi« (Schmierl 2003: 654) in den Hochtechnologiebranchen der digitalen Wirtschaft wurde der möglichen Ausdifferenzierung des betrieblichen Partizipationsgeschehens eine größere Aufmerksamkeit zuteil.

In diesem Kapitel erfolgt eine Auseinandersetzung mit den Befunden, Positionen und Erklärungsangeboten der sozialwissenschaftlichen Partizipations- und Mitbestimmungsforschung. Im Mittelpunkt steht der gegenwärtige Forschungsstand zu den betrieblichen Partizipationsstrukturen in den Neue-Medien-Unternehmen. Der Blick richtet sich auf die Erkenntnisse zu den neuartigen Formen und Praktiken der Beschäftigtenpartizipation und zum Stellenwert der verfassten Mitbestimmung. Im Ergebnis werden zentrale Forschungsdefizite identifiziert, die sich nicht zuletzt auf eine fehlende systematische Verknüpfung empirischer Befunde und konzeptioneller Ansätze zurückführen lassen.

2.1 Begriffliche Bestimmungen von Partizipation und Mitbestimmung

Partizipation und Mitbestimmung sind zentrale Bezugspunkte zahlreicher Diskurse in Wirtschaft und Gesellschaft. Trotz ihrer fundamentalen Bedeutung auf der gesellschaftlichen Ebene sind die Begriffe in der sozialwissenschaftlichen Forschung eigentümlich unbestimmt geblieben. Nach Kißler u.a. (2000) zählt der Begriff der Partizipation »zu jenen Kernbegriffen der Sozialwissenschaften, von denen wir alle wissen, was sie bedeuten, bis wir danach gefragt werden« (ebd.: 13). Die konkrete Verwendung des Begriffes der Partizipation in der Forschung ist demzufolge unterschiedlich und vielseitig (vgl. Weber 1999: 270; Gaedeke 2001: 18); die Literaturlage gilt als »unerschöpflich« (Kappler 1987: Sp.: 1631). Für eine gewisse Ratlosigkeit sprechen Aussagen, die die Bestimmung des Partizipationsbegriffs als »hoffnungsloses Unterfangen« (Wächter 1984: 309; vgl. Breisig 1993) bezeichnet haben. Mitbestimmung ist ein Begriff, der wie der Partizipationsbegriff im Hinblick auf Träger und Objektbereich grundsätzlich offen ist, jedoch in der Öffentlichkeit und wissenschaftlichen Forschung zumeist auf die Mitbestimmung der Arbeitnehmer in der Wirtschaft bezogen wird (vgl. Backhaus 1979; Schanz 1992; Mikl-Horke 1997; Müller-Jentsch 1997; Andersen/Woyke 2003).[7]

Partizipation ist zunächst ein konstitutives Prinzip demokratisch verfasster Gesellschaften. In diesem Sinne umfasst Partizipation »alle Handlungen, die Bürger einzeln oder in Gruppen freiwillig mit dem Ziel vornehmen, Entscheidungen auf den verschiedenen Ebenen des politischen Systems (Gemeinde, Land, Bund, eventuell supranationale Einheiten) zu beeinflussen und/oder selbst zu treffen« (Kaase 2000: 466). Partizipation von Bürgern, Vereinigungen oder Organisationen in einer Gesellschaft zielt auf die aktive Beeinflussung der politischen Willensbildung und die Herrschaftskontrolle ab. Sie ist institutionell verankert und beruht auf politischen Partizipationsrechten (wie Meinungs- und Redefreiheit, Assoziations-, Demonstrations- und Petitionsrechten) und bürgerlichen Freiheitsrechten (vgl. Merkel 2003: 49ff.). Mit Blick auf die Organisation lässt sich mit dem Begriff der Partizipation die »Beteiligung von Organisationsmit-

7 Darüber hinaus erschweren weitere Begrifflichkeiten wie Teilhabe, Mitwirkung, Mitbestimmung, Information, Kommunikation, Einfluss, Kontrolle, Interesse, Herrschaft und Macht eine konkrete Begriffsbestimmung und Abgrenzung (vgl. Alemann 1975; Ehrhardt 1975; Wall/Lisheron 1980; Wächter 1984: 309).

gliedern an den sie betreffenden Entscheidungen und an den Organisationsergebnissen« (Eger/Weise 1984: 40; ähnlich Staehle 1994: 508; Müller-Jentsch 1997) beschreiben.[8]

2.1.1 Partizipation und Mitbestimmung in der Arbeitswelt

In der Arbeitswelt sind Partizipation und Mitbestimmung zentrale Begriffe in den Aushandlungsprozessen von Kapital- und Arbeitsinteressen. Nach Eichmann u.a. (2004) sind die Arbeitswelt und insbesondere der Betrieb spezifische Bereiche, in denen sich (gesellschaftlich legitimierte) Partizipationsmöglichkeiten nur begrenzt entfalten können:

»Im Vergleich zu den in unserer Gesellschaft herrschenden und verfassungsmäßig verankerten Rechten stellt der Betrieb selbst in unserer weit fortgeschrittenen und ausgebauten Arbeitsgesetzgebung einen besonderen Raum dar. Durch den individualrechtlich abgeschlossenen Arbeitsvertrag wird eine persönliche Abhängigkeit der/des ArbeitnehmerIn vom Arbeitgeber konstituiert und rechtlich legitimiert, die sich in der Unterwerfung unter das einseitige Weisungsrecht manifestiert. Die Arbeitswelt und damit der eigentliche Kernbereich unserer Gesellschaft stellt damit eine Sphäre dar, in der die Vollständigkeit demokratischer Rechte nicht gilt. Die über den Arbeitsvertrag konstituierte Begrenzung und Beschneidung der persönlichen Freiheit stellt gewissermaßen den rechtlichen Kern der Absicherung betrieblicher Herrschaft und damit der Verfügungsgewalt von Menschen über Menschen dar.« (ebd.: 61f.)

Kubicek und Hagen (1999) konstatieren, dass die Debatten über Partizipation und Mitbestimmung im Betrieb einerseits und in der Gesellschaft andererseits weitgehend isoliert voneinander ablaufen und »das Arbeitsleben den Anschluss an die gesellschaftliche Demokratisierung verpasst« (ebd.: 375). Die Begriffe Partizipation und Mitbestimmung sind in vielen Auseinandersetzungen in der Wirtschaft hochideologisch aufgeladen und werden als ›Kampfbegriffe‹ (vgl. Wächter 1984) von den Interessengruppen eingesetzt.

Vor diesem Hintergrund lassen sich zwangsläufig unterschiedliche Begründungslinien von Partizipation identifizieren (vgl. Schubert/Zink 1990; Bolle de Bal 1992; Weber 1999; Gaedeke 2001; Wolf 2003). Kappler (1987)

8 Neben der Beteiligung an den eigentlichen Entscheidungsprozessen lässt sich Partizipation auch auf prä- und postdezisionale Aktivitäten beziehen (vgl. Breisig 1993; De Jong 1975; Greifenstein u.a. 1990).

spricht in diesem Zusammenhang von verschiedenen »Partizipationskonzepten«, »Grundsatzentwürfen« oder »Rahmenphilosophien«, die erforderlich sind, »um Partizipation denken und organisieren zu können« (ebd.: Sp. 1635; ähnlich Dachler/Wilpert 1980). Im Folgenden wird deshalb zwischen einer demokratietheoretischen Perspektive, einer effizienzbezogenen, einer organisationsbezogenen und einer humanistischen Perspektive unterschieden.

- In einer *demokratietheoretischen* Perspektive ist Partizipation in der Wirtschaft Ausdruck des gesellschaftlichen Demokratieverständnisses und ein legitimierter Anspruch auf die Beteiligung an Entscheidungsprozessen. Damit verbunden sind Demokratisierungsvorstellungen »zwischen Gesellschaftsveränderung und Partizipation am Arbeitsplatz« (Mikl-Horke 1997: 264).[9] Diese Vorstellungen verweisen auf unterschiedliche Ebenen von Partizipation in der Wirtschaft: die Wirtschaftsdemokratie (Naphtali 1928 (1977); Siegelkow 1975), die industrielle Demokratie (Webb/Webb 1897; Emery/Thorsrud 1982; Müller-Jentsch 1997, 2007), die »organisationale Demokratie« (Weber 1999) und die Demokratie am Arbeitsplatz (DGB 1985; Matthies u.a. 1994; Popp 2001; Kotthoff 2001; Dörre 2002; Eichmann u.a. 2004). Mit Blick auf die betriebliche Ebene lässt sich die verfasste Mitbestimmung als eine Ausdrucksform demokratisch legitimierter Partizipation begreifen.
- In einer *effizienzbezogenen* Perspektive wird Partizipation weniger mit gesellschaftlichen Wertvorstellungen und politischer Willensbildung verbunden, sondern als ›instrumentelle Partizipation‹ aufgefasst (vgl. Child 1969; Lammers 1973; Abrahamson 1977; Backhaus 1979; Kappler 1987; Schanz 1992; Bartölke/Kiunke 1999). In dieser Sichtweise ist Partizipation demnach »ein Verfahren zur Steigerung der Rationalität von Entscheidungen und als solches nicht Selbstzweck, sondern Mittel« (Backhaus 1979: 5; ähnlich Domsch/Reineke 1982). Das effizienzorientierte Partizipationsparadigma zielt auf die Legitimation von Mana-

9 Diese Vorstellungen beziehen sich auf unterschiedliche Beteiligungsebenen und wurden – historisch betrachtet – unter den Schlagworten ›Wirtschaftsdemokratie und Arbeiterkontrolle‹ (Siegelkow 1975; Vilmar/Sattler 1978) über ›industrielle Demokratie‹ und ›organisationale Demokratie‹ (Webb/Webb 1892, 1897; Marshall 1964; Korsch 1968; Emery/Thorsrud 1982; Weber 1999) bis zur ›Demokratisierung am Arbeitsplatz‹ (Dachler/Wilpert 1980; Strauss 1998; Popp 2001; Lohmann/Prümper 2002) beziehungsweise des Arbeitsverhältnisses (Kotthoff 1994; Dörre 2002; Ittermann 2003; Eichmann u.a. 2004) thematisiert.

gemententscheidungen und die Identifikation der Beschäftigten mit den (Produktivitäts-)Zielen des Unternehmens (Dachler/Wilpert 1980). Es findet seinen Ausdruck in der Implementierung von Formen der direkten Partizipation als Kernelement effizienzorientierter Managementkonzepte. In dieser Perspektive müssen sich betriebliche Partizipation und Mitbestimmung ›rechnen‹ (vgl. Dilger 2002; Müller-Jentsch 2004).

- In einer *organisationstheoretischen* Sichtweise führt Partizipation zur »Reduktion organisatorischer Komplexität und Realisierung flexibler Prozessorganisationen« (Gaedeke 2001). Demnach kann Partizipation eine zentrale Funktion in modernen Arbeits- und Leistungserstellungsprozessen zugeschrieben werden. Dies bedingt eine höhere Verbindlichkeit in der Beteiligung von Beschäftigten, denn »je mehr das Management funktional auf Partizipation angewiesen ist – und dafür spricht ja bekanntlich viel –, desto weniger kann es sich leisten, nur von Beteiligung zu reden und nicht danach zu handeln, oder einmal gewährte Partizipationschancen zu widerrufen« (Breisig 1993: 176). Strauss (1998) bezeichnet die notwendige Beteiligung im Arbeitsprozess als ›requisite participation‹: »This form of participation is required to get the job done. It is determined by the technology and organization of work.« (ebd.: 15; vgl. Bolle de Bal 1992)
- In einer *humanistischen* Perspektive von Partizipation stehen Ziele der Persönlichkeitsentwicklung und der Selbstbestimmung der Individuen im Vordergrund. Diese basiert auf Erkenntnissen der arbeitswissenschaftlichen Forschung, die in der Tradition von arbeits- und sozialpsychologischen Studien die Bedürfnisse der Beschäftigten nach Selbstverwirklichung, Kreativität, persönlichem Wachstum und sozialer Anerkennung in den Mittelpunkt der Betrachtungen stellen (zum Überblick vgl. Ulich 1991; Luczak/Volpert 1997; Kieser 2001). Beschäftigtenpartizipation als Ausdruck einer humanorientierten Gestaltung in der Arbeitsorganisation ist ein zentrales Thema in der Human-Relations-Forschung, der Arbeits- und Organisationspsychologie oder in der Betrachtung gruppenorientierter Arbeitsformen beim Einsatz neuer Technologien (vgl. Bungard/Antoni 1993). In der humanistischen Perspektive ist Partizipation als Beteiligungsanspruch von Beschäftigten zu verstehen, der auf den Motivlagen zur persönlichen und beruflichen Selbstentfaltung basiert. Dieser Sichtweise folgten Projekte zur Ausweitung der Partizipation am Arbeitsplatz, wie sie in den 1970er Jahren in

Programmen zur Humanisierung des Arbeitslebens durchgeführt wurden.

Die vorgestellten Perspektiven sind eine wichtige Untersuchungsdimension in der Bestimmung der Begriffe von Partizipation und Mitbestimmung. Sie reichen jedoch nicht aus, um diese Begriffe angemessen zu erfassen. In einer umfassenderen Definition charakterisieren Domsch u.a. (1995) Partizipation als »das Zusammenwirken bestimmter Personen und/oder Personengruppen (Partizipationssubjekte) aus bestimmten Hierarchieebenen (Partizipationsebene) bei der Wahrnehmung bestimmter Aufgaben im Unternehmen in allen Phasen des Entscheidungsprozesses (Partizipationsobjekte) in einer bestimmten Ausprägung (Partizipationsgrad) durch den Einsatz bestimmter Verfahren (Partizipationsinstrumente) auf der Basis bestimmter Legitimationen (Partizipationsgrundlage)« (ebd.: 22). Auch weitere Arbeiten der Partizipationsforschung verweisen auf die Vielzahl von Dimensionen, die bei der Analyse betrieblicher Partizipation berücksichtigt werden müssen (vgl. Domsch/Reineke 1982; IDE 1993; Wilpert 1993; Strauss 1998; Heller 1998; Gaedeke 2001; Lohmann/Prümper 2002). Im Folgenden werden mit den Formen, Intensitäten, Inhalten und Akteuren wichtige Dimensionen des Partizipationsbegriffs skizziert.

Eine wichtige Analysedimension stellen die *Formen der Beschäftigtenpartizipation* dar. In der analytischen Differenzierung von Partizipationsformen wird häufig zwischen direkter und indirekter (delegativer) Partizipation unterschieden (vgl. Wall/Lisheron 1980; Dachler/Wilpert 1980; Kißler 1997). Nach Kißler (1997) dient Partizipation »der Interessenwahrnehmung (direkte Partizipation) durch die Beschäftigten oder der Interessenvertretung (delegative Partizipation) durch gewählte Repräsentanten« (ebd.: 763). Delegative oder indirekte Partizipation umfasst »alle Möglichkeiten, bei denen Arbeitnehmer durch andere bei Entscheidungsprozessen repräsentiert werden. Vertrauensmänner, Betriebsräte und Arbeitsdirektoren sind nur drei der vielen Möglichkeiten der Repräsentation, die in den Bereich indirekter Partizipation fallen« (Wall/Lisheron 1980: 79). Darüber hinaus lässt sich zwischen informellen und formalisierten Partizipationsmodellen unterscheiden. Während informelle Partizipation unstandardisierte, nicht (schriftlich) fixierte und prinzipiell unverbindliche Beteiligungsverfahren umfasst (vgl. Staehle 1994: 508), basiert formelle Partizipation auf der gesetzlichen Legitimitierung oder schriftlichen Fixierung (beispielsweise verbindliche Führungsgrundsätze oder arbeitsvertragliche Festlegung) der Beteiligungsmöglichkeiten.

Eine weitere Dimension ist die *Intensität der Partizipation*. Dörre (1996a) verweist auf »eine auf unterschiedlichen Niveaus mögliche Teilnahme der Mitglieder einer Organisation an Organisationsentscheidungen« (ebd.: 7; vgl. Minssen 1999: 130). Die unterschiedlichen ›Niveaus‹ oder Intensitäten können in Information, Beratung, Mitwirkung, Widerspruch sowie gleichberechtigter Teilhabe im Sinne von »*echter* Mitentscheidung« (Wächter 1984: 310, hvg. i.O.) ihren Ausdruck finden. Die Differenzierungen der Beteiligungsintensität entsprechen auch den abgestuften Beteiligungsmöglichkeiten (Informations- und Anhörungsrechte, Widerspruchsrechte, erzwingbare Mitbestimmungsrechte) des Betriebsrates, die im Betriebsverfassungsgesetz festgelegt sind (vgl. Müller-Jentsch 2007: 55ff.). Nicht übersehen werden darf bei den konzeptionellen Betrachtungen, dass auch eine fehlende Partizipation – beispielsweise durch Alleinentscheidung des Managements – eine Ausprägung des Partizipationsgrades darstellt.

Ein drittes Merkmal der Beschäftigtenpartizipation sind die *Inhalte oder Gegenstände* der Partizipation. Dieser Aspekt wird in vielen Untersuchungen erstaunlicherweise nicht weiter vertieft. Die IDE-Studie (1993) benennt als Partizipationsgegenstände Arbeits- und soziale Bedingungen, personelle Themen und ökonomische Aspekte, die auch dem im Betriebsverfassungsgesetz genannten Gegenständen (soziale, personelle, wirtschaftliche Angelegenheiten) entsprechen. Darüber hinaus sind auch die Beteiligung der Beschäftigten »an strategischen unternehmerischen Beschlussfassungen und an auf den Arbeitsprozess selbst bezogenen operativen Entscheidungen« (Pries 2005: 68) in den Blick zu nehmen. In Verbindung von Intensität und Gegenständen der Beteiligung lässt sich von der Reichweite beziehungsweise dem Wirkungsgrad der Beschäftigtenpartizipation sprechen.

Letztlich zählen zu den Dimensionen des Partizipationsbegriffes die *Partizipationsakteure*. Einige Definitionsvorschläge zählen prinzipiell alle relevanten Akteursgruppen in der Wirtschaft wie Gewerkschaft, Betriebsrat, Leitungspersonal (Manager) und Beschäftigte (Wolf 2003) zu den Partizipationsakteuren. Sie schließen dabei auch Management oder Unternehmensleitungen explizit mit ein (u.a. Wall/Lisheron 1980; Domsch/Reineke 1982; IDE 1993). Die folgenden Überlegungen konzentrieren sich jedoch auf die Beschäftigten unterschiedlicher Positionen und deren Interessenvertretungen auf der betrieblichen Ebene als Akteure der Partizipation.

2.1.2 Betriebliche Mitbestimmung und direkte Partizipation als ›Sonderformen‹ der Beschäftigtenpartizipation

In zahlreichen Publikationen werden die Begriffe Partizipation und Mitbestimmung auf derselben Ebene angesiedelt und als unterschiedliche Beteiligungskonzepte charakterisiert (vgl. Wächter 1984; Schanz 1992). Die folgenden Überlegungen gehen hingegen davon aus, in der betrieblichen Mitbestimmung eine »Sonderform der Partizipation« (Kißler 1992) zu sehen. Der Mitbestimmungsbegriff ist im Vergleich zum Begriff der Partizipation »insofern *enger*, als er sich auf die Institutionalisierung von Partizipationsrechten im Bereich der Wirtschaft bezieht« (Backhaus 1979: 12, hvg. i.O.). Während der Begriff der ›Partizipation‹ sich auf alle möglichen Formen faktischer, nicht institutionalisierter Beteiligung richten kann und somit weiter und dynamischer ist, ist Mitbestimmung »im Allgemeinen mit der Vorstellung institutionalisierter, also verrechtlichter Partizipation verbunden« (Mikl-Horke 1997: 259f.; vgl. Eger/Weise 1984; Müller-Jentsch 1997). Denn nur die betriebliche Mitbestimmung »macht die Gültigkeit der Arbeitgeberentscheidung von der einklagbaren Zustimmung der Arbeitnehmer(-vertreter) abhängig« (Kißler 1997: 764). Mitbestimmung ist somit ein Ausdruck formalisierter und zumeist indirekter Partizipation.

Der Prozess der Institutionalisierung der betrieblichen Mitbestimmung reicht bis in die Frühphase der Industrialisierung und der betrieblichen Organisation von Arbeit zurück (vgl. Fürstenberg 1958; Teutenberg 1961; Blume 1964; Bieber 1999; Funder 1999; Leminsky 2001). Mit Neuloh (1956) lässt sich der Institutionalisierungsprozess der betrieblichen Mitbestimmung auf eine Forderungslinie der Beschäftigten, eine Angebotslinie der Unternehmen sowie eine Gesetzgebungslinie des Staates zurückführen. Die Entwicklung der betrieblichen Mitbestimmung findet zwar ihren Ursprung im historischen Kontext asymmetrischer Austauschbeziehungen zwischen der Arbeitgeber- und Arbeitnehmerseite. Im Gegensatz zur Herausbildung eines Systems der Interessenregulierung zwischen Gewerkschaften und Arbeitgeber(verbände)n auf der tarifvertraglichen Ebene wird ein zentrales Wesensmerkmal zur Verankerung der betrieblichen Mitbestimmung in der Wirtschaft jedoch in der »staatlichen Geburts- und Organisationshilfe« (Müller-Jentsch 1997, 2002) gesehen. Die Festlegung einer weithin akzeptierten Betriebsverfassung setzte die Intervention des Gesetzgebers voraus, welche zum einen auf die ›Fortschreibung‹ des Demokratisierungsprozesses in der Wirtschaft abzielte, zum anderen die eingeforderten Verfügungsrechte der Unternehmer und die reklamierte Tarifhoheit der Gewerkschaften berücksichtigen musste.

Das Betriebsverfassungsgesetz (BetrVG) als Rechtsgrundlage der betrieblichen Mitbestimmung bildet eine einheitliche Bezugsfolie zur Gestaltung der betrieblichen Arbeitsbeziehungen in der Privatwirtschaft. Das Betriebsverfassungsgesetz sieht die Wahl von Betriebsräten in Betrieben mit fünf und mehr wahlberechtigten Beschäftigten vor. Betriebsräte werden für eine Dauer von vier Jahren gewählt. Die Größe der Betriebsratsgremien sowie die Anzahl freigestellter Mitglieder hängt von der jeweiligen Betriebsgröße ab, wodurch eine angemessene Struktur der betrieblichen Interessenvertretung gewährleistet werden soll.[10] Das BetrVG räumt den Betriebsräten Beteiligungsmöglichkeiten in sozialen, personellen und wirtschaftlichen Angelegenheiten des Betriebes ein. Dabei sieht das Gesetz abgestufte Beteiligungsrechte vor und umfasst Informationsrechte, Anhörungs- und Beratungsrechte, Widerspruchsrechte und erzwingbare Mitbestimmungsrechte (vgl. Müller-Jentsch 1997; Mikl-Horke 1997). Sind die Widerspruchs- und Mitbestimmungsrechte im Bereich der sozialen Angelegenheiten (Arbeitszeitregelungen, Entgeltmodelle, Arbeitsschutz) stark ausgeprägt, so sind sie in personellen Angelegenheiten bereits schwächer und in wirtschaftlichen Angelegenheiten, welche die Verfügungsrechte der Unternehmen betreffen, häufig nur auf Informationsrechte beschränkt. Nach Mikl-Horke (1997) sind die institutionell verbrieften Rechte der Mitbestimmung insgesamt »wenig weitreichend« (ebd.: 262).

Wenngleich dem Betriebsrat die Funktion der rechtlich legitimierten, kollektiven Interessenvertretung der Beschäftigten zugeschrieben wurde, der über spezifische Partizipations- und Mitbestimmungsmöglichkeiten verfügt, so verweist das BetrVG gleichzeitig auf den intermediären Charakter des Betriebsrates als »Organ des Interessenausgleichs zwischen Management und Belegschaft« (Müller-Jentsch 1997: 271), dem nicht nur die Vertretung der Beschäftigteninteressen, sondern die explizite Beachtung der wirtschaftlichen Betriebsziele zugeschrieben wird. Dieser intermediäre Charakter zielt auf eine vertrauensvolle Zusammenarbeit zwischen Betriebsrat und Management und die Einhaltung der Friedenspflicht, die Arbeitskampfmaßnahmen ausschließt. Hinsichtlich des Verhältnisses zur

10 Zu den Ausformungen einer ›angemessenen Struktur der betrieblichen Interessenvertretung‹ (Größe der Betriebsratsgremien, Zahl der Freigestellten, Ausstattung der Betriebsratsgremien etc.) liegen in Wirtschaft, Politik und Wissenschaft mitunter deutlich abweichende Auffassungen vor.

tarifvertraglichen Ebene verweist das BetrVG auf den Vorrang tarifvertraglicher Vereinbarungen und den Ausschluss von Betriebsvereinbarungen zwischen Betriebsrat und Management, die Gegenstände tangieren, die in den Bereich der Verhandlungsautonomie von Gewerkschaften und Arbeitgebern fallen.

›Direkte Partizipation‹ meint hingegen die unmittelbare Beteiligung von einzelnen Beschäftigten oder Arbeitsgruppen an operativen und strategischen Entscheidungen. Sie kann demnach auf Angeboten des Managements oder auf Initiativen aus der Belegschaft basieren. Direkte Partizipation lässt sich nach Geary und Sisson (1994) wie folgt definieren:

»Opportunities which management provide, or initiatives to which they lend their support, at workplace level, for consultation with and/or delegation of responsibilities and authority for decision making to their subordinates either as individuals or as groups of employees, relating to the immediate work task, work organisation and/or working conditions« (ebd.: 2; vgl. Regalia 1995).

Direkte Partizipation kann sich auf Individuen oder Gruppen von Beschäftigten beziehen und zielt auf Entscheidungen, die die Arbeitsaufgaben, die Arbeitsorganisation oder Arbeits- und Beschäftigungsbedingungen betreffen. Eichmann u.a. (2004) greifen die Ausführungen von Geary und Sisson (1994) auf und unterscheiden zwei »Modi« direkter Partizipation (ebd.: 47ff.): die *Delegation* als Übertragung von Gestaltungsspielräumen zur Selbstorganisation von Beschäftigten in der betrieblichen Leistungserstellung und die *Konsultation* als spezifische Managementtechniken zur Einbeziehung von Beschäftigten bei Entscheidungsprozessen (Beteiligung an Reorganisationsprojekten, Beschäftigtenbefragungen, Mitarbeitergespräche, finanzielle Partizipationsformen etc.).

Im Gegensatz zur betrieblichen Mitbestimmung ist die direkte Partizipation (von einigen Individualrechten im BetrVG abgesehen) nicht rechtlich verankert. Politische Initiativen zur Förderung und Verankerung der Mitbestimmung am Arbeitsplatz und Humanisierung der Arbeitswelt konnten sich in der Breite nicht durchsetzen (vgl. Leminsky 1985). Die Formen der direkten Partizipation und der betrieblichen Mitbestimmung unterliegen einem Bedeutungswandel, der im Folgenden nachgezeichnet wird.

2.2 Wandel der betrieblichen Partizipationsstrukturen in der Wissensgesellschaft

In den letzten Jahren zeichnen sich zahlreiche Veränderungsprozesse in Wirtschaft und Gesellschaft ab, die für einen fundamentalen Wandel der traditionellen Industriegesellschaft sprechen und die These einer emergierenden Wissensgesellschaft (vgl. Heidenreich/Töpsch 1998) bestärken. Zu den wesentlichen Antriebskräften dieses Entwicklungsverlaufes zählen die fortschreitende Internationalisierung und Globalisierung in Wirtschaft und Gesellschaft, die Auswirkungen eines neuen Finanzmarktkapitalismus, die Folgewirkungen des wirtschaftsstrukturellen Wandels und die dynamische Verbreitung neuer Informations- und Kommunikationstechnologien. Über die konkrete Entwicklungsdynamik dieser Umbrüche und den genauen Konturen eines neuen Gesellschaftsmodells besteht in der sozialwissenschaftlichen Forschung wenig Einigkeit. Weitgehend unbestritten hingegen ist die Erkenntnis, dass sich »mit dem Übergang von der Industriegesellschaft zur Wissensgesellschaft sowohl die arbeitsinhaltlichen und beschäftigungsvertraglichen Bezüge von Erwerbsarbeit wie auch die Formen der Regulierung von Arbeits-, Beschäftigungs- und Partizipationsbeziehungen« (Pries 2005: 5) weiter verändern. In diesem Kontext stellen sich zahlreiche Fragen nach den Entwicklungsperspektiven des dualen Systems der Industriellen Beziehungen und dem Wandel von Partizipations- und Interessenregulierungsstrukturen auf der betrieblichen Ebene. Im Folgenden werden drei Diskurse der sozialwissenschaftlichen Forschung skizziert, die sich mit den Veränderungen in der Arbeitswelt und ihren Auswirkungen auf Partizipation und Interessenregulierung im Betrieb auseinandersetzen: 1. Dezentralisierungsprozesse in den Industriellen Beziehungen und der Funktionswandel der betrieblichen Mitbestimmung. 2. Umsetzung partizipativer Managementkonzepte und ihre Folgewirkungen für die betriebliche Interessenregulierung. 3. Verbreitung sogenannter »mitbestimmungsfreier Zonen« in der Wirtschaft, in denen neben der verfassten Mitbestimmung andere Partizipationsmodelle auf der betrieblichen Ebene praktiziert werden. Diese Diskurse sind wichtige Bezugsfolien in der Betrachtung der Beteiligungsstrukturen in den Neue-Medien-Unternehmen der digitalen Wirtschaft.

2.2.1 Dezentralisierung der Industriellen Beziehungen – Wandel der betrieblichen Mitbestimmung

Die überbetriebliche Interessenvertretung und tarifvertragliche Regulierung durch Gewerkschaften und Arbeitgeberverbände und die Mitbestimmung auf Betriebs- und Unternehmensebene sind zentrale Bestandteile des dualen Systems der Industriellen Beziehungen in Deutschland.[11] So stehen »die gewerkschaftliche Interessenvertretung im Rahmen der Tarifautonomie sowie die betriebliche Mitbestimmung gemäß Betriebsverfassungsgesetz im Zentrum der formellen, indirekten Partizipation und bilden den Kern des Systems industrieller Beziehungen« (Hilbert u.a. 1999: 263). Die Ausprägungen der dualen Struktur bilden seit vielen Jahrzehnten den Bezugspunkt der deutschen Industrial-Relations-Forschung (vgl. Düll/Bechtle 1988; Kißler 1992; Schmidt/Trinczek 1993; Bergmann 1996; Keller 1997; Müller-Jentsch 1997, 2007). Die Forschung verweist auf die Herausbildung von funktional differenzierten »Arenen« (Müller-Jentsch 1997: 195) mit jeweils eigenen Interessenlogiken, Akteuren und Durchsetzungsformen.[12]

Ist die strukturprägende Bedeutung des dualen Modells historisch unbestritten, so zeichnen sich doch Umbrüche ab, die auf die Bedeutung und die Struktur der Industriellen Beziehungen einwirken. In der Forschung ist von einem Formwandel oder einer möglichen Erosion der Industriellen Beziehungen die Rede. Belege werden in der sinkenden Bindekraft der kollektivvertraglichen Akteure und in einer Neuordnung von Regulierungsterrains gesehen, die einen Funktionswandel der beiden Ebenen der Interessenregulierung bewirkt: Angesichts sinkender gewerkschaftlicher Organisationsgrade und abnehmender Tarifbindungen (vgl. Müller-Jentsch/

11 Der Begriff Industrielle Beziehungen wird dabei in sehr unterschiedlichen Konnotationen verwendet (zur Kritik: vgl. Pries 2005: 65). Darüber hinaus werden weitere Begriffe wie Arbeitsbeziehungen (Weiss/Krieger 1990), industrielle Arbeitsbeziehungen (Fürstenberg 1975), Arbeitgeber-Arbeitnehmerbeziehungen (Hillmann 1994), Sozialpartnerschaft (Fuchs/Niedenhoff 1993), Konfliktpartnerschaft (Müller-Jentsch 1999) oder Arbeitsregulation (Heidenreich/Töpsch 1998; Abel u.a. 1998) weitgehend synonym verwendet.

12 Dabei ist die Darstellung der dualen Struktur und Herausbildung getrennter Regulierungsebenen der Industriellen Beziehungen in der Forschung nicht unumstritten: In einer kritischen Betrachtung verweisen Schmidt und Trinczek (1993) auf die personellen Verflechtungen zwischen betrieblicher und überbetrieblicher Ebene. Demnach kann »schon auf der Ebene personeller Verschränkungen von einer wechselseitigen Durchdringung beider Ebenen im Sinne einer ›Vergewerkschaftung der Betriebsräte‹ bzw. einer ›Verbetriebsrätlichung der Gewerkschaften‹ gesprochen werden« (Schmidt/Trinczek 1989: 182).

Ittermann 2000) sinken die Einflussmöglichkeiten auf der überbetrieblichen Ebene; in der Konsequenz zeichnen sich Tendenzen zur Dezentralisierung der Tarifpolitik ab, die zu einer Aufwertung der betrieblichen Mitbestimmung führen.[13]

Auf der betrieblichen Ebene zeigt sich die strukturprägende Bedeutung der verfassten Mitbestimmung in Deutschland darin, dass die Regulierungen bislang »stark auf das Organ der Betriebsräte und das Instrument rechtlich durchgeformter Betriebsvereinbarungen ausgerichtet« (Pries 2005: 72) sind.[14] Mit Blick auf die quantitative Verbreitung existierten 2005 zwar nur in rund 22 Prozent aller Betriebe ab zehn Beschäftigten Betriebsräte. Eine vergleichsweise schwache Verbreitung der verfassten Mitbestimmung zeigt sich insbesondere in den Klein- und Mittelbetrieben der Privatwirtschaft (siehe Tabelle 2).

Tabelle 2 Verbreitung von Betriebsräten nach Betriebsgrößenklassen 2005 (in Prozent)

	Betriebsgrößenklassen (nach Beschäftigten)						
	10-19	20-49	50-99	100-249	250-500	Größer 500	Gesamt
Betriebe mit Betriebsrat*	7	23	44	66	79	94	22
Beschäftigte mit Betriebsrat	6	20	44	67	80	94	57

*Quelle: Hauser-Ditz u.a. 2006: 355; *einschließlich kirchliche Mitarbeitervertretungen*

13 Die DGB-Gewerkschaften haben seit Beginn der 1990er Jahre über drei Millionen Mitglieder verloren, der gewerkschaftliche Organisationsgrad bezogen auf die abhängigen Erwerbspersonen ist in den letzten Jahren unter die 20-Prozent-Marke gesunken. Auch auf der Arbeitgeberseite zeigt sich eine abnehmende Bindungskraft kollektivvertraglichen Regulierung. Neben den sinkenden Mitgliederzahlen der Arbeitgeberverbände verweisen einschlägige Erhebungen auf eine rückläufige Tarifbindung der Unternehmen: Die Bindung der Unternehmen an Branchen oder Firmentarifverträge in Westdeutschland sank von 62 Prozent (1995) auf 46 Prozent (2003) (vgl. WSI 2005). Bezogen auf die Beschäftigten nahm die Tarifbindung von rund 83 Prozent auf rund 70 Prozent ab. Zwar orientieren sich viele Firmen an den tarifvertraglichen Vereinbarungen, dennoch wächst der Bereich der Wirtschaft, der von den kollektivvertraglichen Abkommen nicht erfasst wird.

14 Zur quantitativen Reichweite der betrieblichen Mitbestimmung in der Gesamtwirtschaft liegen unterschiedliche Angaben vor. Wassermann (2003) geht von ca. 36.000 Betrieben mit Betriebsrat aus, was einer Betriebsratsquote von vier Prozent der Betriebe entspricht. Das Institut für Arbeitsmarkt- und Berufsforschung (IAB) schätzt hingegen die Zahl auf rund 110.000 Betriebsratsgremien und errechnet eine Betriebsratsquote von ca. elf Prozent in den Betrieben ab fünf Beschäftigten in Westdeutschland (vgl. Ellguth 2006).

Die hohe Bedeutung der Interessenvertretung durch Betriebsräte verdeutlichen jedoch die Angaben zur nahezu flächendeckenden Verbreitung in Großunternehmen sowie zur Verteilung nach den vertretenen Beschäftigten: Demzufolge wurden 2005 knapp 60 Prozent der Beschäftigten in Betrieben ab zehn Beschäftigten durch Betriebsräte vertreten (siehe Tabelle 2) beziehungsweise ca. 50 Prozent (2004) in Betrieben ab fünf Beschäftigten (vgl. Ellguth 2005). Die betriebliche Mitbestimmung erwies sich in ihrer quantitativen Verbreitung im Zeitverlauf als bemerkenswert stabil (vgl. Ellguth 2003, 2005; Ellguth/Kohaut 2004, 2008).

Der ausgeprägte Stellenwert und die Stabilität der verfassten Mitbestimmung in quantitativer Hinsicht sowie die gesetzlich verankerten Handlungsgrundlagen der Betriebsräte liefern jedoch keine hinreichenden Auskünfte über die Gestaltung der Interessenvertretungsarbeit in der Praxis und die Vielfalt von Mitbestimmungs- und Interaktionsmustern auf der betrieblichen Ebene. Sie spiegeln auch nicht den Wandel der Anforderungen an die Betriebsräte in der Privatwirtschaft in den letzten Jahren wider. Aus diesem Grund wendet sich die neuere soziologische Mitbestimmungsforschung von der in den vergangenen Jahrzehnten dominierenden »Rechtstatsachenforschung« (Funder 1995: 37) zunehmend ab, um sich stärker der »sozialen Wirklichkeit der betrieblichen Mitbestimmung« (Lengfeld 2003: 23) zu widmen. Zahlreiche Studien der Mitbestimmungsforschung belegen die Vielfalt der betrieblichen Interessenvertretung und der Interaktionsbeziehungen zwischen Management und Betriebsrat (Dybowski-Johannson 1980; Weber 1981; Trinczek 1989; Osterloh 1993; Bosch 1997; Bosch u.a. 1999). Bosch u.a. (1999) verweisen darauf, »dass es jeweils betriebsspezifische Organisations- und Verhandlungskulturen mit einem Nebeneinander von Machtbeziehungen und Konsens- und Verständigungshandeln auf Basis individueller und kollektiver Interessen gibt« (ebd.: 29).[15] Insbesondere den Betriebsratsstudien von Kotthoff (1981, 1994) wird eine wegweisende Bedeutung zugeschrieben. In seinen qualitativ orientierten Analysen zeigte Kotthoff die Vielfalt und die Wandlungsfähigkeit betriebsrätlicher »Partizipationsmuster« in der Wirtschaft. Das zentrale

15 Der Ansatz wird auch als »interessentheoretischer Ansatz« (Schmidt/Trinczek 1999) oder Konzept der Verhandlungsmacht bezeichnet. Interesse ist in dieser Perspektive eine gesellschaftliche Strukturkategorie; betriebspolitische Fragen werden im strukturellen Kontext des Kapital-Arbeit-Verhältnisses behandelt. In den Studien wird ein – gegenüber den Befunden von Kotthoff (1994) – weniger optimistisches Bild der betrieblichen Arbeitsbeziehungen und der Reichweite der betrieblichen Mitbestimmung gezeichnet (vgl. Bosch u.a. 1999).

Ergebnis seiner Studien »lässt sich auf die Kurzformel bringen: Während 1975 zwei Drittel der Betriebe eine defiziente Form der Partizipation des Betriebsrats hatten und nur ein Drittel eine vertretungswirksame Form, so ist dieses Verhältnis 1990 genau umgekehrt: nur noch ein Drittel hat eine defiziente Form und zwei Drittel haben eine vertretungswirksame« (Kotthoff 1994: 39).

Neuere Analysen der handlungsorientierten Mitbestimmungsforschung identifizieren unterschiedliche Stile der Industriellen Beziehungen und Variationen in den Wirkungsgraden der betrieblichen Mitbestimmung, die sie auf ausgehandelte Ordnungen oder übergreifende gesellschaftliche Gerechtigkeitseinstellungen zurückführen (Wirth 1999; Lengfeld/Liebig 1999; Gaedeke 2001; Lengfeld 2003). Die zentrale Botschaft der handlungsorientierten Studien der Mitbestimmungsforschung lautet, dass sich trotz des strukturellen Arbeit-Kapital-Gegensatzes und den Normen des Betriebsverfassungsgesetzes in der Praxis ein heterogenes und diffiziles Bild der betrieblichen Partizipationspraktiken und Arbeitsbeziehungen abzeichnet: mit wirksamen und schwachen Formen der Betriebsratspartizipation, mit antagonistischen und kooperativen Typen des Managements, mit eher konflikt- und eher konsensorientierten Mustern der betrieblichen Arbeitsbeziehungen.

Europäisierung und Globalisierung, Verbetrieblichung und Dezentralisierung, neue Produktionssysteme und Personalstrategien sind neue Herausforderungen, die auf die betriebliche Interessenregulierung einwirken. Angesichts der »Krise des Flächentarifvertrags und der Verbetrieblichung der Tarifpolitik« (Bispinck/Schulten 1999: 196) eröffnet sich eine Ausweitung der betrieblichen Regelungskorridore sowie eine neue Rolle der Betriebsräte bei der Festlegung der Arbeits- und Beschäftigungsbedingungen (vgl. Schmidt/Trinczek 1993; Hermann u.a. 1999; Schmierl 2003; Lehndorff 2003). Die Betriebsräte werden mit unternehmensbezogenen Arbeitsfeldern konfrontiert, in denen sie bislang nicht tätig waren (beispielsweise in der Produkt-, Forschungs- und Entwicklungspolitik) und sind stärker als bislang in wirtschaftliche Entscheidungen und das betriebliche Innovations- und Rationalisierungsgeschehen eingebunden (vgl. Müller-Jentsch 1997; Kotthoff 1998, 2001; Pries 2005a; Minssen/Riese 2007). Dies hat zur Folge, »dass Betriebsräte sich – zusätzlich zu ihrer traditionellen, gesetzlich verankerten Schutzfunktion – auf die weitgehend unabgesicherte Funktion einer Art präventiven, kritischen Co-Managements einlassen müssen« (Benz-Overhage 2000: 47). Betonen zahlreiche Befunde angesichts dieser

Entwicklungen den Bedeutungszuwachs der Mitbestimmung, verweisen andere Studien auf eine mögliche Schwächung der betrieblichen Interessenvertretung (vgl. Trinczek 1989; Bosch u.a. 1999). So können die Anforderungen einer marktgesteuerten Dezentralisierung (vgl. Sauer/Döhl 1997; Kratzer u.a. 2004) die Handlungsspielräume und Wirkungskreise der Betriebsräte mitunter deutlich einschränken.

2.2.2 Direkte Partizipation als neues Managementinstrument – Konkurrenzmodell zur betrieblicher Mitbestimmung?

Einen weiteren Diskurs der industriesoziologischen Forschung über die betrieblichen Strukturen von Partizipation und Mitbestimmung lösten die zu Beginn der 1990er Jahre aufkommenden partizipativen Managementkonzepte aus. Unter Labeln wie ›Lean Production‹ (vgl. Womack u.a. 1991) oder ›Business Reengineering‹ (Hammer/Champy 1993) wurden neue Modelle der Arbeitsorganisation implementiert, die »auf eine möglichst umfassende Einbeziehung der Fähigkeiten menschlicher Arbeitskraft in betriebliche Veränderungsprozesse« (Minssen 1999: 129; vgl. Minssen 1993) abzielten. Diese neuen Formen der Arbeitsorganisation implizierten die Ausweitung von Spielräumen der direkten Partizipation der Beschäftigten (vgl. Dörre u.a. 1993; Müller-Jentsch 1994, 2004; Minssen 1999a; Dörre 2001, 2002; Schnabel/Wagner 2001; Minssen 2006). Formen der Mitbestimmung am Arbeitsplatz waren zwar bereits im Rahmen der Humanisierungsprogramme (HdA) in den 1970er Jahren erprobt und – mit mäßigem Erfolg – umgesetzt worden. Die partizipativen Managementkonzepte in den industriellen Großunternehmen folgten jedoch einer anderen Perspektive: Sie waren weniger demokratietheoretisch angeleitet als vielmehr von wirtschaftlichen Effizienzüberlegungen, die sich auf umfassende Rationalisierungsvorhaben richteten.

Wichtige Elemente der neuen Arbeitsorganisationsformen sind ›Qualitätszirkel‹, ›Projektgruppen‹ und ›Gruppenarbeit‹ (vgl. Müller-Jentsch 2008).[16] Hierbei waren die Qualitätszirkel die »Vorboten« (Breisig 1993:

16 Eine eindeutige Abgrenzung von Formen der Arbeitsorganisation und Formen der direkten Partizipation liefert die industriesoziologische Forschung nicht. So werden Qualitätszirkel, Gruppenarbeit oder Projektgruppen in einigen Publikationen als Ausdruck direkter Beschäftigtenpartizipation behandelt, während sie in anderen als arbeitsorganisatorische Grundlage neuer Partizipationsmodelle gesehen werden.

164) neuer Arbeits- und Partizipationspraktiken, die als temporäre, diskontinuierliche Formen auf Verbesserungen in der Produkt- und Prozessqualität abzielten, die von den Beschäftigten selbst eingebracht wurden (vgl. Deppe 1988; Breisig 1990; Bungard/Antoni 1993). Projektgruppen wurden bereichsübegreifend eingerichtet zur »Lösung komplexer und innovativer Aufgaben« (Minssen 2006: 117). Im Zentrum des Interesses standen jedoch die Verbreitung und Umsetzung von Gruppenarbeit auf der betrieblichen Ebene, die als innovative und kontinuierliche Form der Arbeitsorganisation eine Abkehr von traditionellen Produktionskonzepten und eine Ausweitung von Handlungs- und Beteiligungsspielräumen der Beschäftigten auf dem shop floor implizierte (vgl. Gerst u.a. 1994; Müller-Jentsch/Seitz 1998; Minssen 1999, 2001; Pekruhl 2001; Saurwein 2000; Gerst 2004). In den einschlägigen Studien werden dabei strukturkonservative (taylorisierte) und strukturinnovative Varianten der Gruppenarbeit unterschieden:

> »Das Ausmaß, in dem durch Gruppenarbeit Partizipationsmöglichkeiten geschaffen werden, hängt wesentlich von der jeweils realisierten Variante ab.« (Minssen 1999: 146)

In der Umsetzung der neuen Managementkonzepte und der Einführung von Gruppenarbeit wurde »direkte Partizipation der Beschäftigten an den sie betreffenden Entscheidungsprozessen zu einem Schlüsselbegriff betrieblicher Reorganisation« (Dörre 1996: 69). Durch die Verlagerung von Entscheidungskompetenzen auf die ausführende Ebene und die direkte Beteiligung der Beschäftigten an der Gestaltung der Arbeitsprozesse sollten Qualitäts- und Effizienzverbesserungen erzielt werden. Nach Dörre (2001) kann direkte Partizipation »in Teams mit eingesetzten Leitern ebenso stattfinden wie an Einzelarbeitsplätzen, in Qualitätszirkeln, Problemlösungsgruppen, KVP-Workshops, Lernstatten, Commitments, Mitarbeiter- und Zielvereinbarungsgesprächen« (ebd.: 382; vgl. Nordhause-Janz/Pekruhl 2000; Kalkowski 2004). Die direkte Partizipation der Beschäftigten rückte somit stärker in den Fokus des Erkenntnisinteresses der Industrial-Relations-Forschung (Breisig 1990; 1993; Greifenstein u.a. 1990; Minssen u.a. 1991; Müller-Jentsch/Sperling 1995; Dörre 1996; Sperling 1997; Weitbrecht/Mehrwald 1999; Minssen 1999).

Die Untersuchungen beschäftigten sich insbesondere mit der Frage nach dem Verhältnis von direkter Partizipation und verfasster Mitbestimmung im Betrieb. Dies verdeutlichen die Beiträge, die sich unter den Titeln »Direkte Arbeitnehmerbeteiligung mit oder ohne Interessenvertretung?« (Greifenstein u.a. 1990), »Industrielle Demokratie: Von der repräsentativen

Mitbestimmung zur direkten Partizipation« (Müller-Jentsch 1994), »Direkte Partizipation contra Mitbestimmung?« (Minssen 1999), »Partizipation im Arbeitsprozess – Alternative oder Ergänzung zur Mitbestimmung?« (Dörre 2001) der Thematik gewidmet haben. Bei der Beantwortung dieser Frage wurde zum einen auf die Gefährdungspotenziale der betrieblichen Mitbestimmung durch die neuen Partizipationspraktiken verwiesen, welche die rechtlich begründeten und kollektiven Formen der Interessenvertretung unterwandern können. So könne die verfasste Mitbestimmung perspektivisch zu einem ›Auslaufmodell‹ in der Wissensgesellschaft werden (vgl. Müller-Jentsch 1999; Streeck 1999; Funder 2001). Angesichts der Dominanz des unternehmerischen Beteiligungsparadigmas bei direkter Partizipation und eines fehlenden Demokratisierungsanspruches wird in den neuen Beteiligungskonzepten keine adäquate Alternative zur Mitbestimmung gesehen (vgl. Dörre 2002; Boes 2004). Eine ›Alternative‹ setze industrielle Individualrechte voraus, die von Beschäftigten einklagbar sind (vgl. Dörre 2002: 409).

Zum anderen wird auf die Komplementärfunktionen der Partizipationsformen und die Chancen einer Ausweitung von Beteiligungsmöglichkeiten der Beschäftigten verwiesen. In dieser Perspektive lässt sich direkte Partizipation als Erweiterung der ›Mitbestimmung nach unten‹ und als eine – von gewerkschaftlicher Seite lang geforderte – »Ergänzung und Erweiterung der durch das Betriebsverfassungsgesetz geregelten Mitwirkungs- und Mitbestimmungsrechte des Betriebsrates« (Minssen 1999: 131; vgl. Kotthoff 1995; Funder/Seitz 1997) begreifen. Minssen (1999) zufolge beinhalten die partizipativen Managementkonzepte nicht nur Vorteile für die Unternehmen, sondern bieten auch den Beschäftigten Chancen für »mehr Mitsprache, mehr Dispositionsmöglichkeiten, mehr Einfluss auf die Arbeitsbedingungen, auf Ergebnisse von Entscheidungsprozessen etc.« (ebd.: 129f.). Die Frage nach den Motiven direkter Partizipation bleibt zweitrangig, »wenn Beteiligung zu realen Verbesserungen der Arbeitssituation führt« (Breisig 1993: 167).

Inwiefern sich in den Betrieben ein »Kampf um Beteiligung« (Dörre 2002) abzeichnet, bei dem es nicht nur um die Reichweite der Partizipation der Beschäftigten an betrieblichen Entscheidungsprozessen geht, sondern auch um die konkreten Ausdrucksformen zwischen (effizienzorientierter) direkter Partizipation und (gesellschaftlich legitimierter) Mitbestimmung, lässt sich nicht abschließend beantworten. Unstrittig ist, dass mit der direkten Partizipation eine neue Ebene der Interessenregulierung in den

Betrieben an Bedeutung gewonnen hat, die auf die duale Struktur der Industriellen Beziehungen einwirkt (vgl. Müller-Jentsch/Sperling 1995; Heidenreich/Töpsch 1998; Weitbrecht 2001; Abel/Ittermann 2001; Töpsch u.a. 2001; Dörre 2002; Abel u.a. 2005).

2.2.3 Entwicklungsdynamiken in den mitbestimmungsfreien Zonen

Bereits die Angaben zur begrenzten Reichweite der betrieblichen Mitbestimmung haben verdeutlicht, dass sich das betriebliche Leitmodell der Industriellen Beziehungen nicht in allen Betrieben und Branchen flächendeckend verbreitet hat. Dies wirft die Frage nach der Gestaltung der Partizipationsstrukturen in den Betrieben auf, in denen keine Betriebsräte die kollektive Interessenvertretung der Beschäftigten wahrnehmen. Eine dritte Forschungslinie der Industrial-Relations-Forschung richtet sich insbesondere seit den 1990er Jahren auf die Entwicklungsdynamiken der so genannten »mitbestimmungsfreien Zonen« (Kommission Mitbestimmung 1998). Die Erkenntnisse der Kommission Mitbestimmung verweisen auf wachsende Bereiche in der Wirtschaft, die sich durch fehlende Mitbestimmungsstrukturen (und Tarifbindungen) auszeichnen.[17] Die Befunde der Kommission begründeten in Politik, Wirtschaft und Forschung grundsätzliche Überlegungen, »ob und welche Maßnahmen zur wirksamen Gewährleistung von Mitbestimmung auch außerhalb des großbetrieblichen Sektors ergriffen werden sollen« (ebd.: 40).[18]

Die mitbestimmungsfreien Zonen sind im Wesentlichen in den Klein- und Mittelbetrieben der Wirtschaft zu finden (vgl. Rudolph/Wassermann 2006: 82). Diese waren bis in die 1980er Jahre in der öffentlichen Wahrnehmung und in der industriesoziologischen Forschung eine wenig berücksichtigte ›Grauzone‹, der schwache Beteiligungsmöglichkeiten der

17 Die Kommission konstatierte einen dramatischen Anstieg der mitbestimmungsfreien Zonen in den 1990er Jahren von 50,6 Prozent (1984) auf 60,5 Prozent (1994/96) bezogen auf die sozialversicherungspflichtig Beschäftigten in der Privatwirtschaft (Kommission Mitbestimmung 1998: 40).

18 Diese Überlegungen schlugen sich letztlich in der Novellierung des BetrVG 2001 nieder: Durch vereinfachte Wahlverfahren in Kleinbetrieben, die Absenkung von Freistellungsgrenzen sowie die rechtliche Fundierung von Betriebsratsnetzwerken sollte der reale Geltungsbereich der betrieblichen Mitbestimmung ausgedehnt werden. Der Effekt einer deutlich wachsenden Zahl mitbestimmter Unternehmen blieb in der betrieblichen Praxis bislang jedoch weitgehend aus (vgl. Modrow-Thiel 2001; Rudolph/Wassermann 2006).

Beschäftigten, fehlende Mitbestimmungsstrukturen und einseitige Festlegungen der Arbeits- und Beschäftigungsbedingungen durch die ›Inhaber-Patriarchaten‹ zugeschrieben wurden (vgl. Dohmeyer/Funder 1991). In der Industriesoziologie ist dieser Bereich bei der Erforschung betrieblicher Partizipationsstrukturen lange Zeit weitgehend vernachlässigt worden (vgl. dazu kritisch Kotthoff/Reindl 1990; Hilbert u.a. 1999):

»Sofern überhaupt thematisiert, wurden Formen der Interessenvertretung ohne formal verfasste Mitbestimmungsinstanzen bislang in erster Linie unter der Perspektive defizitärer Interessenvertretungs- und Partizipationsmöglichkeiten von Beschäftigten analysiert.« (Trinczek 2006: 10)

Erst Ende der 1980er Jahre entwickelten sich die Ansätze einer soziologischen Kleinbetriebsforschung, welche die Arbeits- und Sozialbeziehungen in diesem Bereich eingehender analysieren wollten (vgl. Kotthoff/Reindl 1990; Dohmeyer/Funder 1991; Wassermann 1992; Hilbert/Sperling 1993). Diese Studien führten dazu, dass »die bis dahin gängigen Vorstellungen über die Partizipationspraxis in diesen Betrieben differenzierter betrachtet und teilweise auch revidiert wurden. Ursache hierfür war vor allem die Tatsache, dass neben den offiziellen, formal abgewickelten, aber nur selten praktizierten Mitwirkungsmöglichkeiten des Betriebsverfassungsgesetzes vielfältige Möglichkeiten der informellen Mitwirkung bestehen, die von vielen Beschäftigten auch intensiv wahrgenommen werden« (Hilbert u.a. 1999: 262). Die Formen informeller Mitwirkung und direkter Partizipation haben in Klein- und Mittelbetrieben Bereich im Vergleich zu den formellen Mitbestimmungsgremien ein größeres Gewicht. Charakteristisch hierfür sind »persönliche Absprachen, horizontale Kommunikation, Improvisation und direkte Information« (Kotthoff/Reindl 1990: 43), die sich aus den Erfordernissen kleinbetrieblicher Fertigung ergeben. Hilbert und Sperling (1993) bezeichnen diese Formen der Partizipation im Kleinbetrieb als »Schattenpartizipation«, da die Partizipationschancen den technisch und organisatorisch vorgegebenen Arbeitsstrukturen bei qualifizierter Facharbeit folgen:

»Was im Programm der neueren, managementinitiierten Beteiligungsangebote als Qualitätszirkel, Teamarbeit u.ä. inszeniert wird, ereignet sich in diesen Kleinbetrieben quasi naturwüchsig.« (ebd.: 189)

Die Formen der Schattenpartizipation ergeben sich ohne eine bewusste Planung und Implementierung aus den Anforderungen der betrieblichen Leistungserstellung und den spezifischen Sozialbeziehungen (vgl. Kotthoff/Reindl 1990; Dörre 2001). Neben der direkten Beteiligung und informellen Mitwirkung konnten auch betriebsspezifische Formen kollektiver Interessenvertretung im klein- und mittelbetrieblichen Bereich identifiziert werden (Hilbert/Sperling 1993: 185ff.).

Der Verdienst der Untersuchungen liegt in dem Aufzeigen der Bandbreite der Partizipations- und Mitbestimmungspraktiken in den Klein- und Mittelbetrieben. Sie belegen zum einen, dass der verfassten Mitbestimmung in zahlreichen Betrieben nur eine untergeordnete Rolle zukommt und Vorbehalte gegen Betriebsratsgründungen existieren. Sie relativieren jedoch zum anderen die Annahme, dass eine ›mitbestimmungsfreie Zone‹ zwangsläufig eine ›partizipationsfreie Zone‹ darstellt. Vielmehr können sich weitreichende Beteiligungsmöglichkeiten eröffnen. Bei der Vielfalt informeller und direkter Partizipation wird von den Beschäftigten »sehr viel selbstbewusster als in zahlreichen Betriebsrats-Betrieben das eigene Interesse in das betriebliche Geschehen eingebracht, dort sind Züge einer lebendigen Basisdemokratie zu verspüren, dort streiten die Arbeiter in Belegschaftsversammlungen um ihre eigene Sache und sind nicht nur passive Teilnehmer steifer Betriebsversammlungs-Rituale« (Kotthoff/Reindl 1990: 343). Somit eröffnen die informellen Partizipationsstrukturen mitunter Beteiligungsmöglichkeiten, »die in manchen Punkten weiter gehen als jene, die in Großbetrieben mit Betriebsräten erzielt werden« (Hilbert u.a. 1999: 266).

Die Renaissance des Themas Klein- und Mittelbetriebe blieb in der industriesoziologischen Forschung »nur von kurzer Dauer« (ebd.: 258). Der gegenwärtige Forschungsstand zu den Partizipations- und Regulierungspraktiken der Klein- und Mittelbetriebe und den betriebsratslosen Unternehmen gilt weiterhin als defizitär, obwohl einige neuere Studien die »Betriebe ohne Betriebsrat« (Artus u.a. 2006) näher in den Blick nehmen. Angesichts der Trends zur Dezentralisierung und »Verkleinbetrieblichung« (Trinczek 2006) in der Wirtschaft sowie einer wachsenden Bedeutung der Klein- und Mittelbetriebe stellen sich Fragen zu den Arbeits- und Partizipationsbeziehungen in diesem Bereich umso dringlicher.

In der Perspektive ›mitbestimmungsfreie Zonen‹ sind auch die hochqualifizierten Angestellten (HQA) in den letzten Jahren stärker in das Blickfeld der Forschung gerückt. Auch dieses Segment galt bis in die 1980er Jahre als »ein Kontinent, der bisher kaum bereist wurde« (Kotthoff 1997: 12).[19] Einige industriesoziologische Studien widmeten sich eingehen-

19 Bis in die 1970er Jahre waren vorrangig berufssoziologische Studien durchgeführt worden, die sich der Arbeitssituation und der beruflichen Identität von Ingenieuren widme-

der dem Interessenhandeln und den Partizipationspraktiken der HQA (vgl. Baethge u.a. 1995; Kotthoff 1997; Faust u.a. 1998, 2000; Deutschmann 2001). Sie zeigen, dass die Hochqualifizierten den Akteuren und Institutionen der Industriellen Beziehungen weitgehend mit Skepsis begegnen und ein geringes Interesse an gewerkschaftlicher Mitgliedschaft und betrieblicher Mitbestimmung aufweisen.

Bei hochqualifizierter Arbeit dominiert vielmehr eine individualisierte Interessenvertretungspolitik, die sich an den Interessenlagen und spezifischen Partizipationsansprüchen der – zumeist außertariflich bezahlten – Beschäftigten orientiert. Das Selbstverständnis der HQA als Leistungsträger des Unternehmens und das Vertrauen in die individuelle Durchsetzungsfähigkeit der eigenen Interessen begründen eine verbreitete Praxis der Selbstvertretung und »internen Interessenregulierung ohne Alternative« (Kotthoff 1997: 116ff.):

»Kurzum: alles was dem Hochqualifizierten persönlich und als Mitglied der Gruppe in seinem Arbeitsbereich und auf seinem Berufsweg in der Firma widerfahren kann, gilt als interne Angelegenheit, für deren Regelung keiner außenstehenden Instanz ein Mandat übertragen werden sollte. Dies ist eine so verbreitete Meta-Regel, dass man von einer eingefleischten Norm sprechen kann.« (ebd.: 111)

Die verfasste Mitbestimmung stellt für die Hochqualifizierten lediglich in den Fällen, in denen die ›interne Interessenregulierung‹ mit Kollegen, Team- oder Projektleitungen sowie Abteilungsleitern nicht greift, eine Alternative dar. Zwar haben die Beschäftigten »ein reales Interesse an einem funktionierenden Vertretungsorgan« (ebd.: 142) und schreiben den Betriebsräten wichtige Funktionen in der Aushandlung der betrieblichen Rahmenbedingungen (Gehaltsstruktur, Arbeitszeitregelungen, Leistungsbeurteilungssysteme, Sozialleistungen, Firmenpolitik etc.) zu (vgl. Baethge u.a. 1995). Der eigene Rückgriff auf die kollektive Interessenvertretung widerspricht jedoch weitgehend der Mentalität und den vorherrschenden Arbeitsidentitäten der Hochqualifizierten (vgl. Hoose u.a. 2009).

Charakteristisch für hochqualifizierte Arbeit ist der Typ des »beitragsorientierten« Beschäftigten, der sich durch ein hohes Arbeitsengagement und eine ausgeprägte Leistungsorientierung in seinem Arbeitshandeln aus-

---

ten. Erst in den 1980er Jahren setzte eine breitere ›Angestelltenforschung‹ ein. Die wegweisende Studie von Baethge und Oberbeck (1986) thematisierte Prozesse der Dequalifizierung und des Statusverlustes von Angestellten der unteren und mittleren Ebenen einerseits sowie die verstärkte Aufgabenintegration und verbesserten Arbeitsbedingungen der hochqualifizierten Angestellten andererseits (vgl. auch Littek u.a. 1991).

zeichnet (vgl. Kotthoff 1997; Faust u.a. 1998, 2000). Die Beschäftigten in den untersuchten Großunternehmen sehen in ihrem Arbeits- oder Projektteam und ihrer Abteilung eine ›Produktionsgemeinschaft‹ aus Mitarbeitern und Vorgesetzten. Angesichts der ausgeprägten Integration von Vorgesetzten in diese Produktionsgemeinschaft und deren Funktion als Repräsentanten der Belange des Teams oder der Abteilung gegenüber der Unternehmensleitung »kann es kaum verwundern, wenn manche Hochqualifizierten explizit sagen, dass der Vorgesetzte ihr eigentlicher Interessenvertreter ist« (Kotthoff 1997: 115). Fragen der Arbeitsorganisation und Leistungserstellung, Aspekte der Arbeits- und Beschäftigungsbedingungen (unter anderem Arbeits- und Urlaubszeiten, Entgelt, Weiterbildung, Karriere) sowie Konflikte mit Kollegen und Vorgesetzten werden weitgehend innerhalb des Teams und der Abteilung oder in direkten Gesprächen mit Vorgesetzten geregelt.

Neuere Studien (vgl. Kotthoff/Wagner 2008, Hoose u.a. 2009) zeigen, dass umfassende Reorganisationsprozesse in den Unternehmen auch die Ebene der Hochqualifizierten und Führungskräfte erfassen und nicht selten zu einer deutlichen Beschneidung der ausgeprägten Handlungs- und Beteiligungsspielräume führen. Sinkende Primärmachtpotenziale und massive Vertrauensverluste in die betrieblichen Sozialbeziehungen wirken auf die Interessenorientierungen und Vertretungspraktiken der HQA ein. Ein unmittelbarer Attraktivitätsgewinn der verfassten Mitbestimmung im Bereich hochqualifizierter Arbeit zeichnet sich bislang jedoch nicht ab.

2.2.4 Zwischenfazit

Die einschlägigen Studien der Industrial-Relations-Forschung liefern zahlreiche Erkenntnisse zu den Konturen der betrieblichen Partizipations- und Mitbestimmungsstrukturen in der Wissensgesellschaft. Sie verweisen auf Umbrüche in der dualen Struktur der Industriellen Beziehungen, denen zufolge die betriebliche Ebene gegenüber der tarifvertraglichen Ebene einen Bedeutungszuwachs erfahren hat. Die Befunde belegen darüber hinaus eine Ausdifferenzierung von Partizipationsstrukturen auf der betrieblichen Ebene. Die verfasste Mitbestimmung ist ein zentrales, jedoch nicht das alleinige Modell in der betrieblichen Interessenvertretung. Weitere Formen der direkten Partizipation und der kollektiven Interessenregulierung werden praktiziert, insbesondere in den dynamisch wachsenden Zonen klein-

und mittelbetrieblicher Produktion und hochqualifizierter Arbeit. In der Gesamtbetrachtung werden dabei auch die Facetten der (direkten) Partizipationsformen deutlich: Im Kontext neuer Managementkonzepte ist Partizipation ein Instrument der Unternehmensführung, das auf wirtschaftliche Effizienzsteigerungen abzielt. In den Klein- und Mittelbetrieben beruht die Dominanz von individuellen und informellen Partizipationsstrukturen auf den Notwendigkeiten flexibler Leistungserstellung und direkter Arbeitskontakte. Im Bereich der hochqualifizierten Arbeit ist die praktizierte Selbstvertretung und interne Interessenregulierung Ausdruck der ausformulierten Interessenpositionen und Beteiligungsansprüche von Beschäftigten, die Schlüsselpositionen und Führungsaufgaben übernehmen und entsprechende Handlungsspielräume und Partizipationsmöglichkeiten einfordern. Diese unterschiedlichen Perspektiven der Partizipations- und Mitbestimmungsstrukturen wurden bislang nicht systematisch herausgearbeitet, miteinander verbunden und in die Entwicklung von Erklärungsansätzen der Industriellen Beziehungen einbezogen.

2.3 Die Neue-Medien-Unternehmen im Zentrum der Diskurse um innovative Partizipationsformen

Zu Beginn dieses Jahrzehntes richtete sich das Augenmerk der Partizipations- und Mitbestimmungsforschung stärker auf Entwicklungen in den Branchen, die sich im Zuge der dynamischen Verbreitung neuer Informations- und Kommunikationstechnologien in der Wirtschaft herausgebildet haben. Zu den »neuen Industriezweigen« (Schmierl 2003: 654) werden die Unternehmen, die sich mit der Generierung, Herstellung und/oder Anwendung von wissensintensiven Produkten sowie Service- und Beratungsdienstleistungen befassen, gezählt. Ihr »gemeinsames Charakteristikum ist, dass die ›Information‹ als immaterielles Gut im Zentrum der Wirtschaftsprozesse steht« (Abel u.a. 2005: 35; vgl. Hartmann 2002; Dienel 2004; Willke 2004). Unter Begriffen wie ›New Economy‹ oder ›digitale Wirtschaft‹ wurden Hightech-Branchen betrachtet, in denen sich – einschlägigen Diagnosen zufolge – die neuen Konturen von Erwerbsarbeit, Organisation und betrieblicher Partizipation in der Wissensgesellschaft in paradigmatischer Weise nachzeichnen ließen. Nach Willke (2004) sind es diese »Hochtechnologie-Branchen, von welchen die Wirtschaftsdynamik ausgeht und die das moderne Erwerbsleben prägen: Pharmazie, Informations- und Kommunikationsbranche, Luft- und Raumfahrt, neue Materialien, Medizintechnik etc.« (ebd.: 122).[20] Mit Blick auf die IT-Industrie als eine Schlüsselbranche der digitalen Wirtschaft verweisen Boes und Trinks (2006) darauf,

»dass zentrale Momente des Wandels (Internationalisierung der Produktion, Netzwerkunternehmen, neue Managementmethoden, neue Arbeitsformen und Beschäftigtentypen) gerade in diesem Industriesegment analysiert werden und die Basis für sehr weit reichende Interpretationen des Wandels der Produktionsstrukturen und der Arbeit darstellen. [...] Die IT-Industrie liegt daher zu Recht im Schnittpunkt zentraler Diskurse um die Entwicklung der Arbeit und der Arbeitsbeziehungen.« (ebd.: 13)

Zu den Hightech-Branchen der digitalen Wirtschaft zählen die Unternehmen der ›Neuen Medien‹ (vgl. Satzer 2001; Jäger 2003; Mayer-Ahuja/Wolf 2003). Diese lassen sich an der Nahtstelle zwischen IT-Industrie und Medienindustrie verorten beziehungsweise »an den Konvergenzpunkten von Informationstechnik, Telekommunikation, Medien und Marketing« (Mayer-Ahuja/Wolf 2003: 13; vgl. Dörre 2002; Martens 2003; Städtler u.a. 2004; Abel u.a. 2005; Abel/Ittermann 2006; Boes/Trinks 2006; Bläsche 2006). Die genaueren Konturen dieses neuen Segmentes zeichnen sich erst allmählich ab, jedoch bleibt festzuhalten, »dass sich im späten 20. Jahrhundert tatsächlich eine eigenständige und unterscheidbare Internet- und Multimediabranche herausgebildet hat« (Mayer-Ahuja/Wolf 2004: 82). Hierfür spricht auch die Abgrenzung des Organisationsbereiches des Bundesverbandes digitale Wirtschaft (BVDW), der nach eigenen Angaben »mitgliederstärkste Interessenvertretung der deutschen Digitalen Wirtschaft« (BVDW 2004). Der BVDW vertritt die Interessen von Unternehmen aus

20 Implizierten die vorherrschenden Diskurse eine weitgehende Übereinstimmung der vorliegenden Positionen, Erhebungen und Analysen in der Betrachtung der neuen Industriezweige beziehungsweise Hochtechnologiebranchen der Wissens- und Informationsökonomie, so zeigt eine nähere Betrachtung, dass deren Konturen letztlich eigentümlich unbestimmt geblieben sind. Weitere Begriffe wie IT-Industrie, New Economy, Informationswirtschaft, Internetwirtschaft, Bereiche hochqualifizierter Dienstleistungsarbeit oder TIME-Branche (Scholz u.a. 2001) verschärfen die Problematik und erschweren die Vergleichbarkeit der Befunde. In der vorliegenden Arbeit wird für den weiter gefassten Bereich der Hochtechnologieunternehmen der Begriff der ›digitalen Wirtschaft‹ präferiert. Dieser hat in der Öffentlichkeit und der sozialwissenschaftlichen Forschung eine zunehmende Verbreitung gefunden hat – wenngleich er mit unterschiedlichen Begriffskonnotationen belegt ist (vgl. zum Überblick: Ittermann 2003; Städtler u.a. 2004).

den Segmenten ›Software/IT-Services‹, ›Multimediadienstleistungen‹ und ›interaktive Angebote‹. Auch der Bundesverband Informationswirtschaft, Telekommunikation und *neue Medien* (BITKOM) verweist auf die Relevanz dieses neuen Segmentes.

2.3.1 Eckdaten zur digitalen Wirtschaft und der Neue-Medien-Branche

In den vorliegenden Erhebungen wird die Zahl der Beschäftigten in den Hochtechnologiebranchen je nach Abgrenzung auf 1,2 bis 2,3 Millionen Personen geschätzt (vgl. Roland Berger 2000; EIRO 2001; BMWA/BMBF 2003; NFO 2003; tns infratest 2004). Nach Angaben des Statistischen Bundesamtes betrug die Zahl der Beschäftigten im IuK-Sektor im Jahre 2001 rund 1,6 Millionen Personen. Die Zahl der Erwerbstätigen ist dabei gegenüber 1995 um rund 45 Prozent angestiegen. Konkretere Angaben zur Beschäftigungsentwicklung in der Informationswirtschaft liefert der Bundesverband BITKOM. In den jährlich erscheinenden »Daten zur Informationsgesellschaft« werden neben Angaben zur Verbreitung der neuen Technologien (unter anderem Computer, Internetanschlüsse, Breitband- und Mobilfunkkommunikation) und zur internationalen Entwicklung Daten zur wirtschaftlichen Lage und den Beschäftigtenzahlen der Informations- und Kommunikationswirtschaft präsentiert.[21] Den Angaben von BITKOM zufolge stieg die Gesamtzahl der Beschäftigten in den ›Boomjahren‹ der New Economy von 710.000 (1998) um rund 100.000 Erwerbstätige auf rund 820.000 (2000) an (siehe Tabelle 3; Boes/Baukrowitz 2002: 31; IG Metall 2003).

Die Differenzierung nach einzelnen Segmenten zeigt, dass dieses Wachstum nahezu ausschließlich in dem Segment »Software/IT-Dienstleistungen« erzielt wurde (siehe Tabelle 3), das mit rund 370.000 Beschäftigten den größten Bereich innerhalb der Informations- und Kommunikationswirtschaft bildet. Dieses wies Ende der 1990er Jahre überdurchschnittliche Wachstumsraten auf, während in der Telekommunikations-

21 Umfassende quantitative Bestandsaufnahmen der Informationsgesellschaft liefern auch der jährlich präsentierte Faktenbericht »Monitoring Informationswirtschaft« (tns infratest 2004) und der Bericht zur »Informationsgesellschaft Deutschland 2006« (BMWA/BMBF 2003). Die Angaben der Berichte zur Beschäftigungsentwicklung basieren auf den von BITKOM veröffentlichten Daten.

industrie oder Hardwareproduktion nur leichte Beschäftigungszuwächse oder gar Rückgänge zu verzeichnen waren.

Tabelle 3 Beschäftigte in der Informations- und Kommunikationswirtschaft 1998–2005

Beschäftigte	*1998*	*1999*	*2000*	*2001*	*2002*	*2003*	*2004*	*2005**
Informationstechnik	396.000	418.000	490.000	492.000	474.000	459.000	455.000	462.000
- Herstellung von Büromaschinen und DV-Geräten	128.000	117.000	108.000	104.000	99.000	94.000	91.000	90.000
- Software und IT-Dienstleistungen	268.000	301.000	382.000	388.000	375.000	365.000	364.000	372.000
Telekommunikation	314.000	327.000	330.000	327.000	307.000	294.000	290.000	287.000
- Herstellung von nachrichtentechnischen Geräten und Einrichtungen	77.000	76.000	83.000	80.000	72.000	68.000	67.000	66.000
- Telekommunikationsdienste	237.000	251.000	247.000	247.000	235.000	226.000	223.000	221.000
Gesamt	*710.000*	*745.000*	*820.000*	*819.000*	*781.000*	*753.000*	*745.000*	*749.000*

*Quelle: BITKOM 2004, 2005, 2006, * geschätzt; eigene Darstellung*[22]

Der fulminanten Wachstumsphase der Informationswirtschaft folgte zu Beginn des Jahrzehnts eine tiefe Krise. Der weltweite Einbruch der Technologiemärkte 2000/2001 und der »Wechsel von Boom zu Krise in der Branche« (Boes/Trinks 2006: 82) führte in den Hightech-Unternehmen zu Umsatz- und Beschäftigungsverlusten.[23] Zwischen 2000 und 2004 sank die Zahl der Beschäftigten um rund 70.000 auf 745.000 Personen (siehe Tabelle 3). Hiervon waren insbesondere die Bereiche der Hardwareproduktion und der Telekommunikationsindustrie betroffen. Zahlreiche Firmeninsolvenzen von Pionierbetrieben der digitalen Wirtschaft und steigende Arbeitslosenzahlen unter den IT-Spezialisten waren die Folge. Die New Economy verlor ihre herausragende Position als Hoffnungsträger der deutschen Wirtschaft im 21. Jahrhundert (vgl. Ladendorff 2003).

22 Zu den Beschäftigten in der Informationswirtschaft liegen neuere Angaben von BITKOM vor, die sich jedoch aufgrund von Umstellungen in der Datengrundlage nicht in der angegebenen Zeitreihe fortschreiben lassen (vgl. BITKOM 2008a).

23 Der Neue Markt (NEMAX) der Deutschen Börse spiegelt in seiner Entwicklung eindrucksvoll die dynamische Wachstums- und Krisenphasen in der digitalen Wirtschaft wider. Er galt als Symbol des Siegeszuges der New Economy und als Leitindex ökonomischer Prosperität. Gleichzeitig liefert er auch ein Zeugnis des rasanten Zusammenbruchs der New Economy und einer überschätzten und überbewerteten Entwicklung von Hightech-Unternehmen. Im Jahre 2004 wurde der Neue Markt aufgelöst. Den jedoch weiterhin inhärenten Wachstumspotenzialen der Hightech-Unternehmen entsprach die Deutsche Börse mit der Einführung des Technologiesegments ›TecDAX‹ (vgl. Ittermann/Niewerth 2004).

Seit 2004 zeichnet sich eine erneute Trendwende ab, derzufolge in der Informationswirtschaft nach einer Konsolidierungsphase wiederum eine positive Entwicklung – wenngleich auf einem moderateren Niveau als in den 1990er Jahren –zu verzeichnen ist. Nach den Angaben von BITKOM stieg das Marktvolumen in der Informations- und Kommunikationswirtschaft auf über ca. 130 Milliarden Euro (2007) an (vgl. BITKOM 2008). Auch die Beschäftigtenzahl ist seit 2004 kontinuierlich angestiegen (vgl. BITKOM 2008a). Die Wachstumsdynamiken sind allerdings allein auf das Segment »Software- und IT-Dienstleistungen« zurückzuführen. Hier zeichnen sich zahlreiche Neueinstellungen in den Unternehmen ab. Die Informations- und Kommunikationswirtschaft soll »wieder zum Zugpferd für die gesamte deutsche Wirtschaft« (BITKOM 2004a: 2f.) werden.

An der Nahtstelle zur Informations- und Kommunikationswirtschaft – und insbesondere zum Segment Software/IT-Dienstleistungen – lässt sich der Bereich der Neue-Medien-Unternehmen verorten. Für diesen Bereich liegen nur wenige verlässliche statistische Daten vor (vgl. Krafft 2001; Boes/Marrs 2003; Mayer-Ahuja/Wolf 2004; BVDW 2004; Kalkowski/-Mickler 2005). Mayer-Ahuja und Wolf (2004) führen Probleme in der quantitativen Erfassung der Neue-Medien-Branche auf die Konsolidierungsphase und »verschwommenen Grenzen« (ebd.: 81) zu anderen Segmenten zurück. Der Strukturwandel in den traditionellen und neuen Branchen der digitalen Wirtschaft und die zunehmende gegenseitige Durchdringung der Teilsegmente haben in der Konsequenz zu einer Reihe von Abgrenzungsvorschlägen und unterschiedlichen statistischen Befunden geführt. Viele Erhebungen konzentrieren sich dabei auf die dynamischen Entwicklungen in den Branchen Software, IT-Dienstleistungen, Multimedia und Internet, ohne jedoch das Segment der Neuen Medien als Ganzes in den Blick zu nehmen. Dementsprechend variieren die vorliegenden Angaben und Schätzungen zur Zahl der Unternehmen und Beschäftigten. Letztlich fehlen sowohl »eine klare Definition als auch fundiertes statistisches Datenmaterial« (Abel 2005: 6; Abel/Ittermann 2006). Gesicherte Bestandsaufnahmen zu den Umrissen und den Entwicklungsverläufen in den Neuen Medien als ›Kernbereich‹ der digitalen Wirtschaft sind weiterhin Mangelware.

Kalkowski und Mickler (2005) zufolge hat sich die Zahl der Beschäftigten in der Multimediabranche in der zweiten Hälfte der 1990er Jahre von rund 26.000 auf über 55.000 mehr als verdoppelt. Krafft (2001) geht von rund 10.000 Unternehmen und 150.000 Beschäftigten im Jahre 2001 aus. Der Gesamtumsatz in den Neuen Medien wird auf rund 60 Milliarden Euro geschätzt (BVDW 2004). Eine weitgehende Einigkeit besteht über die kleinbetriebliche Struktur der Multimediaindustrie (vgl. Mayer-Ahuja/-Wolf 2004). Demzufolge liegt die durchschnittliche Betriebsgröße bei 12 bis 15 Beschäftigten (vgl. Krafft 2001; Läpple u.a. 2002; BVDW 2004); selbst die 200 umsatzstärksten Unternehmen der Branche beschäftigten im Durchschnitt lediglich 33 Mitarbeiter (BVDW u.a. 2008). Im Gegensatz zur IT-Industrie, die von den führenden Großunternehmen der Hard- und Softwareproduktion sowie ›ehemals fordistischen Unternehmen‹ dominiert wird, ist die Neue-Medien-Branche eher von ›Start ups‹, das heißt jungen, dynamisch wachsenden Gründerunternehmen, geprägt (vgl. Boes/Baukrowitz 2002). Auch bei den Neue-Medien-Unternehmen zeichnet sich nach der Krise und der Rezession eine positive Konjunkturentwicklung ab. Zwar kann für diesen Bereich keine präzise Abschätzung der Beschäftigungsentwicklung vorgenommen werden, dennoch sprechen vorliegende Angaben für bemerkenswerte Wachstumsdynamiken bei den Software- und IT-Serviceunternehmen sowie in der Multimedia- und Internetwirtschaft (vgl. Trautwein-Kalms/Ahlers 2002; BITKOM 2008a).

2.3.2 Gestaltung von Arbeit und Organisation in den Unternehmen der Neuen Medien

In den 1960er und 1970er Jahren hatte die amerikanische Soziologie die Konturen einer postindustriellen Gesellschaft nachgezeichnet, in der Information und Wissen wichtige Produktivitätsfaktoren sind und ›knowledge workers‹ zum Träger dieses Kapitals werden (Machlup 1962, 1980; Lane 1966; Drucker 1969, 1993; Bell 1985). In der Wissensarbeit wurde eine zentrale Ressource der Informationswirtschaft identifiziert (vgl. Willke 1998, 2004; Heidenreich/Töpsch 1998; Sennett 1998; Paul 1999; Stehr 2001; Heidenreich 2003; Pries 2005). Willke (1998) zufolge kennzeichnet Wissensarbeit, dass »das relevante Wissen kontinuierlich revidiert, (2) permanent als verbesserungsfähig angesehen, (3) prinzipiell nicht als Wahrheit, sondern als Ressource betrachtet wird und (4) untrennbar mit Nicht-Wissen gekoppelt ist, so dass mit Wissensarbeit spezifische Risiken verbunden sind« (ebd.: 4). Angesichts der Entwicklungsdynamiken der Informationsökonomie könne Wissensarbeit zum »neuen Leitmodell für wertschöpfende Erwerbsarbeit« (Willke 2004: 135) werden.[24] Heidenreich und Töpsch (1998) prognostizieren angesichts der Zunahme von Wissensarbeit »eine Erosion der betriebsförmig organisierten Erwerbsarbeit und eine Diversifizierung der Arbeits- und Organisationsformen« (ebd.: 14; vgl. Sydow/Wirth 1999). Das Forschungsinteresse richtete sich dabei insbesondere auf die Unternehmen der neuen Ökonomie als zentrale Referenzfolie in der Betrachtung wissensintensiver und projektförmig organisierter Arbeit sowie virtueller und netzwerkförmiger Organisationsmodelle.

Nach Städtler u.a. (2004) »verkörperten die Unternehmen der New Economy für viele Beobachter einen zukunftsfähigen Entwurf für die Organisation und Durchführung innovativer Wissensarbeit« (ebd.: 148). Die Spezifika in der Erstellung und Anwendung immaterieller, nicht stofflicher Güter der Informations- und Kommunikationstechnik begründet neue Wege in der Organisation von Arbeit und stellt komplexe Herausforderungen an die hochqualifizierten Beschäftigten. Wissensintensive Tätigkeit setzt Arbeits- und Organisationsformen voraus, die »möglichst flexibel, teamorientiert, vernetzt und weitgehend selbstgesteuert« (Willke 2004: 126) sind. Die »Lösung anwendungsorientierter, nicht disziplinär eingegrenzter und oftmals nicht systematisch formulierbarer Probleme« (Heidenreich 1997: 178) erfordert ein hohes Maß an Expertenwissen, Kreativität, intensive Kommunikation und Selbstorganisation. Hierbei ist die Bewältigung abstrakter und komplexer Arbeitsaufgaben, weitgehend unbestimmter Arbeitsziele sowie die notwendige Vermittlung zwischen unspezifischen Produkt- und Kundenanforderungen einerseits und konkreter inhaltlicher Gestaltung andererseits erforderlich (vgl. Paul 1999). Die Hightech-Unternehmen der digitalen Wirtschaft sind »mehr als andere auf Expertenwissen angewiesen und damit – wegen der mangelnden Kodifizierbarkeit dieses Wissens – auf Experten« (Sydow/van Well 1996: 193). Angesichts der notwendigen Bewältigung komplexer und unspezifischer Problemstellungen werden die Wissensarbeiter auf der einen Seite zum wichtigen Kapital der Hightech-Unternehmen. Die Besonderheiten wissensintensiver Arbeit führen zu ausgeprägten Primärmachtpotenzialen und

24 Die Befunde zum strukturprägenden Stellenwert von Wissensarbeit in der Ökonomie und Gesellschaft als neues Leitmodell der Erwerbsarbeit lösten in der arbeits- und industriesoziologischen Forschung rege Debatten und zahlreiche Bestandsaufnahmen aus. Während einige Studien den »Mystizismus« (Boes/Trinks 2006: 15; ähnlich Deutschmann 2002; Baethge 2004) zur Bedeutung von Wissensarbeit kritisch betrachten, betonen andere Arbeiten deren dynamische Verbreitung und ihren strukturprägenden Charakter (Heidenreich/Töpsch 1998; Stehr 2001; Willke 2004).

weitreichenden Autonomie- und Handlungsspielräumen der Beschäftigten. Auf der anderen Seite versuchen die Hightech-Unternehmen jedoch, »sowohl die Generierung als auch die Speicherung von Expertenwissen ein Stück weit von den Personen loszulösen, um nicht selbst von den Experten zu abhängig zu sein« (ebd.: 193).

Die Anforderungen wissensintensiver Arbeit in den Unternehmen der digitalen Wirtschaft haben zur Verbreitung neuer Kontroll- und Steuerungsmechanismen geführt, die in der einschlägigen Literatur als »diskursive Koordinierung« (Braczyk 1997; Minssen 1999; Minssen 1999a) oder »verantwortliche Autonomie« (Friedman 1987; Boes/Trinks 2006) bezeichnet werden. Die Möglichkeiten zur direkten Steuerung organisatorischer Prozesse durch das Management sind begrenzt (vgl. Heidenreich/Töpsch 1998: 17). Neue Formen der Kontextsteuerung zielen auf den Verzicht konkreter Vorgaben und auf die Festlegung abstrakter Rahmenbedingungen und Zielvorgaben ab. Hierbei wird auf neue, »ergebnisbezogene Koordinations- und Steuerungsmechanismen« (Töpsch u.a. 2001: 309) wie Zielvereinbarungen zurückgegriffen, in denen zwischen Unternehmen und Beschäftigten ergebnisorientierte Absprachen getroffen und Verantwortlichkeiten für die konkrete Umsetzung der Ziele festgelegt werden (vgl. Kalkowski 2004; Kalkowski/Mickler 2005).

Zielvereinbarungen, innovative Führungskonzepte und diskursive Koordinierung erfordern ein hohes Maß an Selbstorganisation und Selbstrationalisierung der hochqualifizierten Beschäftigen (Voß/Pongratz 1998; Abel u.a. 1998; Minssen 1999). Mit den neuen Konzepten einer marktgetriebenen Dezentralisierung und indirekten Kontextsteuerung zeichnen sich die »Konturen eines veränderten Zugriffs auf die Leistungspotenziale von Arbeitskraft ab« (Kratzer u.a. 2004: 333). Dieser basiert auf der Subjektivierung des Arbeitsprozesses, der Verschränkung von Arbeitskraft und Person sowie der Auflösung traditioneller Grenzziehungen von Arbeitswelt und Lebenswelt, das heißt von Arbeitszeit und Freizeit oder Arbeitsort und Wohnort (vgl. Kotthoff 1997; Moldaschl 2002; Minssen 2007). Die Gestaltung von Arbeit und Organisation in den Unternehmen der digitalen Wirtschaft bildete einen zentralen Bezugspunkt in der theoretisch-analytischen Weiterentwicklung der arbeits- und industriesoziologischen Forschung. Ansätze zur Entwicklung neuer Arbeitskrafttypen (vgl. Voß/Pongratz 1998, 2005), zur ›Entgrenzung‹ von Arbeit und Organisation (vgl. Kühl 2002; Kratzer 2003) und zur Subjektivierung und Vermarktlichung von Arbeit (vgl. Moldaschl/Sauer 2000; Moldaschl 2002; Boes/Trinks

2006) verweisen in ihrer empirischen Fundierung häufig auf die Arbeits- und Organisationspraktiken in den Hightech-Betrieben. So gelten die HQA als prototypisch für die Existenz und Verbreitung von »Arbeitskraftunternehmern« (Voß/Pongratz 1998; Pongratz/Voß 2000).

Charakteristisches Merkmal wissensintensiver Arbeit ist darüber hinaus deren projektförmige Organisation. Nach Kalkowski und Mickler (2005) haben sich die Projektnetzwerke in den IT- und Medienindustrie als »flexible, marktnahe und temporäre Organisationsform« (ebd.: 16) durchgesetzt. Sie sind innerhalb der Unternehmen durch zumeist abteilungsübergreifende und temporäre Arbeitskontexte von Wissensarbeitern und überbetrieblich durch zeitlich befristete Kooperationszusammenhänge kleinerer Betriebe und selbstständigen Medienschaffenden gekennzeichnet (vgl. Windeler/Sydow 2001; Kalkowski/Mickler 2002; Städtler u.a. 2004). Kalkowski (2004a) verweist in diesem Zusammenhang auf die ›Kontraktualisierung der Arbeitsverhältnisse‹ und sieht die Organisation in der digitalen Wirtschaft als »Nexus von Verträgen« (ebd.: 103). Eine extreme Variante der projektförmigen Organisation des Leistungserstellungsprozesses stellen ›virtuelle Unternehmen‹ dar.[25]

2.3.3 Innovative Formen der betrieblichen Partizipation in den Neue-Medien-Unternehmen

Neben den neuen Arbeits- und Organisationsformen rückte die Gestaltung innovativer Partizipationsstrukturen in den Neue-Medien-Unternehmen (und weiteren Bereichen der digitalen Wirtschaft) in das Blickfeld der industriesoziologischen Forschung (vgl. Satzer 2001; Mayer-Ahuja/Wolf 2003; Jäger 2003; Martens 2004; Kalkowski/Mickler 2005; Abel u.a. 2005; Abel 2005; Boes/Trinks 2006). In der ›New Economy‹ waren Prototypen von ›mitbestimmungsfreien Zonen‹ in der Wirtschaft identifiziert worden (vgl. Kluge/Schiemann 2001; Schmierl 2001; 2003; Ittermann/Abel 2002; Ittermann 2003a; Städtler u.a. 2004; Kalkowski 2004a). Die mitbestim-

25 In virtuellen Unternehmen werden unter Nutzung moderner Informations- und Kommunikationstechnologien räumlich verteilt operierende Teams und Netze lateraler Arbeits- und Geschäftsbeziehungen projekt- und netzwerkförmig konfiguriert (vgl. Sydow/Windeler 1999; Schleiter 2001; Castells 2001; Kratzer u.a. 2004). Unternehmen der Medien- und der IT-Industrie gelten als » ›Prototypen‹ avancierter Formen des entgrenzten Unternehmens« (Kratzer u.a. 2004: 354).

mungsfreien Zonen waren jedoch nicht durch defizitäre Beteiligungsstrukturen der Beschäftigten gekennzeichnet, sondern vielmehr durch vielfältige Partizipationsmöglichkeiten und »neuartige Interessenvertretungsmodi« (Schmierl 2003: 654). Nach Töpsch u.a. (2001) entwickelten die IT-Unternehmen »jenseits des dualen Interessenvertretungssystems eigene und neue Regulationsmechanismen« (Töpsch u.a. 2001: 312).[26] Diese Mechanismen äußerten sich in »neuen Formen einer – von Gewerkschaften und traditionellen betrieblichen Interessenvertretungen unabhängigen – informellen, individuellen, projektnetzwerk- oder betriebsspezifischen Interessenvertretung oder Interessenartikulation« (Schmierl 2006: 176).

In einer frühen Bestandsaufnahme identifizierten Kipker und Potthoff (2000) mit Blick auf die 50 größten Unternehmen des Neuen Marktes (NEMAX-50) der Deutschen Börse die Verbreitung »alternativer Mitbestimmungsformen« (ebd.: 6). In den Unternehmen waren offene und flache Hierarchien (95 Prozent), regelmäßige Informationsveranstaltungen (87 Prozent), Mentor- und Coaching-Modelle (85 Prozent) und elektronische Foren-/Mediennutzung (85 Prozent) nahezu flächendeckend verbreitet (ebd.). Mitbestimmungsgremien existierten hingegen nur in acht NEMAX-Unternehmen (16 Prozent); bei denen es sich insbesondere um Betriebe aus der Hardwareproduktion oder der Call Center-Branche handelte, die in ihren Strukturen den Unternehmen der ›Old Economy‹ ähnelten.[27] Die ›pol-di.net-Studie‹ (politik-digital.de 2001), die unter den im Jahre 2000 notierten 225 Unternehmen des Neuen Marktes durchgeführt wurde, bestätigte weitgehend dieses Bild: Nur in jedem vierten NEMAX-Unternehmen (26 Prozent) existierten zum Erhebungszeitpunkt Betriebsratsgremien (ebd.: 6). In weiteren 13 Prozent der Unternehmen vertraten ›alternative Gremien‹ oder ›Vertrauenspersonen‹ die Interessen der Beschäftigten. Beispiele hierfür sind ›Ältestenrat‹, ›Vertrauensrat‹ oder ›Senat‹ sowie

26 Die gewerkschaftlichen Organisationsgrade der Beschäftigten und die Tarifbindungen der Unternehmen sind in den Unternehmen schwach ausgeprägt: Ahlers und Trautwein-Kalms (2002) zufolge unterlagen 44 Prozent der Unternehmen aus den Segmenten Soft- und Hardwareproduktion, Telekommunikationsindustrie und Multimedia-Sektor keinem Tarifvertrag. In der Studie der Ruhr-Universität Bochum (vgl. Ittermann/Niewerth 2004) zu den Unternehmen des Neuen Marktes waren nur sieben Prozent der Unternehmen tarifvertraglich gebunden. Die gewerkschaftlichen Organisationsgrade der Beschäftigten lagen unterhalb der 10-Prozent-Marke (ebd.: 56).

27 Darüber hinaus verwies die Studie von Kipker und Potthoff (2000) auf die Verbreitung von materiellen Formen der Mitarbeiterbeteiligung (Kapital- und Gewinnbeteiligungsmodelle) in den börsennotierten Unternehmen (vgl. auch Hauser-Ditz/Höpner 2002).

›Coach‹ oder ›Betriebsphilosoph‹ (ebd.: 14ff.). Die Mehrheit der NEMAX-Unternehmen (61 Prozent) verfügte jedoch über keine organisierte Form der Mitarbeitervertretung (ebd.).

Ein differenzierteres Bild zeichnet die repräsentative Studie der Ruhr-Universität Bochum aus dem Jahre 2002 (Ittermann/Niewerth 2004). Die Untersuchung erfasste die Auswirkungen des Einbruchs der Technologiemärkte 2000/2001, die sich auch in den betrieblichen Interessenvertretungsstrukturen niederschlugen. Die Daten relativieren zunächst die These einer ausgeprägten mitbestimmungsfreien Zone und verweisen auf einen ›Betriebsratsanteil‹ von 40 Prozent der am Neuen Markt gelisteten Unternehmen (siehe Abbildung 1). Im Vergleich zu den Befunden der pol-di.-net-Studie war die Zahl der Betriebsratsbetriebe in wenigen Jahren somit deutlich angestiegen.

Abbildung 1 Partizipationsformen in Unternehmen des Neuen Marktes*

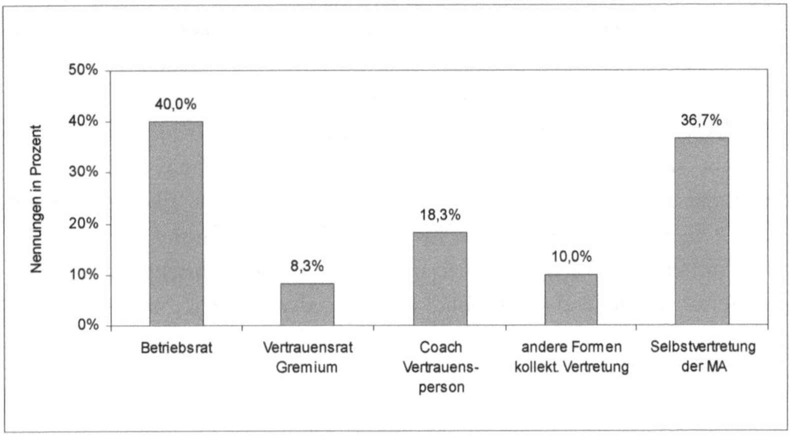

*Quelle: Ittermann/Niewerth 2004: 58; *Mehrfachnennungen möglich*

Auch ›alternative Gremien‹ der Interessenregulierung waren unter den NEMAX-Unternehmen verbreitet. In ca. 18 Prozent der Unternehmen des Neuen Marktes waren Vertrauenspersonen oder Coaches als Interessenvertretung tätig, darüber hinaus existierten Vertrauensräte oder ähnliche Gremien (8 Prozent) sowie andere Formen kollektiver Vertretung (10 Prozent). Diese »anderen Vertretungsorgane« (Hauser-Ditz u.a. 2006) vertreten – mehr oder weniger formalisiert – die Interessen der Beschäftigten gegenüber Vorgesetzten oder der Geschäftsleitung (vgl. Ittermann/Niewerth 2005; Schmierl 2006). Die Bandbreite dieser Gremien reicht von betriebsratsähnlichen Interessenvertretungen, die auf Initiativen aus der Belegschaft zurückgehen, bis zu managementinitiierten ›runden Tischen‹ zur gemeinsamen Aushandlung von arbeits- und unternehmensbezogenen Entscheidungen (vgl. Hauser-Ditz u.a. 2008). Insgesamt sprechen die Zahlen für eine stärkere ›Kollektivierung‹ beziehungsweise Formalisierung der Interessenregulierung, wenngleich in immerhin rund 37 Prozent der Unternehmen die direkte Partizipation und Selbstvertretung der Beschäftigten dominierte (siehe Abbildung 1). Ahlers und Trautwein-Kalms (2002) konstatieren einen zunehmenden »Bedarf nach einem Betriebsrat« (ebd.: 46) in der IT-Branche, der informelle und rechtlich nicht abgesicherte Vertretungsstrukturen ersetzen soll.

Dieser weitgehend unstrittigen Trendentwicklung in der New Economy als Folge der Krise und der notwendigen Anpassungserfordernisse muss jedoch eine differenzierte Betrachtung der Binnenstrukturen (Segmente, Unternehmensgrößen) folgen: Hierbei zeigen sich unterschiedliche Entwicklungsverläufe in den betrieblichen Partizipationspraktiken. Der Studie von Ittermann und Niewerth (2004) zufolge korreliert die Existenz von Betriebsratsgremien mit den Segmenten der New Economy: Während sich Betriebsratsgremien insbesondere in den Bereichen der Hardwareproduktion oder Telekommunikation gegründet haben, stellen die Segmente Internet, Software und IT-Services eher mitbestimmungsfreie Zonen dar. Andere Studien (Töpsch u.a. 2001; Boes/Baukrowitz 2002) zeigen, dass die ›ausgegründeten‹ Großunternehmen der IT-Industrie eine höhere Bindung an verfasste Mitbestimmung und tarifvertragliche Strukturen aufweisen.[28] In vielen kleineren und mittleren Start-up-Unternehmen sind diese Bindungen hingegen weniger stark ausgeprägt. Boes und Baukrowitz (2002) zufolge kennzeichnet die zumeist jungen Kleinbetriebe der digitalen Wirtschaft eine »kommunitaristische Kultur«, welche die Ferne zu Gewerkschaften und verfasster Mitbestimmung begründet.

Auch die Neue-Medien-Unternehmen, vorwiegend jüngere Klein- und Mittelbetriebe aus den Segmenten Internet, Software, IT-Services und Multimedia, haben eine allenfalls lose Koppelung an die Institutionen der Industriellen Beziehungen: Eine geringere Reichweite der betrieblichen

28 Jedoch zeigen Töpsch u.a. (2001) auch, dass in einigen größeren Unternehmen der IT-Industrie auf tarifvertragliche oder betriebliche Formen institutionalisierter Interessenvertretung verzichtet wird (ebd.: 319). Ein Beispiel für ein alternatives, weitgehend institutionalisiertes Gremium war das ›Aufsichtsratsmodell‹ des Softwareunternehmens SAP, das erst 2006 von einem ›Betriebsratsmodell‹ abgelöst wurde (vgl. Girndt 2006).

Mitbestimmung in diesem Bereich legt die Studie von Städtler u.a. (2004) nahe: Lediglich 11 Prozent der befragten Unternehmen aus der Internetwirtschaft gaben die Existenz von Betriebsratsgremien an; in 18 Prozent der Unternehmen waren alternative Gremien der Interessenregulierung gegründet worden. Die Ergebnisse verweisen auf eine hohe Bedeutung informeller und individualisierter Partizipationsformen im Bereich der Neuen Medien. In diesen Unternehmen sind die direkten Verhandlungsbeziehungen und ›kommunitaristischen Grundkulturen‹ naturwüchsige Gebilde und stark ausgeprägt (vgl. Boes/Trinks 2006). Sie begründen eine strukturelle Verankerung der individualisierten Partizipation als »organischer Bestandteil gewachsener Arbeitskulturen« (Dörre 2002: 178). Beteiligungsmöglichkeiten bieten sich in vielen Regulierungsbereichen wie den Arbeits- und Beschäftigungsbedingungen, den Arbeitsinhalten und der Arbeitsorganisation sowie bei Entscheidungen zur strategischen Entwicklung des Betriebes. Die Höhe der Einkommen wird von der Stellung und dem Verhandlungsgeschick des Einzelnen maßgeblich beeinflusst. Nach Dörre (2001, 2002) fällt die Partizipationsvariante der New-Economy-Unternehmen im Vergleich zu anderen Typen direkter Partizipation in der Wirtschaft »aus dem Rahmen« (Dörre 2002: 209).

Individualisierte Muster der Interessenregulierung in den Neue-Medien-Unternehmen sind nicht nur ein Phänomen kleinbetrieblicher Strukturen, sondern auch »ein inhärentes Moment hochqualifizierter Tätigkeit« (Städtler u.a. 2004: 161). Sie basieren auf dem Commitment der Beschäftigten gegenüber dem Unternehmen und dem Team sowie dem Ethos des professionellen Spezialisten (vgl. Töpsch u.a. 2001: 317). Das Handeln der hochqualifizierten ›Arbeitskraftunternehmer‹ definiert sich bereits als ›mitbestimmt‹ und entzieht sich in weiten Teilen einer Kollektivierung von Interessenlagen. Die hochqualifizierten Beschäftigen haben eine »größere Affinität zu Formen der direkten Partizipation [...] Sie haben durchaus Mitbestimmungs- und Partizipationsinteressen. Diese haben aber relativ wenig mit dem zu tun, was unter verfasster Mitbestimmung verstanden wird« (Kalkowski 2004: 262). Und selbst in den Unternehmen, in denen »Betriebsräte und kollektive Vertragsmuster entstehen, dominiert dennoch ein individuelles Partizipationsmuster, dass es dem Verhandlungsgeschick und der Zivilcourage jedes Einzelnen überantwortet, seinen Interessen Geltung zu verschaffen« (Dörre 2002: 339). Hier zeigt sich, dass selbst in Betrieben mit Betriebsräten die verfasste Mitbestimmung nicht zwangsläufig das vorherrschende Partizipationsmuster darstellen muss.

Die Befunde zeigen, dass in den Neue-Medien-Unternehmen neue Formen der direkten Partizipation und alternative Gremien der Interessenvertretung – in impliziter oder expliziter Abgrenzung zur verfassten Mitbestimmung – entwickelt worden sind. Die Umbrüche in der digitalen Wirtschaft werfen zwei Fragen auf: Zum einen die Frage nach der Dauerhaftigkeit der neuartigen Partizipationsmodelle angesichts veränderter Markt- und Organisationserfordernisse und zum anderen die Frage nach der Diffusion innovativer Regulierungsmuster in der Wirtschaft und den Auswirkungen auf die duale Struktur der Industriellen Beziehungen.

2.3.4 Entwicklungsszenarien von Partizipation und Mitbestimmung in den Neue-Medien-Unternehmen

Die Entwicklungsperspektiven der betrieblichen Partizipation und Interessenregulierung in den Neue-Medien-Unternehmen werden in der Forschung kontrovers diskutiert. Je nach inhaltlicher Fokussierung werden zwei, drei oder vier Positionen unterschieden (vgl. Pries u.a. 2002; Feseker/Städtler 2004; Abel u.a. 2005; Ittermann/Niewerth 2005; Boes/Trinks 2006). Im Sinne einer Zuspitzung der vorliegenden Befunde und verschiedenen Entwicklungsszenarien lassen sich zwei Positionen nachzeichnen:

Vertreter einer *ersten Position* betonen die strukturelle Verankerung neuer Formen individualisierter und kollektiver Partizipation in den Unternehmen der digitalen Wirtschaft. In dieser Perspektive erweisen sich die Unternehmen in hohem Maße als »regulationssperrig« (Töpsch u.a. 2001: 307). Die strukturellen Besonderheiten von Wissensarbeit und Projektorganisation bedingen weitreichende Autonomiespielräume und Beteiligungsmöglichkeiten der Beschäftigten und verhindern die Herausbildung traditioneller Konfliktlinien zwischen Beschäftigten und Management. Während sich in den größeren IT-Unternehmen mit ›Old Economy-Hintergrund‹ eine geregelte Form der Interessenvertretung durchaus etablieren kann, ist es unwahrscheinlich, dass diese »in die ›jungen‹ Unternehmen ohne historischen Bezug zum Tarifvertragssystem […] vordringt« (Töpsch u.a. 2001: 329). Die neuen Formen der Koordinierung stehen im Widerspruch zu dem vorherrschenden Verständnis von gewerkschaftlicher und betrieblicher Interessenvertretung. Abel u.a. (2005) betonen, dass in den Neue-Medien-Unternehmen die »traditionellen Formen der Erwerbsregulierung im Rahmen kollektiver Interessenvertretung zwar durchaus in einigen

Fällen anzutreffen sind, dass sie aber keineswegs die Dynamik der Aushandlung, Definition und Kontrolle der Arbeits- und Beschäftigungsbedingungen bestimmen« (ebd.: 47). Auch Krisenerfahrungen der Unternehmen und schlechtere Arbeitsmarktbedingungen der Beschäftigten führen nicht zwangsläufig zu gewerkschaftlicher Bindung und verfasster Mitbestimmung. Vielmehr halten die hochqualifizierten Beschäftigten an anderen Konfliktbewältigungsstrategien und Formen der Interessenvertretung fest. Die spezifischen Vertrauensbeziehungen der betrieblichen Akteure und die Abhängigkeit der Unternehmen der digitalen Wirtschaft von den hochqualifizierten Beschäftigten sprechen gegen eine einseitige Aufkündigung von Partizipationsangeboten und beteiligungsorientierten Arbeitskulturen (vgl. Abel/Pries 2005).

Auch nach Kalkowski (2004) haben die Wissensarbeiter an einheitlichen Normen, Arbeitszeiten, Leistungsstandards und an einer auf Besitzstandswahrung ausgerichteten Gewerkschaftspolitik nur ein geringes Interesse. Darüber hinaus sagt »das bloße Vorhandensein von Betriebsräten [...] noch nichts über deren Selbstverständnis, deren Rückhalt bei Hochqualifizierten sowie über das Verhältnis dieser Betriebsräte zu den Gewerkschaften aus« (Kalkowski 2004: 262). Nicht zuletzt von den Gewerkschaften und den von ihnen formulierten »Metaregeln« (ebd.: 265) hängt es »maßgeblich ab, welche Art der Interessenregulation, welche ›Regulationsweise‹ sich in diesem Feld durchsetzen und möglicherweise in Zukunft in der Wissensgesellschaft einmal dominieren wird« (ebd.: 253). Nach Städtler u.a. (2004) befinden sich viele Neue-Medien-Unternehmen auf der Suche nach dem »organisatorischen Königsweg« (ebd.: 153), wobei eine »bürokratische Überformung« (ebd.: 151) weitgehend abgelehnt wird. In der Charakterisierung der Beschäftigteninteressen zeigt sich, dass trotz der Krisenerscheinungen »ein gutes Arbeitsklima, eine interessante, abwechslungsreiche Tätigkeit und hohe Freiheitsgrade in der individuellen Arbeitsorganisation« (ebd.: 159) nach wie vor von zentraler Bedeutung sind. Die Attraktivität der verfassten Mitbestimmung ist nur durch einen Formwandel und die Anpassung an die individuellen Präferenzen der Wissensarbeiter zu steigern:

»Im Falle von Wissensarbeit unterliegen nicht nur die Inhalte von Mitbestimmung massiven Veränderungen, sondern auch die ›äußere Gestalt‹ von Interessenvertretung (vor allem ihrer traditionellen Institutionen) ist aufgefordert, in einer Art ›vertrauensbildender Maßnahme‹ um Akzeptanz zu werben und von ihrem Selbstverständnis her einen Formwandel zu vollziehen, der sie ›näher‹ an die Wissensarbeiter in den modernen Branchen bringt.« (ebd.: 161)

In einer anderen Perspektive, die einer *zweiten Position* zuzuordnen ist, begründet die »Zeitenwende« (Boes/Trinks 2006: 81), die aus dem Börseneinbruch und der wirtschaftlichen Krise resultiert, Umbrüche in den vorherrschenden Arbeits- und Partizipationskulturen. So werden die »Erschütterung der bestimmenden Kultur in den Unternehmen« (ebd.: 22) und »Auflösungserscheinungen« (Dörre 2001: 397) partizipativer Arbeitskulturen konstatiert. Ein marktzentrierter Kontrollmodus, der sich am Primat der Wettbewerbsfähigkeit orientiert, setzen sich zunehmend gegenüber dem Leitbild der kommunitaristischen Sozialordnung durch (vgl. Boes/Trinks 2006). Der neue Herrschaftsmodus hinterfragt die begrenzte Steuerungsfähigkeit wissens- und projektbasierter Arbeit. Kreative Wissensarbeit und hochqualifizierte Projektarbeit werden demnach »durch neue Hierarchien, strengere Kontrollen sowie die Unterordnung unter ökonomische Imperative *eingedämmt*« (Mayer-Ahuja/Wolf 2004: 94; hvg. i.O.). Die immanenten Widerspruchskonstellationen der neuen Unternehmenskonzepte treten offener zutage. Die Win-Win-Situation der Boomphase ist nicht mehr strukturprägend. Die systematische Tabuisierung des Interessengegensatzes der betrieblichen Akteure verliert an Gewicht:

»Die Sozialbeziehungen in den Dienstleistungsbereichen der IT-Industrie wandeln sich von der Gemeinschaft zum Interessengegensatz.« (Boes/Trinks 2006: 318)

Die strukturprägenden, individualistischen Partizipationsmuster der Arbeitsbeziehungen werden auf die »Sonderbedingungen einer Übergangsphase« (Boes 2004: 4) zurückgeführt. Angesichts der Krise und der neuen Marktanforderungen zeichnen sich neuere Entwicklungen ab, aufgrund derer die spontane Beteiligung in den Unternehmen zunehmend in eine »gemanagte Partizipation« (Dörre 2002: 209) überführt wird. Dabei werden die Spielräume für direkte Partizipation und alternative Beteiligungsformen deutlich eingegrenzt:

»Nach dem Ende der ›New Economy‹-Euphorie [...] bezieht sich heute kaum noch jemand positiv auf die seinerseits rasch zu Leitbildern stilisierten Management- und Arbeitspraktiken der Internetfirmen [...] Damit ist selbst hier direkte Beteiligung kein leuchtendes Markenzeichen mehr und gerät auch und gerade in dieser Zukunftsbranche deutlich unter Druck. Wie empirische Untersuchungen zeigen, sind partizipationsbegrenzende und -gefährdende Tendenzen wie Formalisierung, Hierarchisierung und Informatisierung betrieblicher Strukturen und Prozesse unverkennbar.« (Wolf 2003: 17f.)

Vermeintliche Schwachstellen individualisierter und informeller Formen der Interessenaushandlung sowie »Gerechtigkeitslücken« (Dörre 2002: 320), die sich aus unterschiedlichen Machtpotenzialen von Beschäftigtengruppen ergeben, treten deutlicher hervor. So »reicht die Primärmacht der Wissensarbeiter nicht aus, um die Leistungsbedingungen und die Gehaltsfrage entscheidend zu beeinflussen. Für die beklagte Gerechtigkeitslücke bietet direkte Partizipation keine Lösung« (ebd.). Die neuen Entwicklungen führen bei den Beschäftigten zu einem spürbaren Verlust an Primärmacht, sinkenden Beschäftigungsperspektiven und schlechteren Arbeitsbedingungen. Darüber hinaus wird auf veränderte Interessenorientierungen der Beschäftigten verwiesen. Diese sind älter geworden und formulieren aufgrund neuer Lebenssituationen andere Interessen (geregelte Arbeitszeiten, feste Einkommen). Im Zuge dieses Neuorientierungsprozesses und Interessenwandels gewinnt die verfasste Mitbestimmung an Attraktivität. Somit reift bei den Beschäftigten die Erkenntnis, »dass Selbstbestimmung ohne Mitbestimmung nicht funktionieren wird« (Boes 2004: 5). Insbesondere für die ›arbeitnehmerorientierten‹ Beschäftigten in der IT-Industrie tritt der strukturelle Gegensatz zwischen Unternehmens- und Beschäftigteninteressen in der Krise deutlicher hervor und begünstigt Betriebsratsgründungen.

Doch nicht nur die Krise und Zeitenwende, sondern auch das Wachstum erfolgreicher IT-Unternehmen führt zu Veränderungen in den Praktiken der Interessenregulierung. Diese schlagen sich in Formalisierungserfordernissen in den Beziehungen zwischen Geschäftsleitungen und Beschäftigten, in den Informations- und Kommunikationsstrukturen sowie den jeweiligen Unternehmenskulturen nieder. Wenn junge Hightech-Unternehmen wachsen, »sind für die besonders erfolgreichen Unternehmen dieses Typus eher Tendenzen der Professionalisierung der Leitungsstrukturen zu erwarten, welche die Etablierung formell gesicherter Mitbestimmungsstrukturen befördern« (Boes/Baukrowitz 2002: 278). Bei den (mittelgroßen) ›Lack-Turnschuh-Unternehmen‹ der IT-Industrie zeichnet sich bereits die Verbreitung der verfassten Mitbestimmung ab, da die Unternehmensleitungen ein Interesse an formellen Verhandlungspartnern auf Beschäftigtenseite haben. Bei den Großunternehmen der IT-Industrie zeigt sich eine bemerkenswerte Stabilität und Erneuerungsfähigkeit der Kerninstitutionen der deutschen Arbeitsbeziehungen (Tarifvertrag und Betriebsvereinbarungen) (vgl. Boes/Trinks 2006). In dieser Perspektive ist die gesamte IT-Industrie keine mitbestimmungsfreie Zone; allenfalls kleinere Start-up-Unternehmen bleiben gegenüber der verfassten Mitbestimmung resistent, »solange sie tatsächlich ›klein‹ bleiben« (Boes/Baukrowitz 2002: 278). Diese sind jedoch nicht strukturprägend für die IT-Industrie beziehungsweise die Wirtschaft insgesamt.

In der Konsequenz zeichnen die Vertreter der beiden Positionen auch unterschiedliche Entwicklungsszenarien zu den Auswirkungen der neuen Partizipationspraktiken auf die traditionellen Strukturen der Industriellen Beziehungen. Vertreter der *ersten Position* sehen aufgrund der Wachstumsdynamiken der Hightech-Branchen und der Diffusion hochqualifizierter wissensbasierter Arbeit in der Wissensgesellschaft deutliche ›Ausstrahlungseffekte‹ der innovativen Partizipationsmuster. Schmierl (2003) verweist auf die Zunahme von kleineren und wissensintensiven Unternehmen im Zuge des strukturellen Wandels und sieht in dem »mitbestimmungslosen Raum« (ebd.: 655) der dynamischen Gründerunternehmen eine für die Zukunft der Gewerkschaftsbewegung entscheidende Branche. In vielen Unternehmen treten Selbstvertretungs- und Alternativmodelle »in Konkurrenz zu dem Alleinvertretungsanspruch der betrieblichen Interessenvertretung« (Menez/Töpsch 2003: 37). Die institutionalisierten Formen der Industriellen Beziehungen geraten somit weiter unter Legitimations- und Anpassungsdruck (vgl. Heidenreich/Töpsch 1998). Die innovativen Formen der Partizipation und Interessenregulierung in der digitalen Wirtschaft forcieren den fundamentalen Struktur- und Kulturwandel in den Industriellen Beziehungen (vgl. Schmierl 2001, 2006; Menez/Töpsch 2003; Kalkowski 2004).

In deutlicher Abgrenzung sehen Verfechter einer *zweiten Position* keine Belege für die Annahme, dass in der IT-Industrie »die Kerninstitutionen der deutschen Arbeitsbeziehungen, der Tarifvertrag und die Mitbestimmung nach dem Betriebsverfassungsgesetz, […] weiter abgebaut werden« (Boes 2003: 21; ähnlich: Dörre 2001; Ahlers/Trautwein-Kalms 2001; Streeck 2002; Jäger 2003; Boes/Trinks 2006). Die Befunde lassen demnach nicht den Schluss zu, »dass der beschriebene Wandel die Bestandsvoraussetzung des institutionellen Systems industrieller Beziehungen grundlegend aushebelt. Dies gilt für die verfasste betriebliche Mitbestimmung ebenso wie für tarifvertragliche Vereinbarungen.« (Boes/Baukrowitz (2002: 277) Angesichts von Krisen-, Wachstums- und Professionalisierungserfahrungen der IT-Unternehmen werden sich traditionelle Muster der Interessenvertretung in vielen Bereichen etablieren. Hierin zeigt sich der normale ›Reifungsprozess‹ noch junger Branchen und Unternehmen. Die ›neuen‹ Partizipations- und Interessenvertretungsmuster in der digitalen Wirtschaft stellen in dieser Sichtweise »keine Alternative zur Mitbestimmung« (Dörre 2002: 336) dar:

»In keinem Untersuchungsbetrieb vermag direkte Partizipation die institutionalisierte Mitbestimmung zu ersetzen. Das zeigt sich gerade in schwach regulierten New-Economy-Betrieben ohne formalisierte Mitbestimmungsstruktur. In diesen Betrieben sind starke Teams mitunter in der Lage, selbst Personalentscheidungen des Managements zu korrigieren. Dennoch stößt direkte Beschäftigtenpartizipation an Grenzen.« (ebd.: 341)

Die kollektive Interessenvertretung durch Betriebsräte als das »Herzstück« (ebd.) der betrieblichen Arbeitsbeziehungen bleibt in dieser Sichtweise in der Privatwirtschaft ›konkurrenzlos‹. Formen der direkten Partizipation unterfüttern allenfalls das »neoliberale Leitbild eines deregulierten, gewerkschaftsfreien Unternehmens ohne kollektive Vertragsbeziehungen und institutionalisierte Mitbestimmung« (Dörre 2001: 390). Sie sprechen nicht für die Verbreitung neuer Muster demokratietheoretisch angeleiteter Beteiligungsstrukturen auf der betrieblichen Ebene.

Die Gegenüberstellung der beiden Positionen zu den Partizipations- und Interessenvertretungsmustern in der digitalen Wirtschaft bleibt an dieser Stelle sicherlich verkürzt und vereinfachend. Die ›Polarisierung‹ spiegelt zwar unterschiedliche Entwicklungsannahmen wider, verdeckt jedoch die differenzierten Betrachtungen, die von den jeweiligen Autoren vorgenommen werden.[29] Letztlich zeichnen sich Überschneidungen in der Thematisierung von direkter und informeller Partizipation als Ausdruck industrieller Demokratie ab, die einen neuen institutionellen Kontext erfordert. So muss gefragt werden, inwiefern es gelingt, »vom Management *gewährte* Beteiligung in *verallgemeinerbare, institutionell garantierte, jederzeit einklagbare industrielle Rechte* zu verwandeln« (Dörre 2002: 409; hvg. i.O.) und somit eine »Stärkung von Individualrechten« (Kalkowski 2004: 264) zu gewährleisten.

29 So missachten auch die ›positiven Einschätzungen‹ zur Verbreitung neuer Partizipationsstrukturen nicht die Risiken und Gefährdungen, die sich aus der Individualisierung und Informalität betrieblicher Partizipation ergeben können (vgl. Feseker/Städtler 2004; Kalkowski 2004). Und auch die ›skeptischen Einschätzungen‹ konstatieren einen erforderlichen »Formwandel« (Boes/Baukrowitz 2002: 280; vgl. Dörre 2002) der verfassten Mitbestimmung, der dem spezifischen Interessenhandeln hochqualifizierter Beschäftigter Rechnung trägt. Somit gehe es nicht nur darum, inwieweit die Mitbestimmungsstrukturen in einer veränderten Arbeitswelt erhalten bleiben, sondern auch darum, »welche Charakteristika sie haben und welches ›Rationalitätskalkül‹ […] in ihnen enthalten ist« (Boes/Baukrowitz 2002: 279).

Vor diesem Hintergrund wird in der vorliegenden Arbeit eine *dritte Position* formuliert, welche die Befunde und unterschiedlichen Standpunkte kritisch reflektiert. Dieser Position liegt eine vorsichtigere Bewertung betrieblicher Partizipations- und Mitbestimmungsstrukturen in der digitalen Wirtschaft zugrunde, da sich die Entwicklungen vielschichtig und mehrdimensional darstellen (vgl. Städtler u.a. 2004: 149; Kotthoff 2001). Eine einseitige Prognose im Sinne der noch vor wenigen Jahren populären Trendaussage zur New Economy, die einen fundamentalen gesellschaftlichen Wandel und die »Neuorientierung unserer Arbeitskultur« (Deckstein/ Felixberger 2000: 7) konstatiert, greift zu kurz. Ebenso liegt in der Überbewertung der Krisen- und Konsolidierungsphase der IT-Industrie, der zufolge sich traditionelle Regulierungsmuster und Betriebsratsstrukturen quasi im Selbstlauf in den Unternehmen verbreiten, eine vorschnelle und einseitige Bilanzierung. Den aktuellen Entwicklungen zufolge zeichnet sich nach der Krisenphase in der digitalen Wirtschaft wieder ein deutlicher Aufwärtstrend ab. Auf dieser Basis ist eine Perspektive notwendig, die die möglichen Entwicklungspfade betrieblicher Partizipationsstrukturen in den Blick nimmt und die Arbeits- und Beteiligungspraktiken in der digitalen Wirtschaft unter systematischer Einbeziehung der vorliegenden Erkenntnisse analysiert.

2.4 Wandel betrieblicher Partizipationsstrukturen in der Theoriebildung der Industrial-Relations-Forschung

2.4.1 Strukturprägende Sichtweisen und neuere Theorieansätze

Die vorliegenden Befunde zum Wandel betrieblicher Formen von Partizipation und Mitbestimmung in der Wirtschaft werfen die Frage nach geeigneten Erklärungsansätzen der Industrial-Relations-Forschung auf. Es existiert zwar eine Vielzahl von Theorieangeboten – Windeler und Sydow (2001) sprechen von einem »Theorieüberfluss« (ebd.: 31) –, dennoch ist wiederholt auf das Fehlen einer eigenständigen Theorie der Industriellen Beziehungen verwiesen worden (vgl. Schienstock 1985; Keller 1997; Müller-Jentsch 1997, 1998).[30] Die vorliegenden Theorieangebote beziehen sich

30 Die Ansätze der Industrial-Relations-Forschung greifen auf Theorien soziologischer und nahestehender Disziplinen beispielsweise der Politikwissenschaften oder der Ökonomie

insbesondere auf die gesellschaftliche ›Makro-Ebene‹ der Industriellen Beziehungen; einige richten sich jedoch auch (mehr oder weniger explizit) auf die betriebliche Regulierungsebene. Dabei lässt sich in der Industrial-Relations-Forschung eine strukturprägende Sichtweise identifizieren, der viele der vorliegenden Theorieangebote folgen. Diese Sichtweise ist durch folgende Merkmale geprägt:

- Die Erklärungsansätze fokussieren weitgehend auf die Analyse des dualen Systems der Industriellen Beziehungen und nehmen die tarifvertragliche Regulierungsebene auf der einen Seite sowie die Mitbestimmung auf Unternehmens- und betrieblicher Ebene auf der anderen Seite in den Blick. Vielen Ansätzen liegt ein spezifisches Gesellschaftsbild zugrunde, das von der Entwicklung der Industriegesellschaft und dem industriellen Konflikt als »Grundtatbestand industriekapitalistischer Gesellschaften« (Müller-Jentsch 1997: 34) geprägt ist. Rechtsinstitutionalistisch, regulationstheoretisch und marxistisch angeleitete Theorieangebote stellen die institutionalisierten Aushandlungsprozesse zwischen Gewerkschaften und Arbeitgeberverbänden oder Betriebsräten und Management in den Mittelpunkt des Erkenntnisinteresses. Diese bilden unterschiedliche ›Arenen‹ als funktionale Ausdifferenzierung von Subsystemen der Industriellen Beziehungen (Müller-Jentsch 1996, 1997; Dörre 2002). Eine Arena ist ein komplexes Institutionensystem, das festlegt, »welche Formen, Interessen und Akteure zugelassen sind, als auch ein abgegrenztes Konfliktfeld, das den Akteuren für die Lösung spezifizierter Probleme Handlungsmöglichkeiten – mit definierten Grenzen – einräumt« (Müller-Jentsch 1996: 59f.; vgl. Müller-Jentsch 1997, 2002). Dem Staat wird eine zentrale Rolle bei der Herausbildung und Abgrenzung der Arenen zugeschrieben. Die empirische Unterfütterung findet sich insbesondere in Studien zu den kollektiven Arbeitsbeziehungen in industriellen und großbetrieblichen Bereichen, die als strukturprägende Muster in der Wirtschaft identifiziert werden.
- Die Theorieangebote zu den betrieblichen Beteiligungsstrukturen konzentrieren sich auf die Analyse der verfassten Mitbestimmung. Neben

zurück und beziehen diese mit ihren »verschiedenartigen Methodologien, Brennpunkten und Objektbereichen« (Müller-Jentsch 1997: 53) auf ihren Gegenstandsbereich. Müller-Jentsch unterscheidet zwischen *systemtheoretischen*, *marxistischen*, *institutionalistischen*, *handlungstheoretischen* und *ökonomischen* Theorieangeboten der Industriellen Beziehungen (ebd.: 53ff.). Diese Systematisierung wird jedoch neueren, integrativen Erklärungsansätzen, die auf unterschiedliche Theoriebausteine zurückgreifen, immer weniger gerecht.

rechtsinstitutionalistisch geprägten Studien werden in handlungstheoretisch begründeten Ansätzen die konkreten Ausformungen der betrieblichen Mitbestimmung sowie unterschiedlicher Betriebsrats- und Interaktionsmuster untersucht (vgl. Kotthoff 1994; Bosch u.a. 1999; Wirth 1999; Lengfeld 2003). In dieser Perspektive bleiben weitere Formen und Praktiken der Partizipation auf der betrieblichen Ebene ausgeblendet. Sofern direkte Partizipation und andere Beteiligungsformen auf der betrieblichen Ebene Eingang in die Theoriebildung der Industrial-Relations-Forschung gefunden haben, wird ihnen in der Regel eine andere Leitorientierung als den institutionellen Mechanismen der Industriellen Beziehungen zugeschrieben. In dieser Sichtweise sind die neuartigen Beteiligungsstrukturen Elemente der Unternehmensführung und partizipativer Managementkonzepte (Dörre 2002; Boes/Trinks 2006; Müller-Jentsch 2007). Ihnen fehlt eine institutionelle Basis, sie werden freiwillig gewährt und sind prinzipiell aufkündbar. Einer ähnlichen Perspektive folgen Ansätze zur ausgeprägten Dominanz der Marktökonomie, die in der Vermarktlichung von Organisationen, der Subjektivierung von Arbeit und der Ökonomisierung von Partizipation ihren Ausdruck findet (vgl. Moldaschl 2002; Kratzer u.a. 2004).

Diese strukturprägende Sichtweise mit ihrer Konzentration auf die Analyse des dualen Systems der Industriellen Beziehungen stößt angesichts der aktuellen Entwicklungen in der Wirtschaft und der Wissensgesellschaft an die Grenzen ihrer Erklärungskraft. In der systematischen Einbeziehung weiterer Partizipationspraktiken auf der betrieblichen Ebene weist sie eine ›Leerstelle‹ auf (vgl. zur Kritik Wirth 1999; Windeler/Sydow 2001; Schmierl 2003). Dies zeigt sich angesichts der Veränderungen in der Arbeitswelt und der betrieblichen Regulierungspraktiken:

»In einer Arbeitswelt, in der immer mehr weniger Beschäftigte von der Regulierung des dualen Systems industrieller Beziehungen direkt erfasst werden, z.B. wegen der Verbreitung mitbestimmungs- und interessenvertretungsfreier Zonen […], Beschäftigte als ›Arbeitskraftunternehmer‹ […] tätig werden und zwischen abhängiger und selbstständiger Arbeit changieren, erklärt ein theoretischer Bezugsrahmen, der allein auf das duale System industrieller Beziehungen und den Staat sowie internationale Organisationen fokussiert, immer weniger.« (Wirth 1999a: 263)

Neuere konzeptionelle Ansätze stellen unter Berücksichtigung aktueller Entwicklungslinien das mögliche Aufbrechen der dualen Struktur in den Mittelpunkt des Erkenntnisinteresses und beziehen sich dabei häufig auf empirische Befunde zur Ausdifferenzierung betrieblicher Partizipationsstrukturen in der Wissensgesellschaft (vgl. u.a. Windeler/Sydow 2001; Dörre 2002; Müller-Jentsch 2002; Pries 2005; Abel u.a. 2005; Boes/Trinks 2006). Die Brennpunkte dieser Ansätze sind unter anderem der Wandel der betrieblichen Mitbestimmung, das Verhältnis von direkter und repräsentativer Partizipation, die Ausweitung mitbestimmungsfreier Zonen sowie neue Partizipationsformen in der digitalen Wirtschaft. Diese Theorieangebote relativieren in ihrer Erklärungsreichweite die bislang dominierende Sichtweise, wenngleich sie in der Regel keine ausformulierten Theorien der Industriellen Beziehungen (auf der betrieblichen Ebene) darstellen und sich zumeist noch im ›Entwicklungsstadium‹ befinden.

Windeler und Sydow (2001) konstatieren die »Einseitigkeit und Unausgewogenheit sozialwissenschaftlicher Theoriebildung« (ebd.: 33), die in strukturtheoretischen Ansätzen einerseits und in handlungstheoretischen Konzeptionen andererseits zum Ausdruck kommt:

»Ganze Theorietraditionen sind [...] durch einseitige Schwerpunktsetzungen gekennzeichnet:
– Strukturalistische oder funktionalistische Theorieansätze, und zwar nicht nur, aber eben auch solche, die in der Industrial-Relations-Forschung rezipiert werden, legen den Akzent auf Institutionen und Strukturen, die Handelnden als extern gegebene Fakten entgegentreten und Handeln kanalisieren.
– Handlungs- und Prozesstheorien betonen demgegenüber die Bedeutung des Handelns, besitzen ihre Schwächen aber gerade in der Berücksichtigung von Institutionen und Strukturen.« (ebd.: 32f.)

Die Autoren entwickeln in der Verbindung von struktur- und handlungstheoretischen Überlegungen einen strukturationstheoretischen Vorschlag (vgl. Giddens 1988) zur Analyse der Industriellen Beziehungen, der über die Betrachtung der institutionellen Mechanismen hinausgeht.[31] Sie zeichnen die Grenzen des deutschen Regulierungsmodells nach und skizzieren einen Ansatz, der den »Mix (oder mehrere) aus formellen und informellen sowie kollektiven und individuellen Regulationen von Arbeit« (ebd.: 45) in den Blick nimmt. Unter explizitem Bezug auf die »Software- und Medienindustrie« (ebd.: 41) werden neben Formen individueller Interessenvertretung zwei neue »Momente kollektiver Regulation von Arbeit« (ebd.: 43) identifiziert: die Regulationsmuster in Projektnetzwerken einerseits und auf

31 Neben diesem Vorschlag sind der ›erweiterte institutionalistische Ansatz‹ von Müller-Jentsch (1997) und das Konzept ›institutionalisierter Gerechtigkeitsvorstellungen‹ von Lengfeld (2003) Beispiele für konzeptionelle Überlegungen zur Überwindung einseitiger Schwerpunktsetzungen.

der regionalen Ebene andererseits. Beide unterscheiden sich in relevanten Koordinaten und Akteuren von den herkömmlich vorherrschenden Praktiken. In der individuellen Interessenregulierung, dem Projektnetzwerk und der regionalen Ebene sehen Sydow und Windeler (2001) neue Arenen der Interessenregulierung. Der Ansatz erklärt jedoch nicht, warum sich in bestimmten Wirtschaftsbereichen andere Regulationsformen durchsetzen und wie ihre Reichweite und Wirkungsweise zu beurteilen ist.

Dörre (2002) betrachtet aus einer regulationstheoretischen Perspektive die Einführung partizipativer Managementkonzepte und identifiziert den Prozess einer »doppelten Dezentralisierung von Regulationskompetenz« (ebd.: 29) in den Industriellen Beziehungen. Dieser zeichnet sich in der Verbetrieblichung des tarifpolitischen Geschehens einerseits und der Verlagerung der betrieblichen Interessenregulierung von der kollektiven Ebene auf die individuelle Ebene andererseits ab. Direkte Partizipation wird als strukturierendes Element eines nachfordistischen Produktionsmodells begriffen, das auf Rationalisierungseffekte, Produktivitätsverbesserungen und Effizienzsteigerungen im Arbeitsprozess abzielt. Der Ansatz verweist auf die Entwicklungen im klein- und mittelbetrieblichen Bereich und der New Economy (vgl. Dörre 2001, 2002).

Auch Boes und Trinks (2006) sehen aus einer interessentheoretischen Perspektive eine neue Ebene der Beteiligung und Interessenregulierung, die jedoch auf dem Primat der Effizienzsteigerung im Unternehmen basiert und einer »anderen Leitorientierung« (ebd.: 42) als die verfasste Mitbestimmung folgt. Die neuen Beteiligungsformen lassen eine »autonome Interessenposition der Beschäftigten und grundlegende Interessendivergenzen zwischen den Interessenparteien« (ebd.: 42) nicht zu. Das individuelle Interessenhandeln rückt hier in den Mittelpunkt der Betrachtungen und wird zu den Arenen der Industriellen Beziehungen in Beziehung gesetzt. In dieser Perspektive erscheint es nicht sinnvoll, »Arbeitsbeziehungen lediglich mit Blick auf die institutionellen Strukturen zu definieren« (ebd.).

Nach Pries (2005) ist die kollektive Regulierung durch Interessenverbände in Bereichen kleinbetrieblicher und handwerklicher Arbeitsverhältnisse sowie »für wachsende Bereiche qualifizierter Dienstleistungs- und Wissensarbeit in netzwerkförmigen, aber auch in großbetrieblichen Strukturen nicht mehr unbedingt der dominante Mechanismus für die Festlegung von Arbeits-, Beschäftigungs- und Partizipationsbeziehungen« (ebd.: 66). Er verweist auf die Bedeutung weiterer Arenen wie etwa der individuellen Regulierung (ebd.: 71f.; vgl. auch Abel u.a. 2005). Darüber hinaus soll die »enge Fixierung der Industriellen Beziehungen auf die Aspekte der Arbeits- und Beschäftigungsbedingungen« (Pries 2005: 67) durch die Betrachtung der Einbeziehung der Beschäftigten in alltägliche und strategische Entscheidungsprozesse aufgehoben werden.[32] In der Betrachtung von Arenen der Erwerbsregulierung geht die Perspektive von Beschäftigtenpartizipation als rechtlich verankerte oder einseitig festgelegte Beteiligung hinaus. Jedoch steht eine systematische Verbindung mit den Erkenntnissen der Partizipations- und Mitbestimmungsforschung noch aus.

Weitbrecht (2001) stellt in der Weiterentwicklung des Arenen-Konzeptes die Frage, inwieweit »die Begegnung der Individualakteure auf dem Feld der direkten Partizipation als eine dritte Arena […], also eine Ausdifferenzierung des dualen Systems« (Weitbrecht 2001: 27) betrachtet werden kann.[33] Schmierl (2001) konstatiert eine »Hybridisierung« der dualen Struktur der Industriellen Beziehungen, womit zum einen auf die Veränderungen in der Binnenstruktur des dualen Systems und zum anderen auf neue Partizipations- und Regulierungsmuster in der Wirtschaft verwiesen wird. Lengfeld (2003) verknüpft ›interessentheoretische‹ und ›wertorientierte‹ Theorieangebote der Mitbestimmungsforschung zu einem Konzept institutionalisierter Gerechtigkeitseinstellungen, das die Ausprägungen betrieblicher Mitbestimmung in der Praxis erklärt. Hauser-Ditz u.a. (2008) identifizieren sieben unterschiedliche Erklärungsansätze, die auf die Analyse der betrieblichen Arbeitsbeziehungen angewendet werden können: Transaktionskostentheorie, berufskulturelle Orientierungsmuster, betriebskulturelle Ansätze, das Konzept des organisationalen Feldes des Neo-Institutionalismus, das Primärmachtkonzept, der Pfadabhängigkeitsansatz und das Konzept innerbetrieblicher Aushandlungsprozesse (ebd.: 53ff.).

Die Diskussion um neuartige Partizipationsformen in der digitalen Wirtschaft hat in die Theoriebildung der Industrial-Relations-Forschung Eingang gefunden. Die Diffusion von Wissensarbeit in viele Sphären der

32 Insgesamt ist das Konzept der Erwerbsregulierung stärker auf eine (international) vergleichende Perspektive angelegt und basiert auf der Annahme, »die Regulierung der Arbeits-, Beschäftigungs- und Partizipationsbeziehungen im Zeitalter von Globalisierung und Transnationalisierung in ein komplexeres Kräftefeld als das der nationalstaatlichen Arbeitspolitiken einzubetten« (Pries 2005: 67; vgl. Pries 2001).

33 Mit dieser Frage haben sich zahlreiche Arbeiten auseinandergesetzt, ohne jedoch ein systematisches Erklärungskonzept zu den Merkmalen und Gründen der Herausbildung der ›dritten Arena‹ vorzulegen (vgl. Müller-Jentsch/Sperling 1995; Heidenreich/Töpsch 1998; Minssen 1999; Abel u.a. 2001; Töpsch u.a. 2001; Dörre 2002; Abel u.a. 2005).

Wirtschaft und die dynamische Entwicklung der Technologieunternehmen sprechen für Veränderungsprozesse, die die Suche nach neuen Erklärungsansätzen zur möglichen Ausdifferenzierung der dualen Struktur der Industriellen Beziehungen weiter forcieren.

2.4.2 Forschungsdefizite und konzeptionelle Anknüpfungspunkte

Die Aufarbeitung des Forschungsstandes verdeutlicht, dass sich betriebliche Partizipations- und Interessenregulierungsstrukturen in der Wissensgesellschaft verändern und zu Umbrüchen im System der Industriellen Beziehungen führen. Sie werfen Fragen nach dem Stellenwert und den Ausprägungen von industrieller Demokratie und Partizipation in der Wirtschaft auf. In der digitalen Wirtschaft und einer ihrer Kernzonen – den Neue-Medien-Unternehmen – lassen sich veränderte Strukturen und Bedingungen von Erwerbsarbeit, die Reorganisation betrieblicher Leistungserstellung und die Entwicklung neuer Partizipationsmuster in paradigmatischer Weise nachzeichnen. Die vorliegenden konzeptionellen und empirischen Studien liefern hierfür wichtige Erkenntnisse. Dennoch lassen sich einige *Erkenntnisdefizite* benennen:

1. Der Forschungsstand zu den betrieblichen Partizipations- und Mitbestimmungsformen in den Neue-Medien-Unternehmen sowie ihre Reichweite und Stabilität ist noch unzureichend. So ist ein differenzierter Blick auf die Ausprägungen und Wechselbeziehungen der Beteiligungsformen erforderlich:

- Bei den Praktiken der direkten Partizipation in den Neue-Medien-Unternehmen stellt sich die Frage, ob diese einen innovativen Charakter aufweisen, der über informelle Beteiligungsmöglichkeiten im Kontext neuer Managementkonzepte hinausgeht. Inwieweit ist »Beteiligung als kategorischer Imperativ« (Müller-Jentsch 2004: 144) in modernen Prozessen der betrieblichen Leistungserstellung verankert und somit kein einseitig gewährtes und jederzeit aufkündbares Instrument der Unternehmensführung? Empirische Studien zu den Beteiligungsstrukturen bei Klein- und Mittelbetrieben und bei hochqualifizierter Angestelltenarbeit zeigen, dass weitere Motive für direkte Partizipation und andere Formen der Beschäftigtenpartizipation zum Tragen kommen. Für eine theoretisch-konzeptionelle Antwort auf diese Frage ist eine systematische Verknüpfung der unterschiedlichen Forschungstraditionen und eine differenzierte Betrachtung der Begründungslinien erforderlich.

- Für die These der neuartigen Partizipationsstrukturen sprechen zudem die Befunde, die auf alternative kollektive Regulierungsmechanismen verweisen, die in der digitalen Wirtschaft erprobt werden und die eine mehr oder weniger explizite Abkehr von der verfassten Mitbestimmung darstellen. Hier reicht der Hinweis auf eine ›Betriebsratsvermeidungsstrategie‹ des Managements nicht aus, um die Charakteristika, Strukturen und Beweggründe angemessen zu erfassen. Mit Blick auf den Stellenwert und die Stabilität der alternativen Gremien stellen sich noch ungeklärte Fragen nach den quantitativen Dimensionen sowie danach, inwiefern diese Gremien in einer langfristigen Entwicklung sich als Vorstufe der ›Betriebsratsgründung‹ oder als eigenständige und neue Formen der Interessenregulierung auf der betrieblichen Ebene etablieren können, die sich auch in anderen Branchen zunehmend verbreiten können (vgl. Hauser-Ditz u.a. 2006). Die aktuellen quantitativen Angaben sprechen für eine begrenzte Verbreitung ›alternativer Gremien‹ sowohl in den Kernzonen der neuen Ökonomie als auch in der Gesamtwirtschaft (vgl. Ittermann/Niewerth 2005; Ellguth/Kohaut 2008; Hauser-Ditz u.a. 2008).
- Als Ergebnis der empirischen Befunde lässt sich festhalten, dass die digitale Wirtschaft in ihrer Gesamtheit keineswegs eine mitbestimmungsfreie Zone darstellt. Angesichts der Verschlechterung von Arbeits- und Beschäftigungsbedingungen, der Verschärfung von Interessenkonflikten und der Reorganisation betrieblicher Strukturen nimmt die Gründung von Betriebsratsgremien auch in der digitalen Wirtschaft weiter zu. Über den Stellenwert und die konkreten Ausprägungen der betrieblichen Mitbestimmung fehlen jedoch genauere Erkenntnisse. Die ›reine‹ Existenz von Betriebsratsgremien kann trotz der rechtlichen Verankerung keine hinreichende Auskunft über die realen Partizipationspraktiken liefern. Die offenen Fragen zur Neuartigkeit, den Wechselbeziehungen und der Stabilität zeigen, dass eine systematische Betrachtung der betrieblichen Partizipations- und Interessenregulierungsstrukturen in der digitalen Wirtschaft und insbesondere in den Neue-Medien-Unternehmen noch aussteht.

2. Für die Analyse der betrieblichen Partizipationsstrukturen ist ein Erklärungskonzept erforderlich, das an die vorliegenden empirischen Befunde anknüpft und mit theoretisch-konzeptionellen Überlegungen der Partizi-

pations- und Mitbestimmungsforschung verbindet. Dieses Erklärungskonzept kann nicht den Anspruch einer allgemeinen Theorie der Regulierung von Arbeit verfolgen, sondern richtet sich auf die betriebliche Ebene und die Untersuchung der Partizipationsstrukturen in den Neue-Medien-Unternehmen. Dazu werden folgende Grundannahmen formuliert:

– Der strukturprägende Stellenwert der Ausdrucksformen des dualen Systems der Industriellen Beziehungen ist unbestritten. Eine Fokussierung auf die institutionellen Mechanismen betriebsrätlicher und gewerkschaftlicher Interessenvertretung reicht indes nicht aus, die betrieblichen Formen der Partizipation in den Neue-Medien-Unternehmen angemessen zu erfassen. In diesen werden weitere Muster der Beschäftigtenpartizipation praktiziert, ohne institutionell verankert oder rechtlich abgesichert zu sein. Einige Studien verweisen auf eine ›Dreiteilung‹ betrieblicher Partizipationsformen, die neben der verfassten Mitbestimmung die direkte Partizipation sowie alternative Gremien umfasst (vgl. Schmierl 2003; Städtler u.a. 2004; Abel u.a. 2005, Hauser-Ditz u.a. 2008).
– Die betrieblichen Partizipationspraktiken jenseits der verfassten Mitbestimmung sind nicht nur das Ergebnis einer spezifischen Managementstrategie, die auf Effizienzsteigerungen und ökonomischen Outputorientierungen abzielt. Die komplexen Anforderungen an wissensintensive Arbeitsprozesse spielen in den klein- und mittelbetrieblich strukturierten Neue-Medien-Unternehmen eine dominierende Rolle für die Partizipationspraktiken. In diesem Sinne bedarf »eine moderne (und das heißt: komplexe und lernende) Organisation […] zu ihrer optimalen bzw. effizienten Performance der aktiven Beteiligung ihrer Mitglieder an Entscheidungen und der engagierten Mitwirkung an den Prozessabläufen« (Müller-Jentsch 2004: 144). Somit ist Beschäftigtenpartizipation strukturell verankert und kaum einseitig aufkündbar. Darüber hinaus ist direkte Partizipation auch Ausdruck der Selbstvertretungspraktiken der hochqualifizierten Beschäftigten.
– Die betriebliche Mitbestimmung führt nicht zwangsläufig zu einer wirksamen Partizipations- und Interessenvertretungspraxis. So ist davon auszugehen, dass sich unterschiedliche Muster wirkungsvoller oder schwacher Mitbestimmung identifizieren lassen. Auch andere Formen der Beschäftigtenbeteiligung können bezogen auf die Regulierungsinhalte und das Partizipationsniveau entweder eine ausgeprägte oder eine schwache Reichweite aufweisen.

- Trotz des unstrittigen Sachverhaltes, dass die Arbeits- und Sozialbeziehungen von dem Kapital-Arbeit-Interessengegensatz gekennzeichnet sind, reicht der Verweis auf das Interesse als gesellschaftliche Strukturkategorie nicht aus, die Partizipationsstrukturen in den Neue-Medien-Unternehmen angemessen zu erfassen. Die räumliche und soziale Nähe in kleineren und mittleren Unternehmen, »das wechselseitige Aufeinander-Angewiesensein« (Hilbert/Sperling 1993: 191), die Verbundenheit der Beschäftigten mit ihrer Arbeit und das Verantwortungsbewusstsein des Managements zeugen von weiteren Handlungsmotiven wie Akzeptanz, Loyalität, Gegenseitigkeit, Konsens, Commitment und Gerechtigkeit.
- Bedingungen und Regulierungen von Erwerbsarbeit werden von der Marktlogik (entscheidend) mitgeprägt (Sohn-Rethel 1970; Institut für Sozialforschung 1981; Sauer 2002). In neueren Bestandsaufnahmen wird auf die Dominanz eines marktzentrierten Herrschafts- und Kontrollmodus in der digitalen Wirtschaft verwiesen (vgl. Dörre 2002; Boes/Trinks 2006). In kritischer Betrachtung des »myth of marketization« (Williams 2004) lässt sich eine Perspektive entwickeln, der zufolge der Markt »nur eine, wenn auch äußerst wichtige soziale Institution (ist), die das gesellschaftliche Leben und auch die Wirtschaft und den Erwerb strukturieren« (Pries 2005: 43). Daneben wirken weitere institutionelle Mechanismen (unter anderem Beruf, Organisation oder soziale Netzwerke) auf die betrieblichen Arbeits- und Beteiligungspraktiken ein.

Ein Erklärungsmodell, das diesen Grundannahmen folgt, zielt auf die Weiterentwicklung und Verbindung vorliegender Perspektiven und die erforderliche Integration von wert- und interessentheoretischen sowie handlungs- und strukturtheoretischen Elementen. Mit dem Konzept betrieblicher Sozialordnungen (vgl. Kotthoff/Reindl 1990; Kotthoff 1994; 2005) greift die Arbeit einen handlungstheoretisch fundierten Erklärungsansatz auf, der Strukturen von Partizipation und Interessenregulierung auf der Basis der jeweiligen Muster der Handlungskoordinationen der betrieblichen Akteure erklärt. Es verbindet eine Industrial-Relations-Perspektive mit einer betriebssoziologischen Betrachtungsweise. Betriebliche Sozialordnungen sind jedoch eingebettet in gesellschaftliche Kontextbedingungen, die auf die betriebliche Ebene und das Handeln der Akteure einwirken. Der Ansatz erwerbsstrukturierender Institutionen (Pries 2005) bietet eine Bezugsfolie für die Verknüpfung von betrieblichen Sozialordnungen und gesellschaftlichen Einflussmechanismen beziehungsweise von handlungs-, struktur- und institutionentheoretischen Sichtweisen.

3 Betriebliche Sozialordnungen und Partizipationsstrukturen

3.1 Der Betrieb als soziale Organisation

Betriebe sind soziale Organisationen. Dieses Diktum ist in der betriebssoziologischen Forschung nicht neu. Bereits Ende des 19. Jahrhunderts wies Gustav Schmoller (1892) auf die Bedeutung von ›Fabriken‹ als soziale Organisationen und den Stellenwert der Beteiligung der Arbeiter hin. In den frühen Studien der Betriebssoziologie in den 1920er und 1930er Jahren (vgl. die Arbeiten von Hellpach 1922; Rosenstock 1922; Geiger 1929; Götz Briefs 1931; Geck 1931) wurden die Auswirkungen der Strukturprinzipien in Wirtschaft und Gesellschaft auf die ›soziale‹ Organisation des Betriebes thematisiert. In den 1950er Jahren zeigte die betriebssoziologischen Forschung die Bedeutung informeller Beziehungen in sozialen Organisationen, deren nähere Betrachtung erforderlich war, um neben den betrieblichen Formalstrukturen die »Wirklichkeit der tatsächlichen Beziehungen, Wechselwirkungen und sozialen Handlungsabläufe im Betrieb« (Mayntz 1958: 1; vgl. Pirker u.a. 1955; Popitz u.a. 1957; Fürstenberg 1969) zu analysieren. In diesem Kontext wurden vielfältige »zwischenmenschliche Beziehungen« (Weisser 1956: 1005) in der Sphäre der Wirtschaft und auf der betrieblichen Ebene identifiziert, die unter bestimmten Bedingungen zu ›Gemeinschaft‹ führen oder Ausdruck einer vorhandenen Gemeinschaft sein können. Nach Weisser (1956) ist das Prinzip der Kapitalverwertung beziehungsweise Gewinnmaximierung »in der Realität nicht im Entferntesten der einzige Motor des Wirtschaftslebens« (ebd.: 997); vielmehr ist der Betrieb auch ein Ort der sozialen Gemeinschaft und der beruflichen Selbstverwirklichung.

Die Betrachtung von Betrieben als soziale Organisationen verblasste jedoch in den 1970er Jahren. Die strukturprägende Sichtweise war vielmehr vom Prozess der Kapitalverwertung und der Auffassung, dass der Betrieb eine einzelkapitalistische Strategie zur Kontrolle des Produktionsprozesses darstellt, gekennzeichnet (vgl. Bechtle 1980). In dieser Perspektive trat die Vorstellung des Betriebes als eigenständige und real existierende, raum-zeitliche Einheit in den Hintergrund; der Betrieb verliert »als Meso-Ebene und eigenständige Untersuchungseinheit [...] zugunsten der Makrostruktur ›kapitalistische Konkurrenz und Kapitalverwertung‹ einerseits und der Mikrostruktur ›Arbeitsplatz und Arbeitsbedingungen‹ andererseits an Bedeutung« (Pries 1998: 128; vgl. Kotthoff/Reindl 1990: 9). Diese Perspektive hat nach wie vor einen prominenten Stellenwert in der betriebssoziologischen Forschung, wenngleich die Eigenständigkeit des Betriebes und die Bedeutung der sozialen Organisation in den letzten Jahren wieder stärker in den Mittelpunkt des Erkenntnisinteresses gerückt sind. Die hierauf basierende Auffassung wollte »die ökonomisch-materialistische Sichtweise des Betriebes durch die Wiederentdeckung und Akzentuierung ›des Sozialen‹ im Betrieb« ergänzen (Kotthoff 1994: 22).

Zahlreiche konzeptionelle und empirische Arbeiten der Industriesoziologie haben sich in der Folgezeit mit der Betrachtung der betrieblichen Arbeits- und Sozialbeziehungen befasst. Hierzu zählen die Arbeiten der soziologischen Kleinbetriebsforschung (Dohmeyer/Funder 1991; Wassermann 1992; Kotthoff/Reindl 1990, 1991; Hilbert/Sperling 1990, 1993; Syben 1997), die Untersuchungen, die an die Labour process debate und die arbeitspolitische Wende anknüpften (vgl. zum Überblick Wirth 1999: 163ff.; Hildebrandt/Seltz 1987), die Arbeiten von Weltz und Lullies (1984) zu betrieblichen Handlungskonstellationen und Formen der kooperativen Konfliktverarbeitung, die Studien zur betrieblichen Sozialverfassung von Dabrowski u.a. (1984) sowie Hildebrandt und Seltz (1989; Hildebrandt 1991) sowie die Analysen zur politischen Kultur der innerbetrieblichen Austauschbeziehungen von Schmidt und Trinczek (1989; vgl. Trinczek 1989; Bosch 1997; Bosch u.a. 1999). Weitere Studien aus der betriebs- und industriesoziologischen Forschung sehen Betriebe als Orte der sozialen, reflexiven Transformation von Wirklichkeit (Pries 1991, 1991a, 1998) oder thematisieren angesichts einer begrenzten Funktionalität hierarchischer und bürokratischer Kontrollstrukturen in modernen Organisationen die Bedeutung der ›diskursiven Koordinierung‹ als betriebliches Steuerungsmodell und einen neuen Modus der betrieblichen Kommunikation (Minssen 2006: 131; vgl. Braczyk/Schienstock 1996; Braczyk 1997; Minssen 1999; Braczyk u.a. 2000).

Wenngleich sich diese Studien in ihren Konzeptionen, Erklärungsansätzen und Befunden mitunter deutlich voneinander unterscheiden, so eint sie die Fokussierung auf die Analyse der betrieblichen Sozialbeziehungen. In diesem Sinne ist der Betrieb »ein soziales System, in dem die Integration der Mitglieder immer wieder gewährleistet werden muss und zwar nicht nur durch Zwang, sondern auch durch ein Netz von gegenseitigen Verpflichtungen, das auf informellen, impliziten Vereinbarungen und Regeln beruht« (Minssen 2006: 85). Dieser Perspektive folgt auch das Konzept der betrieblichen Sozialordnungen. Der Begriff der betrieblichen Sozialordnung wurde bereits in früheren Arbeiten in die Betriebssoziologie eingeführt[34], jedoch haben erst Kotthoff und Reindl (1990, 1991) ein systematisches Konzept zur Analyse betrieblicher Sozialordnungen vorgelegt (ebd.; vgl. Kotthoff 1994, 1997, 1999, 2003, 2005). Die folgende Darstellung der Grundannahmen und Konzeption des Ansatzes richtet sich insbesondere darauf, inwieweit er zur Analyse und Erklärung betrieblicher Partizipationsstrukturen beiträgt und die Untersuchung von Partizipation und Mitbestimmung in den Neue-Medien-Unternehmen anleiten kann.

3.2 Das Konzept betrieblicher Sozialordnungen

3.2.1 Grundannahmen und Konzeption

Das Konzept betrieblicher Sozialordnungen basiert auf der Annahme, dass sich die soziale Verfassung eines Betriebes nicht aus den strukturellen Marktgesetzmäßigkeiten deterministisch ableiten lässt. Vielmehr erfolgt eine jeweilige ›Verarbeitung‹ von ökonomischen Anforderungen im Betrieb, welche eine besondere Form der Tauschbeziehung begründet. Kotthoff (1997) unterscheidet in diesem Kontext zwei idealtypische Formen der Tauschbeziehungen, die er als ›ökonomischen Tausch‹ und als ›sozialen Tausch‹ bezeichnet:

»Der *ökonomische Tausch* findet im Kontext eines kurzfristigen Zeithorizonts und eines geringen persönlichen Bekanntheitsgrades statt. Das Tauschmittel ist exakt spezifiziert. Weil der Schuldner unbekannt davonlaufen könnte, unterstellt diese Beziehung Misstrauen als etwas, womit man rechnen muss. Daher muss auf der Stelle bezahlt werden. Zug um Zug in gleicher Münze (›tit for tat‹). Dies begründet eine auf das wechselseitige ökonomisch-utilitaristische Ausnutzen kurzfristiger

34 So unter anderem – wenngleich mit anderen Konnotationen – bei Dahrendorf (1959), Lepsius (1960) und Schelsky (1964).

Vorteile reduzierte Beziehung, die relativ bedeutungsarm ist, das heißt wenig Voraussetzungen bietet für das Entstehen eines gemeinsam geteilten Sinn- und Bedeutungszusammenhangs, und die daher auch nur geringe Integrationskraft besitzt.

Dagegen findet der *soziale Austausch* in einem langfristigen Zeithorizont statt, in dem die Akteure damit rechnen können, dass sie sich morgen wiederbegegnen. Das schafft die Möglichkeit des Abkoppelns des Gebens und Nehmens von exakt abgewogenen Tauschäquivalenten. Vielmehr kann der, der einen Gegendienst schuldet, über Art und Zeitpunkt dieses Dienstes frei entscheiden. Das Geben gewinnt den Charakter von Freiwilligkeit und Spontaneität. Es fließt etwas von der Person in den Austausch der Sache ein. Die Sachleistung wird zu einem Zeichen von Anerkennung, Wertschöpfung oder Dankbarkeit. Der soziale Austausch ist eine unspezifische, diffuse, persönliche Verpflichtung, die ein wechselseitiges Loyalitäts- und Treueverhältnis begründet.« (ebd.: 17f., hvg. i.O.)

Im Unterschied zu marktförmig organisierten Tauschbeziehungen entstehen auf der betrieblichen Ebene somit dauerhaftere Beziehungen der Akteure, die die Herausbildung von sozialen Ordnungen begründen (vgl. Kotthoff 1994, 1997). Der soziale Austausch der betrieblichen Akteure führt zu einer Moralisierung der Tauschbeziehungen, in denen Kommunikation, Einverständnis, Anerkennung, Gerechtigkeit und Vertrauen eine wichtige Rolle spielen. In einer Beziehung, »in der die Akteure sich kontinuierlich wiedertreffen, kann das ökonomische Interesse moralisiert werden. Und nur dann können Großzügigkeit und Vertrauen entstehen. Und nur dann wird der Tausch von Sachleistungen zu einem Zeichen der Anerkennung der Person.« (Kotthoff: 2000: 33) Langfristigkeit und Abhängigkeit führen zu unspezifischer Reziprozität, das heißt, eine Leistung wird »irgendwann später und in einer heute noch spezifizierten Weise erwidert« (Kotthoff 1994: 25; vgl. Pries 2005: 37f.).[35] Das Interessenhandeln der Akteure wird in den Kontext des sozialen Austausches und einer von Deutungen, Symbolen und Affekten angeleiteten kommunikativen Praxis von gegenseitig abhängigen Personen gestellt (vgl. Kotthoff 1997: 114).[36] Somit kennzeichnet die Beziehungen der betrieblichen Akteure nicht nur die Verfolgung gegensätzlicher, sondern auch gemeinsamer Interessen. Die be-

35 Kotthoff (1994) betont, dass sich »Großzügigkeit und Uneigennützigkeit [...] bei einer langfristig angelegten Beziehungsinvestition paradoxerweise am meisten aus(zahlen) (ebd.: 25). Ob diese Annahme angesichts von Abhängigkeitsverhältnissen und repressiven Praktiken in einigen Betrieben allgemein gültig ist, ist an dieser Stelle mit Skepsis zu betrachten.

36 Der Interessenbegriff, der dieser Perspektive zugrunde liegt, unterscheidet sich von ökonomischen oder materiell-utilitaristischen Interessenbegriffen (vgl. Schmidt/Trinczek 1999; Bosch u.a. 1999; Boes/Trinks 2006).

trieblichen Arbeits- und Sozialbeziehungen sind weder allein Ausdruck von Marktparadigmen und ökonomischen Tauschbeziehungen noch unmittelbares Ergebnis bürokratischer oder technischer Formalstrukturen.[37] Auch arbeitsvertragliche Kontrakte können die Ausgestaltung der betrieblichen Sozialbeziehungen nicht umfassend regeln (Kotthoff 1994).

Langfristigere Beziehungen und wechselseitige Abhängigkeits- und Verpflichtungsverhältnisse kennzeichnen die betrieblichen Sozialbeziehungen. In dieser Perspektive gerät die »betriebsfunktionale und -stabilisierende Seite der ›betrieblichen Sozialordnung‹ und vor allem der sogenannten informellen Betriebsorganisation« (Pries 1998: 117) in den Blick. Zwischen den Betriebsparteien bildet sich eine »Kompromiß- und Regulationsform [...], die relativ dauerhaft, tragfähig und verläßlich« (Kotthoff 1994: 24) ist, heraus und die sich als betrieblichen Sozialordnung bezeichnen lässt. Mit diesem Begriff soll erfasst werden, dass es in jedem Betrieb eine Form der Handlungskoordination (Beziehungsparadigma) gibt, die von den betrieblichen Akteuren generiert und reproduziert wird. Dabei steht der Begriff der sozialen Ordnung in einem engen Zusammenhang mit dem Begriff der (sozialen) Herrschaft. In einer handlungstheoretischen Begründung bringt der Herrschaftsbegriff »die ordnungsproduzierenden Anerkennungspraktiken ins Spiel [...] und analysiert, wie die handelnden Personen mit ihrem Anerkennungsanspruch – häufig gegensätzlich – deutend, interpretierend und Stellung nehmend die Struktur produzieren bzw. eine vorhandene Struktur reproduzieren« (ebd.). Die Aneignung vorgegebener Strukturen, aber auch deren Veränderung erfolgt dabei durch wechselseitige Interaktionen und Handeln der betrieblichen Akteure und das Erzeugen eines gemeinsam geteilten Bedeutungs- und Sinnzusammenhangs. Dieser begründet die Ausformung des Betriebes als gelebte ›soziale Einheit‹ sowie die grundlegenden Deutungsmuster, Gestaltungsprinzipen, Leitbilder und Orientierungen:

»Der gemeinsam geteilte Bedeutungszusammenhang konstituiert das Selbstverständnis (Identität), das Fremdverständnis, das Arbeits- und Berufsverständnis, das Firmenverständnis, das Interessenvertretungsverständnis etc. Er legt fest, was Sache ist, was gilt und wie man sich im Reden, Fühlen und vor allem Handeln richtig verhält.« (Kotthoff 1997: 16)

37 Mit dem konstatierten »Ende des Technikdeterminismus« (Lutz 1987; vgl. Pries 1998), den »CIM-Ruinen« (Minssen 2006: 75) und der Identifizierung neuer Produktionskonzepte (Kern/Schumann 1984) rückte die »lebendige Arbeit« (Kern/Schumann 1984: 19) stärker in das Zentrum des Erkenntnisinteresses (vgl. Piore/Sabel 1989; Pries u.a. 1990).

Dieser Sinnzusammenhang wird von lebensweltlichen Einflüssen mit geprägt. Kotthoff (1994) unterscheidet zwischen der betrieblichen und der außerbetrieblichen Lebenswelt. Die betriebliche Lebenswelt spiegelt sich wider in kommunikativen und affektuellen Interessen und Bedürfnissen jenseits der Formalstruktur und in informellen Beziehungen, die sich nicht auf den Betriebszweck oder die Koordination der Produktion beziehen. Die Einflüsse der außerbetrieblichen Lebenswelt prägen den Sozialcharakter von Geschäftsführungen und Beschäftigten und lassen sich auf die private, kommunale/regionale und familiäre Einbettung der betrieblichen Akteure zurückführen.

In Abgrenzung von technikdeterminierten oder ökonomisch-materialistischen Sichtweisen verfolgen Kotthoff und Reindl (1991) mit ihren Überlegungen drei zentrale Ziele (ebd.: 116): Erstens die ›Re-Personalisierung‹ des Betriebes, zweitens die Identifizierung einer sozialen Ordnung (Herrschaft), die über die shop-floor-Ebene hinausgeht und drittens die Untersuchung der Entstehungsbedingungen der sozialen Ordnung. Im Zentrum der phänomenologisch begründeten Perspektive stehen Fragen zu den betrieblichen Integrationspraktiken und den Regelungsmechanismen, die die Handlungen der Akteure koordinieren. Kotthoff und Reindl (1990) fragen »nach dem strukturellen Gerüst, der emotionalen ›Gestimmtheit‹ und der inneren ›Kultur‹, das heißt nach der psychosozialen Wirklichkeit des Sozialgebildes Klein- und Mittelbetrieb; nach den lebensweltlichen Prägungen der Menschen, die sich im Betrieb begegnen, und wie diese sich im Betrieb auswirken und danach, wie umgekehrt die gewachsene Sozialform des Betriebes die Menschen beeinflusst« (ebd.: 9).[38] Die Wechselbeziehung zwischen der betrieblichen Formalstruktur und der subjektiven Aneignung der betrieblichen Akteure ist das Kernanliegen des Konzepts von Sozialordnungen (vgl. Kotthoff 1994: 24). Sowohl die Strukturen und Ordnungen als auch die Handlungen und Beziehungen der Akteure werden analysiert und in ihren Wechselwirkungen betrachtet. Der Ansatz der

38 Dabei werden von den Autoren auch andere Begrifflichkeiten verwendet, um den Sachverhalt der betrieblichen Sozialordnungen zu skizzieren: Bindekräfte, eingeschliffene Selbstverständlichkeiten, Sozialorganisation, gewachsene Beziehungsstruktur, sozialer Kontext, soziale Integration, psychologischer Vertrag, sozialmoralische Übereinkunft, Sozio- und Interaktionskultur. Kotthoff und Reindl (1991) verweisen mit Blick auf die Unternehmenskultur-Debatte darauf, dass der ›Kultur‹-Begriff »bereits in einem anderen Sinn und Absicht von der Managementlehre besetzt« ist (ebd.: 116). Bosch (1997) hingegen nimmt mit dem Begriff der Interaktionskultur die Beziehungen von Management und Betriebsrat in den Blick.

betrieblichen Sozialordnung ›re-personalisiert‹ den Betrieb und will einen eingeengten institutionalistischen Blick durch die Analyse der Vielfalt der Handlungs- und Beziehungsmuster aufbrechen.

Eine Sozialordnung spiegelt sich auf unterschiedlichen Ebenen wider: in der Arbeitspraxis, in der auf den Betrieb gerichteten Integrationspraxis und in der interessenpolitischen Praxis. Mit der *Arbeitspraxis* werden die unmittelbaren Beziehungen zwischen den Beschäftigten sowie zwischen Beschäftigten und Vorgesetzten erfasst. Im Zentrum des Interesses steht die *betriebliche Integrationspraxis*, das heißt die Beziehungen zwischen Beschäftigten und Eigentümern oder Geschäftsführungen. Die Integrationspraxis findet in der Führungspraxis ihren »sichtbaren Ausdruck« (ebd.: 27). Die *interessenpolitische Praxis* umfasst das »explizite, strategisch kalkulierte Interessenhandeln der Belegschaft bzw. ihrer Stellvertretung und des Managements« (ebd.: 28). Sie bezeichnet das dynamische Element der Sozialbeziehungen und die Aushandlungen, die erforderlich werden, wenn eingelebte Beziehungsregeln verletzt wurden oder neue Lösungen gefunden werden müssen.[39]

Die »wesentlichen Annahmen und Leitsätze des Konzeptes« (Kotthoff 2005: 79) lassen sich kurz zusammenfassen (ebd.: 79f.): (1) Betriebe sind durch eine Ordnung gekennzeichnet, auf die sich die Akteure in ihrem Handeln beziehen. (2) Im Zentrum steht die soziale Integration, das heißt die Legitimität unternehmerischer Herrschaft durch die Beschäftigten und die Anerkennung der Beschäftigten durch die Geschäftsführungen. (3) Die soziale Ordnung und das Verhalten der Akteure lassen sich auf der Shop-Floor-Ebene, der Ebene des Gesamtbetriebes und auf der Ebene der Interessenorganisation betrachten. (4) Der Prozess wechselseitiger Anerkennung und das Zustandekommen von Konsens, Kooperation, Konflikt und Opportunismus werden untersucht. (5) Der Ansatz folgt einer phänomenologischen Perspektive. (6) Die Perspektive liegt auf der Variabilität der betrieblichen Sozialordnungen. (7) Macht- und Interessenansätze sollen ergänzt werden. (8) Es wird eine qualitative Einschätzung der Sozialordnungen vorgenommen. Die Variabilität beziehungsweise »Morphologie« (ebd.) betrieblicher Sozialordnungen wird im Folgenden näher betrachtet, das sie eine wichtige Grundlage für die Analyse betrieblicher Partizipationsmuster darstellt.

---

39 Nach Bosch u.a. (1999) lässt sich dieses Praxisfeld als »politische Kultur« bezeichnen.

3.2.2 Variabilität der betrieblichen Sozialordnungen

Das Konzept betrieblicher Sozialordnungen zielt auf eine betriebsvergleichende Betrachtung. Ausgehend von der These, dass sich in jedem Betrieb eine soziale Ordnung herausbildet, auf die sich die Akteure in ihren Einstellungen und Handlungsweisen beziehen, wird die Frage nach den Unterschieden der betrieblichen Sozialordnungen in den Mittelpunkt gerückt (vgl. Kotthoff/Reindl 1991; Kotthoff 2005). Die Differenzierung von ökonomischen und sozialen Austauschbeziehungen bildet eine Bezugsfolie, die die Konstruktion von Idealtypen betrieblicher Sozialordnungen ermöglicht. Somit lassen sich die Grundtypen ›gemeinschaftliche Sozialordnung‹ und ›instrumentalistische Sozialordnung‹ unterscheiden. Eine gemeinschaftliche Sozialordnung ist

»eine solche, in der die Beschäftigten ein Gefühl der Verbundenheit mit und der Zugehörigkeit zum Betrieb als einer sozialen Einheit haben, in der der Pflege kommunikativer und affektiver Interessen relativ große Aufmerksamkeit gewidmet wird, in der die Beschäftigten ein vergleichsweise hohes Maß an Anerkennung und Beachtung durch das Management erfahren, in der die Beziehung zwischen Management und Beschäftigten wohlwollend und aufrichtig ist, in der bei Konflikten durch Symbole und Rituale der Verständigung, des Dialogs und der gegenseitigen Abstimmung relativ leicht Kompromisse erzielt werden und deren Regulationsmodus insgesamt mehr einer Friedensordnung gleicht als einem Waffenstillstand in einem weiterhin verminten Terrain« (Kotthoff 1994: 29).

Die instrumentalistische Sozialordnung hingegen ist dadurch charakterisiert,

»dass sich Management und Beschäftigte (oder auch nur einer den anderen) in einer vergleichsweise ausgeprägten Form als Gegner betrachten, in der der Pflege kommunikativer und affektiver Bedürfnisse wenig Raum gewährt wird, in der die Beschäftigten wenig Achtung und Anerkennung durch das Management erfahren, in dem das Management und/oder die Beschäftigten die Beziehung in vergleichsweise ausgeprägter Form als einen lediglich ökonomischen Interessenausgleich interpretieren, in der Konflikte durch Symbole und Rituale des Kampfes und der Konfrontation gelöst werden, wobei das Erreichen von Kompromissen eine ›schwere Arbeit‹ ist, das heißt einen hohen Aufwand an Energie und Zeit beansprucht, und in der der Regulationsmodus insgesamt mehr einem labilen Waffenstillstand in einem weiterhin verminten Terrain gleicht als einer Friedensordnung« (ebd.: 29f.).

Gemeinschaftliches und Instrumentalistisches sind kognitive und affektive Qualitäten und bestimmen das »Mehr oder Weniger an Miteinander oder

Gegeneinander« (Kotthoff/Reindl 1990: 360). Die gemeinschaftliche Sozialordnung kennzeichnet gemeinsame Wertvorstellungen, Vertrauen, Anerkennung, soziale Interessen, Konsens und Einverständnishandeln.[40] Bei diesem Typ sind ›Produktivismus‹, das heißt die kollektive Orientierung der Akteure an der Entwicklung des Betriebes und ›Ökonomismus‹, das heißt die gemeinsame Beachtung der ökonomischen Rahmenbedingungen deutlich ausgeprägt. Die instrumentalistische Sozialordnung hingegen ist durch manifestierte Interessengegensätze, Konflikt, Widerstand, Misstrauen, Missachtung und Machthandeln geprägt. Gemeinschaftliche und instrumentalistische Sozialordnungen treten in der betrieblichen Praxis nicht in ›Reinform‹ auf. Auf der einen Seite existieren bei einer gemeinschaftlichen Sozialordnung auch Interessengegensätze und Konfliktbeziehungen, wenngleich diese bei der Aufrechterhaltung der Gemeinschaft und der Suche nach Kompromisslösungen nicht im Vordergrund stehen. Auf der anderen Seite gibt es bei jeder Form instrumentalistischer Sozialordnungen Konsensorientierungen und eine »Beimischung gemeinschaftlicher Qualitäten« (Minssen 2006: 85; Kotthoff/Reindl 1990). In der betrieblichen Realität vermischen sich die Merkmale der Idealtypen und bestimmt das konkrete Verhältnis von Gemeinschaftlichkeit und Instrumentalismus, »an welcher Stelle des Kontinuums zwischen den beiden Polen die spezielle Sozialordnung anzusiedeln ist« (Kotthoff 1994: 30).

---

40 Seltz und Hildebrandt (1985) differenzieren in ähnlicher Weise unter dem Begriff der betrieblichen Sozialverfassung zwischen ›High-Trust‹-Organisationen und ›Low-Trust‹-Organisationen. Eine High-Trust-Organisation ist durch eine wenig rigide Arbeitsteilung und Formalisierung, durch flexible Organisationsformen und ausgeprägte gemeinschaftliche Zuschreibung charakterisiert. »Auf strategischer Ebene bedeutet dies ein Setzen auf Mitdenken, Arbeitsverstand und Verantwortung – die Facharbeit ist fähig, unvollständige Regeln flexibel auszufüllen und sie ist auch willens, dies zu tun. Daraus folgt auch, dass im Zuge von Strukturwandlungen die Optionen der strategischen Akteure durch Einhaltungsgebote von nicht zu unterschreitenden Minima an sozialen Besitzständen quasi selbstverständlich begrenzt werden.« (ebd.: 100). Die ›Low-Trust-Organisation‹ hingegen stellt eine andere, repressivere Variante betrieblicher Sozialbeziehungen dar. Das Konzept der betrieblichen Sozialverfassung geht von Gegnerschaft, Interessengegensätzen und Machtauseinandersetzungen aus und versteht High-Trust-Strukturen eher als ›Kampfpausen‹ (vgl. Kotthoff/Reindl 1991: 115). In dem von Hildebrandt und Seltz identifizierten ›Modell Maschinenbau‹ sehen Kotthoff und Reindl (1990) ein Muster, das »auf eine durch Interessenkampf und Aushandlung entstandene und vereinbarte konstitutionell-legale Form der sozialen Organisation hinweist, die aber nur eine unter mehreren Varianten sein kann« (ebd.: 13). Zur Bedeutung des Vertrauens bei Angestelltenarbeit vgl. Heisig und Littek (1995).

Eine weitere Kategorie zur Differenzierung von Sozialordnungen liegt in den Ausformungen der betrieblichen Herrschaftsstruktur. Hier lassen sich zwei Idealtypen von ›autokratischen‹ und ›konstitutionell-universalistischen‹ Herrschaftsstrukturen unterscheiden (Kotthoff/Reindl 1990, 1991; Kotthoff 1994). In *autokratischen Herrschaftsstrukturen* sind die Beziehungen durch eine eindeutige Trennung von ›oben und unten‹ und den alleinigen Herrschaftsanspruch der Betriebsinhaber gekennzeichnet. Autokratische Herrschaftsverhältnisse sind sowohl bei gemeinschaftlichen als auch bei instrumentalistischen Sozialordnungen möglich. Die *konstitutionell-universalistischen* Sozialordnungen hingegen charakterisiert ein weitgehend gleichberechtigtes Nebeneinander der betrieblichen Akteure entweder auf der Basis informeller Übereinkünfte oder durch »den Weg des Bürgerrechts, der Individualismus, Liberalität, Pluralismus und die Anerkennung von Interessenorganisation« (Kotthoff/Reindl 1990: 360) betont. Auch dieser Typ betrieblicher Herrschaft kann sich sowohl auf der Basis von Gemeinschaft als auch von Interessengegensätzen entfalten.

Die Ausformungen von gemeinschaftlichen und instrumentalistischen Beziehungen einerseits und Herrschaftsverhältnissen andererseits führen zu Konstellationen, die in ihrer Verdichtung die Bildung von Realtypen der betrieblichen Sozialordnung ermöglichen.[41] Dabei stellt ein Typ der Sozialordnung »eine von den anderen Typen verschiedenartige Mischung folgender Beziehungsqualitäten dar: Gemeinschaftliches–Instrumentalistisches und Autokratisches–Konstitutionell-Universalistisches« (Kotthoff/Reindl 1990: 360). Das Verhältnis der Kategorien zueinander ist nicht vordeterminiert, wenngleich sich ›Wahlverwandtschaften‹ beispielsweise zwischen konstitutionell-universalistischen Herrschaftsstrukturen und gemeinschaftlichen Sozialordnungen abzeichnen.

Auf der Basis dieses Erklärungsschemas haben Kotthoff und Reindl (1990, 1991) die Sozialordnungsmuster in Klein- und Mittelbetrieben der Wirtschaft untersucht und die betriebsspezifischen Konfigurationen der sozialen Prozesse identifiziert, »die sich auf einer mittleren Ebene der Generalisierung zu Konfigurationstypen verdichten lassen« (Kotthoff 1994: 26). Aus den empirischen Studien (unter anderem im Maschinenbau, der Möbelindustrie und dem Bekleidungsgewerbe) werden induktiv vier ›Kon-

41 Die Kategorien der Herrschaftsstrukturen bleiben in dem Ansatz von Kotthoff und Reindl (1990, 1991) unterentwickelt. Die identifizierten Realtypen betrieblicher Sozialordnungen werden weitgehend auf einem Variationskontinuum zwischen gemeinschaftlichen und instrumentalistischen Sozialordnungen verortet.

figurationstypen‹ gemeinschaftlicher Sozialordnungen und drei Konfigurationstypen instrumentalistischer Sozialordnungen abgeleitet (siehe Tabelle 4).[42] Zu den gemeinschaftlichen Sozialordnungen zählen die ›pragmatischen Produktionsgemeinschaften‹, die ›Imperien und Patriarchate‹, die ›wilden Ehen‹ und die ›integrativen Bürgergesellschaften‹ (Kotthoff/Reindl 1990: 82ff.). Die drei Typen instrumentalistischer Sozialordnungen sind ›Waisenhäuser‹, ›Marktgesellschaften‹ sowie die ›seelenlosen Arbeitshäuser‹ (ebd.: 227ff.).

Die *pragmatische Produktionsgemeinschaft* gilt als »Urtyp« betrieblicher Sozialordnung und tritt insbesondere bei den Kleinbetrieben auf. Kennzeichnend sind enge wechselseitige Verpflichtungsverhältnisse und ein hohes Ausmaß an Gemeinschaftlichkeit. Die Produktionsgemeinschaft ist weitgehend systemlos; Hierarchie- und Organisationsstrukturen sind schwach ausgeprägt. Der Sozialordnungstyp gleicht einer ›Betriebsfamilie‹, in der sich Beschäftigte und Geschäftsführungen auf Augenhöhe begegnen. Demgegenüber haben sich bei den *Imperien und Patriarchaten* die Herrschaftsbeziehungen deutlicher herausgebildet. Der Betriebsinhaber leitet die Belange des Unternehmens als ›väterlicher Patriarch‹ und die Beschäftigten folgen weitgehend seinen Anweisungen. Die gemeinschaftliche Grundorientierung wird nicht hinterfragt. Bei dem Sozialordnungstyp der *wilden Ehen* zeigen sich deutlichere Interessengegensätze: Die Beschäftigten formulieren ein eigenständiges Arbeitnehmerbewustsein und gründen Interessenvertretungen, die in ›wilder Ehe‹ mit den ›Inhaber-Patriarchaten‹ Konflikte austragen. In der *integrativen Bürgergesellschaft* hat sich eine institutionalisierte ›Betriebsverfassung‹ herausgebildet. Die gemeinschaftliche Grundorientierung ist auch bei diesem Typ konstitutiv, basiert jedoch weniger auf dem Ideal der Betriebsfamilie, sondern vielmehr auf einem liberal-pluralisitischem Beziehungsmodell. Auf der einen Seite existiert ein professionelles Management, auf der anderen Seite haben die Beschäftigten als ›Betriebsbürger‹ eine autonome Interessenposition herausgebildet. Ein Betriebsrat ist in Unternehmen dieses Typs selbstverständlich. Die Sozialordnungstypen ›wilde Ehen‹ und ›integrative Bürgergesellschaft‹ treten vorwiegend bei größeren Mittelbetrieben auf.

42 Die Konfigurationstypen umfassen noch weitere Untertypen, die auf einzelne Binnendifferenzierungen verweisen. Insgesamt werden 13 Sozialordnungstypen unterschieden (Kotthoff/Reindl 1990: 82ff.).

Tabelle 4 Konfigurationstypen der betrieblichen Sozialordnungen

Konfigurationstyp	*Anzahl der Betriebe*	*Betriebsgrößen-klassen*	*Branchen**
Gemeinschaftliche Sozialordnungen	*30*		
Pragmatische Produktionsgemeinschaften	10	20-50; 51-150	HM, MB, BK
Imperien und Patriarchate	7	20-50; 51-150; 151-300	HM, MB
Wilde Ehen	2	151-300	PM, BK
Integrative Bürgergesellschaften	11	20-50; 51-150; 151-300	HM, MB, BK
Instrumentalistische Sozialordnungen	*19*		
Waisenhäuser	5	20-50; 51-150; 151-300	HM, MB
Marktgesellschaften	9	20-50; 51-150; 151-300	PM
Seelenlose Arbeitshäuser	5	20-50; 51-150; 151-300	HM, MB, BK, PM
nicht typisiert	*3*	20-50; 51-150; 151-300	MB, BK
Gesamt	*52*		

*Quelle: Kotthoff/Reindl 1990; * MB: Maschinenbau, HM: Holzmöbelindustrie, PM: Polstermöbelindustrie, BK: Bekleidungsindustrie*

Die instrumentalistischen Sozialordnungen zeichnen sich durch Misstrauensbeziehungen und eine größere Distanz zwischen Inhabern beziehungsweise Management und Beschäftigten aus. In den *Waisenhäusern* distanzieren sich die Eigentümer von der gemeinschaftlichen Grundorientierung, während die Beschäftigten an der sozialen Einheit ›Betrieb‹ festhalten. Sie konstatieren den Verlust der alten Sozialintegration und fühlen sich ›verwaist‹. Planende und ausführende Tätigkeiten werden voneinander getrennt, ohne dass eine deutliche Ausbeutungs- und despotische Herrschaftsstruktur entsteht. In den *seelenlosen Arbeitshäusern* hingegen ist der ›Auszug‹ des Managements aus der gemeinschaftlichen Sozialordnung von neuen (technokratischen) Kontrollstrukturen oder Despotismus begleitet. Es dominiert das Modell der Gegnerschaft der betrieblichen Akteure, wenngleich die Belegschaften die Vorstellung einer Sozialgemeinschaft nicht aufgegeben haben. Einen besonderen Sozialordnungstyp stellen die *Marktgesellschaften* dar. Hier hat keine Verbetrieblichung stattgefunden, die Leistungserstellung erfolgt nach dem Prinzip ökonomischer Markt- und Tauschbeziehungen. Weder Unternehmer noch Beschäftigte haben Interesse an der ›sozialen Veranstaltung‹ Betrieb, sondern verfolgen individualistische Interessenorientierungen. Marktgesellschaften sind eine deutlich instrumentalistische Variante betrieblicher Sozialordnungen, ohne dass sich repressiv-despotische Herrschaftsstrukturen herausgebildet haben.

Dem Idealtyp gemeinschaftlicher Sozialordnungen stehen insbesondere die ›pragmatischen Produktionsgemeinschaften‹ nahe, während die ›seelenlosen Arbeitshäusern‹ eine extrem autokratisch-instrumentalistische Variante repräsentieren.[43] Von entscheidender Bedeutung für die jeweilige Prägung der betrieblichen Sozialordnung ist die Sozialfigur des Unternehmers. Diese entscheidet wesentlich darüber, »welches Basismodell der Sozialordnung stattfindet – das gemeinschaftliche oder das instrumentalistische. Denn die Arbeiter sind ja alle [...] gemeinschaftlich prädisponiert« (Kotthoff/Reindl 1991: 126). Die Inhaber beziehungsweise die Geschäftsleitungen verfügen über einen hohen Einfluss auf das soziale Betriebsklima und die Gestaltung der Macht- und Herrschaftsverhältnisse. Dennoch ist bedeutsam, wie sich die Beschäftigten verhalten und ob sie individualistische Orientierungen oder ein kollektives Bewusstsein herausbilden.

Die Ausführungen zu den Konfigurationstypen implizieren darüber hinaus mögliche Entwicklungspfade betrieblicher Sozialordnungen: Ausgehend von der pragmatischen Produktionsgemeinschaft als dem ›Urtyp‹ ist aufgrund von Größenwachstum, Eigentümerwechsel und Organisationserfordernissen eine Weiterentwicklung zu einer gemeinschaftlich-konstitutionellen Grundordnung denkbar. Wenn sich hingegen marktförmige Beziehungen durchsetzen oder unilaterale Herrschaftsstrukturen herausbilden, können sich gemeinschaftliche in instrumentalistische Sozialordnungen wandeln. In einer Studie von Kotthoff (1997, 2005) zur hochqualifizierten Angestelltenarbeit, die sich auf »Typen großbetrieblicher Sozialordnung« (ebd.: 180)[44] richtet, zeigt sich, dass sich die Beschäftigten zwar

---

43 Kotthoff und Reindl (1990) revidieren jedoch eine verbreitete Annahme der industriesoziologischen Forschung: Keiner der untersuchten Betriebe zeichnet sich durch fehlende Sozialbeziehungen *und* ausgeprägte despotische Kontrollmechanismen aus: »Insofern haben wir nirgendwo die Standardfabrik der Industriesoziologie gefunden, nämlich die konsequent instrumentalistische Fabrik.« (ebd.: 361)

44 Zu diesen zählen die »Gentleman-Gesellschaft«, der »Ständestaat«, das »gemeinsame Haus« und die »multikulturelle Stammesgesellschaft« (Kotthoff 1997: 180ff.).

dagegen wehren, »dass die in ihren Augen wirtschaftlich bewährte und sozial ›stimmige‹ Sozialordnung unter die Räder kommt« (Kotthoff 1997: 294, hvg. i.O.). Jedoch bildet sich eine ›temperierte Sozialordnung‹ heraus, die angesichts von Restrukturierungen und personellen Wechseln in den Geschäftsführungen zu einer Verschärfung der Interessenkonflikte führt (vgl. Kotthoff 2005).

Den empirischen Untersuchungen von Kotthoff und Reindl (1990; 1991) zufolge dominieren die gemeinschaftlichen Sozialordnungstypen den klein- und mittelbetrieblichen Bereich: 30 der 52 Untersuchungsbetriebe konnte eine gemeinschaftliche Grundorientierungen zugeschrieben werden (siehe Tabelle 4).[45] Dabei waren insbesondere die Typen der ›pragmatischen Produktionsgemeinschaft‹ oder ›integrativen Bürgergesellschaft‹ verbreitet (vgl. auch Hilbert/Sperling 1993; Hilbert u.a. 1999). Rund ein Drittel der Betriebe wies hingegen instrumentalistische Sozialordnungen auf. Diese konnten in allen untersuchten Branchen und Betriebsgrößenklassen identifiziert werden. 15 der 19 Betriebe mit instrumentalistischer Sozialordnung sind Massenfertigungsbetriebe mit weitgehend taylorisierten Arbeits- und Fertigungsabläufen. So ist »in nicht-taylorisierten Betrieben die Chance für die Entstehung eines gemeinschaftlichen Typs von Sozialordnung höher als in taylorisierten« (Kotthoff/Reindl 1991: 125).

3.2.3 Befunde zu den betrieblichen Partizipationsstrukturen

Die Studien zu den betrieblichen Sozialordnungen nehmen auch die Partizipationsstrukturen in den Blick. Konzeptionell wird zwar kein deterministisches Verhältnis zwischen den Sozialordnungstypen und den konkreten Ausprägungen der Beschäftigtenpartizipation unterstellt (vgl. Kotthoff 1994, 2005), jedoch war eine zentrale empirische Zielsetzung, den jeweiligen Zuschnitt der Interessenregulierung im Betrieb, das heißt die Formen, Reichweiten und Stabilitäten der Partizipationsstrukturen, zu analysieren und auf der Basis des Sozialordnungsansatzes zu erklären (vgl. Kotthoff/-Reindl 1990, 1991; Hilbert/Sperling 1993; Kotthoff 1994, 1997; Kotthoff/Wagner 2008). Die wichtigsten Erkenntnisse werden im Folgenden kurz zusammengefasst.

---

45 Der hohe Stellenwert lässt sich auf gesellschaftliche Entwicklungen der 1970er und 1980er Jahre zurückführen, die zu qualitativen Veränderungen in der betrieblichen Praxis geführt haben (Pries 1998: 136; Kotthoff 1994).

Den Kleinbetriebsstudien (Kotthoff/Reindl 1990, 1991; Hilbert u.a. 1999; Dörre 2002) zufolge eröffnen sich bei den Typen von ›gemeinschaftlichen Sozialordnungen‹ insgesamt weitreichende Partizipationsmöglichkeiten der Beschäftigten. Insbesondere in der *pragmatische Produktionsgemeinschaft* existieren Partizipationsstrukturen, »bei deren Anblick man sich unwillkürlich die Augen reibt, weil man trotz aller Feldoffenheit als Forscher so etwas nicht erwarten konnte« (Kotthoff/Reindl 1990: 101). In diesen Betrieben dominieren Formen der direkten, informellen Partizipation und der intensiven Beteiligung der Belegschaften an wichtigen betrieblichen Entscheidungen. Die Beteiligungsmöglichkeiten basieren in hohem Maße auf persönlichen Absprachen, horizontaler Kommunikation, Improvisation und direkter Information und somit »auf nicht-formalisierten, ungeschriebenen aber gelebten Regeln, denen ein Einverständnis und ein Vertrauensmechanismus zugrunde liegt« (Hilbert u.a. 1999: 265). Die direkte Partizipation ist in das dichte Geflecht der persönlichen Vertrauensbeziehungen, unmittelbarer und informeller Arbeitskontakte sowie wechselseitiger Anerkennungsverhältnisse in der Produktionsgemeinschaft eingebettet. Die Partizipationsstrukturen weisen eine hohe Stabilität und Krisenresistenz auf und sind ein Integrationsmedium in der reflexiven Betriebsgemeinschaft (vgl. Dörre 2002: 206). Für eine formale Interessenvertretung ist in diesem Sozialgefüge wenig Raum, da sie weder von den Beschäftigten noch von den Inhabern präferiert wird.[46] Von den Beschäftigten wird »sehr viel selbstbewusster als in zahlreichen Betriebsrats-Betrieben das eigene Interesse in das betriebliche Geschehen eingebracht, dort sind Züge einer lebendigen Basisdemokratie zu verspüren, dort streiten die Arbeiter in Belegschaftsversammlungen um ihre Sache und sind nicht nur passive Teilnehmer steifer Betriebsversammlungsrituale« (Kotthoff/Reindl 1990: 343). Hingegen ist die verfasste Mitbestimmung ein konstitutiver Bestandteil von gemeinschaftlichen Sozialordnungen, die sich den Typen *integrative Bürgergesellschaft* und *wilde Ehen* zurechnen lassen. Bei den ›wilden Ehen‹ haben sich Betriebsräte als unabhängige Interessenvertretung etabliert, müssen jedoch noch (gegenüber dem Management) um ihre eigene Position kämpfen. In der ›integrativen Bürgergesellschaft‹ werden sie von den betrieblichen Akteuren akzeptiert und als Element einer konstitutionell-universalistischen Grundordnung betrachtet. Die »institutionelle Verankerung eines ›Profi-Betriebsrates‹« (Kotthoff/Reindl 1990: 198) begründet eine Vertre-

46 Dies schließt nicht aus, dass auch in den Betrieben, die diesem Sozialordnungstyp entsprechen, Betriebsräte existieren können.

tungsintensität, die mit der Mitbestimmung in vielen Großbetrieben vergleichbar ist.

Betriebe mit ›instrumentalistischen Sozialordnungen‹ stellen hingegen keinen optimalen ›Nährboden‹ für eine weitreichende Partizipationskultur und eine respektierte Interessenvertretung der Beschäftigten dar. Zwar existieren auch bei ausgeprägten Interessengegensätzen, asymmetrischen Machtbeziehungen oder ausdifferenzierten Herrschaftsstrukturen Möglichkeiten der Partizipation und Interessenvertretung. Jedoch fehlen angesichts der mangelnden Akzeptanz und dem offenen Widerstand der Geschäftsleitungen die erforderlichen Rahmenbedingungen für eine »symmetrische Partizipation« (Kotthoff 1981: 253) von Beschäftigten und Management. Praktiken der direkten Partizipation finden sich in der von Individualismus geprägten *Marktgesellschaft.* Aufgrund der schwachen Betriebsförmigkeit und der geringen Normierung durch Gesetz und Tarifvertrag ist diese »ein Sozialgebilde eigener Art, in dem sich die Arbeiter ihr Recht als Einzelkämpfer holen und nicht auf die Regulierungskraft Dritter warten. [...] Auch ein starker Betriebsrat würde sich schwer tun, in der ›Marktgesellschaft‹ das Verhaltensmuster der privatistischen Interessenvertretung aufzubrechen.« (Kotthoff/Reindl 1990: 342f.) In den Betrieben der *seelenlosen Arbeitshäuser* finden sich häufig instrumentalistische Varianten einer »Schein-Partizipation« (Dörre 2001: 385), um Kostensenkungen, Leistungsverdichtungen oder Reorganisationsprozesse besser durchsetzen zu können. Die Geschäftsführungen verfolgen das Leitbild eines ausgeprägten Gegnermodells, bei dem die Arbeit durch Kontrolle (und gelenkte Partizipation) rationalisiert wird. Die Beschäftigten können ihre eigenen Vorstellungen kaum realisieren, auch wenn sie die Wahlen von Betriebsräten durchsetzen konnten. So sind prinzipiell autonome Betriebsratstypen möglich, die aber in der Regel »wenig bewirken, weil die Unternehmer auf der Basis des Gegnermodells agieren und Soziales nicht an sich heranlassen« (Kotthoff/Reindl 1991: 127). Im klein- und mittelbetrieblichen Bereich ist die verfasste Mitbestimmung zwar für einige Sozialordnungstypen konstitutiv, sie ist jedoch häufig kein strukturprägendes Merkmal der betrieblichen Arbeits- und Sozialbeziehungen.

Die Zusammenhänge zwischen den betrieblichen Sozialordnungen und der Mitbestimmungspraxis stehen auch im Zentrum der ›Betriebsratsstudien‹ von Kotthoff (1981, 1994). Er verweist dabei auf Unterscheidungen von *vertretungswirksamen* und *defizienten* Mustern der Mitbestimmung, die nicht zuletzt auf den jeweiligen Sozialordnungstyp zurückzuführen sind.

Dabei haben zwischen den 1970er und 1990er Jahren die vertretungswirksamen Formen an Bedeutung gewonnen. In den Studien zur Partizipation und Mitbestimmung bei hochqualifizierter Angestelltenarbeit zeigt sich die Bedeutung der gemeinschaftlichen, ›familiären‹ Sozialordnung im Großbetrieb an dem »sehr hohen Stellenwert von Deutungen und Bedeutungen, in denen die Sozialintegration der Firma das Thema ist« (Kotthoff 1997: 291; vgl. Kotthoff 1999). Das Grundmuster der Sozialordnung basiert auf einem wechselseitigen Loyalitäts- und Treueverhältnis zwischen den hochqualifizierten Angestellten und der Firma (Kotthoff 1999: 18). Hierbei dominieren Praktiken direkter und informeller Partizipation und weniger der kollektiven Interessenregulierung, wenngleich letztere in den Unternehmen meist fest verankert sind. Bei den Hochqualifizierten ist die Einbeziehung des Betriebsrates unterschiedlich. In Gehaltsfragen und in Fragen der Arbeitsgestaltung und -organisation nehmen sie ihre Interessen weitgehend selbst wahr. In anderen Fragen (beispielsweise bei drohender Versetzung oder Kündigung) schalten sie den Betriebsrat ein.

Die Ergebnisse der Studien zeigen Zusammenhänge zwischen betrieblichen Sozialordnungen und Partizipationsstrukturen auf, wenngleich diese nicht systematisch untersucht worden sind. Sie liefern zum einen Erkenntnisse zur Dominanz einzelner Partizipationsformen auf der betrieblichen Ebene, zur Wirkungsweise von direkter Partizipation und verfasster Mitbestimmung und letztlich zur Stabilität der Interessenregulierung und zum anderen Hinweise auf die *Gleichzeitigkeit* unterschiedlicher Partizipationsformen. Deutlich wird, dass Betriebe, die durch eine ausgeprägte gemeinschaftliche Orientierung und ein hohes Maß an wechselseitiger Anerkennung gekennzeichnet sind, eher eine Basis für eine ausgeprägte Partizipationskultur bieten als die instrumentalistischen Varianten.

3.2.4 Kritik und Reichweite der Sozialordnungstheorie

Kritik und Weiterentwicklungen des Ansatzes

Die »Sozialordnungstheorie« (Lengfeld/Liebig 1999: 50) ist in den Kontext ähnlich gelagerter Erklärungsansätze zu den innerbetrieblichen Sozialbeziehungen (Schmidt/Trinczek 1989; Bosch u.a. 1999), der betrieblichen Sozialverfassung (Hildebrandt/Seltz 1989), der betrieblichen Interaktionskultur (Osterloh 1993; Bosch 1997) oder den innerbetrieblichen Gerechtigkeitseinstellungen (Lengfeld/Liebig 1999; Lengfeld 2003) einzubetten.

Eine eindeutige Differenzierung der Theorieangebote lässt sich dabei nicht vornehmen, da sich die Ansätze in vielen Aspekten ähneln (vgl. zur Diskussion Lengfeld 1998; Wirth 1999).

Ein wesentlicher Kritikpunkt des Konzeptes betrieblicher Sozialordnungen liegt in der Überbetonung von Einverständnishandeln und Konsens betrieblicher Akteure und der mangelnden Berücksichtigung von Interessenkonflikten und Machtasymmetrien (vgl. Bergmann 1991: 52; ähnlich Lengfeld 1998; Schmidt/Trinczek 1999; Bosch u.a. 1999).[47] Der handlungsbezogene Ansatz der betrieblichen Sozialordnungen droht »in der Tendenz, gesellschaftsstrukturelle Machteffekte auf betriebliche Interaktionsprozesse aus dem Blick zu verlieren« (Lengfeld 1998: 446).[48] In dieser Perspektive basieren die Regeln der Handlungskoordination vornehmlich auf strukturellen Auseinandersetzungen und der Bildung eines tragfähigen Kompromisses, »in dem die faktische Machtverteilung und Machtbalance in dem Betrieb neu definiert« (Bergmann 1991: 53) wird. Insbesondere in Zeiten wirtschaftlicher Krise, massiver Interessenkonflikte und Personalabbau offenbart sich der »nicht konsensuelle, instrumentelle Charakter der Beziehung« (ebd.: 52). Somit handelt es sich bei den Handlungsgründen in erster Linie um die Wahrung und Durchsetzung von Interessen und »erst in zweiter Linie um persönliche Motive, um Prestige, Anerkennung, Machtbedürfnisse, Statusprobleme, um Bestätigung usw., unabhängig davon, dass sich diese Motive im Einzelfall auch einmal nach vorne spielen können« (Schmidt/Trinczek 1999: 186).[49] In der Konsequenz bilden die ›gemeinschaftlichen Sozialordnungen‹ keinen eigenständigen Typ der betrieblichen Sozialbeziehungen, auch »wenn in den Sozialbeziehungen eines Betriebe die kohäsiven Kräfte zeitweilig stärker ausgeprägt sind« (Bosch u.a. 1999: 27). Nach Lengfeld (2003) fehlt der ›wertorientierten‹ Perspektive der Sozialordnungstheorie die Verbindung mit interessentheoretischen Überlegungen (ähnlich Wirth 1999: 178ff.). Aus einer

47 Zur Bedeutung von Macht und Interessenkonflikten im Betrieb vgl. Crozier/Friedberg (1979), Jürgens (1984), Jürgens/Naschold (1984), Burawoy (1985), Küpper/Ortmann (1988), Minssen (1999); für die IT-Industrie vgl. Trautwein-Kalms (1995), Kalkowski (2004), Boes/Trinks (2006).

48 Dabei wird jedoch übersehen, dass sich das Konzept der betrieblichen Sozialordnung vornehmlich auf die Analyse von Arbeits- und Sozialbeziehungen im klein- und mittelbetrieblichen Bereich richtet, in dem den gesellschaftsstrukturellen Machteffekten eine andere Bedeutung zugemessen werden muss als in industriellen Großbetrieben.

49 Es bleibt offen, warum es sich bei Prestige, Anerkennung, Machtbedürfnissen etc. um ›persönliche Motive‹ und nicht auch um Interessen handelt.

macht- und interessentheoretischen Perspektive präferieren Bosch u.a. (1999) den Begriff der ›Sozialbeziehungen‹ gegenüber dem der Sozialordnungen, um die statistischen und dynamischen Elemente des betrieblichen Handelns zu erfassen. Denn »gerade das Passagere, Fragile oder Dynamische der betrieblichen Sozialbeziehungen, worauf Kotthoff zurecht soviel Wert legt, ist mit einer ›Ordnungs‹-Kategorie nicht gut zu erfassen« (Bosch u.a. 1999: 28; vgl. Schmidt/Trinczek 1999).

Gegen diese Kritik wird angeführt, dass der Ansatz betrieblicher Sozialordnungen neben persönlichen Motiven, Wertvorstellungen und Gemeinschaftlichkeit sehr wohl Interessengegensätze und Konflikte berücksichtigt. Dies verdeutlicht die ›Variabilität‹ der Sozialordnungen und die Ausformungen instrumentalistischer Typen. Der Ansatz ist offen »hinsichtlich der Qualität der Beziehungen. Es vernachlässigt nicht Macht- und Interessenhandeln, sondern sucht nach der symbolischen und affektiven Logik, durch die Interessenhandeln zu Beziehungshandeln wird.« (Kotthoff 1994: 31). Auch der Wandel betrieblicher Sozialordnungen kann durchaus nachgezeichnet werden, wobei die Veränderungsdynamik der Sozialbeziehungen jedoch differenzierter betrachtet wird. Mit dem Ordnungsbegriff wird auf eine erforderliche Relativierung permanent veränderbarer betrieblicher Sozialbeziehungen verwiesen (vgl. Kotthoff 1994, 2005).

Bergmann (1991) kritisiert, dass das Konzept betrieblicher Sozialordnungen auf die dominanten Formen der Ordnung im Betrieb fokussiert und die betrieblichen Minderheitenansprüchen und -interessen im Betrieb nur unzureichend berücksichtigt. So kann die Vielzahl von individuellen Orientierungen in der Belegschaft und in den Geschäftsführungen nicht angemessen eingefangen werden, wenngleich wichtige Hinweise auf die generalisierenden Momente der Arbeits- und Sozialbeziehungen geliefert werden.

Einige neuere Arbeiten der betriebs- und industriesoziologischen Forschung knüpfen an die Sozialordnungstheorie an und entwickeln diese in ihren eigenen Erklärungskonzepten weiter. Lengfeld (2003; vgl. Lengfeld/Liebig 1999) greift in seiner Theorie von Gerechtigkeitseinstellungen die zentralen Analysedimensionen (Herrschaftsstruktur, Gemeinschaftlichkeit/Instrumentalismus) des Ansatzes auf. Anhand der Dimensionen der hierarchischen Kontrolle (hoch/niedrig) und der sozialen Integration (schwach/stark) identifiziert er vier verschiedene Gerechtigkeitseinstellungen der betrieblichen Akteure, die als Individualismus, Fatalismus, Kollektivismus und Korporatismus bezeichnet werden (Lengfeld 2003: 93ff.). Individualismus und Fatalismus weisen auf Ausprägungen schwacher sozialer Integration hin, während Kollektivismus und Korporatismus eine hohe soziale Integration verkörpern. Die unterschiedlichen Gerechtigkeitsideologien korrespondieren mit einzelnen Konfigurationstypen der betrieblichen Sozialordnung. Die Ideologien werden als zentrale Einflussgröße des Wirkungsgrades der betrieblichen Mitbestimmung identifiziert. Lengfelds Ansatz zielt jedoch nicht auf die Erfassung und die Erklärung unterschiedlicher Muster der Beschäftigtenpartizipation ab.

Boes und Trinks (2006) konzentrieren sich in ihrer Studie auf das Interessenhandeln der Beschäftigten in den IT-Unternehmen. Sie identifizieren verschiedene Sozialordnungstypen und unterscheiden zwischen den ›ehemals fordistischen Unternehmen‹, den ›kommunitaristischen Kleinunternehmen‹ und den ›Lack-Turnschuh-Unternehmen‹ (ebd.: 64). Mit den *kommunitaristischen Kleinunternehmen* identifizieren sie einen Grundtypus betrieblicher Sozialordnungen von IT-Unternehmen. Dabei handelt es sich um Betriebe, die im Zuge der Internetwirtschaft in den 1990er Jahren gegründet wurden. Sie kennzeichnet eine hohe technologische Innovationsdynamik und eine soziale Grundausrichtung, die sich als ›Betriebsfamilie‹ oder ›verschworene Gemeinschaft‹ bezeichnen lässt. Institutionalisierte Partizipationsstrukturen sind nicht charakteristisch für diesen Typ. Die *ehemals fordistischen* Unternehmen sind hingegen ältere Großunternehmen, in denen strukturelle Interessengegensätze dominieren und die eher einer ›Zweckgemeinschaft‹ gleichen. Die Arbeitsbeziehungen sind von der »dualen Struktur industrieller Beziehungen in Deutschland geprägt« (ebd.: 64). Zwischen diesen Sozialordnungstypen werden die mittelständischen *Lack-Turnschuh Unternehmen* verortet, in denen ein »zähes Ringen« (Boes/Trinks 2006: 313) um die betriebliche Sozialordnung zwischen Produktionsgemeinschaft und Zweckgemeinschaft zu beobachten ist. Spannungsverhältnisse zeichnen sich im (ökonomischen und sozialen) Interessenaustausch, in den Leitungsstrukturen und den Arbeitsbeziehungen ab. Die Ausführungen verdeutlichen, wie sich die Sozialordnungen der Unternehmen der digitalen Wirtschaft unter den Bedingungen veränderter struktureller Anforderungen (Organisationserfordernisse, Dominanz eines marktzentrierter Kontrollmodus) wandeln können. Die Differenzierung der Typen der betrieblichen Sozialordnungen, die sich an der Größe der Unternehmen orientiert, kann jedoch die Variabilität der Sozialordnungen nicht angemessen erfassen.

Erklärungsreichweite des Konzeptes betrieblicher Sozialordnungen

Die Studien zu den betrieblichen Sozialordnungen zählten in den 1980er und 1990er Jahren zu den »Wegbereitern einer neuen, innerbetriebliche Aushandlungsprozesse berücksichtigenden Forschungsperspektive« (Funder 1999: 177) und zu den wenigen Arbeiten, die sich mit der Variantenvielfalt der Partizipationsformen und Interaktionsmuster im Betrieb befasst haben. Sie haben zum einen das gängige Bild von Klein- und Mittelbetrieben als ›Wüstenlandschaft‹ der Partizipation und industrieller Demokratie relativiert. Zum anderen distanziert sich das Konzept der betrieblichen Sozialordnungen von einer rechtsinstitutionalistischen Sichtweise, derzufolge sich die betrieblichen Partizipationsmuster aus der Umsetzung formal-rechtlicher Vorgaben des Arbeitsrechts ableiten lassen. Die verfasste Mitbestimmung kann ein sehr bedeutsamer Gestaltungsfaktor der sozialen Organisation ›Betrieb‹ sein, determiniert jedoch nicht deren Zuschnitt. Im klein- und mittelbetrieblichen Bereich lassen sich zahlreiche ›betriebsratslose‹ Betriebe identifizieren, in denen andere Verfahren der Partizipation und Interessenregulierung dominieren. So sind »der soziale Zuschnitt eines Betriebes und die Durchsetzung von Arbeitsinteressen […] nicht unbedingt die Resultante des Betriebsratshandelns« (Kotthoff/Reindl 1990: 343).

Letztlich relativierte der Sozialordnungsansatz auch die bis dahin dominante machttheoretische Begründungslinie der industriesoziologischen Forschung. So liegt eine zentrale Stärke des Konzeptes in dem Verweis, dass es sich bei der ›instrumentalistischen Fabrik‹, in der der strukturelle Kapital-Arbeit-Gegensatz dominiert, lediglich um *eine* Variante der sozialen Organisation auf der betrieblichen Ebene handelt. Deren Betrachtung reicht nicht aus, die gesamten Facetten der sozialen Organisation und der betrieblichen Partizipationsstrukturen (im klein- und mittelbetrieblichen Bereich) angemessen zu erfassen. Bei den gemeinschaftlichen Sozialordnungstypen zeigt sich vielmehr, dass die strukturell asymmetrischen innerbetrieblichen Machtauseinandersetzungen weniger stark ausgeprägt sind. Ansätze, die lediglich auf Macht und Gegenmacht basieren, greifen »ins Leere und an der Realität in mittelständischen Unternehmen vorbei« (Kotthoff/Reindl 1990: 352). Im Ergebnis bleibt festzuhalten, »dass das Verhalten der betrieblichen Akteure […] nicht determiniert ist, etwa durch die Existenz antagonistischer Interessenlagen, rechtlicher und tarifvertraglicher Regulierungen. Demnach können vergleichbare Rahmenbedingungen zu unterschiedlichen Beziehungsmustern zwischen Arbeitnehmervertretern und Arbeitgebern führen.« (Funder 1999: 177)

Der Ansatz betrieblicher Sozialordnungen zeichnet die Bandbreite dieser unterschiedlichen Beziehungsmuster auf der betrieblichen Ebene nach. Die Typen betrieblicher Sozialordnungen werden zwischen den Polen von Gemeinschaftlichkeit und Instrumentalismus sowie autokratischer und konstitutioneller Herrschaftsstruktur verortet. Aufgrund der phänomenologischen Grundausrichtung des Ansatzes und der mikrosoziologischen Betrachtung der Konsens- und Konfliktbeziehungen bleiben die generalisierenden Momente des Konzeptes jedoch unterentwickelt. Die zentrale Dimension der »Ausprägungen der Autoritätsstruktur« wird eher kursorisch behandelt. Mit Grund-, Konfigurations- und Subtypen wird eine Feindifferenzierung von betrieblichen Sozialbeziehungen vorgenommen, die letztlich fast jeden Fall in einem eigenen Typ abbildet. Die Verallgemeinerungen zu den einzelnen Konfigurations- und Grundtypen können nur implizit aus dem Material gewonnen werden.

Eine weitere Schwäche des Ansatzes, die auch von Kotthoff (2005) eingeräumt wird, ist »das Thema Ausbreitung von institutionellen Ordnungsvorstellungen, das heißt die Rückbindung einer lokalen Ordnung an übergreifende Institutionen« (ebd.: 95; vgl. Lengfeld/Liebig 1999; Lengfeld 2003). Betriebliche Sozialordnungen entwickeln sich nicht voraussetzungslos und isoliert. Sie werden vielmehr (mit-)geprägt unter anderem durch gesellschaftliche Wertvorstellungen, Ideologien, öffentlich-rechtliche Normierungen, das Bildungssystem und nicht zuletzt durch das System der Industriellen Beziehungen (vgl. Kotthoff 2004: 24). Dies sind Mechanismen, die »sich im Sinnverstehen der Handelnden auf der Mikrosphäre nicht jedenfalls zeigen müssen und daher von den interaktionistischen Interpretationskategorien auch nicht eingefangen werden« (Lengfeld/Liebig 1999: 50). Somit fehlt eine erweiterte Perspektive, mit der eine Verbindung von lokaler Handlungsebene und gesellschaftlichen Ebene hergestellt und die Lücke zwischen betrieblichen Sozialordnungen und institutionalisierten Ordnungsvorstellungen geschlossen werden kann.

Die empirischen Untersuchungen zu den Sozialordnungen richten sich insbesondere auf Klein- und Mittelbetrieben in der Industrie. Diese bilden einen relevanten, jedoch begrenzten Ausschnitt der Wirtschaft ab. Viele Dienstleistungsbetriebe und wissensintensive Unternehmen der digitalen Wirtschaft bleiben weitgehend unberücksichtigt. So verweist Kotthoff (2005) darauf, dass es »kaum Sozialordnungsanalysen über Arbeitsbereiche und Betriebe mit qualifizierter und hochqualifizierter Arbeit« (ebd.: 103) gibt.[50] Nach Kotthoff und Reindl (1990) sprechen Einzelfälle »für einen eigenen, in sich konsistenten Typus der Sozialordnung in neugegründeten kleinen Elektronik- und Informatik-Betrieben. Das wesentliche Merkmal dabei ist, dass die Sozialform durch die Konzentration der Aktivitäten auf die innovativen ›verwissenschaftlichten‹ Prozesse und durch das Bewußtsein, auf einem Newcomer-Markt tätig zu sein, geprägt ist.« (ebd.: 322) Hier stellt sich die Aufgabe, den Ansatz betrieblicher Sozialordnungen für die Analyse von Partizipationsstrukturen in den Neue-Medien-Unternehmen nutzbar zu machen und dabei die Spezifika von Innovationsdynamiken und wissensintensiven Arbeitsprozessen herauszuarbeiten.

Im folgenden Abschnitt wird auf der Basis des Sozialordnungsansatzes ein Erklärungskonzept entwickelt, das die weitere Analyse der betrieblichen Partizipationsstrukturen in den Neue-Medien-Unternehmen anleiten wird. Dabei werden die Überlegungen zu den betrieblichen Sozialordnungen mit einer institutionentheoretischen Perspektive verknüpft. Das Konzept erwerbsstrukturierender Institutionen von Pries (2005) legt nahe, die Ausprägungen von betrieblichen Sozialordnungen und Partizipationsstrukturen in ein komplexeres Kräftefeld gesellschaftlicher Einflussmechanismen einzubetten.

3.3 Konzeptionelle Bezugspunkte

3.3.1 Institutionelle Mechanismen der Strukturierung und Regulierung von Erwerbsarbeit

Die institutionentheoretische Perspektive hat in der sozialwissenschaftlichen Forschung in den letzten Jahren eine Renaissance erfahren. Während die traditionelle Institutionentheorie die Erklärung der Entstehung von Institutionen in den Mittelpunkt ihres Erkenntnisinteresses stellte, untersuchen die neueren institutionalistischen Erklärungsansätze stärker die Wechselwirkungen zwischen Institutionen, Strukturen und Handeln der Akteure. Dabei richtet sich die Perspektive auf die Kopplung zwischen den institutionellen Mechanismen und den konkreten Handlungseffekten, das heißt

50 Ausnahmen bilden hierbei die Studien zu Führungskräften und hochqualifizierten Angestellten (Kotthoff 1997; Kotthoff/Wagner 2008)

deren Verarbeitung in betrieblichen Organisationen (vgl. Meyer/Rowan 1977; Scott 1995; DiMaggio/Powell 2000). Auf die Orientierungen und das Handeln der Akteure wirken verschiedene institutionalisierte Handlungszusammenhänge ein, die zu widersprüchlichen Anforderungen und Konfliktsituationen führen können. Mit Blick auf die betriebliche Ebene sind dabei nicht nur die strukturellen Kontextfaktoren der Marktbeziehungen und des Kapital-Arbeits-Verhältnisses, sondern auch weitere institutionelle Einflussmechanismen auf der gesellschaftlichen Ebene relevant. Die Gleichzeitigkeit unterschiedlicher Wirkungsmechanismen erzeugt Spannungsfelder, die sich in der Wahrnehmung und Verarbeitung betrieblicher Akteure äußern.

Pries (2005) hat ein Konzept ›erwerbsstrukturierender Institutionen‹ vorgelegt, das auf die Bedeutung institutioneller Einflussfaktoren für die Strukturierung von Erwerbsarbeit und die Interessenregulierung verweist. Er geht davon aus, dass verschiedene Institutionen gleichzeitig, jedoch mit unterschiedlicher Wirkungsweise auf die Strukturierung von Erwerbsarbeit als ›Kräftefelder‹ (ebd.: 33) einwirken und somit das Handeln und die Interaktionen der betrieblichen Akteure beeinflussen. Demzufolge lassen sich soziale Institutionen als »komplexe und kongruente Gebilde bzw. Konfigurationen spezifischer Regeln, Normen sowie Wahrnehmungs- und Erwartungsmuster« (ebd.: 28) begreifen:

»Es wird davon ausgegangen, dass sich das unendliche Gewirr von auf Arbeit und Erwerb bezogenen menschlichen Interaktionen, Bedeutungen und Wahr-Nehmungen, Positionierungen und Verflechtungsformen nach den genannten vier Kriterien von Ressourcen, Logiken und Normen, Medien und Kontexten zu jeweils in sich mehr oder weniger kohärenten und stimmigen, auf Dauer gestellten und gesellschaftlich dominant wirksamen idealtypischen Gebilden als sozialen Institutionen gliedert und gliedern lässt.« (ebd.: 36)

Diese Institutionen wirken auf Ausformungen von Erwerbsarbeit und beeinflussen auch in mehr oder weniger starkem Ausmaß die Formen der Arbeitsbeziehungen und Interessenregulierung auf der betrieblichen Ebene. Die Bedeutung der sozialen Institutionen lässt nicht nur aus einer historisch-soziologischen Betrachtungsweise, sondern auch in einer bilanzierenden Perspektive einschlägiger Ansätze aus der Arbeits- und Wirtschaftssoziologie begründen. Diese Ansätze sind jedoch durch häufig verwendete »Dichotomien von Markt und Organisation bzw. Markt und Staat« (ebd.: 24; vgl. Pries 1998a) gekennzeichnet. Dagegen nimmt das Konzept erwerbsstrukturierender Institutionen weitere Einflussmechanismen in den Blick. Pries (2005) identifiziert fünf soziale erwerbsstrukturierende Institutionen, die auf die Ausformungen von Arbeit und Beschäftigung, das heißt die Fähigkeiten und Qualifikationen der Beschäftigten, die Tätigkeiten und Positionen, die Mobilität, die Ausgestaltung von Arbeits- und Beschäftigungsbedingungen sowie das Verhältnis von Arbeitszeit und Freizeit beziehungsweise Arbeitswelt und Lebenswelt einwirken. Zu den fünf erwerbsstrukturierenden Institutionen zählen die Familie und die primären Netzwerkbeziehungen, der Beruf beziehungsweise die Beruflichkeit von Arbeit, der Markt, die Organisation und das öffentliche Regime (ebd.: 34ff.).

Die Charakterisierung und Abgrenzung der erwerbsstrukturierenden Institutionen basiert auf einer idealtypischen Darstellung und zeigt charakteristische Regelmäßigkeiten, Merkmalskombinationen und Prozesse. Als wichtige Bestimmungsdimensionen der institutionellen Einflussmechanismen werden die wesentlichen Handlungsressourcen, dominanten Handlungsnormen, das wichtigste Kommunikationsmedium und der ›context‹ beziehungsweise die ›settings‹ betrachtet (ebd.: 35ff.). Die jeweiligen Ausprägungen konturieren die Kräftefelder, die auf die Erwerbsarbeit einwirken.

Familie und soziales Netzwerk

Der familiäre Lebenszusammenhang beziehungsweise das ›primäres soziale Netzwerk‹ ist nach Pries die »wohl älteste soziale Institution, die Arbeit und Erwerb wesentlich bestimmt hat« (Pries 2005: 37). Die dominante Handlungslogik wird durch wechselseitige Verpflichtungen und Gunst sowie generalisierte und unspezifische Reziprozität und Solidarität bestimmt. In diesem Verständnis ist der Umstand, »dass die Beiträge der Einzelnen zum Familien- und Clankollektiv erwidert und ›abgegolten‹ werden, […] eine generalisierte und wechselseitige Erwartungshaltung. Wann dies aber wie und in welchem Umfang geschieht, bleibt in der Regel offen.« (ebd.: 38). Das dominante Kommunikationsmedium in den primären sozialen Netzwerkbeziehungen ist ›Vertrauen‹. Diese Perspektive entspricht dem sozialen Austausch auf der betrieblichen Ebene, der durch wechselseitige Loyalitätsverhältnis und unspezifische Reziprozität gekennzeichnet ist (vgl. Kotthoff 1997). Beziehungsinvestitionen sind im Gegensatz zu ökonomisch ausgerichteten Tauschbeziehungen weder quantifizierbar noch anonym tauschbar. Das soziale Kapital ist die bestimmende Ressource der Akteure.

Der Stellenwert von Familie und sozialem Netzwerk für die Gestaltung von Erwerbsarbeit zeigt sich unter anderem daran, »dass persönliche und direkte Familien- und Verwandtschaftsverhältnisse in allen Gesellschaften für Wirtschafts- und Erwerbshandeln auch im 21. Jahrhundert noch von großer Bedeutung sind« (Pries 2005: 39). So spielen persönliche, informelle Kontakte oder Netzwerkbeziehungen häufig eine entscheidende Rolle bei der Vergabe von Stellen oder innerbetrieblichen Karrieremöglichkeiten.

Marktlichkeit von Arbeit

Eine zweite soziale Institution, die auf die Gestaltung von Erwerbsarbeit einwirkt, ist der Markt, das heißt die Marktlichkeit von Arbeit und Beschäftigung. Industrieller Kapitalismus und abhängige Lohnarbeit begründen ökonomische, marktförmige Tauschbeziehungen in der Erwerbsarbeit. Auf dem Markt treffen sich Individuen, die »nicht miteinander in festen sozialen Beziehungen« (Pries 2005: 41) stehen und die in Verfolgung der eigenen Interessen wechselseitig Waren und Leistungen tauschen. Auf dem Arbeitsmarkt bieten Erwerbssuchende ihre Arbeitskraft an und suchen Unternehmen nach geeigneten Arbeitskräften. Das dominante Kommunikationsmittel in den Marktbeziehungen ist Geld. Das ökonomische Kapital von Handel treibenden Personen ist im Gegensatz zum sozialen Kapital beliebig transferierbar und akkumulierbar. Im Gegensatz zu den sozialen Netzwerkbeziehungen stehen beim ökonomischen Tausch die unmittelbare Austauschbeziehung und die kurzfristige Reziprozität der Leistungen im Vordergrund (vgl. Kotthoff 1997). Marktteilnehmer zielen auf die kurzfristige Realisierung ihrer ökonomischen Interessen und Optimierung des individuellen Gewinns. Individualismus ist ein strukturprägendes Prinzip.

Die soziale Institution des Marktes zeigt sich in Tauschbeziehungen zwischen anonymen oder sich zumindest weitgehend unbekannten Akteuren, »die zum Zwecke des beiderseitigen Vorteils in eine zeitlich und sachlich begrenzte Interaktionsbeziehung eintreten.« (Pries 2005: 41f.). Die hohe Bedeutung der Institution Markt zur Strukturierung von Erwerbsarbeit zeigt sich unter anderem in einer zunehmende Vermarktlichung und Subjektivierung der Ware Arbeitskraft (vgl. Voß/Pongratz 1998; Moldaschl/Sauer 2000; Moldaschl 2002). Nach Pries (2005) ist die Marktlichkeit von Arbeit jedoch nicht der alleinige beziehungsweise ausschlaggebende Einflussmechanismus, sondern »nur *eine*, wenn auch äußerst wichtige soziale Institution, die das gesellschaftliche Leben und auch die Wirtschaft und den Erwerb strukturieren« (ebd.: 43, hvg. i.O.).

Beruf und Beruflichkeit von Arbeit

Berufe lassen sich als »spezifische und typische, sozial standardisierte Tätigkeitsbündel« (Pries 2005: 44) definieren. Bei der Beruflichkeit von Arbeit stehen im Gegensatz zur Marktlogik nicht die Maximierung des individuellen Gewinns, sondern das Befolgen spezifischer Berufsnormen sowie das Streben nach beruflich-professioneller Reputation und gesellschaftlicher Anerkennung im Zentrum. In der Verfolgung dieser Handlungslogik streben Berufstätige an, »dass die einmal gestellte Aufgabe ordentlich erfüllt wird. Man wünscht sich, sich vor sich selbst zu bewähren. Noch mehr interessiert meist die mit beruflichen Erfolgen (als solchen!) verbundene Geltung in der Gesellschaft.« (Weisser 1956: 1004) Die dominante Handlungsressource ist das kulturelle Kapital, das heißt das Wissen, die Kenntnisse, Erfahrungen und Fertigkeiten der Akteure. Es ist personengebundenen und nicht übertragbar. Die Zertifizierungen der handwerklichen Beruflichkeit (unter anderem durch Gesellen- und Meisterbriefe) und der wissenschaftlichen Ausbildung (durch Diplom etc.) können »gleichsam als Währung und Ausweis für bestimmte Fähigkeiten zur Erledigung ganz spezifischer Tätigkeitsbündel angesehen werden – sowohl von den ›Anbietern‹ als auch den Nachfragern von Arbeitsvermögen. Zertifikate dienen also als wichtiges Kommunikationsmedium der Beruflichkeit von Arbeit.« (Pries 2005: 45) Sie ermöglichen den Zugang zu Berufen und wirtschaftlicher Betätigung einerseits und die weitgehende Standardisierung von beruflichen Qualifikationen und Wissen andererseits. Einkommensperspektiven und Aufstiegschancen des Erwerbstätigen sowie der hiermit verbundene soziale Status basieren nicht unerheblich auf den erlernten Berufen und erlangten Zertifikaten.

In vielen Bereichen der Erwerbsarbeit spielt die »Berufsidentität« (Kotthoff 1997) sowie die Anerkennung der arbeitsinhaltlichen Leistungen und Tätigkeiten eine wesentliche Rolle (vgl. Holtgrewe/Voswinkel 2000). In der Dienstleistungs- und Wissensgesellschaft nimmt der Einfluss der Beruflichkeit aufgrund steigender Qualifikationsanforderungen weiter zu. So haben beispielsweise »nach dem Wirtschaftseinbruch in vielen Unternehmen des so genannten Neuen Marktes im Jahre 2001 […] viele Menschen, die in Boomzeiten ohne einen Berufsabschluss in die expandierenden Unternehmen angeworben worden waren […], leidvoll erfahren müssen, dass nun plötzlich ordentliche Bildungsabschlüsse und Zertifikate wieder an Bedeutung« (Pries 2005: 47) gewonnen haben.

Organisation und Hierarchie

Mit der zunehmenden Verbetrieblichung von Arbeit als Folge des industriellen Kapitalismus und der in Fabriken organisierten, arbeitsteiligen Leistungserstellung setzen sich organisationsdefinierte Mechanismen der Arbeitszuweisung, der Qualifizierung, der Arbeitseinsatz- und Aufstiegsmöglichkeiten durch. Organisationen lassen sich nach Pries (2005) als relativ dauerhafte Gebilde mit mehr oder weniger festen Zutrittsregeln und mehr oder weniger veränderbaren Strukturen und Zielen begreifen (ebd.: 50). Organisationen sind durch Formalstrukturen und informelle Normen gekennzeichnet, die wichtigen Kommunikationsmedien sind Hierarchie, Anordnung und Entscheidung. In der Organisation sind das Wettbewerbsprinzip und der marktförmig Austausch von Leistungen eingeschränkt. Die dominante Handlungslogik basiert auf betrieblich-organisationsgebundenen Regeln, den betrieblich gesetzten Funktionen und den aus der Stellung und Funktion im Betrieb resultierenden Kompetenzen. Nach diesen Regeln werden beispielsweise die innerbetrieblichen Aufstiegsmöglichkeiten (unter anderem nach Senioritätsprinzip) und Entlohnungsgrundsätze (beispielsweise nach Betriebszugehörigkeit) festgelegt. Das positionale Kapital (u.a. Rechte, Ansprüche, Kompetenzen) des Organisationsmitgliedes ist die wichtigste Handlungsressource und nicht transferierbar. Funktionsausübungen und Rollenübernahmen begründen »auf Dauer gestellte und mehr oder weniger formalisierte arbeitsteilige Kooperationsbeziehungen« (ebd.: 49) im Betrieb.

In der idealtypischen Zuspitzung nach Max Weber (1972) lässt sich die bürokratisch überformte Organisation als ein ›stahlhartes Gehäuse‹, das durch ihre Spezialisierung der geschulten Facharbeit, der Abgrenzung der Kompetenzen, den Reglements und hierarchisch abgestuften Gehorsamsverhältnissen gekennzeichnet ist, begreifen. Die Organisationsbildung korreliert mit der Betriebsgröße. In größeren Organisationen sind Formalstrukturen (Hierarchien, Arbeitsorganisationen, Abteilungen) stärker ausgeprägt.

Öffentliches Regime

Mit dem Begriff des öffentlichen Regimes nimmt Pries (2005) nicht nur den Staat als soziale Institution in den Blick, sondern auch die Verbände und Organisationen von Berufstätigen, Arbeitnehmern und Arbeitgebern. Dieses Regime in der Triade aus Staat, Kapital und Arbeit legt öffentliche

Normen und Regeln fest, die auf die Strukturierung und Regulierung von Erwerbsarbeit einwirken. Die Kommunikationsmedien dieser Institution sind insbesondere Gesetze, Verträge oder Vereinbarungen. Der Einfluss des öffentlichen Regimes reicht »von der zeitlichen Dimension (Mindestalter für Erwerbstätigkeit, Renten- und Pensionsaltersgrenze etc.) über vielfältigste Arbeits-, Gesundheits- und Beschäftigungsvorschriften, über mit formaler Erwerbsarbeit verbundene und obligatorische Abgabensysteme für Arbeitslosen-, Renten, Kranken- und Pflegeversicherungen bin hin zu gesetzlichen und kollektivvertraglichen Normen und Regeln bezüglich der Arbeits- und Beschäftigungsbedingungen sowie der Partizipationschancen von Erwerbstätigen« (ebd.: 51). Zu den Mechanismen zählen auch die Beteiligungs- und Mitbestimmungsrechte der Beschäftigten auf der betrieblichen und überbetrieblichen Ebene, die einen Bestandteil der institutionellen Ordnung des öffentlichen Regimes bilden. Die dominante Handlungsressource des öffentlichen Regimes ist das politische Kapital, das heißt die »Legitimitätsgeltung und Chance der Machtausübung und Interessendurchsetzung« (ebd.: 54). Die Aushandlung und Durchsetzung widersprüchlicher Interessen in ›contested terrains‹ basiert auf der Mobilisierung von Macht und der Koalitionsbildung mit dem Ziel, Abkommen und Vereinbarungen abzuschließen sowie Rechtsnormen festzulegen. Konflikt und Kooperation sind nach Pries (2005) charakteristische Handlungskontexte der Institution ›öffentliches Regime‹:

»Während das offene Kräftemessen und kollektive Aushandeln divergenter Interessen im Rahmen des öffentlichen Regimes als erwerbsstrukturierender Institution gesellschaftlich als völlig legitim erachtet wird, würde die gleiche Handlungsnorm im Rahmen anderer institutioneller Kontexte vorwiegend Irritationen oder gar schwerwiegende Konflikte auslösen.« (ebd.: 54f.)[51]

Der Erklärungsansatz zu den erwerbsstrukturierenden Institutionen verweist auf gesellschaftlich verankerte Einflussmechanismen, die auf Arbeit und Beschäftigung einwirken und eine wichtige Rolle in den Handlungsorientierungen der Akteure spielen. Eine zentrale Annahme des Ansatzes ist, dass diese Einflussmechanismen gleichzeitig wirken und dabei Kräfte- bzw. Spannungsfelder bilden. Je nach Gegenstand zeigt sich in diesem Wechselspiel eine unterschiedliche Intensität der sozialen Institutionen.

51 Hier ist jedoch kritisch zu fragen, inwieweit das ›offene Kräftemessen‹ und die ›kollektive Aushandlung‹ ein charakteristisches Merkmal der Institution öffentliches Regime ist. So sind beispielsweise auch Marktbeziehungen von der Formulierung und Aushandlung widerstreitender Interessenlagen gekennzeichnet.

Der starke Einfluss des öffentlichen Regimes schlägt sich beispielsweise in dem hohen Formalisierungs- und Verrechtlichungsgrad des dualen Systems der Industriellen Beziehungen in Deutschland nieder, während die Arbeitsbeziehungen in anderen Ländern stärker von Markt- oder Organisationslogiken geprägt sind. Hingegen ist das Segment kleinbetrieblicher und handwerklicher Arbeitsverhältnisse stärker durch die sozialen Institutionen der Familie beziehungsweise des sozialen Netzwerkes sowie der Beruflichkeit von Arbeit geprägt. Deshalb ist »die Dynamik der Erwerbsregulierung hier wesentlich stärker vom Sozialtypus langfristiger, unspezifisch reziproker Vertrauensbeziehungen und vom Berufsdenken der Beschäftigter und der Beschäftigten gekennzeichnet als zum Beispiel ausschließlich von einer marktlich geprägten kurzfristigen individuellen Nutzenmaximierung oder einer in unternehmensbezogenen Aufstiegsleitern verankerten Organisationslogik.« (ebd.: 93)

Der Ansatz der erwerbsstrukturierenden Institutionen zielt auf die Identifizierung und Analyse von gesellschaftlich verankerten Mechanismen zur Strukturierung von Erwerbsarbeit und weniger auf die Erklärung der betrieblichen Sozialbeziehungen sowie Partizipationsstrukturen.[52] Er bietet jedoch Anknüpfungspunkte zu den Überlegungen der betrieblichen Sozialordnungen, um die beschriebene Lücke zwischen sozialen Ordnungen und gesellschaftlichen Institutionen zu schließen. Im folgenden Abschnitt wird vor diesem Hintergrund eine Typologie von Sozialordnungen entwickelt, die auf der idealtypischen Differenzierung der gesellschaftlichen Kräftefelder in der Erwerbsarbeit basiert.

3.3.2 Betriebliche Sozialordnungen und soziale Institutionen

In der Verbindung des Konzeptes erwerbsstrukturierender Institutionen mit der akteurszentrierten Perspektive der betrieblichen Sozialordnungen können verschiedene Sozialordnungstypen abgeleitet werden. Unter Berücksichtigung der institutionellen Wirkungsmechanismen werden im Folgenden familiär strukturierte, berufsstrukturierte, marktstrukturierte, organisationsstrukturierte und rechtsnormenstrukturierte betriebliche Ordnungen unterschieden.

---

52 Die Arbeits- und Partizipationsbeziehungen stehen im Zentrum des Konzeptes der ›Erwerbsregulierung‹ (Pries 2005). Dieses richtet sich insbesondere auf eine international vergleichende Perspektive von Konfigurationen der Erwerbsregulierung.

Familiär strukturierte Sozialordnungen sind durch ein ausgeprägtes Zusammengehörigkeitsgefühl der Akteure gekennzeichnet. Die betrieblichen Akteure eint »das gemeinsame Interesse am Unternehmen als einem sozialen Raum, der neben materiellem Wohlergehen soziale Identität stiftet« (Lengfeld 2003: 99). Das Gemeinschaftsgefühl findet seinen Ausdruck in dem gemeinsamen Interesse an der sozialen Veranstaltung Betrieb sowie in Aktivitäten, die über die konkreten Arbeitszusammenhänge hinaus in die außerbetriebliche Lebenswelt hineinreichen. Kennzeichnend sind unspezifisch reziproke Vertrauensbeziehungen und Verpflichtungsverhältnisse von Geschäftsleitungen und Beschäftigten. Das Arbeitssystem kommt ohne formale Leistungsvorgaben und Leistungskontrollen aus. Die Beschäftigten bringen aufgrund ihres Verantwortungsgefühls ihre Arbeitskraft aus eigenem Antrieb in den Leistungserstellungsprozess ein.

Ein familiäres Betriebsklima und eine teamorientierte Arbeitsatmosphäre kennzeichnen diesen Typus. Betriebe mit einer familiär geprägten Sozialordnung sind weitgehend ›systemlos‹ und ohne objektivierte Organisationsstruktur. Die Hierarchiestrukturen sind schwach ausgeprägt. Individualisitisch geprägte Marktbeziehungen oder eine Orientierung an Normen des öffentlichen Regimes haben in der großen Familie keine prägende Bedeutung. Merkmale dieses Idealtyps finden sich in betrieblichen Sozialordnungen wider, die in der betriebs- und industriesoziologischen Forschung als »Produktionsgemeinschaft« oder »Familienprojekt« (Kotthoff/Reindl 1991: 83), als »Betriebsfamilie« oder große Gemeinschaft (Bosch u.a. 1999: 122; vgl. Boes/Trinks 2006) oder als »Kleinfirmennetz« (Dörre 2001) bezeichnet wurden.

Die *berufsstrukturierte Sozialordnung* ist durch die starke Orientierung an der beruflichen Arbeitsidentität gekennzeichnet. Der Betrieb ist der Ort der beruflichen Selbstverwirklichung, in dem arbeitsinhaltliche, tätigkeits- und produktbezogene Interessen realisiert werden sollen. Die Arbeit der Beschäftigten kennzeichnet ein hohes Maß an Expertenwissen, intrinsischer Motivation und Selbstorganisation. Gemeinschaftlichkeit spielt bei diesem Sozialordnungstyp ebenfalls eine wichtige Rolle, ist jedoch weniger stark ausgeprägt als in der familiär strukturierten Sozialordnung. Sie richtet sich insbesondere auf die kollektive Arbeitskultur sowie die gemeinsame Leistungserstellung und Produktentwicklung. Die kollektivistische Orientierung ist eine Basis für Informationen und Problemlösungen sowie eine Quelle der spontanen Solidarität, die soziale Ordnung und damit Sicherheit erzeugt (vgl. Dörre 2001: 389). Die beruflich geprägte Arbeitsidentität wird in die betrieblichen Sozialordnungen eingespeist und findet in weithin akzeptieren Interessenlagen und Wertvorstellungen ihren Ausdruck.[53] Für die Geschäftsleitungen steht die wissensintensive Entwicklung von Produktinnovationen im Vordergrund. Die Beschäftigten legen insbesondere auf arbeitsinhaltliche Aspekte, hohe Autonomie- und Kreativitätsspielräume sowie auf berufliche Entwicklungsmöglichkeiten Wert. Verbindliche Arbeitszeit- und Entgeltregelungen treten demgegenüber in den Hintergrund. Machtpotenziale (beispielsweise aufgrund von Expertenwissen) werden von den Akteuren nur eingesetzt, wenn die Realisierung beruflicher Wertvorstellungen gefährdet ist.

Bei der *marktstrukturierten Sozialordnung* ist der ökonomische Interessenausgleich das strukturierende Prinzip. Die Akteure orientieren sich an individualistischen Interessenlagen beziehungsweise externen Marktanforderungen. Auf Managementseite stehen Rentabilität und Effizienz der Leistungserstellung im Mittelpunkt, wobei ein »marktzentrierten Kontrollmodus« (Boes u.a. 2005; Boes/Trinks 2006) dominiert. Die Beschäftigten verfolgen materielle Interessen wie Gehaltserhöhungen und Beschäftigungsperspektiven. Die internen Beziehungen werden durch marktförmige und kundenbezogene Austauschprozesse strukturiert, eine Verbetrieblichung der Tauschbeziehungen findet nicht statt. Der Betrieb ist eher »als Ansammlung von Personen mit unterschiedlichen Interessen« (Lengfeld 2003: 97) anzusehen. Individualismus und ein nutzenmaximierendes Interessenkalkül sind charakteristisch für die marktstrukturierte Sozialordnung. Gemeinschaftliche und berufliche Orientierungen werden zugunsten ökonomischer Imperative bei einer »profitorientiert vermarktlichten Sozialordnung« (Boes/Trinks 2006: 313) in den Hintergrund gedrängt.

Kotthoff und Reindl (1990, 1991) identifizieren mit der »Marktgesellschaft« einen Typ betrieblicher Sozialordnungen, der durch Individualismus und Instrumentalismus gekennzeichnet ist (vgl. Lengfeld 2003; Boes/Trinks 2006). Unternehmer und Beschäftigte begegnen sich ausschließlich instrumentell und haben keinen Sinn für den Betrieb als ›Sozialveranstaltung‹ entwickelt. Dennoch stellt auch die marktstrukturierte Sozialordnung einen gemeinsam geteilten Sinn- und Bedeutungszusammenhang dar. Aktuelle Studien verweisen auf Trends der Vermarktlichung in Unternehmen und des Bedeutungszuwachses von durch Marktlogik und Selbstöko-

53 Insbesondere mit Blick auf die ›neuen‹ Branchen der digitalen Wirtschaft ist auf die Herausbildung einer spezifischen ›Branchenkultur‹ hingewiesen worden, die durch die berufliche Sozialisation der Beschäftigten geprägt ist (vgl. Hauser-Ditz u.a. 2008: 59).

nomisierung geprägten Arbeitskraftunternehmern (vgl. Voß/Pongratz 1998).

Regeln, Hierarchie und Anordnung sind zentrale Merkmale der *organisationsstrukturierten Sozialordnung*. Charakteristisch sind formale Organisationsstrukturen, ausdifferenzierte Hierarchieebenen und eine starke Orientierung an organisational gesetzten Regeln, Funktions- und Kompetenzzuschreibungen. In der organisationsstrukturierten Sozialordnung tritt die gemeinschaftliche Orientierung der betrieblichen Akteure zugunsten betrieblicher Regelungen in den Hintergrund. Vorherrschend sind Vorstellungen des »Bürokratismus« im Sinne »einer Präferenz für Verteilungen nach hierarchischer Stellung und nach Seniorität im Unternehmen« (Lengfeld 2003: 96; vgl. Liebig 1997; Pries 2005).[54] Hierarchien und Kontrolle sprechen gegen weitreichende Handlungs- und Autonomiespielräume der Beschäftigten. Bei der Gestaltung der Arbeits- und Beschäftigungsbedingungen sind betriebliche Regelungen von Arbeitszeit und Entgelt eine Selbstverständlichkeit. Im Zentrum stehen die Definition von Positionen und Funktionen und die Entwicklung betrieblicher Karriereperspektiven.

Der »panoptische Typ« von bürokratisch überformten Sozialordnungen ist durch eine ausgefeilte technokratische Kontrollstruktur gekennzeichnet (vgl. Kotthoff und Reindl 1991). Der Betrieb wird zu einer totalen Institution, in der für Eigensinn und lebensweltliche Verbindungen kein Platz ist und die Akteure hinter ihren Funktionen und Rollen verschwinden. Mit wachsender Betriebsgröße nimmt die Wahrscheinlichkeit der Herausbildung formaler Organisationsstrukturen und der Ausdifferenzierung von Abteilungs- und Leitungsstrukturen zu (vgl. Kotthoff/Reindl 1990; Ellguth/Ahlers 2003; Hauser-Ditz u.a. 2006). Insbesondere in größeren Unternehmen sind die Transaktionskosten informeller und individueller Regelungen höher und »die Merkmale Hierarchisierung und Bürokratisierung noch stärker ausgebildet« (Kotthoff 1997: 188). Demnach sind Größe und Wachstumsdynamik der Betriebe wichtige Kontextfaktoren der Herausbildung organisationsstrukturierter Sozialordnungen.

Die *rechtsnormenstrukturierte Sozialordnung* basiert auf der Legitimität öffentlich-rechtlich gesetzter Normen und ist durch die Orientierungen an einer konstitutionellen betrieblichen Grundordnung geprägt. Die psychologische Intensität der Sozialordnung ist geringer als bei den sozialintegra-

54 Nach Lengfeld (2003) kann sich eine Haltung des »Fatalismus« durchsetzen, wenn bei einer organisationszentrierten Sozialordnung wenig Spielräume für die Beschäftigten bestehen, ihre gemeinschaftlichen Interessen durchzusetzen.

tiven Formen der familiären oder berufsbezogenen Sozialbeziehungen. Hingegen sind instrumentalistische Orientierungen bei der rechtsnormenstrukturierten Grundordnung schwächer ausgeprägt. Die Gestaltung der Arbeits- und Beschäftigungsbedingungen orientiert sich an den öffentlich gesetzten Normen; tarifvertragliche Regulierung und betriebliche Mitbestimmung sind konstitutiv für diesen Sozialordnungstyp.

Die ›integrative Bürgergesellschaft‹ nach Kotthoff und Reindl (1990) weist viele Elemente einer konstitutionell-liberalen Grundordnung auf. Mit Blick auf die betriebliche Ebene wird das Handeln der Akteure durch die Orientierung an öffentlich gesetzten Regeln geprägt. Die betriebliche Sozialordnung ist in diesem Sinne eine ›Betriebsverfassung‹, die sich durch die Normen des öffentlichen Regimes und die Akzeptanz des ›Bürgerstatus im Betrieb‹ konstituiert.

Diese Skizzierung von idealtypischen Sozialordnungsmustern soll den Rahmen bilden für eine eingehendere Betrachtung betrieblicher Sozialbeziehungen und die institutionellen Kontextbedingungen beleuchten, die bei der Analyse der Partizipationsstrukturen in den Neue-Medien-Unternehmen eine wichtige Rolle spielen. In der betrieblichen Praxis sind die vorgestellten Typen der betrieblichen Sozialordnung nicht in Reinform zu finden. Vielmehr skizzieren die Idealtypen die unterschiedlichen Einflussmechanismen, deren konkrete Kräftekonstellation über die Ausformung der jeweiligen Sozialordnung bestimmt. Die Sozialbeziehungen in den Betrieben sind nicht durch einzelne Einflussmechanismen gekennzeichnet. Sozialordnungen sind demnach weder *ausschließlich* der Ausdruck einer grundlegenden Marktlogik noch einer bürokratischen Formalstruktur. Sie sind – insbesondere im klein- und mittelbetrieblichen Bereich – auch nicht zwangsläufig durch eine Rechts- und Normenorientierung gekennzeichnet. Jedoch ist davon auszugehen, dass die betrieblichen Sozialordnungen in unterschiedlicher Weise Zusammenhänge mit der Größe, der Branche oder dem Produktionssystem aufweisen.

Diese Kräfte spiegeln sich auch in den Handlungsorientierungen der einzelnen Akteure wider. Veränderte Orientierungen der Beschäftigten und des Managements können zu einem Wandel der eingespielten Sozialordnung führen. Die Wechselbeziehung zwischen der betrieblichen Formalstruktur und der subjektiven Aneignung der betrieblichen Akteure beziehungsweise das Ringen um die konkrete Ausgestaltung der Sozialordnung verweist somit auf das dynamische Element der Sozialbeziehung. Trotz dieser permanenten Spannungs- und Kräfteverhältnisse ist eine gefestigte Ordnung durch Stabilität und Dauerhaftigkeit gekennzeichnet.

Die traditionellen Erhebungen zu den betrieblichen Sozialordnungen konzentrieren sich auf Industriebetriebe und lassen insbesondere den Bereich wissensintensiver Betriebe bislang weitgehend unberücksichtigt (vgl. Kotthoff 2005). In diesem Bereich spielen die Anforderungen wissensintensiver Arbeit, die ›verantwortliche Autonomie‹ der Beschäftigten und ihre beruflichen Identitäten, Commitment und Anerkennungsverhältnisse im Betrieb eine zentrale Rolle, die in den bisherigen Analysen zur betrieblichen Sozialordnung wenig berücksichtigt worden ist. Das Auftreten von extrem instrumentalistischen Formen, wie sie von Kotthoff und Reindl (1991) in Handwerks- und Industriebetrieben vornehmlich mit taylorisierten Fertigungsstrukturen nachgewiesen wurden, ist in diesem Segment eher unwahrscheinlich. Hier wird deutlich, dass es nicht ausreicht, die Ausprägungen der betrieblichen Sozialordnungen allein zwischen Gemeinschaftlichkeit und Interessengegensatz zu verorten.

3.3.3 Bezugspunkte der empirischen Untersuchung

Formen der Beschäftigtenpartizipation

Analytisch lassen sich auf der betrieblichen Ebene drei Partizipationsformen unterscheiden: direkte Partizipation, verfasster Mitbestimmung und andere Gremien der Interessenregulierung. Diese Differenzierung wird in der Industrial-Relations-Forschung in aktuellen Studien zu den Partizipationsstrukturen in der New Economy (vgl. Abel/Ittermann 2001, 2006; Schmierl 2003) und der Gesamtwirtschaft (vgl. Rudolph/Wassermann 2006; Hauser-Ditz u.a. 2006; Ellguth/Kohaut 2008) aufgegriffen.

Unter *direkter Partizipation* werden alle Verfahren einer unmittelbaren Beteiligung von Beschäftigten an der Gestaltung von Arbeits- und Beschäftigungsbedingungen sowie an operativen und strategischen Entscheidungen gefasst. Diese können sich in informellen Praktiken (beispielsweise durch die unmittelbare Einbeziehung im Arbeitsprozess oder in der Produktentwicklung, Face-to-Face-Kontakt zu Vorgesetzten) oder in formellen Partizipationsverfahren (beispielsweise durch Zielvereinbarungen oder Führungsgrundsätze, Team- und Projektsitzungen) äußern. Dieses Verständnis knüpft an die Definition von direkter Partizipation bei Geary und Sisson (1994) an:

»Opportunities which management provide, or initiatives to which they lend their support, at workplace level, for consultation with and/or delegation of responsibilities and authority for decision making to their subordinates either as individuals or as groups of employees, relating to the immediate work task, work organisation and/or working conditions.« (ebd.: 2)

Die Perspektive geht jedoch über die Bestimmung von direkter Partizipation als Managementtechnik hinaus. Direkte Partizipation ist auch ein Erfordernis komplexer Arbeits- und Leistungserstellungsprozesse und somit – im Gegensatz zu aufkündbaren Partizipationsangeboten – von einer höheren Verbindlichkeit: Denn »je mehr das Management funktional auf Partizipation angewiesen ist – und dafür spricht ja bekanntlich viel –, desto weniger kann es sich leisten, nur von Beteiligung zu reden und nicht danach zu handeln, oder einmal gewährte Partizipationschancen zu widerrufen« (Breisig 1993: 176). Darüber hinaus kann die Initiative zu direkter Partizipation oder Selbstvertretung nicht nur vom Management, sondern auch von den Beschäftigten selbst ausgehen. In diesem Sinne ist direkte Partizipation nicht nur Ausdruck gewährter, sondern auch eingeforderter Beteiligung. Die Formen der direkten Partizipation können von einer geringen Beteiligungsintensität bis zu echten Mitentscheidung der Beschäftigten reichen.

Unter dem Begriff der *verfassten Mitbestimmung* wird die rechtlich verankerte Interessenvertretung durch Betriebsräte betrachtet. Diese basiert auf den Grundlagen des Betriebsverfassungsgesetzes und den institutionell garantierten Beteiligungsmöglichkeiten in sozialen, personellen und wirtschaftlichen Angelegenheiten. Die Reichweite der Mitbestimmung basiert auf den rechtlich verankerten abgestuften Mitentscheidungsmöglichkeiten. Die Realität der Mitbestimmung kann jedoch nicht allein mit Rechtsnormen erfasst werden, sondern wirkt insbesondere aufgrund der gelebten Praxis und jeweiligen Umsetzung in den betrieblichen Arbeitsbeziehungen. Hierbei sind informelle Partizipationsmöglichkeiten, die sich den Betriebsräten eröffnen, ebenfalls in den Blick zu nehmen.

Alternative Gremien der Interessenregulierung oder »andere Vertretungsorgane« (Hauser-Ditz u.a. 2006) zählen zu den Formen einer indirekten Beschäftigtenpartizipation. Beispiele hierfür sind Vertrauenspersonen, Vertrauensleute, »Quasi-Betriebsräte« (Hilbert/Sperling 1993) oder gemeinsame Gremien von Management- und Beschäftigtenvertretern, zu denen auch neuartige Vertretungsorgane aus der digitalen Wirtschaft wie runde Tische, Ältestenräte, Senate etc zählen. Diese können auf Initiativen der

Management- oder der Beschäftigtenseite zurückgehen (vgl. Hauser-Ditz u.a. 2008). Im Gegensatz zu Betriebsräten basieren die anderen, häufig betriebsspezifischen Vertretungsorgane auf gering formalisierten Absprachen, betrieblichen Übereinkünften und freiwilligen Vereinbarungen. Sie verfügen zwar über keine rechtliche Legitimation, können jedoch weitreichende Partizipationsmöglichkeiten implizieren. In der Abbildung 2 sind die zentralen Kategorien der betrieblichen Partizipation zusammengefasst.

Abbildung 2 Dimensionen betrieblicher Beschäftigtenpartizipation

Formen	Direkte Partizipation	Andere Vertretungsorgane	Verfasste Mitbestimmung
Akteure	Einzelne Beschäftigte, Arbeitsgruppen, Teams	Repräsentanten (Sprecher, Quasi-Betriebsräte, Gremien)	Betriebsräte
Reichweite	Gegenstände: ▪ Arbeitsbedingungen (u.a. Arbeitsinhalte, Arbeitsorganisation etc.) ▪ Beschäftigungsbedingungen (u.a. Arbeitszeit, Entgelt, Beschäftigungssicherheit) ▪ Unternehmerische Beschlussfassungen (u.a. Produkte, Investitionen, Standorte) Grad/Intensität: ▪ keine Partizipation / Alleinentscheidung ▪ Information, Konsultation ▪ Mitwirkung, Widerspruch ▪ Mitentscheidung, Mitbestimmung		

Quelle: eigene Darstellung

Die Formen der Beschäftigtenpartizipation schließen sich in konzeptioneller Hinsicht auf der betrieblichen Ebene nicht aus. So ist die Gleichzeitigkeit kollektiver und individueller Partizipationsstrukturen zu berücksichtigen, wobei die gleichzeitige Existenz von Betriebsräten und anderen Vertretungsorganen in der Praxis unwahrscheinlich ist. Die Konstellationen der unterschiedlichen Ausdrucksformen und ihrer Reichweiten lassen sich als betriebliche Partizipationsmuster bezeichnen. Beispiele für diese Partizipationsmuster sind dominante Formen direkter Partizipation bei gleichzeitig schwachen kollektiven Vertretungsorganen oder eine starke Betriebsratsmitbestimmung bei wenig ausgeprägten Strukturen direkter Partizipation. Die betrieblichen Partizipationsmuster stehen in einem engen Zusammenhang mit den jeweiligen Sozialordnungstypen. Die folgenden konzeptionellen Überlegungen zeigen wahlverwandtschaftliche Entsprechungsverhältnisse zwischen Partizipationsstrukturen und Sozialordnungen auf.

In der *familiär geprägten Sozialordnung* dominieren informelle und direkte Partizipationsstrukturen. Die direkte Partizipation basiert auf persönlichen Kontakten, unmittelbarer Kommunikation und einem ›Face-to-Face‹ in den Arbeits- und Sozialbeziehungen. Die Existenz einer kollektiven Interessenvertretung ist aufgrund der persönlichen Nähe und Selbstvertretung der Beschäftigten unwahrscheinlich. Selbst bei der Existenz von Betriebsräten dominieren die direkten und informellen Praktiken in der Interessenregulierung. Formen direkter Partizipation kennzeichnen auch die *berufsstrukturierte Sozialordnung*. Diese richten sich insbesondere auf berufliche und arbeitsinhaltliche Aspekte. Projektteams können eine wichtige Funktion bei der Formulierung gemeinsamer beruflicher Interessen und Partizipationsvorstellungen wahrnehmen. Institutionalisierte Muster der Interessenregulierung sind selten, da sie den Auffassungen der Beschäftigten zur Selbstvertretung widersprechen. Jedoch können Berufsverbände eine zentrale Rolle in der Interessenorganisation und der Formulierung berufsbezogener Ansprüche durch korporative Akteure spielen (vgl. Lengfeld 2003: 98). Auch bei der *marktbezogenen Sozialordnung* setzen die Akteure auf die individuelle Interessendurchsetzung, wobei die Verfolgung materieller Ansprüche im Vordergrund steht. Direkte Partizipation findet in einer instrumentalistischen Variante statt und orientiert sich an Effizienz- und Produktivitätskriterien beispielsweise in Form von Zielvereinbarungen. Kollektive Formen der Interessenregulierung werden nur gebildet, sofern sie der individuellen Nutzenmaximierung der betrieblichen Akteure Rechnung tragen. Von den Geschäftsführungen werden sie zur Realisierung betriebswirtschaftlicher Ziele genutzt. Den Beschäftigten dienen die kollektiven Interessenvertretungen zur Durchsetzung ihrer materiellen Interessen. In der marktstrukturierten Sozialordnung sind sowohl direkte als auch kollektive Partizipationsstrukturen vorstellbar, wenn sie der ökonomischen und materiellen Interessenausrichtung der Akteure entsprechen. Die Arbeitsmarktsituation der Beschäftigten und die wirtschaftliche Situation des Betriebes sind wichtige Kontextfaktoren, die auf die betriebliche Sozialordnung einwirken und die Machtressourcen der Akteure beeinflussen.

In der *organisationsstrukturierten Sozialordnung* sind die Partizipationsspielräume weniger ausgeprägt. Bei einer gemeinschaftlichen Orientierung können Betriebsräte oder andere Vertretungsorgane zur Herausbildung von betrieblichen Koordinationsstrukturen beitragen und der auf organisationsbezogene Formalstrukturen gerichteten Sichtweise der Akteure entsprechen. Bei autokratischen Herrschaftsstrukturen behindern mangelnde

Akzeptanz, offener Widerstand der Geschäftsleitungen und eine fehlende Konsequenz der Belegschaft die Bildung einer autonomen und einflussreichen Interessenvertretung. In der organisationsstrukturierten Sozialordnung können Formen der direkten und informellen Partizipation existieren, strukturprägend sind jedoch formelle (und kollektive) Verfahren. Das Grundprinzip des ›Konstitutionalismus‹ und die Orientierung an öffentlich-rechtlichen Normen bilden bei der *rechtsnormenstrukturierten Sozialordnung* die wesentliche Grundlagen für eine akzeptierte betriebliche Interessenvertretung und eine wirksame Mitbestimmungspolitik. Betriebsräte sind für diesen Typ konstitutiv. Darüber hinaus verweist die rechtsnormenstrukturierte Sozialordnung auf ein »Bürgerrecht der Partizipation im Arbeitsprozess« (Kotthoff 1994: 336).

Forschungsleitende Überlegungen

Die bisherigen konzeptionellen Betrachtungen ermöglichen Annahmen zu den Sozialordnungstypen und Partizipationsmustern in den Neue-Medien-Unternehmen. Diese Annahmen beziehen sich auf Fragen nach den vorherrschenden Partizipationsformen, ihrer Reichweite und ihren Entwicklungsperspektiven: Welche Rolle spielen direkte Partizipation, betriebliche Mitbestimmung und andere Vertretungsorgane? Welche Hinweise finden sich auf die Existenz ›neuartiger‹ Partizipationsformen? Welche Reichweite kennzeichnet die Partizipationsmöglichkeiten? Welche typischen Partizipationsmuster sind in den Neue-Medien-Unternehmen strukturprägend? Inwieweit lassen sich die Partizipationsmuster als »organischer Bestandteil gewachsener Arbeitskulturen« (Dörre 2002: 178) und Sozialordnungen begreifen? Welche Stabilität und Veränderungsdynamiken ergeben sich somit? Dazu werden die folgenden konzeptionellen Überlegungen formuliert, die die empirischen Untersuchungen anleiten:

– Der Bereich der Neue-Medien-Unternehmen ist klein- und mittelbetrieblich geprägt. Darüber hinaus zählt er zu den Kernzonen hochqualifizierter Wissensarbeit, in denen arbeitsinhaltliche Orientierungen und Beruflichkeit von Arbeit (intrinsische Motivation, Kreativität) eine zentrale Rolle spielen. Die berufliche Identität der Hochqualifizierten ist stark ausgeprägt und führt zu einer hohen Identifikation mit Tätigkeit, Arbeitsinhalten und Produkten. In der Konsequenz ist zu vermuten, dass in den Neue-Medien-Unternehmen vorrangig familiär-gemeinschaftlich und beruflich geprägte Sozialordnungen zu finden sind. Die

Unternehmen konzentrieren ihre Aktivitäten auf innovative verwissenschaftlichte Prozesse. Viele der Neue-Medien-Betriebe sind als ›Garagenfirmen‹ oder ›Turnschuhbetriebe‹ entstanden, die im Zuge der Verbreitung von informationstechnologischen Innovationen in den 1990er Jahren eine neue Generation von IT-Unternehmen begründeten (vgl. Boes/Baukrowitz 2002). Demzufolge haben die wissensintensiven und hochqualifizierten Tätigkeiten, die projektbasierten Formen der Arbeitsorganisation und die gemeinschaftliche Erstellung innovativer Technologieprodukte eine zentrale Bedeutung und prägen die Ausgestaltung der betrieblichen Sozialordnung.

– Auf dieser Basis ist die ›familiär-berufsstrukturierte‹ Grundkultur der Sozialbeziehungen durch enge Vertrauensbeziehungen der betrieblichen Akteure, die sich mitunter aus der Studienzeit kennen, und einem gemeinsam beruffachlichem Interesse, das gegenseitige Loyalität und Verbundenheit begründet, gekennzeichnet. Die Beschäftigten sind geprägt von einer Arbeitsidentität, die auf wissenschaftlichem Wissen und dem Berufsethos basiert. Die hohe Identifikation mit den innovativen Produkten und Dienstleistungen ist für die hochqualifizierten Beschäftigten charakteristisch. Die Betriebe haben in Auseinandersetzung mit den Marktanforderungen eigene Organisationsformen herausgebildet, die sich an den Kompetenzen, der Selbstorganisation und Motivation der Mitarbeiter orientieren und auf starre Hierarchien und formalen Regelungen verzichten. Das Besondere an diesem Typus ist, dass er die spezifischen Arbeitsweisen und Sozialbeziehungen in Kleinbetrieben mit neuen Mustern wissensintensiver und hochqualifizierter Betätigung verbindet.
– Direkte Partizipation und weitreichende Beteiligungsmöglichkeiten sind ein konstitutives Merkmal dieser Sozialordnungsmuster in den Neue-Medien-Unternehmen. Aufgrund der Spezifika der Arbeits- und Leistungserstellungsprozess und der unhinterfragten sozialen Besitzstände ist die direkte Partizipation in den wissensintensiven Unternehmen strukturell verankert. Die typischen Arbeitsabläufe in der Erstellung hochkomplexer, immaterieller Güter erfordern Kreativität, Autonomie und Mitwirkung der hochqualifizierten Beschäftigten. Das Management muss aufgrund der Funktionserfordernisse den Beschäftigten diese Beteiligungsmöglichkeiten zugestehen (vgl. Kotthoff 1994: 336). Mit Blick auf die ausführende Ebene ist die selbst-regulierende Arbeitnehmerpartizipation im Arbeitsprozess der Bestandteil einer gewachsenen

Arbeitskultur (vgl. Dörre 2002). Die Gestaltung wissensintensiver Dienstleistungsarbeit und projektförmiger Organisation erfordert ein ›hohes Minimum‹ an Beteiligung und Mitwirkung der Beschäftigten, das auch bei krisen- und wachstumsbedingten Veränderungen nicht unterschritten wird. Der Arbeitnehmertypus in den Neue-Medien-Unternehmen ist »(hoch-)qualifiziert, individualistisch orientiert, sozial kompetent, innovativ, entscheidungsfreudig und vor allem partizipationsorientiert und selbst-vertretungsfähig« (Kotthoff 1994: 335ff.). Aufgrund der ausgeprägten gemeinschaftlichen Orientierung und der hohen Bedeutung beruflicher Entfaltungsmöglichkeiten sind die weitreichenden Formen der direkten Partizipation nicht in erster Linie auf das »effiziente Funktionieren des Unternehmens« (Boes/Baukrowitz 2002: 235) ausgerichtet, sondern Ausdruck der gemeinschaftlichen und berufsbezogenen Ausprägung der Sozialorganisation.

- Galten betriebliche Sozialordnungen der verschworenen, berufsgeprägten Gemeinschaft insbesondere in der Blütephase der digitalen Wirtschaft als charakteristisch für die klein- und mittelbetrieblich strukturierten Neue-Medien-Unternehmen, werfen die Krisenerfahrungen und Wachstumsprozesse der Unternehmen die Frage nach Stabilität und Veränderung der betrieblichen Sozialordnung und Partizipationspraxis auf. Die Herausforderungen veränderter Marktanforderungen und Erfordernisse betrieblicher Formalstrukturen begründen Spannungsverhältnisse in den eingespielten Sozialordnungs- und Partizipationsmustern. In wachsenden Unternehmen kann sich durch »Formalisierung, Hierarchisierung und Informatisierung betrieblicher Strukturen und Prozesse« (Wolf 2003: 17) eine stärker organisationsstrukturierte Sozialordnung herausbilden, die im Widerspruch zu den gemeinschaftlichen und beruflich geprägten Formen der Sozialintegration steht. Diese Entwicklung kann die Herausbildung kollektiver Vertretungsorgane befördern. Sie kann jedoch auch zu einer Beschneidung der Partizipationsmöglichkeiten führen, wenn durch »neue Hierarchien, strengere Kontrollen sowie die Unterordnung unter ökonomische Imperative« (Mayer-Ahuja/Wolf 2004: 94) die eingespielten Ausprägungen der Partizipation in Frage gestellt werden.
- Nach Boes und Trinks (2006) orientieren sich die Unternehmen der IT-Industrie in der Krise zunehmend an einem neuen, marktzentrierten Kontrollmodus und lösen sich vom Leitbild der vergemeinschafteten Sozialbeziehungen. Mit der Durchsetzung eines marktzentrierten Kon-

trollmodus in den Unternehmen zeichnet sich eine Veränderung des strukturprägenden Modells der Sozialintegration in den Neue-Medien-Unternehmen ab: Die kommunitaristische Grundkultur verliert gegenüber einer neuen vermarktlichten, profitorientierten Sozialordnung an Bedeutung. Aufgrund der verschärften Marktanforderungen wird vom Management der familiär-gemeinschaftlichen Grundkonsens mit den Beschäftigten aufgekündigt. In den Betrieben findet ein »ein zähes Ringen um die gemeinsam getragene Sozialordnung« (ebd.: 313) statt. Partizipationsangebote werden stärker an ökonomischen Imperativen ausgerichtet und müssen sich ›rechnen‹. Von dem weiteren Interessenhandeln der Beschäftigten hängt es ab, ob sich ein individualistisches Muster und eine vermarktlichte Sozialordnung durchsetzen wird oder ob die Beschäftigten durch Formierung und Institutionalisierung einer kollektiven Interessenvertretung eine neue Form der Sozialintegration begründen.

- In der Folge können die institutionellen Einflussmechanismen des öffentlichen Regimes an Bedeutung gewinnen und den Wandel zu einer rechts- und normenstrukturierten Sozialordnung begünstigen, in der die verfasste Mitbestimmung und kollektivvertragliche Regelungen die Partizipationsstrukturen dominieren. Des Weiteren kann die Einflussnahme gewerkschaftlicher oder verbandlicher Akteure (beispielsweise durch die Entwicklung spezieller Beratungsangebote) eine Veränderung der bisherigen Partizipationsstrukturen begründen (vgl. Karger 2003).

Die vorstehenden Überlegungen verweisen auf Spannungsverhältnisse, die die konkrete Ausgestaltung der betrieblichen Sozialordnung der Neue-Medien-Unternehmen kennzeichnen. In dieser Perspektive sind sowohl die Geschäftsführungen als auch die Beschäftigten dem Spannungsfeld von familiärer Gemeinschaft, hochqualifizierten Arbeitszusammenhängen, Marktanforderungen, konkreten Organisationserfordernissen und Rechtsnormenorientierungen ausgesetzt. Die unterschiedlichen Auffassungen führen jedoch zu einer impliziten oder expliziten Übereinkunft der betrieblichen Akteure. Demnach ist die Form der Beschäftigtenpartizipation ein Ergebnis der Kompromissfindung der betrieblichen Akteure, wobei sich weder unternehmerische noch arbeitsorientierte Beteiligungsparadigmen in reiner Form durchsetzen.

In den Neue-Medien-Unternehmen sind die betrieblichen Sozialordnungen von institutionellen Mechanismen Familie und Beruf geprägt. Die Charakteristika einer verschworenen Gemeinschaft mit ausgeprägten Sozial- und Vertrauensbeziehungen und der an hochqualifizierten, wissensintensiven Tätigkeiten ausgerichteten Handlungsorientierungen sind strukturprägend und werden von den betrieblichen Akteuren reproduziert. Auf dieser Basis dominieren Formen der informellen und direkten Partizipation in den Unternehmen, wenngleich sie das Auftreten kollektiver Interessenvertretungsstrukturen nicht ausschließen. Neue Marktanforderungen und Organisationserfordernisse wirken auf die Neue-Medien-Unternehmen ein, begründen jedoch nicht einen grundsätzlichen Wandel der strukturell verankerten Sozialordnungen und Partizipationsmuster.

4 Fallstudien in Neue-Medien-Unternehmen

4.1 Übersicht über das Sample

Das Feld der Neue-Medien-Unternehmen zählt zu den neueren Wirtschaftsbereichen der Informationsgesellschaft und ist eine »industry-in-the-making« (Mayer-Ahuja/Wolf 2004a), deren Konturen sich erst allmählich deutlicher abzeichnen. Dieses Segment liegt an der Schnittstelle der Geschäftsfelder Softwareentwicklung, IT-Services, Internet- und Multimediadienstleistungen. Die Neue-Medien-Unternehmen zählen zu den zentralen Referenzfolien der industriesoziologischen Forschung in der Diskussion um innovative Arbeitsprozesse und Beschäftigungsformen, dezentrale Formen der Organisation und neuer Formen der Beschäftigtenpartizipation. Ihnen wird die Herausbildung innovativer Partizipationsstrukturen und eine geringe Bindung an traditionelle Mitbestimmungsstrukturen zugeschrieben (vgl. Boes/Trinks 2006: 70).

Aus dem Feld der Neue-Medien-Unternehmen sind für die vorliegende Untersuchung zehn Unternehmen für Betriebsfallstudien ausgewählt worden. Die Auswahl sollte eine betriebsvergleichende Analyse ermöglichen. Ein wichtiges Auswahlkriterium hinsichtlich der Betriebe war die Betriebsgröße. Zur Vergleichbarkeit der Unternehmen wurden mittelgroße Betriebe (zwischen 50 und 250 Beschäftigte)[55] ausgewählt, die zu den »Lack-Turnschuh-Unternehmen« (Boes/Baukrowitz 2002) beziehungsweise dem »neuen Mittelstand« (Kluge/Schiemann 2001) gezählt werden können. Die Festlegung eine Mindestgröße bot sich an, da in Kleinbetrieben unter 50 Beschäftigten nur selten ausdifferenzierte Formalstrukturen existieren. Großunternehmen, die im Untersuchungsfeld nur wenig verbreitet sind, wurden ausgeklammert. Die Studie zielte nicht auf die Untersuchung der Verbreitung von unterschiedlichen Partizipationsformen, sondern auf qua-

55 Ein Unternehmen (SIT6) liegt mit 30 Beschäftigten (2003) etwas unter, ein anderes Unternehmen (SIT4) mit 275 Beschäftigten (2003) etwas über dieser Größenklasse.

litative Merkmale der Partizipationsmuster ab. Deshalb sind als zweites Auswahlkriterium sowohl Betriebe mit Betriebsrat als auch ›mitbestimmungsfreie‹ Betriebe einbezogen worden. Aufgrund der marginalen Bedeutung von gewerkschaftlicher und tarifvertraglicher Bindung spielten diese Aspekte bei der Unternehmensauswahl keine Rolle.[56]

Die Unternehmen wurden hinsichtlich ihrer Geschäftsfelder zwei Gruppen zugeordnet: In sechs der zehn Neue-Medien-Unternehmen liegt das Hauptgeschäftsfeld im Bereich Software- und IT-Dienstleistungen, vier Betriebe konzentrieren sich auf die Erstellung von Multimedia- und Internetdienstleistungen. Die Zuordnung spiegelt den Schwerpunkt der Geschäftstätigkeit wider, wenngleich auch die untersuchten Multimedia-Agenturen Softwareentwicklung betreiben oder Software- und IT-Serviceunternehmen Internetdienstleistungen anbieten. Gegründet wurden die Firmen überwiegend in der ersten Hälfte der 1990er Jahre; somit handelt es sich um vergleichsweise junge Betriebe. In den meisten Unternehmen zeigte sich zum Erhebungszeitpunkt ein Beschäftigungsrückgang gegenüber der ›Boomphase‹ um das Jahr 2000. In vier der zehn Unternehmen (SIT3, MID1, MID3, MID4) existierte zum Erhebungszeitpunkt ein Betriebsrat, in einem weiteren Unternehmen (SIT6) war der Betriebsrat zum Zeitpunkt der Befragung aufgelöst worden. Die Strukturmerkmale der zehn Fallstudienbetriebe sind in der Tabelle 5 zusammengefasst.

Im Rahmen der Fallstudien wurden Daten zur Beschäftigtenstruktur der Betriebe erhoben. Diese Angaben bezogen sich auf das Geschlecht und das Alter der Mitarbeiter, die beruflichen Abschlüsse und die Art der Beschäftigungsverhältnisse. Dabei handelt es sich in der Regel um Schätzungen der Interviewpartner, die jedoch bei den verschiedenen Gesprächspartnern innerhalb eines Unternehmens weitgehende Übereinstimmungen aufwiesen. Die Tabelle 6 liefert einen Überblick über die Eckdaten der Beschäftigtenstrukturen in den Fallunternehmen.

56 Kein Untersuchungsbetrieb unterlag zum Zeitpunkt der Erhebung einer Tarifbindung; der gewerkschaftliche Organisationsgrad der Beschäftigten war von marginaler Bedeutung.

Tabelle 5 Strukturmerkmale der Fallunternehmen

Unternehmen (Gründungsjahr)	*Schwerpunkt der Leistungserstellung*	*Personal (2003) (2000)*	*Betriebsrat*
SIT1 (1991)	Software und IT-Services (SIT)	120 (k. A.)	Nein
SIT2 (1989)	Software und IT-Services (SIT)	171 (100)	Nein
SIT3 (2002*)	Software und IT-Services (SIT)	140 (400)	Ja
SIT4 (1992)	Software und IT-Services (SIT)	275 (1.200)	Nein
SIT5 (1995)	Software und IT-Services (SIT)	70 (80)	Nein
SIT6 (1995)	Software und IT-Services (SIT)	30 (100)	Nein (aufgelöst)
MID1 (1995)	Multimedia und Internetdienstleistungen (MID)	110 (170)	Ja
MID2 (1995)	Multimedia und Internetdienstleistungen (MID)	70 (k. A.)	Nein
MID3 (1990)	Multimedia und Internetdienstleistungen (MID)	130 (220)	Ja
MID4 (2001*)	Multimedia und Internetdienstleistungen (MID)	200 (350)	Ja

*Quelle: Mitarbeiterbefragung in Neue-Medien-Unternehmen; eigene Darstellung; * Zeitpunkt der letzten Unternehmensfusion*

Das Durchschnittsalter der Beschäftigten liegt in nahezu allen Unternehmen zwischen 30 und 35 Jahren. Bei dem Frauenanteil zeigt sich ein deutlicher Unterschied zwischen dem Segment der Software- und IT-Serviceunternehmen (ca. 20 25 Prozent) und den Internet- und Multimedia-Agenturen (ca. 50 Prozent), bei denen der Frauenanteil insbesondere in den Bereichen Kreation, Redaktion und Design hoch ist. Die Angaben zu den Anteilen von Beschäftigten mit akademischer Ausbildung verweisen auf die überragende Bedeutung von hochqualifizierter Arbeit in den Neue-Medien-Unternehmen. Demnach sind rund 60 bis 80 Prozent der Beschäftigten Akademiker, eine Ausnahme bildet lediglich das Unternehmen MID4 mit ca. 40 bis 50 Prozent. Bei den Berufsbildern dominieren technische und naturwissenschaftliche (unter anderem Informatik, Elektrotechnik, Mathematik, Chemie, Physik) gegenüber geistes- und sozialwissenschaftlichen Berufen.

Tabelle 6 Merkmale der Beschäftigten in den Fallunternehmen

Unternehmen	*Alter (Durchschnitt)*	*Anteil Frauen*	*Anteil Akademiker*	*Beschäftigungs-verhältnisse*
SIT1	Range: 16-40, überw. 20-30 J.	gering	ca. 60%	95 % Vollzeit, überwiegend unbefristet
SIT2	ca. 35-37 Jahre	ca. 22 %	81%	84% Vollzeit
SIT3	ca. 36 Jahre	ca. 25 %	85%	Überwiegend Vollzeit und unbefristet
SIT4	ca. 30 Jahre	ca. 20%	ca. 70-80%	Überwiegend Vollzeit und unbefristet
SIT5	ca. 24-35 Jahre	gering	ca. 50-60%	Überwiegend Vollzeit und unbefristet
SIT6	ca. 35 Jahre	ca. 15%	hoch	Überwiegend Vollzeit
MID1	ca. 30-35 Jahre	ca. 50%	hoch	Überwiegend Vollzeit
MID2	ca. 30 Jahre	ca. 35-40%	ca. 70-80%	Überwiegend Vollzeit und unbefristet
MID3	ca. 35 Jahre	ca. 55%	hoch	Überwiegend Vollzeit und unbefristet
MID4	ca. 30 Jahre	ca. 50%	ca. 40-50%	Überwiegend Vollzeit und unbefristet

Quelle: Mitarbeiterbefragung in Neue-Medien-Unternehmen; eigene Darstellung

In den Unternehmen dominieren »Normalarbeitsverhältnisse«, die durch Vollzeitbeschäftigung und unbefristete Arbeitsverträge gekennzeichnet sind. ›Entgrenzte‹ Beschäftigungsverhältnisse sind die Ausnahme, weder Befristungen noch Teilzeitarbeit spielen in den Neue-Medien-Unternehmen eine nennenswerte Rolle. Darüber hinaus arbeiten die Unternehmen mit einigen wenigen freien Mitarbeitern oder Freelancern zusammen, die in erster Linie bei Auftragsspitzen oder zur ›Risikoabdeckung‹ eingesetzt werden.

In der empirischen Untersuchung wurden in den zehn Fallstudienbetrieben über 50 leitfadengestützte, themenzentrierte Experteninterviews mit Geschäftsführungen (GF), Personalverantwortlichen (PA), Abteilungsleitungen (AL), Teamleitungen (TL) und Mitarbeitern (MA) aus den ›produktiven‹ Bereichen der Unternehmen (Development, Services, Design etc.) geführt.[57] Informationen aus Expertengesprächen mit Gewerkschafts- und Verbandsvertretern sowie Mitarbeitern anderer Unternehmen ergänzten die Fallstudien. In den Betrieben mit Betriebsrat wurden Vertreter des Betriebsrates (BR) interviewt.[58] In den fünf Betrieben ohne Betriebsrat wurden neben den qualitativen Interviews Online-Befragungen der Beschäftigten durchgeführt (vgl. Kapitel 6). Im Folgenden werden die Fallstudienbetriebe kurz vorgestellt.

SIT1: Prosperierendes Mittelstandsunternehmen der Softwareentwicklung

Das süddeutsche Unternehmen SIT1 wurde Mitte der 1980er Jahre gegründet und 1991 in eine GmbH umgewandelt. Zu diesem Zeitpunkt wurden die ersten festen Mitarbeiter eingestellt; vorher arbeitete der Firmengründer lediglich mit freien Mitarbeitern zusammen. In der Folgezeit wurden weitere Standorte in Deutschland und Tochtergesellschaften in Polen und den USA aufgebaut. Die Geschäftsfelder des Unternehmens sind Softwareentwicklung, IT-Beratung und Hotline-Support. Im Zentrum steht die Entwicklung und der Vertrieb einer eigenen webgestützten Software zur Steuerung von Kommunikationsabläufen und der Aufgabenverfolgung in den Bereichen Kundenbetreuung, Call Center, Reklamations- und Beschwerdesysteme. Die Firmensoftware ist nach Angaben des Unternehmens bei über 100 Kunden im Einsatz. In der IT-Beratung werden die Betreuung und der Support von Standard-Software und Applikationen sowie die Entwicklung von Webauftritten und E-Commerce-Sites angeboten.

Die Kundenstruktur von SIT1 ist großbetrieblich geprägt, da Kleinbetriebe seltener eigene Rechenzentrum und Softwareentwicklungen in größerem Ausmaß benötigen. Branchenschwerpunkte sind die Automobilindustrie, Banken und Versicherungen, der Handel sowie die IT-Industrie. Die wirtschaftliche Entwicklung des Unternehmens verlief sehr positiv. Nach der Krise der New Economy hatte SIT1 zwar einige wirtschaftliche Rückschläge zu verkraften, dennoch ist eine dynamische Umsatz- und Gewinnentwicklung zu verzeichnen. Als Gründe werden die hochqualifizierte und motivierte Belegschaft und ein nachhaltiges Unternehmenswachstum angegeben. Die starke Kundendiversifizierung und eine gezielte

57 Die Positionsbezeichnungen und Funktionszuschreibungen (Abteilungsleiter, Unit-Leiter, Projektleiter, Teamleiter etc.) sind in den Unternehmen sehr unterschiedlich. Zur besseren Vergleichbarkeit und Lesbarkeit wurden die Bezeichnungen vereinheitlicht.

58 Im Unternehmen SIT6 war das Betriebsratsgremium zum Zeitpunkt der Erhebung aufgelöst worden, somit konnte kein Betriebsratsvertreter befragt werden.

Auswahl von Projekten und Aufträgen führten laut eigener Darstellung dazu, dass SIT1 im Vergleich zu Konkurrenzunternehmen sehr gut am Markt platziert ist. Der Umsatz im Geschäftsjahr 2002/2003 betrug 11,5 Millionen Euro. Auch hinsichtlich des Beschäftigungsvolumens konnte ein kontinuierliches Wachstum erzielt werden. 2003 beschäftigte SIT1 über 100 Mitarbeiter.

SIT1 ist ein IT-Unternehmen, das sich durch die Besetzung einer Marktnische und dem Geschäft mit Großkunden am Markt positioniert und stabilisiert hat. Aufgrund eines weitgehend kontinuierlichen Umsatz- und Personalwachstums ist SIT1 zu einem Mittelstandsunternehmen gereift. Das Unternehmen ist vom Gründer und Inhaber geprägt, der sich jedoch weitgehend aus dem operativen Geschäft zurückgezogen hat. In dem Unternehmen existiert kein Betriebsrat, jedoch ein Informations- und Konsultationsgremium, das gemeinsam von Management- und Arbeitnehmervertretern gebildet wird.

SIT2: Dynamisch wachsendes Start-up-Unternehmen der IT-Services

Im Gegensatz zu SIT1 zählt das Unternehmen SIT2 zu den typischen Start-up-Unternehmen der digitalen Wirtschaft. Das Unternehmen mit Sitz in Baden-Württemberg wurde von Studierenden und Universitätsmitarbeitern im Jahr 1989 als GmbH gegründet. Es unterhält in Deutschland vier Standorte und befasst sich mit der Softwareentwicklung für ingenieurswissenschaftliche Anwendungsfelder und dem Softwarelizenzhandel. Der Schwerpunkt der geschäftlichen Tätigkeit liegt jedoch in den IT-Services, mit denen 75 Prozent des Gesamtumsatzes erzielt werden. Dazu zählen Problemlösungen im Einzelfall bis zu umfassenden Servicepaketen, die die Entwicklung, Installation und Betreuung kundenspezifischer Softwarelösungen umfassen. 2001 wurde das Unternehmen in eine – nicht börsennotierte – AG umgewandelt.

Die Kunden von SIT2 sind Großunternehmen aus dem regionalen Umfeld, insbesondere die Engineering-Abteilungen der Automobilhersteller und deren Zulieferer. Eine weitere Kundengruppe bildet die Halbleiterindustrie. In beiden Bereichen wird ca. 80 Prozent des Umsatzes erzielt. Angestrebt wird die Diversifizierung der Kundenstruktur durch Aufträge aus der Chemie- und Pharmaindustrie, um von den wenigen Großkunden unabhängiger zu werden. Anfang der 1990er Jahre erzielte das Unternehmen durch Aufträge aus der Automobilindustrie einen deutlichen Wachstumsschub. Das Unternehmenswachstum setzte sich auch in den Krisenjahren weiter fort, wenngleich die Umsatzzuwächse mit rund 20 bis 30 Prozent pro Jahr moderater ausfielen als in den 1990er Jahren. Dabei ist insbesondere der Bereich IT-Services deutlich gewachsen. In der Gründungsphase beschäftigte das Unternehmen fünf feste Mitarbeiter. Bis zum Jahr 2000 stieg die Mitarbeiterzahl auf 100, bis 2003 auf rund 170 Beschäftigte an.

SIT2 ist ein erfolgreiches Start-up-Unternehmen, das sich innerhalb weniger Jahre zu einem mittelgroßen IT-Dienstleister entwickelt hat. SIT2 führt seinen Erfolg auf ein stabiles Geschäft mit wenigen Kunden und ein moderates, aber kontinuierliches Wachstum zurück. In dem Unternehmen existiert kein Betriebsrat, jedoch wurde die Gründung einer kollektiven Interessenvertretung thematisiert.

SIT3: Anbieter von Mobilfunksoftware in der Krise

Das Unternehmen SIT3 in Berlin geht zurück auf ein Systemhaus für Datenbankentwicklung und EDV-Beratung, das Ende der 1970er Jahre gegründet wurde. Neben der Zentrale in Berlin existiert ein weiterer Standort in Nordrhein-Westfalen. Das Kerngeschäft bildet die Softwareentwicklung für den Telekommunikationsmarkt, insbesondere die Entwicklung eines Testsystems zur Belastbarkeit und Qualität von Mobilfunknetzen. Im Geschäftsfeld Systemintegration geht es um die kundenorientierte Integration von IT-Systemen, Internet und Mobilfunk. Das Unternehmen wurde 1999 in eine AG umgewandelt, die am Neuen Markt der deutschen Börse notiert war. 2002 wurde das Unternehmen von einem us-amerikanischen Konzern übernommen.

Die Kunden stammen aus der Telekommunikationsbranche und dem öffentlichen Dienst; die Erschließung weiterer Märkte (Automobilindustrie, Banken- und Versicherungsgewerbe) befand sich zum Erhebungszeitpunkt noch im Aufbau. Die wirtschaftliche Entwicklung von SIT3 verlief parallel zu den Boom- und Krisenphasen der New Economy. In den 1990er Jahren konnte die Vielzahl von Auftragsanfragen aufgrund fehlender Kapazitäten nicht bewältigt werden, obwohl SIT1 in dieser Phase schnell gewachsen war. Mit dem Einbruch der Technologiemärkte veränderte sich die Situation, die zur Aufgabe von Geschäftsfeldern, Kurzarbeit und Auflösung von Standorten führte. Die Veränderungsdynamiken spiegeln sich in der Beschäftigungsentwicklung wider: Ende der 1990er Jahre stieg die Mitarbeiterzahl von 160 auf knapp 400 Beschäftigte. Die Krise führte zu einem deutlichen Personalabbau, so dass 2003 nur noch rund

140 Mitarbeiter beschäftigt waren. 2003/2004 strebte das Unternehmen die Konsolidierung der wirtschaftlichen Situation an. Aufgrund der Krisensituation wurde im Jahr 2002 ein Betriebsrat gegründet.

SIT4: Zusammenbruch eines Pionier-Unternehmens der New Economy

Der Softwarehersteller SIT4 mit Sitz in Thüringen zählte in den 1990er Jahren zu den ›Vorzeige-Unternehmen‹ der deutschen New Economy. Er wurde 1992 gegründet und expandierte rasch durch den Aufbau weiterer Standorte im In- und Ausland. SIT4 entwickelt eine eigene Software, die als Komplettlösung für den Internet-Handel (E-Commerce) angeboten wird. Das Programm richtet sich auf Lagerverwaltung, Bestellungen, Rückläufe von den Kunden sowie Marketingaktionen. Zur Einführung werden auch Servicedienstleistungen angeboten. SIT4 war als Aktiengesellschaft am Neuen Markt der deutschen Börse notiert.

Zu den Kunden von SIT4 zählen insbesondere größere Unternehmen aus dem Groß- und Einzelhandel, der Automobilindustrie sowie der IT- und Telekommunikationsbranche. SIT4 verzeichnete eine wechselhafte wirtschaftliche Entwicklung. Nach dem Wachstum in den 1990er Jahren erzielte das Unternehmen seit 2001 deutliche Verluste. Zwischen 2002 und 2003 halbierte sich der Umsatz auf rund 23 Millionen Euro. Die Umsatzeinbrüche werden auf eine Abschwächung des ›E-Commerce-Hypes‹ und die Entwicklung eigener Softwarelösungen in den Kundenunternehmen zurückgeführt. Das Ausbleiben von Aufträgen wird bei SIT4 zur ›Überlebensfrage‹. Die Krise äußert sich in Reorganisations- und Kosteneinsparungsmaßnahmen und der Einführung von Kurzarbeit. Mitte der 1990er Jahre arbeiteten rund 50 Beschäftigte, 1999 bereits über 500 Mitarbeiter im Unternehmen. 2000/2001 waren zeitweilig bis zu 1.400 Mitarbeiter bei SIT4 tätig. Mit der Krise wurde massiv Personal abgebaut, 2003 waren nur ca. 275 Mitarbeiter beschäftigt.

SIT4 ist ein Paradebeispiel für den Aufstieg und den Fall der New Economy. Anfang des Jahrzehnts zählte SIT4 zu den wachstumsstärksten Unternehmen in Deutschland. Die Krise des Neuen Marktes führte zu massiven Umsatzeinbrüchen und Entlassungen. Eine langfristige Stabilisierung zeichnete sich zum Zeitpunkt der Erhebung nicht ab. Trotz der deutlichen Krisenerscheinungen wurde keine kollektive Interessenvertretung gegründet.

SIT5: Erfolgreicher Nischenbetrieb in der umkämpften Softwarebranche

SIT5 wurde 1993 von drei Einzelunternehmern gegründet. Seit 1999 ist das Unternehmen international, mit vielen Standorten im europäischen Ausland aufgestellt. Die Kundenbeziehungen sind vorwiegend national geprägt, werden aufgrund der Internationalisierungsstrategie des Unternehmens jedoch zunehmend europaweit ausgeweitet. Neben dem Hauptsitz in NRW existiert ein Entwicklungszentrum in Sachsen. SIT5 konzentriert sich auf die Entwicklung von Softwaresystemen für die Personaleinsatzplanung (unter anderem Kapazitäts- und Bedarfskalkulation oder Schicht- und Tagesplanung in Call Centern).

Zum Kundenstamm des Unternehmens zählen die Call Center großer Konzerne aus Handel, Banken, Automobilindustrie und der Telekommunikationsbranche. Das Unternehmen kann auf eine positive wirtschaftliche Entwicklung zurückblicken. 2003 wurde nach einem wirtschaftlichen Einbruch 2001/2002 eine Umsatzsteigerung von 22 Prozent gegenüber dem Vorjahr erzielt. Nach der Krisensituation, in der ca. 20 Mitarbeiter entlassen werden mussten, hat SIT5 in den Folgejahren die Personaldecke wieder ausgebaut. Das Unternehmen beschäftigt ca. 70 Mitarbeiter.

Das Unternehmen SIT5 entspricht in vielen Aspekten dem ›typischen‹ New-Economy-Unternehmen. Das Softwareunternehmen ist ein kleiner Mittelbetrieb, der sich nach der Krise der Softwareindustrie konsolidieren konnte, und in den letzten Jahren eine positive Entwicklung verzeichnen kann. Bei SIT5 existiert weder ein Betriebsrat noch ein alternatives Gremium kollektiver Interessenvertretung.

SIT6: Erfolgreiche Krisenbewältigung eines Software- und Consulting-Unternehmen

Das Unternehmen SIT6 entstand Mitte der 1990er Jahre aus einem universitären Kontext heraus. Als GmbH gegründet, arbeitete das Unternehmen zunächst mit ›festen freien‹ Mitarbeitern zusammen. Nach der Akquise weiterer Kundenaufträge wurden die ersten Mitarbeiter fest eingestellt. Ende der 1990er Jahre wurden zwei Tochtergesellschaften gegründet und die GmbH in eine AG umgewandelt. Geschäftsfelder sind die kundenspezifische Softwareentwicklung, das Branding und Design sowie Consulting und Projektmanagement. Infolge vermehrter Kundennachfragen verzeichnet insbesondere der Bereich Consulting eine positive Entwicklung. Neben der Unternehmenszentrale am Oberrhein existiert ein weiterer Standort in

Süddeutschland. Weitere Standorte wurden im Zuge einer Unternehmenskrise aufgegeben.

Die Kundenstruktur ist auf wenige, langfristige Beziehungen mit Großbetrieben der Elektroindustrie und des Versicherungsgewerbes ausgerichtet. Bis 1999 verzeichnete das Unternehmen ein ungebrochenes Wachstum. Der wirtschaftliche Einbruch ab 2000 führte zu Standortschließungen, Entlassungen, der Auflösung von Abteilungen und Verkleinerungen der Administration. Ein Grund für die Krise war neben der allgemeinen Marktsituation auch die Unerfahrenheit der Unternehmensgründer. Von den zwischenzeitlich etwa 100 Beschäftigten waren 2003 noch ca. 30 Mitarbeiter tätig. Nach einer Konsolidierungsphase ist SIT6 wieder im Wachstum begriffen. Im Unternehmen wurde in der Phase des Personalabbaus ein Betriebsrat gegründet, der zum Zeitpunkt der Erhebung jedoch bereits wieder aufgelöst worden war.

MID1: Prekäre Situation eines Multimedia-Unternehmens

Das Unternehmen MID1 entstand Mitte der 1990er Jahre durch die Zusammenführung von drei kleineren Medien-Agenturen. Neben dem Hauptsitz im Rheinland existieren zwei weitere Standorte, eine Niederlassung war aus wirtschaftlichen Gründen wieder geschlossen worden. MID1 bietet Multimedia- und Internetdienstleistungen an, unter anderem die Konzeption multimedialer Anwendungen sowie die Kreation und Programmierung von Webpräsentationen. Die Kundenstruktur des Unternehmens ist breit gefächert und umfasst sowohl Klein- und Mittelbetriebe als auch Konzerne aus den Bereichen Finanzdienstleistungen, Automobilindustrie, Handel und Telekommunikation.

In den Jahren nach der Gründung verzeichnete MID1 zunächst eine positive Entwicklung. Nach einem moderaten Unternehmenswachstum setzte 2000 aufgrund einiger Großaufträge ein deutlicher Zuwachs ein. In der Folge wurde das Unternehmen von der allgemeinen Krise betroffen, die sich in wachsenden Schwierigkeiten in der Akquise von Projektaufträgen äußerte. Das Unternehmen ist in eine Holding eingebunden, von der keine Umsatzzahlen veröffentlicht werden. Die turbulente wirtschaftliche Situation spiegelt sich in der Beschäftigungsentwicklung wider: In Spitzenzeiten waren über 170 Mitarbeiter beschäftigt. Mit der Krise hat sich allein am Hauptstandort die Beschäftigtenzahl innerhalb weniger Jahre halbiert. 2003 waren insgesamt ca. 110 Mitarbeiter angestellt. Seit 2002 existiert in dem Unternehmen ein Betriebsrat.

MID2: Wachstumsdynamik einer Multimedia-Agentur

Die Multimedia-Agentur MID2 ist ebenfalls im Rheinland ansässig und wurde Mitte der 1990er Jahre gegründet. Nach einer schwierigen Anfangsphase schlug sich der New-Economy-Boom auch bei MID2 nieder, so dass sechs Tochtergesellschaften und Auslandsniederlassungen innerhalb von 18 Monaten gegründet wurden. Das Kerngeschäft der Agentur sind Internet- und Multimediadienstleistungen unter Nutzung digitaler Medien wie Intranet, Internet, DVD/CD oder mobile Anwendungen. Die Kundenstruktur ist stark lokal ausgerichtet; das Auslandsgeschäft spielt keine nennenswerte Rolle. 1998 wurde das Unternehmen in eine GmbH umgewandelt. Im Jahr 2000 wurden der Zusammenschluss mit einer anderen Agentur und ein Börsengang geplant, der jedoch nicht realisiert wurde.

Der überwiegende Teil des Umsatzes wird mit Großkunden erzielt, insbesondere aus den Bereichen Finanzdienstleistungen, Telekommunikation und Tourismus. Die wirtschaftliche Entwicklung des Unternehmens ist von einem stetigen Wachstum gekennzeichnet. Der Umsatz stieg seit Mitte der 1990er Jahre kontinuierlich an und betrug 2003 über 6 Millionen Euro. 2001 durchlief das Unternehmen eine Restrukturierungs- und Konsolidierungsphase, in deren Zuge Niederlassungen aufgegeben werden mussten. Perspektivisch war jedoch der Aufbau neuer Standorte geplant. Die Beschäftigtenzahl (ca. 70 Mitarbeiter) ist nach einigen krisenbedingten Entlassungen kontinuierlich angestiegen und soll weiter aufgestockt werden. In dem Unternehmen existiert keine organisierte Interessenvertretung der Beschäftigten.

MID3: Eine führende Design-Agentur in der Neuausrichtung

MID3 wurde 1990 als GmbH in Berlin gegründet und zählt zu den führenden Design-Agenturen in Deutschland. In den 1990er Jahren expandierte MID3 und gründete Standorte unter anderem in der Schweiz, den USA und in Großbritannien. Im Zuge einer Krise 2000/2001 wurde das Unternehmen durch die Umwandlung in eine Aktiengesellschaft und die Fusion mit einer größeren Multimedia-Agentur umstrukturiert. Dabei wurden organisationsinterne Veränderungen u.a. in der Ablauforganisation, der Entwicklung von Units und dem Ausbau der Personalabteilung vorgenommen. MID3 hat sich auf Corporate Design, Corporate Identity und Branding spezialisiert. Zusätzlich wurde in den 1990er Jahren mit den Multimedia- und Internetdienstleistungen ein neuer Geschäftszweig aufgebaut.

Das Fundament der Kundenbeziehungen bilden Großunternehmen aus der Automobilindustrie. Darüber hinaus zählen Unternehmen der Telekommunikationsindustrie zum Kundenkreis. Ende der 1990er Jahre wurden zudem viele Projekte für die New Economy durchgeführt. MID3 verzeichnete in den 1990er Jahren ein dynamisches Wachstum. 2001 führte die allgemeine Krise zum Verlust von Kundenbeziehungen, Umsatzeinbruch und Personalabbau. In den letzten Jahren hat der Stellenwert des Segments Internetdienstleistungen abgenommen, da der Erstbedarf bei vielen Kunden abgedeckt ist. Auch macht sich die steigende Zahl von Konkurrenten in diesem Segment für das Unternehmen bemerkbar. Dennoch werden Multimedia und Internet als Geschäftsfelder gesehen, die perspektivisch wieder an Bedeutung gewinnen. In den letzten Jahren stabilisierte sich das Unternehmen bei einem kontinuierlichen Wachstum und moderat steigenden Beschäftigtenzahlen. Anfang der 1990er Jahre waren ca. 30 Mitarbeiter im Unternehmen beschäftigt, im Jahr 2000 ca. 200 bis 220 Mitarbeiter. Zum Erhebungszeitpunkt waren rund 130 Mitarbeiter im Unternehmen beschäftigt. Das Unternehmen wurde in den 1990er Jahren durch einen charismatischen ›Firmenpatriarchen‹ geleitet, der die wirtschaftliche und strategische Entwicklung des Unternehmens bestimmte. Nach dessen Ausscheiden ist das Unternehmen managementgeführt. Bereits seit den frühen 1990er Jahren existiert bei MID3 ein Betriebsrat.

MID4: Ein Online-Portalbetreiber nach der Unternehmensfusion

MID4 zählt zu den führenden nationalen Internet-Portalbetreibern und ist 2001 aus der Fusion zweier Verlagsgruppen hervorgegangen. Deren Tochterunternehmen hatten sich auf Internetpräsentationen spezialisiert. MID4 mit Sitz in Bayern bietet redaktionelle Inhalte für die Internet-Auftritte verschiedener Journale, die Online-Vermarktung von Portalen sowie die Entwicklung content-orientierter Online-Angebote. In einzelnen Ressorts (insbesondere Nachrichten, Verkehr, Wirtschaft, Freizeit) und Redaktionen werden redaktionelle Inhalte für die Online-Zeitschriften produziert. Darüber hinaus werden diese auch für den Mobiltelefonmarkt aufbereitet. In der eigenen Softwareentwicklung wird ein Content Management System entwickelt, das als Produkt sowohl vertrieben als auch ›als Tool‹ innerhalb des eigenen Unternehmens eingesetzt wird. Neben dem Hauptsitz existieren eine Niederlassung in Norddeutschland sowie weitere kleinere Standorte.

Die Kunden von MID4 sind in erster Linie die Online-Nutzer der interaktiven Angebote. Der wirtschaftliche Erfolg hängt von der Zahl der aufgerufenen Seiten und dem Verkauf von Werbeplätzen ab. Nach einer wirtschaftlichen Krise hat sich die Geschäftsentwicklung des Unternehmens in den letzten Jahren stabilisiert. Durch Kooperationen mit anderen Unternehmen konnte die Marktposition gefestigt und ein weitgehend ausgeglichenes Ergebnis erzielt werden. Mit den Fusions- und Restrukturierungsprozessen waren gravierende Personalmaßnahmen verbunden. Im Geschäftsjahr 2002 trennte sich MID4 von rund der Hälfte der rund 500 Mitarbeiter, insbesondere am norddeutschen Standort. Das Unternehmen hat rund 200 Beschäftigte und einen Betriebsrat, der als Reaktion auf die Krise 2002 gegründet wurde.

4.2 Kontextbedingungen der Neue-Medien-Unternehmen

Die Fallunternehmen der Neuen Medien bilden hinsichtlich der Gründungszeitpunkte und Betriebsgrößen eine insgesamt homogene Gruppe. Die Mehrzahl hat mit wenigen Beschäftigten und begrenzten Ressourcen Mitte der 1990er Jahre ihre Geschäftstätigkeit aufgenommen. Alle sind in vergleichbaren Geschäftsfeldern tätig, entwickeln Softwareprodukte oder Internetanwendungen und bieten spezifische IT-Service- und Beratungsleistungen an. Die starke Nachfrage nach innovativen Hightech-Produkten und -dienstleistungen ermöglichte den meisten Unternehmen bis zur Krise ein dynamisches Wachstum. Während sich bei einigen deutliche Krisenerscheinungen in Form von Umsatzeinbrüchen und Beschäftigungsverlusten abzeichnen, konnten andere Unternehmen ihre Marktstellung stabilisieren oder sogar ausbauen. Im Folgenden werden die veränderten Marktanforderungen und Organisationserfordernisse als aktuelle Kontextbedingungen der Gestaltung betrieblicher Sozialordnungen und Partizipationsstrukturen genauer betrachtet.

4.2.1 Marktanforderungen und wirtschaftliche Situationen der Unternehmen

Der Boom der New Economy und die hohe Nachfrage nach IT-Produkten forderte den Unternehmen zunächst keine besondere Berücksichtigung der Markterfordernisse und Kundenpräferenzen. Ab 2000 haben jedoch nahezu alle untersuchten Unternehmen den Einbruch der digitalen Wirtschaft zu spüren bekommen, der sich in Umsatzeinbrüchen, schlechten Auftragslagen, Fusionen und Personalabbau äußerte. Der »Mythos der Winner-Branche« (Boes/Trinks 2004: 22) wurde entzaubert hat, wenngleich die Darstellung der Fallunternehmen zeigt, dass von einer umfassenden Umbruchssituation in den Neue-Medien-Unternehmen keine Rede sein kann. Die wirtschaftliche Situation ist angesichts der unterschiedlichen Entwicklungsverläufe in den einzelnen Betrieben differenzierter zu betrachten. So lässt sich eine Differenzierung vornehmen zwischen

- den *dynamisch wachsenden und erfolgreichen* Unternehmen (SIT1, SIT2), die durch ein nachhaltiges Wachstum ihren wirtschaftlichen Erfolg und ihre Marktposition festigen und ausbauen konnten,
- den *nach einer Krisenphase stabilisierten* Unternehmen (SIT5, SIT6, MID2, MID3, MID4), die sich durch Marktanpassungen und betriebliche Reorganisationsprozesse wieder stabilisieren konnten sowie
- den *wirtschaftlich angeschlagenen* Unternehmen (SIT3, SIT4, MID1), die in der Boomphase (zu) schnell expandierten und seit der Krise massive Umsatz- und Beschäftigungsverluste hinnehmen mussten.

Langfristiger Unternehmenserfolg in nachhaltig wachsenden Unternehmen

In der Diskussion um die Auswirkungen der wirtschaftlichen Krise in der digitalen Wirtschaft bleibt weitgehend unberücksichtigt, dass nicht alle Unternehmen von Auftragsrückgängen und verschärften Marktbedingungen betroffen waren. So konnten sich die Unternehmen SIT1 und SIT2 in Marktnischen positionieren und ihren Unternehmenserfolg stabilisieren. Ein wichtiger Grund hierfür lag in der zur ›Bodenständigkeit‹ der Betriebe und ihren langfristig angelegten Wachstumsstrategien. Diese Konzepte nachhaltigen Wachstums in der starken Expansionsphase der 1990er Jahre äußerten sich darin, dass zahlreiche Aufträge abgelehnt wurden, die »man personell nicht hätte stemmen« (GF-SIT1) können. Auf mögliche Projektaufträge, die einen deutlichen Personalzuwachs erfordert hätten oder zu personell bedingten Qualitätseinbußen in der Arbeitsausführung geführt hätten, wurde freiwillig verzichtet. Diese Vorgehensweise fand sowohl bei den Mitarbeitern als auch bei den Kunden eine »hohe Akzeptanz« (GF-SIT2).

Zwar blieb auch in den nachhaltigen wachsenden Unternehmen die Branchenkrise nicht ohne Folgen, da die jährlichen Personal- und Umsatzsteigerungen deutlich geringer ausfielen. Dennoch war die Unternehmensentwicklung gemessen an den Umsatz- und Beschäftigtenzahlen positiv. Die Wettbewerbsvorteile werden in einer hohen Anwendungsnähe zu den Produkten der Kunden, dem regionalen Bezug und in der hochqualifizierten Belegschaft gesehen. Die gezielte Auswahl von Projektaufträgen sowie eine Kundendiversifizierung, die zu »mehr Sicherheit« (GF-SIT2) in der Geschäftsplanung führten, zählen zu den wichtigen Erfolgsfaktoren der Unternehmen.

Überwindung der Krise durch Reorganisation – die ›stabilisierten‹ Unternehmen

In anderen Neue-Medien-Unternehmen (SIT5, SIT6, MID2, MID3, MID4) zeichneten sich hingegen der Boom und die Krise der New Economy hingegen deutlicher ab. In der Boomphase wurde weniger eine langfristige Entwicklung und Stabilisierung von Marktnischenpositionen als vielmehr dynamische Wachstumsstrategien verfolgt. So wurde in den 1990er Jahren die »New Economy-Bubble voll mitgenommen« (GF-MID2). Durch Fremdkapital (›venture capital‹) aus der Wirtschaft, Börsengänge am Neuen Markt und den schnellen Aufbau von Tochterunternehmen und (Auslands-)Standorten sollten die wirtschaftlichen Aktivitäten ausgebaut werden. In dieser Phase wurde »viel Kapital verbrannt« (GF-MID2). Ziel war ein möglichst rasches Wachstum und eine breite Präsenz auf nationalen (und internationalen) Märkten. Insbesondere die umfassenden Absatzmöglichkeiten der innovativen Produkte versprachen bei einem geringen Aufwand kurzfristige beträchtliche Umsatzerfolge:

»Die Kunden haben uns sozusagen die Produkte aus der Hand gerissen. Das wurde verstärkt bis 2000 durch einen Softwaremarkt, wo jeder ein Softwarebudget hatte und gekauft hat, was nicht niet- und nagelfest war. Also man musste sich beim Verkaufen nicht richtig anstrengen.« (GF-SIT5)

Das dynamische Wachstum endete mit dem Einbruch der Technologiemärkte und führte zu sich deutlich verschlechternden Marktbedingungen. In dieser Phase sind »viele New-Economy-Unternehmen als Kunden weggebrochen« (MA-MID3). Die Folgen waren rückläufige Umsatzzahlen und deutlich sinkende Personalbedarfe, die in einigen Unternehmen durch Beschäftigungssicherungsmaßnahmen (Entgeltverzicht, Teilzeitlösungen) abgemildert wurden. Dabei werden von den Geschäftsleitungen ein unzureichendes Know-how und (Management-)Fehler eingeräumt: »Ich kann nicht behaupten, dass wir einen Fehler ausgelassen hätten.« (GF-MID2) Jedoch sehen die stabilisierten Betriebe eine Stärke darin, dass sie diese Fehler in der Krise rechtzeitig erkannt haben und bewältigen konnten:

»Ich glaube, das war unser Vorteil, dass wir schon relativ früh auch gespürt haben, dass das so nicht mehr weitergeht und dann auch schon die Bremse gezogen haben. Da war vermutlich auch ein Vorteil für uns, dass wir noch eine überschaubare Größe hatten im Vergleich zu den ganz Großen damals in der Branche. Wir haben dann auch relativ schnell reagiert. … Da ist man dann auch wieder sehr schnell auf den Boden der Tatsachen gekommen.« (PA-SIT6)

In der frühzeitigen Entwicklung unternehmensstrategischer Lösungen zur Abwehr der Krise zeigt sich eine Gemeinsamkeit der ›stabilisierten Unternehmen‹: Marktpositionen wurden durch Fusionen mit anderen Firmen oder die Konzentration auf das Kerngeschäft gesichert und Börsengänge kurzfristig abgesagt. In ihrem Vorgehen orientierten sich die Unternehmen nicht selten an den mittelständischen Unternehmen der ›Old Economy‹:

»Ab da haben wir gesagt: Gut, wir sind ein mittelständisches Unternehmen. … Unsere Weiterentwicklung verläuft mit der gleichen Schritt-für-Schritt-Herangehensweise und Solidität, wie das ein mittelständischer Maschinenbauer machen würde.« (GF-MID2)

Somit orientieren sich die Unternehmen in ihrer Konsolidierungsphase in vielen Aspekten an ›traditionellen‹ Unternehmen und den dynamisch wachsenden Neue-Medien-Betrieben. Nach der Überwindung der Krisen verzeichneten die Unternehmen zumeist eine positive Geschäftsentwicklung, die von Umsatz- und Personalzuwächsen, mittel- und langfristigen Kundenbeziehungen sowie dem Aufbau von Marktnischenpositionen gekennzeichnet ist.

›Überlebensfrage‹ der wirtschaftlich angeschlagenen Betriebe

Eine dritte Gruppe von Neue-Medien-Unternehmen (SIT3, SIT4, MID1) ist dadurch charakterisiert, dass sie sich von einem wirtschaftlichen Abschwung (bislang) nicht erholen konnten und sich eine Konsolidierung nicht abzeichnet. Diese Unternehmen haben zunächst ebenfalls von der

Wachstumsphase des New Economy profitiert. Durch den weltweiten Aufbau von Standorten und die massive Ausweitung der Geschäftsaktivitäten wurde in den 1990er Jahren eine dynamische Entwicklung vollzogen. Beispielhaft hierfür ist das Wachstum des Software-Unternehmens SIT4, in dem sich zwischen 1997 und 2000 die Umsatz- und Mitarbeiterzahlen verzehnfachten:

»... weil es so einfach war. Die Software verkaufte sich wie Brötchen, man musste nichts dafür tun. Es wurde ja auch nicht viel getan.« (MA3-SIT4)

Dabei verdeckte das schnelle Unternehmenswachstum deutliche Mängel im Management und in der Organisation. Der Kollaps der Technologiemärkte führte insbesondere in den kapitalmarktorientierten Unternehmen zu einem ungebremsten Niedergang, der für die Unternehmen zur »Überlebensfrage« (PA2-SIT4) wurde. Die Folgen waren umfassende Kosteneinsparungs- und Restrukturierungsprogramme, Entlassungen von Vorständen und Geschäftsführungen sowie ein massiver Beschäftigungsabbau. Bei SIT4 ging die Mitarbeiterzahl bis 2003 wieder auf das ›Ausgangsniveau‹ von 1997 zurück.[59] Eine ähnliche Entwicklung kennzeichnete auch das Unternehmen SIT3:

»Es ist ganz witzig. Ich bin seit Oktober 1999 hier und es ist der schnellste Lebenszyklus einer Firma, den ich je erlebt habe. Als ich angefangen habe, waren wir 160 Leute, waren dann 395 zu Hochzeiten und sind dann sozusagen wieder implodiert auf 140. ... Ich denke, es war irgendwo auch ein Problem, so schnell zu wachsen. Das kriegt man kulturmäßig nicht mit und von der Organisationsstruktur auch nicht« (PA-SIT3)

Die langfristige Existenz der angeschlagenen Unternehmen bleibt trotz Krisenbewältigungsmaßnahmen, professionellerem Management und neuen Organisationsstrukturen offen. Nicht zuletzt die Realisierung von größeren Aufträgen aus der Stammkundschaft ist für die weitere Entwicklungsperspektive der wirtschaftlich angeschlagenen Unternehmen entscheidend.

59 Bezeichnenderweise sind im Zeitraum der Durchführung der Fallstudie beide Gesprächspartner aus der Personalabteilung von SIT4 ausgeschieden.

4.2.2 Organisationserfordernisse der Neue-Medien-Unternehmen

Die Neue-Medien-Unternehmen sind, so konnte gezeigt werden, durch unterschiedliche wirtschaftliche Verlaufswege gekennzeichnet. Dabei zeichneten sich in allen Unternehmen – ob in Folge von Konsolidierungsprozessen in der Krise oder als Reaktion auf das eigene Größenwachstum – Anpassungen in der Gestaltung der Formalstrukturen ab. Zu den ›Markenzeichen‹ von flexiblen und wissensintensiven Organisationen zählen flache Hierarchien und schwach ausgeprägte Formalstrukturen. Angesichts der wachstums- und krisenbedingten Herausforderungen war in den Neue-Medien-Unternehmen jedoch eine Professionalisierung der Führungs- und Organisationsstrukturen erforderlich (vgl. Heisig/Ludwig 2004; Feseker/Städtler 2004; Boes/Trinks 2004). So wurden funktional abgrenzbare Abteilungen aufgebaut und neue Hierarchieebenen geschaffen. Die Anpassungen der Formalstrukturen können Auswirkungen auf die betrieblichen Sozialordnungen und Partizipationspraktiken nehmen.

Formalisierung von Abteilungsstrukturen

Viele Betriebe haben an den Geschäftsfeldern orientierte Abteilungsstrukturen aufgebaut, die oft als ›Business Units‹[60] bezeichnet werden. Business Units werden dabei sowohl kunden- als auch produktbezogen organisiert. In den IT- und Softwareunternehmen dominiert die Trennung von Produktentwicklung (Development) und Beratung (Support, Solutions). In den Internet- und Multimediaunternehmen bilden neben Technologie die Bereiche Kreation, Design oder Portal eigene Abteilungen. Die Units, die in der Regel einem Geschäftsführer oder Abteilungsleiter zugeordnet werden, sind in der Personalzuordnung nicht strikt voneinander abgegrenzt. So soll die fachliche Bindung der Mitarbeiter an die einzelnen Abteilungen nicht zu ausgeprägt sein, damit die Beschäftigten zwischen den Units wechseln können. Mit wachsender Unternehmensgröße werden innerhalb der Business Units weitere Ressorts oder Unterabteilungen gebildet:

»Wir sind also wieder bei einer Größe, wo damals (beim Aufbau von Business Units, d.A.) ein Split erfolgte. Wir werden wieder was delegieren müssen an Verantwortlichkeiten.« (GF2-SIT1)

---

60 Die Business Unit als Abteilung oder Geschäftsbereich entspricht in einigen Unternehmen der ›Division‹, wenngleich in diesen Unternehmen unterhalb der Ebene der Division weitere ›Business Units‹ existieren.

Die ›Sub-Units‹ erweisen sich als organisatorische Formalstrukturen, die in der betrieblichen Alltagspraxis kaum wahrgenommen werden. Innerhalb der Business Units dominiert eine Struktur von Teams, die als eigenständige Funktionsbereiche gefasst werden können. Bezugspunkte für die Beschäftigten bleiben in erster Linie die Abteilungen beziehungsweise Units. Mit der Herausbildung von Business Units ist diesen eine höhere Ergebnisverantwortung übertragen worden. Diese bezieht sich auf Aufwand und Ertrag der durchgeführten Projekte sowie den Umfang der geleisteten Arbeitsstunden. Das Thema ›Ergebnisverantwortlichkeit‹ von Units gewinnt an Bedeutung, wird aber »momentan nicht so heiß gegessen« (AL2-SIT2). So besitzen die Abteilungen nur in seltenen Fällen eigene Budgets, sondern orientieren sich stärker an informellen Zielvorgaben. Eindeutige Tendenzen einer ›Vermarktlichung‹ in der Organisation (vgl. Tullius 1999; Moldaschl/Sauer 2000; Kratzer 2003) zeichnen sich auf dieser Basis nicht ab. Neben den Business Units werden administrative Bereiche wie Finanzen und Controlling, Projektmanagement oder interne IT-Services aufgebaut, auch eigenständigen Personalabteilungen oder Vertriebsbereichen wird angesichts der neuen Marktanforderungen eine höhere Bedeutung zugeschrieben.

Herausbildung von Hierarchieebenen

Zwar propagieren viele Neue-Medien-Unternehmen flache Hierarchien, dennoch haben sich in vielen Fällen Führungsebenen herausgebildet. Nicht zuletzt durch die Ausdifferenzierung von Business- und Sub-Units sind neue Hierarchieebenen entstanden. So finden sich in den Betrieben häufig drei oder vier Hierarchiestufen (Geschäftsführung, Unit-Leitung, Projekt- oder Teamleiter, Mitarbeiter), die je nach Unternehmen und Größe um weitere Führungsfunktionen ergänzt werden. Vielfältige Positions- und Funktionsbeschreibungen wie Management Supervisor, Creative oder Art Director, Research Director, Lead Engineer oder Teamleader erschweren die Vergleichbarkeit der Hierarchiestufen. Die Aufgaben und Kompetenzen dieser formalen Positionen sind häufig begrenzt und äußern sich weniger in konkreten Führungsfunktionen:

»Das klingt jetzt erst mal nach einer vierstufigen Bundeswehrhierarchie. Das relativiert sich aber dadurch, dass die Rollen sehr unterschiedlich sind, und dadurch, dass es keine gelebte Kommando- und Berichtsstruktur ist. Das Berichtswesen zum Beispiel ist ausschließlich beim Unit-Leiter aufgehangen, der Teamleiter hat keine Berichtsfunktion. Der Teamleiter hat eine fachliche Koordinationsfunktion, und wir haben versucht, das ist auch ein kleiner Erfolgsfaktor, sehr viel aus der Software-Entwicklung zu lernen, was die Betriebsabläufe angeht.« (GF-MID2)

»Deswegen hat man eine relativ hohe Hierarchie, wobei wir eigentlich erklärte Gegner sind. Man will das eigentlich nicht. Das ist ein Paradoxon. … In der Kommunikation der Leute untereinander ist das auch nicht so. Es wird nicht so empfunden. Es geht nur darum, Verantwortung für bestimmte Dinge geeigneten Personen zuordnen zu können. Das ist der Punkt dabei.« (PA1-SIT4)

Insbesondere die untergeordneten Führungspositionen stehen eher ›auf dem Papier‹ und werden in der Praxis kaum umgesetzt. Dies äußert sich zum einen in der Existenz von ›verwaisten‹ Sub-Units und ›Vorgesetzten ohne Belegschaft‹ und zum anderen in formalen (Führungs-)Positionen, die real nicht besetzt werden konnten. Die Formulierung von differenzierten Hierarchieebenen entspricht nicht selten einer erforderlichen Außendarstellung und wachstumsbedingten Anpassungserfordernissen. So beschreibt ein Geschäftsführer, dass aufgrund des Größenwachstums der Organisation bei gleichzeitiger Aufrechterhaltung effektiver Leitungsspannen (ca. 5–8 Mitarbeiter) die »Geschäftsleitung vom Zeitbudget her nicht mehr in der Lage war, ihre Funktion komplett wahrzunehmen« (GF-MID1). Die Abteilungs- oder Unit-Leiter sind deshalb häufig »Brückenglied zwischen Geschäftsleitung und den Beschäftigten« (AL1-MID1). Ihnen werden Managementaufgaben übertragen, gleichzeitig bleiben sie in das operative Geschäft eingebunden, um die Nähe zum Projektgeschäft nicht zu verlieren. Diese ›Doppelfunktion‹ auf der Leitungs- und der ausführenden Ebene führt nicht selten zu hohen Anforderungen des ›mittleren Managements‹:

»Es ist anstrengend … Ich bin in alle Projekten involviert. In einigen Projekten bin ich auch operativ tätig und konzipiere auch mit. Es ist nicht so formal getrennt, dass es eine Aufgabenbeschreibung gibt, die Unit-Manager heißt. Wenn Not am Mann ist, bin ich auch da. Und das ist, glaub ich, auch eine ganz wichtige Selbstsicht, die man da hat.« (AL1-MID1)

Projekt- oder Teamleiter übernehmen zentrale Funktionen in der Ablauforganisation, haben jedoch eher den Stellenwert von fachlich kompetenten Ansprechpartnern als von weisungsbefugten Vorgesetzten. Personalverantwortung übernehmen sie in den meisten Fällen nicht, diese verbleibt bei den Geschäftsführungen oder den Abteilungsleitungen. Trotz des Aufbaus neuer Führungsebenen wird den flachen Hierarchien – wie auch den flexiblen Organisationsstrukturen – weiterhin eine hohe Bedeutung zugeschrieben. Sie sind eine entscheidende Stärke, um im wirtschaftlichen

Wettbewerb konkurrenzfähig zu bleiben, »da ausgefeilte Managementstrukturen höhere Kosten verursachen« (GF2-SIT1). Sowohl in den nachhaltig wachsenden Unternehmen als auch in den stabilisierten Unternehmen zeigt sich, dass neue Führungsebenen perspektivisch ausgerichtet sind und erst in Zukunft stärker »gelebt« (GF-MID2) werden sollen:

»Also, wo ich eigentlich eine größere Struktur brauche, die etwas besser organisiert ist. Aber die ist eigentlich für die Zukunft gebaut, um das Wachstum auch auf dieser Ebene in unserer Struktur problemlos hinzukriegen.« (TL1-SIT1)

Bei den wirtschaftlich angeschlagenen Unternehmen wird deutlich, dass die starke Ausdifferenzierung von Leitungs- und Organisationsstrukturen im Licht der aktuellen wirtschaftlichen Situation ›überdimensioniert‹ ist. So zeigen sich »absurde Konstellationen« (AL1-MID1), wenn das mittlere Management größer ist als die Zahl der Mitarbeiter auf der operativen Ebene. Hier stehen die Unternehmen vor der Herausforderung, Führungsebenen neu zu gestalten:

»Die Anpassung einer Struktur folgt immer den Realitäten. Das heißt wir haben jetzt noch die Struktur und Hierarchieebenen einer Zeit, die das nötig gemacht hat. Aufgrund der Personalreduzierung ist das nicht mehr nötig. Wir könnten ein bis zwei Hierarchiestufen rausnehmen. Das wird auch so nicht gelebt. Wir halten uns nicht streng an die Aufgabenteilung, bei einer Teamorientierung passt sich das eben an.« (TL-MID1)

Zusammenfassend betrachtet wird deutlich, dass der Aufbau von Formalstrukturen in den Unternehmen in den letzten Jahren an Bedeutung gewonnen hat. Während in vielen großbetrieblichen Bereichen der Old Economy wie der Automobilindustrie Dezentralisierungen durchgeführt und Hierarchien abgebaut werden, stellen sich in den Neue-Medien-Unternehmen Professionalisierungsanforderungen zum Aufbau von Organisationsstrukturen und neuen Führungsebenen. Die Reichweite der Formalisierungsvorhaben in den Neue-Medien-Unternehmen bleibt jedoch begrenzt: Flachen Hierarchien wird (weiterhin) ein hoher Stellenwert zugeschrieben; der Herausbildung ausdifferenzierter Organisations- und Führungsstrukturen sind Grenzen gesetzt. In einigen Unternehmen mangelt es hinsichtlich der Formalstrukturen an Transparenz und Stabilität, wie widersprüchliche Aussagen beispielsweise zur Anzahl existierender Hierarchieebenen belegen. Hier spiegeln sich auch die Flexibilitätserfordernisse wider, die Organisationsstrukturen den realen, dynamischen Veränderungen und Marktanforderungen anzupassen:

»Hier hat man so ein paar Dinge ein bisschen merkwürdig zusammengemischt. Also auf der einen Seite so diese ganze Hierarchiegeschichte aus anderen Unternehmen oder aus klassischen Agenturen und ein bisschen von der Old Economy. Aber dann eben auch nicht wirklich und dann hat man wieder ein Unit-System genommen, was aber auch kein Unit-System ist, weil diese Units eben nicht autark sind … Das war immer so: ein bisschen hiervon, ein bisschen davon.« (AL-MID4)

Die Restrukturierungsmaßnahmen sind nicht abgeschlossen und markieren die Herausforderungen, den Spagat zwischen ›New Economy‹ und traditionellen Mittelstandsunternehmen zu bewältigen. Hierbei entstehen Spannungsverhältnisse zwischen den Notwendigkeiten, sich einerseits an den veränderten Marktanforderungen zu orientieren und die Professionalisierung der Formalstrukturen umzusetzen und andererseits den Erfordernissen wissensbasierter Leistungserstellung und flexibler Arbeitsprozesse gerecht zu werden. Diese Umbrüche und Spannungsverhältnisse wirken auf die Gestaltung betrieblicher Sozialordnungen und Partizipationsstrukturen in den Neue-Medien-Unternehmen ein.

5 Betriebliche Sozialordnungen und Partizipationsstrukturen aus Managementperspektive

Im Mittelpunkt dieses Kapitels stehen die Befunde zur Ausgestaltung von betrieblichen Sozialordnungen und Partizipationsstrukturen in den Fallstudienunternehmen. Dabei kann gezeigt werden, wie sich auf der Basis wissensintensiver und projektförmiger Arbeitszusammenhänge in den jüngeren und kleineren Start-up-Unternehmen zunächst gemeinschaftlich und beruflich geprägte Sozialordnungsmuster herausgebildet haben, die dem Leitmodell des »we-are-family« (politik-digital.de 2001) folgten. Diese Muster bildeten die Basis für die Implementierung umfassender Partizipationskulturen, die sich in der gering formalisierten, direkten und weitreichenden Einbeziehung der Beschäftigten an arbeits- und organisationsbezogenen Entscheidungen äußerten und in den Sozialbeziehungen strukturell verankert waren. Die verschärften Marktanforderungen und Organisationserfordernisse sprechen jedoch für veränderte Kontextbedingungen, die Spannungsverhältnisse in den eingespielten Sozialbeziehungen und Partizipationsmuster erzeugen. Dies führt zum einen zu der Frage, inwieweit zentrale sozialintegrative Elemente der Arbeitsbeziehungen angesichts neuer markt- und organisationszentrierter Steuerungsmechanismen aufgegeben werden. Zum anderen richtet sich der Blick auf die möglichen Veränderungen in den Beteiligungskulturen und einer neuen Ausrichtung am »Primat der Wirtschaftlichkeit« (Dörre 2002: 27; vgl. Boes/Marrs 2003; Wolf 2003), bei der Partizipationspraktiken von der Managementseite beeinflusst, eingeschränkt oder instrumentalisiert werden. In diesem Kapitel wird die Sichtweise des Managements in den Neue-Medien-Unternehmen aufgearbeitet, im folgenden Kapitel 6 wird die Beschäftigtenperspektive vorgestellt.

5.1 Entwicklungsperspektiven der ›verschworenen Gemeinschaften‹ in den Neue-Medien-Unternehmen

5.1.1 Herausbildung familiär und beruflich strukturierter Sozialordnungen in der Gründungsphase

In der Charakterisierung der spezifischen Arbeits- und Organisationskulturen in Unternehmen der New Economy ist häufig die Metapher der ›Betriebsfamilie‹ (vgl. Trinczek 2004: 194; vgl. politik-digital.de 2001; Boes/Baukrowitz 2002) verwendet worden. Diese zeichnet sich durch einen hohen gemeinschaftlichen Grundkonsens der Interessen- und Wertorientierungen, vertrauensbasierte Sozialbeziehungen sowie spezifische Symbole, Riten und Rituale (wie Arbeitskultur, Betriebsfeste und gemeinsame Freizeitaktivitäten) aus. Diese Merkmale finden sich auch in den Selbstdarstellungen der Neue-Medien-Unternehmen, wenn die Herausbildung von gemeinschaftlichen Ordnungen in der Gründungsphase skizziert wird:

»Gerade 1997/1998, als ich hier angefangen habe, hatte das Unternehmen eher den Flair einer großen WG. Projekte machte man halt und schaute am Ende, wie viel Geld in der Kasse war. Direktes Controlling gab es damals nicht und es war alles einfach. Eine sehr lockere, familiäre Atmosphäre.« (AL-MID3)

»Und es war so, die Firma war ja noch relativ klein, und es war wie eine Familie für die meisten. Man kam vielleicht später, blieb dann aber bis in die Puppen, danach wurden noch Videos geguckt oder man ging in die Kneipe oder so. Also, das Leben ging völlig übergangslos von einem Status in den anderen.« (MA3-SIT4)[61]

In den Aussagen zur ›WG‹ oder ›Familie‹ spiegeln sich die familiär geprägten Betriebsgemeinschaften wider, die durch einen engen Zusammenhalt, eine lockere Arbeitsatmosphäre und der Durchdringung von betrieblicher und außerbetrieblicher Lebenswelt gekennzeichnet sind. In der Darstellung der Sozialbeziehungen während der Anfangs- und Boomphase der New Economy zeigen die Neue-Medien-Unternehmen viele Übereinstimmungen auf. In den Folgejahren führten die wachstums- und krisenbedingten Veränderungsprozesse zu einer stärkeren Professionalisierung in der betrieblichen Leistungserstellung, die den veränderten Ansprüchen der betrieblichen Akteure, aber auch den Erwartungen aus dem Umfeld besser gerecht werden sollte. In der Konsequenz wurden die »Turnschuh-Menta-

---

61 Einige Mitarbeiter der untersuchten Unternehmen übernehmen Führungsaufgaben, ohne formal den Team- oder Abteilungsleitungen zugerechnet werden zu können. Aufgrund dieser Funktion werden sie in die Darstellung der Managementperspektive einbezogen.

lität … immer mehr abgestreift« (TL-MID1) und Anpassungen in den Formalstrukturen vorgenommen. Im Zuge dieser Entwicklungen relativierte sich das ›Familienbild‹ der innerbetrieblichen Sozialbeziehungen, ohne jedoch die gemeinschaftlich geprägte, »spezifische Unternehmenskultur« (TL-MID1) aufzugeben:

»Aus der großen Familie wurde ein großes Unternehmen.« (BR-MID3)

»Sagen wir mal so, dieses ›eine Familie‹ war früher noch wesentlich ausgeprägter bei uns. Das ist jetzt inzwischen dadurch, dass wir so groß geworden sind, nicht mehr ganz so. Aber es ist sozusagen schon noch irgendwie so'n Feeling da. Was das unheimlich fördert, sind so Weihnachtsfeste und Sommerfeste. … Wenn man plötzlich alle Leute in einem Saal sieht und sich denkt ›Oh, Mann‹ … Und vor allem, es sind ja wirklich alles völlig besondere Leute.« (AL2-SIT2)

Zwar haben die veränderten Kontextbedingungen ohne Zweifel ihre Spuren in den Unternehmen hinterlassen, jedoch zeigen sich insgesamt wenige Anzeichen, die auf eine deutliche Entsolidarisierung und grundlegende Umbrüche in der Unternehmenskultur hindeuten. Gravierende Differenzen zwischen den Unternehmen zeichnen sich auch nicht aufgrund der unterschiedlichen wirtschaftlichen Situationen ab. So weisen eines der nachhaltig wachsenden (SIT2) und eines der wirtschaftlich angeschlagenen Unternehmen (SIT4) in den betrieblichen Sozialordnungen eher deutliche Parallelen als signifikante Unterschiede auf. Die Unternehmen halten trotz – oder aufgrund – der Krisenerfahrungen und gestiegenen Marktanforderungen an vielen Elementen der gewachsenen Sozialordnungen fest. Zur gemeinschaftlichen Grundkultur zählen die Managementvertreter eine ansprechende Arbeitsatmosphäre, weite Freiräume in der Arbeitsgestaltung der Beschäftigten, eine ausgeprägte Informationspolitik, gemeinsame Rituale sowie eine Vielzahl weiterer Aktivitäten.

»Es äußert sich in bestimmten Angeboten, die das Unternehmen seinen Mitarbeitern macht. Das sind periodische Informationsveranstaltungen, die andere vielleicht Betriebsversammlungen nennen, die das Management anbietet, um über die aktuelle Lage des Betriebes zu unterrichten. Es äußert sich in Ritualen, die gepflegt werden. Es äußert sich in der Ausstattung mit Sachmitteln, in den Arbeitsbedingungen … Es gibt eine Vielzahl von Maßnahmen, von denen man ableiten kann, dass es der Betriebsleitung wichtig ist, dass die Mitarbeiter sich wohlfühlen und dafür wird auch Geld investiert.« (GF-MID3)

Die hohe Bedeutung der gemeinschaftlichen Sozialbeziehungen zeigt sich darin, dass die Geschäftsführungen das Ziel verfolgen, »ein angenehmes Klima und eine angenehme Arbeitsatmosphäre zu schaffen« (AL1-SIT2).

Dadurch sollen den Beschäftigten Gestaltungsräume und Entfaltungsmöglichkeiten in der eigenen Arbeit eröffnet werden, um ihnen eine Arbeitsumgebung zu schaffen, die »man selten woanders findet« (AL2-SIT2) und die durch ansprechende Aufgaben und eine hohe Wertschätzung der beruflichen Orientierung geprägt ist. Hierbei kommt ein weiteres Element der Sozialordnungen zum Tragen, die neben der gemeinschaftlichen Beziehung von den spezifischen Arbeitsinhalten und der beruflichen ›Passion‹ der Wissensarbeiter geprägt sind:

»Sie müssen sehen, dass wir bei unseren Mitarbeitern einen hohen Anteil Grafikdesigner haben. Ich glaube, dass dieser Teil der Belegschaft bei uns einen Ort findet, in dem er seine Profession – oder seine Passion, würde ich sagen – einbringen kann. Und auch noch davon leben kann. Sie haben ein intrinsisches Motiv, das natürlich von Projekt zu Projekt variiert, aber es ist grundsätzlich das Thema Corporate Design und sich darin zu betätigen. Sie tun es hier einfach gerne. Ich glaube, das Thema würden sie auch bei anderen Agenturen finden …, aber möglicherweise nicht die Wertschätzung dieses Themas.« (GF-MID3)

In der beruflichen Orientierung besteht ein zentrales Merkmal der Übereinkunft der betrieblichen Akteure. So wird eine berufsorientierte Kultur gepflegt, »wo man verstanden wird, wo die Leute ähnlich denken, fühlen, was auch immer, wie man selbst« (GF-SIT1). In den Unternehmen wird großer Wert auf Kooperation, gegenseitige Unterstützung und Ansprechbarkeit der Mitarbeiter bei Problemstellungen gelegt. Dabei wird eine Voraussetzung der Aufrechterhaltung der gemeinschaftlichen Sozialordnung in der Bereitschaft gesehen, »Wissen zu teilen« (TL1-SIT1). Die Anhäufung von ›Herrschaftswissen‹ einzelner Beschäftigter soll vermieden und die Bereitschaft zum Informationsaustausch gefördert werden: »Es existiert eine ungemein offene Atmosphäre auf einer fachlichen Ebene.« (PA-SIT1) Die Integrationsfähigkeit der Beschäftigten spielt auch bei der Personalrekrutierung eine entscheidende Rolle:

»All diese typischen arbeitsplatzerhaltenden Maßnahmen, Herrschaftswissen usw. anzuhäufen, die erkenne ich hier nicht. Das mag daran liegen, dass wir uns sehr genau anschauen, welche Mitarbeiter wir einstellen. Also dieser ›Mind-Set‹ ist dann sicherlich durch die Personalauswahl auch schon vorhanden, aber die Leute, die hier reinkommen, kommen einfach nicht umhin, sich der Kultur anzuschließen. Das ist einfach das Gesetz der Masse. Wenn Sie einer gegen 71 sind, und 71 sind hilfsbereit und einer ist es nicht, dann hat der früher oder später ein Problem.« (GF-SIT5)

Bei der Personalauswahl werden neben den fachlichen auch die sozialen Kompetenzen eines Bewerbers in den Blick genommen und Mitarbeiter ausgewählt, die zum Unternehmen »passen müssen, auch wenn sie eher Individualisten sind« (TL1-SIT1). Die individualistischen Arbeitsorientierungen werden in die gemeinschaftlichen Orientierungen in den Betrieben eingebettet. Deshalb ist es in vielen Neue-Medien-Unternehmen gängige Praxis, an den Bewerbungsgesprächen die Mitarbeiter zu beteiligen, die mit den Bewerbern künftig zusammenarbeiten sollen. Letztlich werden somit Neueinstellungen teamorientiert vorgenommen und Entscheidungen nicht nur aus fachlicher Perspektive, sondern auch ›aus dem Bauch raus‹ getroffen:

»In Bewerbungsverfahren kooperieren die Geschäftsführer, Teamleiter usw. eng miteinander und können ihre Meinung äußern. Wir haben schon hochqualifizierte Leute nicht eingestellt, weil wir uns das einfach nicht haben vorstellen können. Das geht nicht gut.« (AL2-MID2)

»Wenn dann einer von uns ein komisches Bauchgefühl hat, dann ist das schon ein Anzeichen dafür, dass man sich das noch einmal genauer anschauen sollte oder man das am besten gleich sein lässt.« (MA-SIT1)

Kollegialität, Teamgeist und Spaß an der Arbeit sind wichtige Faktoren, die auch in den Sozialbeziehungen ihren Ausdruck finden sollen. Ein zentrales Merkmal ist die ›Duz-Kultur‹, die »auch zwischen Geschäftsführer und Auszubildenden nicht aufgesetzt« (GF-SIT1) ist. Weitere betriebliche Aktivitäten und Angebote der Freizeitgestaltung sind Betriebsausflüge, regelmäßige Betriebsfeste, Sportveranstaltungen, Chill-out-Zonen und Freizeiträume mit Kicker etc., die in nahezu allen Unternehmen angeboten werden. Gleichzeitig wird deutlich, dass diese Aktivitäten in den früheren Jahren deutlich stärker ausgeprägt waren. Aussagen wie »Es ist nicht so, dass man jeden Abend zusammen verbringt« (AL-MID4) oder »Wir müssen auch nicht mehr alle Freunde sein« (PA-SIT6) drücken diesen Bedeutungswandel aus.

Die Sozialordnungen in den Neue-Medien-Unternehmen sind von einer Kultur geprägt, die der Bewältigung der Arbeitsaufgaben und der Entwicklung von Problemlösungsstrategien unter Einbeziehung der Beteiligten einen zentralen Stellenwert einräumt. Dem »Ventilieren von Unzufriedenheit« (GF-SIT1) insbesondere in Krisensituationen soll durch eine entsprechende Kommunikationskultur begegnet werden, die einen konstruktiven Umgang mit Interessengegensätzen und Konflikten ermöglicht:

»Das darf man auch nicht falsch verstehen. Es geht bei uns nicht darum, dass wir uns alle super gut verstehen und uns alle lieb haben und deswegen keine Probleme entstehen. Es geht ... eher darum, dass wir es geschafft haben, und zwar mehr dadurch, dass wir alle möglichen Fehler gemacht haben ..., eine Struktur zu schaffen, bei der Konflikte, wenn sie auftreten, gelöst werden. Das kann durchaus über mehrere Wochen sehr disharmonisch sein, aber das Wichtige, glaube ich, in einem Unternehmen ist nicht, dass es keine Konflikte gibt, sondern dass die Konflikte gelöst werden.« (GF-MID2)

Die Konfliktbewältigungsstrategien basieren zum einen darauf, dass die Beschäftigten durch Argumentation und nicht per Anweisung von Entscheidungen überzeugt werden sollen und zum anderen darauf, dass Mitarbeiter – unabhängig von ihrer formalen Position im Unternehmen – in Entscheidungsprozesse eingebunden werden, um die eigenen (fachlichen) Vorstellungen einzubringen. Diese Form der Einbindung und Beteiligung der Mitarbeiter verdeutlicht die Strategie der ›besseren Idee‹, die im Unternehmen MID2 verfolgt wird:

»Wir haben hier ein Prinzip, das heißt ›Weg der besseren Idee‹. Also es kommt nicht darauf an, wer etwas sagt, sondern was gesagt wird. Es gibt hier keine Majestätsbeleidigung. Wenn mir der 16-jährige Schülerpraktikant sagt: ›Ich finde deine Idee doof‹, dann – ich bin auch nur ein Mensch – werde ich vielleicht in dem Moment nicht besonders gut reagieren. Aber ich werde daran gemessen, auch mit meiner Glaubwürdigkeit intern, wie stark ich mich damit auseinandersetze ...« (GF-MID2)

»Es gibt eigentlich keine Hierarchien, es gibt nur Aufgabenbereiche und Verantwortungen, die jeder trägt. Es existieren keine Tabuthemen, es gibt zwar Berichtswege für bestimmte Dinge, aber ansonsten versucht man, gemeinsame Lösungen zu finden. Und die Meinung eines Azubis, wenn sie gut ist, ist genauso viel Wert wie die Meinung eines Unit-Leiters. Mein Geschäftsführer nennt das Prinzip ›den Weg der besseren Idee‹.« (AL1-MID2)

Die Geschäftsleitungen wollen gerade in wirtschaftlich prekären Zeiten das ›Wir-Gefühl‹ und den Zusammenhalt in der Belegschaft stärken, um so die Mitarbeiter durch kulturelle Besonderheiten an das Unternehmen zu binden.[62] Dabei haben die Unternehmen keine ausgefeilten Programme zur Mitarbeiterbildung:

»Wir versuchen einfach, ein attraktiver Arbeitgeber zu sein. Wir haben im Gegenteil sogar die Philosophie – und das kann man fast psychologisch deuten, warum

62 Die Fluktuationsrate ist in allen Unternehmen erstaunlich gering.

das zur Folge hat, dass die Leute eher hier bleiben – zu sagen: Es ist doch ganz okay, wenn die woanders hingehen.« (GF-MID2)

Die Befunde sprechen für die weitgehende Aufrechterhaltung von familiär-gemeinschaftlich geprägten Sozialordnungen in den Neue-Medien-Unternehmen. Zwar zeichnen sich die Einflüsse der neuen Marktanforderungen und Organisationserfordernisse auf die betrieblichen Sozialordnungen ab. So hat die Krise das Familienidyll in den Unternehmen relativiert und das Größenwachstum dazu geführt, dass die Identifikation der Beschäftigten mit dem jeweiligen Team oder der Abteilung höher ist als mit dem Gesamtbetrieb. Dennoch ist es nicht zu einem radikalen Wandel der Orientierungen und Umbrüchen der Sozialordnungsmuster gekommen. Auch lässt sich keine Entwicklung von marktzentrierten Managementstrategien zur verstärkten Einflussnahme auf die betrieblichen Sozialordnungen nachzeichnen. Versuche, die gewachsene Unternehmenskultur als Steuerungsinstrument einzusetzen, wurden von den Mitarbeitern »belächelt« (PA-SIT4). Wie auch andere Untersuchungen zeigen, bleibt in den Neue-Medien-Unternehmen der »manipulative Effekt gemanagter Unternehmenskulturen bescheiden« (Dörre 2001: 389).

5.1.2 ›Open-Door-Politik‹ als strukturprägendes Merkmal der Sozialbeziehungen

In der Blütezeit der digitalen Wirtschaft galt das Prinzip ›der offenen Tür‹ als ein strukturprägendes Merkmal der Sozialbeziehungen in den Neue-Medien-Unternehmen (vgl. Kipker/Potthoff 2000). Die Open-Door-Kultur räumte den Beschäftigten die Möglichkeit ein, (jederzeit) direkten Kontakt zur Geschäftsleitung aufnehmen zu können (vgl. Dörre 2002: 183). Mit den Folgewirkungen der Krise wurde eine wachsende Distanz zwischen Geschäftsleitungen und Beschäftigten konstatiert. In den untersuchten Neue-Medien-Unternehmen kann jedoch von einem prinzipiellen Bedeutungsverlust des Open-Door-Prinzips keine Rede sein. So betonen die meisten Gesprächspartner den hohen Stellenwert der Face-to-Face-Kommunikation zwischen Beschäftigten aller Ebenen und insbesondere auch zwischen Mitarbeitern und Geschäftsführungen. Die Kultur der ›offenen Türen‹ erweist sich vor dem Hintergrund der Anforderungen von Arbeits- und Projektorganisationen weiterhin als notwendig, um die innerbetrieblichen Kommunikations- und Entscheidungsprozesse zu beschleunigen und bleibt ein strukturprägendes Prinzip insbesondere in den kleineren Neue-Medien-Betrieben:

»Da gibt es einen schönen Satz, … der Gültigkeit hat und der sich darauf bezieht, dass unsere Türen immer auf sind. Und wenn sie zu sind, hat das einen Grund. Und das ist eine Kultur, die wir auch aus dem ganzen New-Economy-Hype eben gerettet haben.« (AL2-MID1)

»Wir sind eine kleine Firma, wir haben eine Offene-Tür-Strategie. Wenn irgend jemand etwas will, dann kommt er halt.« (GF-SIT1)

»Ich habe generell erst mal eine open-door-policy, was symbolisch schon dadurch gezeigt wird, dass ich kein eigenes Büro habe. Ich sitze in einem von zwei großen Räumen.« (GF-MID4)

Die Themen, die zwischen Vorgesetzten und Mitarbeitern ›zwischen Tür und Angel‹ angesprochen werden, sind in erster Linie aufgabenbezogen wie Anforderungen im Projekt, Probleme in der Zusammenarbeit oder Verhaltensweisen gegenüber Kunden. Darüber hinaus werden Arbeitsbedingungen »persönlicher Kram« (AL1-MID2) oder »Kleinkrusch« (AL-MID4) thematisiert. Das Prinzip der offenen Türen dient jedoch nicht nur der direkten Kommunikation, sondern auch der Partizipation von Beschäftigten an Unternehmensentscheidungen. Bei MID2 konnten Beschäftigte bei einer Personalentscheidung die Einstellung eines Kandidaten durchsetzen, der nicht von der Geschäftsleitung präferiert wurde.

Dennoch ergeben sich einige Einschränkungen der Open-Door-Kultur aus den betrieblichen Reorganisationen und den Wachstumsprozessen der Unternehmen. Zum einen resultiert aus der organisationsstrukturierten Bildung neuer Abteilungs- und Managementebenen die Verlagerung von Verantwortlichkeiten, Zuständigkeiten und somit auch Ansprechbarkeit auf die ›mittlere Ebene‹. So sollen in Unternehmen mit ausgeprägteren hierarchischen Strukturen Beschäftigte Fragen oder Probleme zunächst mit ihren Vorgesetzten oder den unmittelbar Zuständigen klären, bevor sie die Geschäftsführung aufsuchen:

»Das lasse ich teilweise auch nicht nach oben zu. Also, wenn jetzt ein Mitarbeiter zu mir kommt und sagt: ›Pass auf, lass uns doch mal hier über mein Job Level sprechen oder so was.‹ Das Erste, was ich tue, ist, ich schau den an und sage: ›Hast Du schon mal mit dem Thomas (dem direkten Vorgesetzten, d.A.) darüber gesprochen?‹ Also wenn der dann sagt: ›Mit dem Thomas komm' ich nicht zurecht‹, dann kann ich immer noch ein Gespräch mit ihm führen.« (GF-SIT4)

»Das ist ein Lernprozess, den Leuten beizubringen, dass sie bei dem Finanzthema nicht zu mir kommen … Dann ist die Antwort relativ einfach: ›Geh zu Sven, er ist der neue Finanzchef‹ und derjenige geht eine Tür weiter. Und wenn er zum zweiten Mal kommt, dann sag ich: ›Geh zu Sven‹ mit dem Hinweis verbunden, dass man eigentlich lernen sollte und dass die neue Struktur kommuniziert wurde.« (GF-SIT5)

Zum anderen zeigen sich auch unterschiedliche ›Nutzungsgrade‹ der Ansprechbarkeit von Vorgesetzten und Geschäftsführungen seitens der Beschäftigten. Für langjährige Mitarbeiter ist es selbstverständlich, den direkten Kontakt zur Unternehmensführung zu suchen, »weil wir ja eigentlich aus Teams hervorgegangen sind und eigentlich früher mal Gleiche unter Gleichen waren« (AL1-SIT1). Demgegenüber weisen aus Sicht der Geschäftsführungen und Unit-Leitungen insbesondere die jüngeren Mitarbeiter eine zunehmende Distanz zu den oberen Führungskräften auf, so dass sie nicht zwangsläufig das auf das Open-Door-Angebot zurückgreifen:

»Wir jetzt als Chefs, wir denken, wir sind doch alles ganz nette Leute und sitzen in unseren Büros und jeder kann zu uns kommen und mit uns reden: ›Was wollt ihr denn?‹ Aber das müssen wir vielleicht auch ein bisschen lernen, dass wir halt wirklich die Chefs sind und jemand, der neu zu uns kommt, der schlappt halt net einfach ins Büro rein, wie es einer tut, der schon zehn Jahre hier ist.« (AL1-SIT2)

Dieses Zitat belegt, dass die betrieblichen Sozialordnungen in den Neue-Medien-Unternehmen nicht von allen Beschäftigten unmittelbar adaptiert werden. Es zeichnen sich vielmehr unterschiedliche Orientierungen zwischen den Angestellten, die das Unternehmen seit der Gründungsphase begleitet haben, und den ›neuen‹ Mitarbeitern ab, die eine gewisse Distanz zum Unternehmen und zu den Vorgesetzten aufweisen.

5.2 Spannungsfelder in der Gestaltung von Arbeits- und Beschäftigungsbedingungen

Merkmale der betrieblichen Sozialordnungen lassen sich auch auf der Shop-Floor-Ebene der Neue-Medien-Unternehmen untersuchen. Deren Ausdrucksformen offenbaren sich in den Arbeitsorganisationen und der Gestaltung von Beschäftigungsbedingungen. Die Erstellung von Hightech-Produkten der Softwareentwicklung und der Multimedia- und Internetdienstleistungen setzt innovative, wissensintensive, produkt- und projektzentrierte Arbeitsprozesse voraus. Die Arbeitsgestaltung bei hochqualifizierter Wissensarbeit erfordert Kreativität und Flexibilität der Beschäftigten im Arbeitsprozess und eine projekt- und netzwerkförmige Erstellung der wissensintensiven Güter und Dienstleistungen. Die beruflichen Selbstentfaltungsmöglichkeiten und notwendigen Handlungsspielräume der Beschäftigten bedingen eine flexible Gestaltung der Beschäftigungsbedingungen. Die verschärften Markt- und Organisationserfordernisse stellen allerdings neue Anforderungen an die Gestaltung der Arbeits- und Beschäftigungsbedingungen, die zu einer Beschneidung von Kreativitäts- und Flexibilitätsspielräumen führen können. Die Formalisierung der Organisationsstrukturen steht im Widerspruch zu den informellen Regelungen wissensintensiver Arbeit. In der Konsequenz entstehen in den Neue-Medien-Unternehmen neue Spannungsverhältnisse in der Gestaltung von Arbeitsorganisationen und Beschäftigungsbedingungen, die zu einem Wandel betrieblicher Sozialordnungen führen können.

5.2.1 Wissens- und Projektarbeit: berufliche, marktliche und organisationsbezogene Erfordernisse

Zu den Merkmalen von Arbeit und Organisation in den Unternehmen der digitalen Wirtschaft zählen hochqualifizierte, wissensintensive Arbeit und projektförmig organisierte Prozesse der Leistungserstellung (vgl. Kotthoff 1997; Heidenreich 1997; Paul 1999; Windeler/Wirth 2004; Kalkowski 2004; Willke 2004). Vor dem Hintergrund komplexer Arbeitsaufgaben, weitgehend unbestimmter Arbeitsziele und spezifischer Produkt- und Kundenanforderungen erfordert wissensintensive Arbeit eine hohe fachliche Qualifikation und Kreativität sowie Kommunikations- und Kooperationsfähigkeiten der hochqualifizierten Beschäftigten. Das Expertenwissen der Beschäftigten stellt eine zentrale Unternehmensressource dar und begründet aufgrund der mangelnden Kodifizierbarkeit des Wissens ein gewisses Abhängigkeitsverhältnis der Unternehmen von den Experten. Die Möglichkeiten zur direkten Steuerung organisatorischer Prozesse durch das Management sind begrenzt (vgl. Heidenreich/Töpsch 1998: 17). Die Problemstellungen beispielsweise in der Softwareentwicklung sind häufig nicht disziplinär eingegrenzt und nicht systematisch formulierbar (vgl. Heidenreich 1997: 178) Dies verlangt ein hohes Maß an Expertenwissen und Fähigkeiten der Selbstorganisation. Fast zwangsläufig bedingt die

Lösung disziplinär nicht eingrenzbarer Probleme Formen der Teamarbeit und Projektorganisation; deshalb lassen sich »wissensintensive Aufgaben, komplexe Problemlösungen [...] zunehmend nur noch in Gestalt von Projekten bewältigen« (Kalkowski 2004: 251; vgl. Kotthoff 1997). Die Erfordernisse der Projektorganisation verweisen dabei auch auf die hohe Bedeutung flexibler Arbeitsstrukturen und notwendiger ›Grenzüberschreitungen‹ in der Aufbauorganisation. So werden für die Projektarbeit »Mitarbeiter aus unterschiedlichen Abteilungsteams ausgewählt, die bis zur Übergabe des Produktes an den Kunden gemeinsam an diesem Produkt arbeiten« (Heisig/Ludwig 2004: 23). Die Beschäftigten sind dabei häufig in mehrere Projekte gleichzeitig involviert und nicht selten mit »konfligierenden Rationalitäten« (Heidenreich/Töpsch 1998: 17) von Abteilungs- und Projektinteressen konfrontiert. Die Gestaltung der Wissensarbeit und die »Projektifizierung« (Kalkowski/Mickler 2002; vgl. Midler 1995) der Organisation in den Neue-Medien-Unternehmen werden im Folgenden näher betrachtet.

Wissensintensive Arbeit und ›requisite participation‹ im Arbeitsprozess

Die Erstellung von Internetseiten, die Produktion von Content und Multimedia, die Softwareentwicklung und professionelles IT-Consulting sind wissensintensive Dienstleistungen und umfassen zahlreiche kreative Tätigkeiten, in denen von den Beschäftigten »etwas erschaffen« (AL1-SIT2) wird. In diesen Arbeitskontexten ergeben sich die ›Freiheiten‹ der Beschäftigten, die weitgehende Handlungsspielräume und informelle Partizipationsmöglichkeiten an Entscheidungen der Arbeitsgestaltung begründen:

»Softwareentwickler sind keine reinen Fließbandarbeiter. ... Zwar durchaus zuverlässig, wie in Fließbandarbeit produzieren zu können, auch im Sinne von Zusagen einhalten. Aber es gibt noch so viele Punkte zu entscheiden, die auch in der Entscheidung der Techniker liegen. Die auch das Projektmanagement gar nicht treffen kann.« (AL2-SIT4)

Die Handlungsspielräume und Gestaltungsmöglichkeiten werden weniger durch rigide Arbeitsvorgaben, sondern durch spezifische Kundenwünsche und Zielvorgaben begrenzt. So sind beispielsweise die Spielräume in der Softwareentwicklung durch Pflichtenhefte oder im Bereich der Kreation durch Corporate-Design-Vorgaben enger definiert. Hier wird Kreativität »genauso wie jedes andere Geschäft: Man kann sie abrufen, wenn man bestimmte Methoden dafür hat ... und die haben wir.« (AL1-SIT2) Die

Formulierung von Programmierstandards oder Erstellung von ›Software-Entwicklungshandbüchern‹ beschränken die Gestaltungsmöglichkeiten der Wissensarbeiter. Zur Wissensgenerierung und -speicherung wurden in vielen Neue-Medien-Unternehmen ›Wissensdatenbanken‹ aufgebaut, in denen die ›skills‹ und Qualifikationen der Beschäftigten gespeichert werden. Durch diese Datenbanken soll die Transparenz über das im Unternehmen verfügbare Wissen erhöht werden, auf das einzelne Organisationseinheiten oder Projekte im Bedarfsfall zurückgreifen können. Die Tätigkeiten erfordern jedoch nicht nur Kreativität und Gestaltungsspielräume in der Arbeit, sondern auch komplexes Denkvermögen sowie Kooperations- und Teamfähigkeit:

»Diese ganze Abgrenzungspolitik … deine Aufgabe, meine Aufgabe, … formelle Übergabe von Informationen … Das funktioniert bei uns gar nicht. Man muss hier quasi täglich nebeneinander hocken, um die Projekte adäquat stemmen zu können. Die Abgrenzungspolitik, die in der Old Economy und gerade im produzierenden Gewerbe vorherrscht, ist schon auf Grund der Dienstleistungen, die wir hier machen, gar nicht möglich. Wer aus so einem Gehege kommt und in dieses Gehege wechselt, der wird sich hier niemals orientieren, niemals einfinden können. Jeder Einzelne muss mitdenken in der Aufgabe und kann nicht nur seinen einzelnen Teil sehen, das ist ein ganz wichtiger Aspekt. Sonst verliert er nicht nur den Überblick, sondern wird auch die Qualität seiner Arbeit nicht herstellen können.« (AL2-MID2)

Eine Besonderheit der Neue-Medien-Unternehmen wird in der Immaterialität der erzeugten Produkte und Dienstleistungen und der Abgrenzung von traditionellen Industriebetrieben gesehen. Die Unternehmen »bauen hier keine Flugzeuge, das ist der Unterschied. Das Produkt, was wir herstellen, ist niemals wirklich greifbar und jedes Mal anders.« (AL2-MID2) Der Anforderung, das vorhandene Wissen kontinuierlich zu revidieren und permanent zu verbessern, wird in der Produktentwicklung mit einem Vorgehen in rekursiven Arbeitsschritten beziehungsweise »iterativen Schleifen« (GF-SIT2) Rechnung getragen. In dieser Vorgehensweise zeigen sich deutliche Parallelen bei der Programmentwicklung in Softwareunternehmen und der Contentproduktion von Multimedia-Agenturen. In beiden Fällen werden die Produkte in »Versionen« (GF-SIT2) erstellt, die permanent weiterentwickelt werden, soweit es die terminlichen Vorgaben und finanziellen Spielräume der Projekte erlauben:

»Das heißt, dass man versucht, Veränderungsprozesse, die kundengesteuert sind oder die durch das Entdecken von Fehlern entstehen, … in eine Ordnung zu bringen. Nicht nach dem Chaos-Prinzip, wie das für unsere Branche vorher eigentlich typisch war: Ich entdecke einen Fehler, ich behebe ihn; ich habe eine neue Idee, ich setze sie um. Und das Ganze funktioniert dann nicht … Sondern man arbeitet in Versionen und es wird immer … eine Version zu Ende gearbeitet und abgenommen, bevor die Änderungsvorschläge, die Ideen, die systematisch erfasst werden, in die zweite Version eingebracht werden … Das Revolutionäre bei uns oder das Innovative bei uns ist, dass wir das eben nicht nur auf die Technologie anwenden, sondern … auf den kompletten Prozess.« (GF-SIT2)

»Das wäre zum Beispiel eine Geschichte, die würde erst mal eine ganze Weile online stehen. Auch wenn schon wieder was Neues hinzugekommen wäre. Die würde irgendwann wieder überarbeitet, so läuft das halt bei uns. Ich komme momentan nicht dazu, denn es ist klar, dass diese Geschichte einen gewissen Aufwand erfordert.« (MA-MID4)

Hinweise, dass die Auswirkungen der Krise oder Formalisierungen von Organisationsstrukturen zu deutlichen Einschränkungen der Gestaltungsspielräume führen, finden sich nur wenige. Gelegentlich kommt es zu Konflikten zwischen den Autonomieansprüchen der Beschäftigten und den betriebswirtschaftlichen Vorstellungen des Managements, wenn zum Beispiel die Weiterbearbeitung des Projektes durch andere Mitarbeiter und deren ›Nicht-Wissen‹ gefährdet wird. In anderen Fällen werden Kreativität und Handlungsspielräume beschränkt, wenn Mitarbeiter ihre berufliche Orientierung zu stark in die Arbeit einbringen und neue ›Features‹ in die Programme bringen, die »der Kunde weder braucht noch bezahlt« (AL2-SIT2):

»Und wenn das Produkt fertig ist, wäre es am besten, man könnte das Ganze in die Tonne treten und noch einmal neu anzufangen. Aber das kostet Zeit und es zahlt keiner. Wir sind ein gewinnorientiertes Unternehmen, das heißt, der Kunde zahlt einmal die Entwicklung und da muss man schon froh sein, dass es die Kosten deckt. Aber ein zweites Mal zahlt er die sicherlich nicht.« (MA1-SIT1)

In diesen Fällen werden Kreativität und berufliche Selbstentfaltung der Beschäftigten eingeschränkt und dem ›Primat der Wirtschaftlichkeit‹ (vgl. Dörre 2002; Boes/Trinks 2006) untergeordnet. Die Ausführungen zur Wissensarbeit verweisen jedoch insgesamt auf ausgeprägte Kreativitäts- und Handlungsspielräume der Beschäftigten, die in weitreichender Form an Produktinnovationen und Arbeitsinhalten beteiligt werden. Diese Muster sprechen für eine erforderliche Partizipation im Arbeitsprozess, die weder implementiert noch grundsätzlich beeinflussbar ist. Organisations-

und Markterfordernisse beeinflussen diese Partizipationsmöglichkeiten, ohne sie letztlich zu determinieren.

Projektarbeit als strukturprägende Form der Arbeitsorganisation

Projekte lassen sich als einmalige, zeitlich begrenzte und mehr oder weniger umfangreiche Vorhaben unterschiedlicher Funktionsbereiche zur Lösung von komplexen Aufgaben (beispielsweise Softwareentwicklung oder Internetdienstleistungen) begreifen (vgl. Mayer-Ahuja/Wolf 2004; Heisig/Ludwig 2004). Die Projektteams werden abteilungsübergreifend zusammengesetzt, da in der Regel die Kompetenzen aus unterschiedlichen Bereichen erforderlich sind. In einer arbeitssoziologischen Perspektive erfordert Projektarbeit ein hohes Maß an Selbstständigkeit und Selbstregulation der Projektbearbeiter. Die Durchführung eines Projektes in den Neue-Medien-Unternehmen umfasst in der Regel die folgenden Schritte: 1. Akquisephase und Projektplanung, 2. Bildung der Projektteams und erste Projektmeetings, 3. Erarbeitung von Layouts und Präsentation beim Kunden, 4. Programmierung, 5. Umsetzung oder Release (vgl. auch Heisig/Ludwig 2004; Mayer-Ahuja/Wolf 2004). Diese Schritte sind in den Unternehmen und Segmenten der Neuen Medien wie Softwareentwicklung und Webseiten-Produktion grundsätzlich vergleichbar und werden im Folgenden kurz skizziert:

1. *Akquisephase und Projektplanung*: Projekte ergeben sich aus Kundenaufträgen oder der Entwicklung eines neuen Softwareproduktes. Kundenaufträge resultieren aus konkreten Anfragen oder sind das Ergebnis aktiver Akquise von Aufträgen bei Stamm- oder Neukunden und der Bewerbung auf Ausschreibungen. Die Eigenakquise hat aufgrund der veränderten Marktbedingungen an Bedeutung gewonnen, wobei in einigen Unternehmen eigene Abteilungen für die Projektakquise aufgebaut wurden. Auch die Notwendigkeit der Weiterentwicklung von Softwareprodukten – wie das Release einer neuen Produktversion – ist ein »komplexer Prozess« (GF-SIT4), der Projektarbeit erfordert. In ersten ›Briefings‹ werden Vorstellungen (der Kunden oder der Geschäftsführung) präsentiert und erste Konzepte entworfen. Diese Kick-off-Veranstaltungen dienen der Präzisierung der Anforderungen und der Abschätzung des notwendigen Aufwands. Für die Koordinierung der Projektarbeit wird in einigen Unternehmen eine »Projektmanagement-Crew« (MA2-SIT4) gebildet. Im Ergebnis der Projektanbahnungsphase steht die Konzeption des Projektes, die meist in Pflichtenheften, Handbüchern oder »Roadmaps« (GF-SIT4) festgehalten

wird. Sie dienen der Abgrenzung des Arbeitsauftrags und der Aufwandsabschätzung.

2. *Bildung des Projektteams*: In einem zweiten Schritt wird unter Einbindung der erforderlichen Kompetenzen aus unterschiedlichen Funktionsbereichen eine Projektgruppe gebildet. Die personelle Besetzung der Projektgruppen wird in der Regel von den Unit-Leitungen oder dem Projektmanagement vorgenommen: »Das läuft nicht so demokratisch.« (MA4-MID2) Jedoch werden meist die Interessenpräferenzen der Beschäftigten zur Mitarbeit in den Projekten berücksichtigt. In ersten Projektmeetings werden Ergebnisse des ›Briefings‹ beziehungsweise der Anbahnungsphase vorgestellt.

3. *Präsentation von ersten Layouts und Entwürfen*: Diese Phase kennzeichnet die Erarbeitung von Funktionslayouts, die eine enge Abstimmung zwischen den Beteiligten erfordert. Notwendig sind hierfür neben der täglichen Kommunikation regelmäßige Projektmeetings. Ergebnis dieses Arbeitsprozesses ist ein Entwurf, der durch die beteiligten Funktionsbereiche realisiert werden kann und – beispielsweise bei Kundenaufträgen – dem Auftraggeber präsentiert wird.

»Und dann geht die Diskussion mit den Kunden los … ›Reicht euch das? Passt euch das noch in eure Termine, wenn wir bis dann und dann unsere Software liefern?‹ Dann müssen die ja noch ihre Anpassung darauf setzen und brauchen noch Zeit für's Testen und so weiter. … Und wenn es seitens des Endkunden nicht möglich ist, dann muss eben verhandelt werden, entweder über Ressourcen oder dass wir Features zurückschneiden. Da gibt es vielfältige Möglichkeiten. Bis jetzt war es immer so, dass wir erst mal in der Regel einen knappen Plan … aufstellen konnten und den dann auch durchgezogen haben. Nicht immer mit dem Erfolg, den wir gewohnt waren, also dass wir wirklich mit einer Punktladung heraus kamen. Also in der Vergangenheit war es dann doch schon mal schwierig, weil Ressourcen abgezogen wurden oder es andere Probleme gab. Integration von verschiedener Software und so weiter. Dass wir dann eben nicht hinkamen mit unseren Schätzungen. Was dann natürlich größere Eskalationen für die Kundenprojekte nach sich gezogen hat, so das wir zum Beispiel bei einem Projekt jetzt sechs Wochen später liefern werden als ursprünglich vereinbart.« (MA3-SIT4)

4. *Programmierungs- und Umsetzungsphase*: Nach der Verabschiedung des Entwurfs beginnt die »Fließbandarbeit« (GF-MID1) der Programmierung beziehungsweise der Layouterstellung. Dabei verfügen die Beteiligten über zahlreiche Gestaltungsspielräume und Möglichkeiten, eigene Ideen und Vorstellungen einzubringen. In definierten Zeitabständen werden in Projektmeetings die Arbeitsfortschritte besprochen, Zeitplanungen revidiert

und Qualitätskontrollen vorgenommen. Dabei werden spezielle Werkzeuge eingesetzt, also beispielsweise ein Timetracking, in dem die Projektmitarbeiter angeben, wie weit sie mit ihren Aufgaben sind. Wenn Schwierigkeiten entstehen, müssen die Projektleiter »Mittel und Wege finden, eventuelle Probleme aus dem Weg zu räumen« (MA3-SIT4).

5. *Release und Präsentation*: Das Projekt endet mit der Fertigstellung des Produktes, beispielsweise einer Internetseite oder dem Release einer Software. Die Endprodukte werden dem Auftraggeber vorgestellt. Die Projekte können je nach Auftragsumfang wenige Wochen oder mehrere Monate umfassen.

Die Mitarbeiter aus einzelnen Units sind mit ihren Tätigkeiten in der Regel gleichzeitig in mehrere Projekte involviert. Projektarbeit setzt aufgrund der Komplexität ein hohes Maß an Kooperation voraus, bei der die Projektmitarbeiter »auf einer Metaebene wie ein Geist funktionieren« (AL1-MID2) müssen. Wenn dieses gemeinsame Denken nicht gewährleistet werden kann, sind Probleme bei der Projektbearbeitung wahrscheinlich. Dies verweist auf eine hohe soziale Integration der Projektgruppe und das Erfordernis, das Projekt als eine gemeinsame Arbeitsaufgabe zu betrachten.

Die Skizzierung der Projektablaufphasen verdeutlicht, dass Projektarbeit ein komplexer Prozess ist, der ein hohes Maß an Integrations-, Koordinations- und Steuerungsleistungen erfordert. Dem Projektmanagement wird deshalb eine zentrale Stellung eingeräumt. Diese Funktion korreliert dabei nicht mit den Führungspositionen in den Unternehmen, sondern wird von Mitarbeitern aller Hierarchieebenen übernommen. In der Gestaltung der Projektabläufe eröffnen sich informelle Partizipationsmöglichkeiten der Projektleiter und -bearbeiter, um der Komplexität der Aufgaben gerecht zu werden und an projekt- und organisationsbezogenen Entscheidungen mitzuwirken. Einen deutlich anderen Charakter hat die Projektarbeit in den Bereichen Hotline-Support, IT-Services oder Vertrieb. Hier orientiert sich die Arbeit stärker an der konkreten Problemlösung in den Kundenunternehmen, bei der in einigen Fällen pragmatische Zielvorgaben formuliert werden:

»Die Aufgabe ist einfach: ›Mach den Rechner wieder so, dass er alle Funktionalitäten hat, die er vorher hatte beziehungsweise die er wirklich braucht‹.« (MA2-SIT2)

Projektarbeit ist insbesondere bei Service- und Beratungsaufgaben nicht zwangsläufig mit Teamarbeit gleichzusetzen. So werden langfristige Aufträge und Servicedienstleistungen, die einzelne Mitarbeiter in einem Kundenunternehmen erbringen, ebenfalls als ›Projekt‹ bezeichnet. Viele Mitarbeiter aus den Bereichen IT-Consulting sind in diesen Projekten eine längere Zeit ›vor Ort‹ beim Kunden tätig.

Die Wissens- und Projektarbeit in den Neue-Medien-Unternehmen kennzeichnen die Spezifika arbeitsinhaltlicher Aspekte und der beruflichen Betätigung, wie sie in Kreativität, Selbstorganisation, Partizipation im Arbeitsprozess und ›iterativen Schleifen‹ der Produktentwicklung ihren Ausdruck finden. Neue Marktanforderungen und Formalisierungen von Arbeits- und Organisationsstrukturen äußern sich in einer zunehmenden Orientierung an der Rentabilität der Projekte sowie in der Implementierung von Funktionsbereichen und Managementebenen. Sie bedingen Veränderungen in den Arbeitsabläufen, die auch die Spezifika der Projektorganisation und der wissensintensiven Arbeitsprozesse betreffen. Gleichzeitig beschränken die Erfordernisse ›abteilungsübergreifender‹ Wissensarbeit und flexibler Projektorganisation die Reichweite betrieblicher Restrukturierungen, wenngleich sich deren Auswirkungen (noch) nicht »in voller Reife« (Mayer-Ahuja/Wolf 2004: 93) betrachten lassen. In der Gestaltung der Projektabläufe und Leistungserstellungsprozesse äußert sich ein Spannungsverhältnis zwischen den Notwendigkeiten der Marktanpassung und Professionalisierung einerseits und den Erfordernissen flexibler und kreativer Wissens- und Projektarbeit andererseits. Die Suche nach adäquaten Lösungen ist in den Neue-Medien-Unternehmen nicht abgeschlossen. Deutlich wird jedoch, dass die direkte und erforderliche Beteiligung der Beschäftigten im Arbeitsprozess durch die betrieblichen Reorganisationen beeinflusst, aber nicht entscheidend eingeschränkt wird.

5.2.2 Arbeitsbedingungen zwischen Entgrenzung und Formalisierung

Die digitale Wirtschaft gilt als eine »Leitbranche entgrenzter Arbeit« (Eichmann u.a. 2004: 127). Die Beschäftigungsbedingungen werden entsprechend den Anforderungen flexibler Wissensarbeit gestaltet. Neuere Studien verweisen jedoch auf die »Grenzen der Entgrenzung« (Kratzer u.a. 2004) von Arbeits- und Beschäftigungsbedingungen. Für die Beschäftigten findet »die Ausweitungen der Arbeitszeit und die ›Entgrenzung‹ von Arbeit und Leben eine Grenze in ihren lebensweltlichen Ansprüchen und ihrer Gesundheit […], die sie verteidigen müssen« (Boes/Marrs 2003: 8). Gerechtigkeitslücken in der Entlohnung der Beschäftigten werden identifiziert und auch die Aus- und Weiterbildung gilt »fachlich als stark verbesserungswürdig« (Dörre 2002: 183). Im Folgenden werden die ›entgrenzten‹ Arbeits- und Beschäftigungsbedingungen in den Neue-Medien-Unternehmen untersucht und die möglichen Ordnungsversuche von Arbeitszeitregelungen, Entgeltstrukturen sowie Maßnahmen der Qualifizierung und Karriereförderung der Wissensarbeiter analysiert.

Arbeitszeitgestaltung in den verschworenen Gemeinschaften

Entgrenzte Arbeitszeiten, hoher Arbeitseinsatz und zahllose Überstunden galten lange Zeit als Kennzeichen der Arbeit in der digitalen Wirtschaft. Auch in den in den Wachstumsphasen der Neue-Medien-Unternehmen waren entgrenzte Arbeitszeitstrukturen die Regel, da eine hohe Anzahl an Kundenaufträgen und eine begrenzte Personaldecke die Mehrarbeit erforderten. Dies zeigen viele Aussagen, die sich insbesondere auf die »Frühzeit« (TL-SIT5) der Neue-Medien-Unternehmen, aber auch auf die Arbeitszeitgestaltung in der aktuelle Praxis beziehen:

»Wenn man mal überlegt, wie es hier vor vier oder fünf Jahren aussah … Da saß man über das Wochenende hier und hat gehackt, da waren die Lichter auch nachts noch an. Da war es gang und gäbe … Extraeinsatz zu bringen.« (AL2-SIT4)

»Mein Gott, was haben wir gearbeitet! 80 Stunden die Woche, klar …« (AL-MID4)

»Ich arbeite nicht wie in vielen Unternehmen, wo man eine Karte reinschiebt, wenn man reingeht, und eine andere Karte reinschiebt, wenn man rausgeht. Hier kommen viele Stunden zusammen. Das macht vielleicht auch das Rumtrödeln, aber das ist auch alles erlaubt. Und es gibt klar Kernleute, die 70 oder 80 Stunden arbeiten, die hocken hier am Wochenende, die hocken hier nachts um drei. Und das unter Umständen auch mal zwei bis drei Wochen lang, aber das sind Ausnahmen.« (AL2-MID2)

Wenngleich viele Neue-Medien-Unternehmen flexible Arbeitszeitmodelle oder vertrauensbasierte und projektorientierte Arbeitszeitregelungen eingeführt haben, sprechen die Befunde jedoch nicht für eine Praxis der ausufernden Mehrarbeit. Zum einen haben die Krisensituation und die Absatzproblematik in einigen Unternehmen zur Beschränkung der Arbeitsaufträge und somit Arbeitszeiten geführt, zum anderen werden von Vorgesetzten und Beschäftigten die Grenzen der Belastbarkeit erkannt. Die Folgen der Burn-out-Problematik sowie die Vereinbarkeit von Arbeitszeit und Freizeit werden in den meisten Unternehmen thematisiert (vgl. Liebold 2001; Ahlers/Trautwein-Kalms 2002; Böhm u.a. 2004).

Als Folge der veränderten Kontextbedingungen werden die Arbeitszeitstrukturen angepasst. Mit der Einführung von Arbeitszeitmodellen reagieren die Unternehmen auf die Erfordernisse interner Kooperation, da Projektkoordination und notwendige Absprachen für im Grundsatz für geregelte Arbeitszeiten sprechen. Die Kunden verlangen die Erreichbarkeit und Ansprechbarkeit der Mitarbeiter in gewissen Zeiträumen. Damit verknüpft ist ein Bewusstseinswandel, demzufolge entgrenzte Arbeitszeiten nicht zwangsläufig zu einer höheren Leistung führen und einer Professionalisierung der Unternehmen als ›neuer Mittelstand‹ widersprechen:

»Aber wir wollen ja keine Sprinter haben, sondern Langläufer, die jahrelang ihre Ergebnisse bringen. Und das ist auch eine Erkenntnis aus der Old Economy: Feste Arbeitszeiten, mehr als 50 Stunden in der Woche darf man nicht arbeiten. … Das ist nur mein Gefühl, dass an der Old Economy was dran ist.« (AL2-SIT4)

In nahezu allen Unternehmen sind in den letzten Jahren Gleitzeitregelungen eingeführt worden. Dabei gibt es Kernarbeitszeiten von unterschiedlicher Lage und Länge, in der Regel zwischen 10 und 17 Uhr. Diese Gleitzeitregelungen sind zwar nicht so ausgeprägt »wie in der Metallindustrie, ganz bestimmt nicht, aber die Leute gehen hier um sechs, sieben, spätestens um acht und fangen morgens um neun an« (GF-MID2). Striktere Arbeitszeitregelungen werden in Units mit engem Kundenkontakt wie dem Remote-Betrieb, der Hotline-Betreuung oder dem Empfang praktiziert, die eindeutigere Arbeitszeitvorgaben oder Schichtarbeiten erfordern. Auch die Arbeitszeiten im Vertrieb oder im Außendienst der Kundenbetreuer erfordern spezifische Modelle. In der Konsequenz führen die neuen Arbeitszeitregelungen dazu, dass zwar ein ungeregeltes ›Kommen und Gehen‹ eingeschränkt wird, aber dennoch weitreichende Gestaltungsmöglichkeiten und die Anpassung an individuelle Präferenzen der Beschäftigten gewährleistet bleiben. Die folgenden Aussagen spiegeln den ›familiären‹ und wenig formalisierten Umgang mit den Arbeitszeitregelungen wider:

»Ein Mitarbeiter kam immer erst gegen 11, 12 Uhr. Da hab‹ ich ihm mal gesagt, das geht so nicht. Ich hab‹ gesagt, er soll um 9 Uhr da sein. Dann kommt er jetzt immer um 10 Uhr. Ich will ja nicht päpstlicher sein als der Papst.« (AL2-SIT2)

»Die Kollegen Designerinnen schlafen gerne etwas länger, die sind in der Regel um 10 Uhr da und bleiben bis in den Abend.« (MA-MID3).

»Es geht natürlich auch nicht, dass einer um 14 Uhr kommt und dann sagt, okay, ich bleibe bis um zwei Uhr. Das geht natürlich nicht. Da muss man – gerade als

Berater – um halb neun, spätestens um Viertel nach neun hier im Hause sein, um für den Kunden überhaupt erreichbar zu sein.« (MA2-MID1)

Die Zitate verweisen auf die Gestaltungsspielräume und Beteiligungsmöglichkeiten der Beschäftigten in der Auslegung von Arbeitszeiten. Somit zeigt sich auch in diesem Bereich eine Praxis der informellen Partizipation, die eine weitreichende Beteiligung impliziert. Eine gezielte Erfassung der Arbeitszeiten zur Kontrolle der geleisteten Stunden findet in der Regel nicht statt. In vielen Aspekten entsprechen die praktizierten Regelungen eher einem Vertrauensarbeitszeitmodell. Jedoch werden in nahezu allen Unternehmen die geleisteten Stunden erfasst, um den Aufwand und den Ertrag der Projektarbeit abschätzen und somit die Kosten eines Auftrages kalkulieren zu können. Vorgesetzte kontrollieren durch das »Überfliegen« (AL2-MID1) der aufgezeichneten Stunden das Ausmaß der Mehrarbeit. Eine Erfassung und Kontrolle der geleisteten Arbeitsstunden ist somit zwar prinzipiell möglich, wird jedoch nicht praktiziert. Auf Arbeitszeiterfassungssysteme wird weitgehend verzichtet, da die hohe intrinische Motivation der Beschäftigten dies nicht erforderlich macht und diese Systeme nur begrenzt Auskunft über die tatsächlich geleistete Arbeit geben können:

»Das Ergebnis ist keine Funktion der Dauer der Arbeit. Ein krasses Beispiel: Es kann durchaus sein, dass das gleiche Ergebnis im Vertrieb innerhalb von 10 Stunden in der Woche erbracht wird, während das ein anderer mit 50 Stunden bringt. Es ist unwahrscheinlich, aber es kann sein. Deswegen schauen wir gar nicht auf die Arbeitszeit.« (GF SIT5)

Vielmehr vertrauen die Managementvertreter der Motivation und Selbstkontrolle der Wissensarbeiter und präferieren das Konzept der Vertrauensarbeitszeit. Der Handlungsautonomie der Beschäftigten in der Arbeitszeitgestaltung wird eine wichtigere Funktion als rigiden Arbeitszeitvorgaben zugeschrieben:

»Es herrscht ein sehr großes Vertrauen bezüglich, dass die Mitarbeiter genügend arbeiten.« (AL1-SIT4)

»Die Leute wissen selbst, was zu tun ist und bis wann es zu tun ist.« (TL2-SIT2)

Gegenseitiges Vertrauen spielt in der Arbeitszeitgestaltung eine große Rolle. Die Unternehmensführungen sind sich der Flexibilitätserfordernisse in der wissens- und projektbasierten Leistungserstellung, die gegen eine starke Verregelung und Kontrolle der Arbeitszeiten sprechen, bewusst. Letztlich steht für die Unternehmen das Ergebnis einer Arbeitsleistung im

Vordergrund und weniger der Umstand, wann und wie diese erbracht worden ist. Die Arbeitszeitpraktiken zeigen darüber hinaus, dass die Kontextsteuerung durch Zielvorgaben und »diskursive Koordinierung« (Minssen 1999a) explizit oder implizit auch bei der Gestaltung von Arbeitszeitregelungen zum Tragen kommt:

»Ob die Mitarbeiter vier oder zwölf Stunden am Tag dafür (für die fristgerechte Abgabe der Ergebnisse, d.A.) aufwenden, ist mir eigentlich egal. Hauptsache, sie liefern ihr Feature wie versprochen bis zum vereinbarten Zeitpunkt ab.« (MA1-SIT4)

Die bestehenden Kernarbeitszeiten und betrieblichen Arbeitszeitmodelle werden in den Unternehmen flexibel ausgelegt. Die Spielräume in der Arbeitszeitgestaltung und die Rücksichtnahme auf individuelle Präferenzen der Beschäftigten zeigt sich auch bei der Wahrnehmung privater Termine, die – sofern intern abgestimmt – ohne bürokratischen Aufwand während der Arbeitszeit erledigt werden können:

»Wer mal in die Stadt muss oder zum Arzt, der sagt einfach kurz Bescheid und dann ist der Fisch gegessen.« (GF-SIT5)

»Hier muss keiner Urlaub nehmen, um zum Zahnarzt zu gehen. Oder wer hier nachts durcharbeitet, der, so ist die Regel, schickt eine SMS an den Unit-Leiter: ›Ich komme morgen um 11 Uhr, weil ich heute hier bis 3 Uhr gesessen habe.‹ Das kann er selbstständig entscheiden, das geht schon klar. … Oder wenn jemand mal nachmittags die Oma im Krankenhaus besuchen möchte, dann kann er das halt machen. Er kommt dann am nächsten Tag früher oder bleibt eine Stunde länger und das war's. Es muss nur abgestimmt werden, dann ist das in Ordnung.« (UL-MID2)

Die neuen Arbeitszeit- und Überstundenregelungen sollen vielmehr dazu führen, dass einige ›Überzeugungstäter‹, Softwareentwickler oder Graphik-Designer, in ihrer Flexibilität und Kreativität, die sich auch in einer Vielzahl von freiwilligen Überstunden äußert, gezielt eingeschränkt werden. Dabei wird auch das Thema Mehrarbeit in den Neue-Medien-Unternehmen intensiver thematisiert. Neben den Marktveränderungen und einer unzureichenden Auftragslage hat ein Bewusstseinswandel bei vielen Beschäftigten und Geschäftsleitungen zu der Erkenntnis geführt, dass Überstunden nicht zwingend zu einer höheren Produktivität führen:

»Wir achten auch sehr stark darauf, dass das (die Mehrarbeit, d.A.) nicht die Regel wird, denn das funktioniert allein deswegen schon nicht, weil sie dann Burn-out-

Syndrome haben, weil die Lebensqualität ganz erheblich eingeschränkt wird, und das schlägt sich früher oder später auf die Qualität der Arbeit nieder.« (GF-SIT5)

Dementsprechend wollen viele Unternehmen die Mehrarbeit begrenzen. In einem Unternehmen (SIT2) existiert ein sogenanntes »Ampelmodell«, bei dem die Beschäftigten, die im Jahresverlauf mehr als 40 Überstunden ansammeln, in eine ›Gelbphase‹ und bei mehr als 100 Überstunden in eine ›Rotphase‹ eintreten. Kommt ein Mitarbeiter in eine neue Phase, wird ein Gespräch mit dem Vorgesetzten geführt, um die Ursachen der Mehrarbeit zu ergründen. Darüber hinaus sollen Vereinbarkeitsprobleme von Arbeitszeit und Freizeit behoben werden und neue Interessenpräferenzen der Beschäftigten (beispielsweise aufgrund eines veränderten Familienstandes) Berücksichtigung finden:

»Die Leute haben ein Privatleben, das sollen sie gefälligst auch haben. ... Wenn eben mal nichts zu tun ist, gibt's auch keinen Grund, warum die hier jede Stunde absitzen müssen.« (L1-SIT4)

»Und so erwarte ich, dass hier jeder Extremklettern macht oder seine Autosammlung pflegt oder weiß der Geier. Die Leute sollen Zeit haben. Nichts ist schlimmer, als wenn jemand mit sich nichts anfangen kann in seiner Freizeit und nur noch hier rumhockt und der Softwarecode als einziges Lebensziel dient. Und durchaus schwingt schon mal zwischen den Zeilen ... der Aufruf mit: ›Leute, es ist geschafft, gute Arbeit, bitte haut endlich ab.‹« (AL2-SIT4)

Überstunden werden aus Sicht der Managementvertreter überwiegend aufgrund der hohen Arbeitsmotivation und der Eigeninitiative der Beschäftigten oder betrieblichen Gepflogenheiten geleistet. Die Anordnung von Überstunden durch Vorgesetzte hat in den Untersuchungsbetrieben eine randständige Bedeutung und kommt höchstens in den ›heißen Projektabschlussphasen‹ zum Tragen. Nur in Ausnahmesituationen sollen Überstunden geleistet werden:

»Wenn ich hier sehe: Der Tag ist die Todeslinie. Wenn dann einer einen Tag davor ankommt, und er hatte sieben Wochen Zeit, und sagt: ›Bin leider nicht fertig geworden, ich schaffe das nicht‹, dann sagt man schon: ›Freunde, jetzt müsst ihr noch mal powern, weil: Können wir nicht tun. Nicht ein Tag vor Projektende. Das geht nicht. Ihr müsst jetzt eine Nacht arbeiten und könnt euch die Zeit danach aber gerne als Sonderurlaub frei nehmen.‹ Wenn ich so etwas mache, sage ich immer: ›Heute arbeiten und morgen könnt ihr gerne frei nehmen.‹« (AL1-MID2)

»Ich zwinge niemanden zur Wochenendarbeit, ich verlange von niemandem, dass er jede Nacht bis zwölf da sitzt. Es gibt immer wieder Phasen, kurz vor'm Ende eines Projektes, wo immer mal was passiert und die Leute von sich aus sagen, da knie ich mich noch mal rein. Es gibt auch immer mal Phasen, so drei Wochen ohne Projektplan, wo es mich bewusst nicht interessiert, was die Leute machen. Sie können ihre Festplatte aufräumen, Dinge tun, die sie schon immer mal machen wollten oder einfach mal früher gehen. Wo ich einfach bewusst darauf achte, dass nicht Dauerstress herrscht.« (AL2-SIT4)

Neben den präventiven Strategien zur Begrenzung beziehungsweise Vermeidung von Mehrarbeit existieren in den Unternehmen Regelungen, Überstunden entweder durch Freizeit oder zusätzliches Entgelt auszugleichen. Dennoch bleibt die freiwillige Mehrarbeit und ein überdurchschnittliches Engagement der Wissensarbeiter in vielen Unternehmen allgemeine ›Gepflogenheit‹, die durch Besonderheiten des Arbeitsprozesses und der Leistungserstellung hochkomplexer Produkte begründet wird. So betont der Abteilungsleiter einer Multimedia-Agentur den Stellenwert des leistungsbezogenen Denkens und des ›Pioniergeistes‹ in der digitalen Wirtschaft, die sich mit den ›traditionellen‹ Vorstellungen von Arbeitszeiten und der Vereinbarkeit von Arbeits- und Berufsleben nicht decken:

»Die Internetbranche ist eine junge Branche, und keine, wo Sie alt werden. Ich werde wohl in zehn, zwölf Jahren in einer anderen Branche arbeiten. Wenn sie das so beobachten möchten: Ja, der Anteil an Familienvätern und -müttern ist schon sehr gering, eher eine Minderheit. Feste Partnerschaften ja, aber das meiste hier sind Überzeugungstäter. Das Internet ist eben aus Pioniergeist entstanden, und der ist immer noch da, obwohl die Branche schon etabliert ist.« (AL2-MID2)

Insgesamt zeigt die Bestandsaufnahme zu den Arbeitszeitregelungen, dass sich trotz der Verbreitung von Gleit- und Kernarbeitszeitregelungen die Neue-Medien-Unternehmen an den (externen) Flexibilitätsanforderungen und den Vorstellungen der Wissensarbeiter orientieren. Letztlich dominieren mündliche und direkte Absprachen zur Arbeits- und Anwesenheitszeit sowie informelle Regelungen; dies gilt auch in den Betrieben, in denen die Arbeitszeit- und Überstundenregelungen durch betriebliche Vereinbarungen explizit geregelt sind. Die bestehenden Formalstrukturen dienen in erster Linie der ›Orientierung‹ und erforderlichen Erreichbarkeit sowie der Regulierung von Mehrarbeit. Die Besonderheit der (häufig vertrauensbasierten) Arbeitszeitmuster in den Neue-Medien-Unternehmen geht auf den ›Pioniergeist‹ der hochqualifizierten Beschäftigten und die erforderlichen Handlungsspielräume in der Arbeitsgestaltung zurück. Letztlich zeigt sich ein zumeist lockerer Umgang mit neuen Arbeitszeitregelungen, der auf die gewachsene Arbeitskultur und ausgeprägte wechselseitige Verpflichtungsverhältnisse zwischen Beschäftigten und Vorgesetzten zurückgeht.

Entgeltgestaltung: Leistungsorientierung oder Vermeidung von Gerechtigkeitslücken?

In der ›Boomphase‹ der digitalen Wirtschaft eröffneten sich den Beschäftigten attraktive Einkommensmöglichkeiten. Mit der Krise sind jedoch die Spielräume für Gehaltserhöhungen enger geworden. Die ausufernden Gehaltssteigerungen in der Boomphase führten aufgrund der Umsatzrückgänge in vielen Unternehmen zu strukturellen Anpassungsmaßnahmen. Hier stehen die Neue-Medien-Unternehmen vor der Herausforderung, notwendige Formalstrukturen auch im Bereich der Entgeltgestaltung herauszubilden: Diese äußern sich zum einen in der Begrenzung von überdurchschnittlichen Gehältern, in Maßnahmen der Angleichung divergierender Verdienstmöglichkeiten sowie in punktuellen Entgeltsteigerungen nach ›Bedarfslage‹ oder Leistungen der Beschäftigten. Zum anderen werden Eingruppierungen von Beschäftigten nach Entgeltrastern vorgenommen.

In einigen Unternehmen sind Entgeltmodelle und Gehaltsgruppen, die auf Tätigkeiten, Stellenbeschreibungen und Qualifikationsprofilen basieren, entwickelt worden, um die Vergleichbarkeit von Positionen und Gratifikationen zu verbessern. Jedoch sind die Möglichkeiten der Beschäftigten, durch die persönliche Weiterentwicklung oder Übernahme neuer Funktionen und Positionen in höhere Gehaltsstufen aufzusteigen, aufgrund der flachen Hierarchien begrenzt. Somit erfolgen Zuordnungen und Gehaltserhöhungen nicht anhand eindeutig definierter Kriterien, wenngleich sich Vorgesetzte um Transparenz und Kommunikation bemühen:

»Wir bemühen uns. Und ich versuche das auch zu vermitteln, und den Mitarbeitern ein faires Gehalt zu bezahlen und jeden Mitarbeiter da zu platzieren, wo er nach meiner Einschätzung und Einschätzung der Leute, die ihn kennen, typischerweise der Teamleiter, hingehört. Wo er reinpasst in die Gehaltsstruktur.« (AL1-SIT2)

Die Spielräume für Gehaltserhöhungen sind nach Aussagen der Gesprächspartner in nahezu allen Unternehmen enger geworden. In auffälliger Übereinstimmung sind »Nullrunden« (PA-SIT3) bei den (individuellen) Gehaltsverhandlungen Ausdruck einer allgemein zu konstatierenden Zurückhaltung der Geschäftsführungen. In den Neue-Medien-Unternehmen wurde damit das Gehaltsniveau der Marktsituation angepasst. Neue Mitarbeiter werden in der Regel geringer entlohnt als zur Boomzeit der digitalen Wirtschaft. Hinsichtlich der Entgelthöhe orientieren sich die Unternehmen an ›marktüblichen‹ Gehältern, beispielsweise an den von Verbänden oder

Beratungsunternehmen veröffentlichten Gehaltsspiegeln und an Maßstäben, die sich betriebsspezifisch herausgebildet haben. Bewegen sich einige Unternehmen nach eigenen Angaben mit ihrem Gehaltsniveau im ›Mittelfeld‹ (SIT1, SIT2, MID2), betonen andere Geschäftsführungen die ›überdurchschnittlichen‹ Einkommensmöglichkeiten in ihren Unternehmen (MID3, MID4, SIT5). Der Durchschnittswert der Bruttoeinkommen liegt zwischen 3.000 und 4.000 Euro liegen, jedoch zeigen sich hier deutliche Unterschiede zwischen den Unternehmen und den Beschäftigtengruppen.

Gehaltszahlungen können auf unterschiedlichen Konzepten von Verteilungsgerechtigkeit basieren: dem Prinzip der Angemessenheit (Leistungsorientierung), dem Prinzip der Gleichmäßigkeit (›Gießkannenprinzip‹) oder dem Prinzip der Bedürfnisgerechtigkeit (soziale Härte) (vgl. Lengfeld 2003; Kotthoff 2003; Böhm/Lücking 2006). Die hohen Gehälter, die während der Wachstumsphasen gezahlt wurden, haben in den meisten Unternehmen zu Diskrepanzen von besser bezahlten, langjährigen und geringer entlohnten, neu eingestellten Mitarbeitern geführt: Auf der einen Seite ist die Angleichung auf einem hohem Niveau bei begrenzten finanziellen Spielräumen kaum möglich, auf der anderen Seite »kann man ja niemandem das Gehalt kürzen« (AL1-MID2). Somit reduzieren sich die Anpassungsleistungen darauf, durch die gezielte Anhebung niedriger Gehälter in Einzelfällen die Einkommen perspektivisch auf ein vergleichbares Niveau zu bewegen. Zwangsläufig betrifft die Gehaltsstagnation insbesondere die höheren Einkommensklassen. Die individuelle Gehaltserhöhung findet in Abhängigkeit von den konstatierten Gehaltsunterschieden (Prinzip der Gleichmäßigkeit) oder der persönlichen Situation der Mitarbeiter (Prinzip der Bedürfnisgerechtigkeit) statt:

»Es wird geschaut, dass die Ausreißer nach unten auf den Durchschnitt angehoben werden, der immer noch zu niedrig ist. Aber dass ein bisschen nivelliert wird. Es wird bei Leuten geschaut, die seit drei Jahren oder mehr keine Gehaltserhöhung hatten, einfach prinzipiell, ob da was gemacht werden sollte. Auch wenn sie in dem Intervall liegen, was jeder kriegt. Es wird bei sozialen Härtefällen immer geschaut. Wenn jemand drei Kinder hat, wir hatten ja mal Kurzarbeit eine Zeit lang, werden immer Zuschüsse gezahlt, so dass diese persönlichen Härten erst mal abgemildert sind.« (AL2-SIT4)

Diese Maßnahmen konzentrieren sich darauf, soziale Härtefälle abzumildern und nach dem Prinzip der Bedürfnisgerechtigkeit die Diskrepanz der Gehälter von Mitarbeitern mit vergleichbaren Qualifikationen und Positionen zu reduzieren beziehungsweise auch denjenigen Mitarbeitern zusätzliche Verdienste zukommen zu lassen, die von sich aus keine Gehaltserhöhungen einfordern. Somit sollen »Gerechtigkeitslücken« (Dörre 2002), die aufgrund der unterschiedlichen Entlohungspraktiken im Zeitverlauf und aufgrund des individuellen Verhandlungsgeschickes einzelner Beschäftigter entstanden sind, geschlossen werden:

»Das kann natürlich nicht sein, dass diejenigen, die einfach die Forderungen stellen, dann auch die höheren Gehälter kriegen. Diejenigen, die eben nicht fordern, aber genauso gute Arbeit leisten, die haben halt Pech gehabt, weil sie so bescheiden sind.« (AL1-SIT2)

Neben den Maßnahmen, die Gehälter der Mitarbeiter stärker anzugleichen und soziale Härtefälle abzumildern, wird auch die Leistungsorientierung und der individuelle Beitrag zur Unternehmensentwicklung honoriert. Gratifikationen nach dem Prinzip der leistungsbezogenen Angemessenheit werden trotz der Ansätze zur Beseitigung von Gerechtigkeitslücken in einigen Unternehmen weiter praktiziert. Zum einen existieren variable leistungsbezogene Entgeltbestandteile insbesondere für Mitarbeiter im Vertrieb und Consulting, in der Kundenberatung und für Führungskräfte. Zum anderen wird eine höhere individuelle Leistung entsprechend entlohnt, was nicht zuletzt damit begründet wird, »die Leute bei der Stange halten« (AL1-SIT2) zu wollen. Zwar verstärkt dieses Vorgehen die Problematik der Entgeltdifferenzen, die leistungsbezogenen Gehaltsunterschiede gelten jedoch als »verargumentierbar« (GF-SIT1). Nicht selten werden deshalb die Gehaltsfragen an die Abteilungsleiter delegiert, die eher nach ihrer persönlichen Einschätzung und weniger nach objektiv nachvollziehbaren Kriterien Gehaltserhöhungen (im Rahmen eines vorgegebenen Budgets) auf die Beschäftigten verteilen. Hier eröffnen sich letztlich Einflussmöglichkeiten von verhandlungsstarken Wissensarbeitern, da die individuelle Gehaltserhöhung auch vom Verhandlungsgeschick der Beschäftigten abhängt. Diese Gehaltsverhandlungen sind für die Führungskräfte

»eher so ein Aushandelspiel, also sprich: ›Mit was für ’ner Forderung kommt der?‹ Und wie sieht’s bei mir im Haus aus und was kann ich mir leisten? Also nicht, dass ich da die Gehaltsstrukturen sprenge.« (PA-SIT3)

Variable Entgeltbestandteile in Form von Gewinnbeteiligungsmodellen und Stock-Options, denen in der digitalen Wirtschaft eine zentrale Bedeutung zugemessen wurden (vgl. Kipker/Potthoff 2000), spielen nach dem Zusammenbruch der Technologiemärkte sowohl als Anreizinstrument als auch als attraktive zusätzliche Einkommensmöglichkeit in den Neue-Medien-Unternehmen nahezu keine Rolle. Im Aufbau von so genannten ›Gehaltsbändern‹, der Behebung von Entgeltdifferenzen zwischen Beschäftigtengruppen und der geringen Bedeutung von materiellen Formen der Mitarbeiterbeteiligung zeigen sich deutliche Parallelen in der Entgeltgestaltung der Neue-Medien-Unternehmen. Dennoch zeichnen sich auch einige signifikante Unterschiede ab, die auf die jeweilige wirtschaftliche Situation des Unternehmens zurückzuführen sind.

In den beiden *nachhaltig wachsenden Unternehmen* bestehen zusätzliche Entgeltbestandteile in variablen Gewinnausschüttungen und festen Jahresgratifikationen. Im Unternehmen SIT1 werden alle Mitarbeiter am Jahresgewinn des Unternehmens prozentual beteiligt: 50 Prozent des Gewinns wird zum Jahresende an die Beschäftigten verteilt, wobei die ausgeschüttete Summe aufgrund der vorläufigen Jahresbilanz ermittelt wird. Die individuellen Anteile richten sich nach der jeweiligen Position, der Aufgabe und der Betriebszugehörigkeit und werden für Drei-Jahres-Perioden in bestimmten Geldtöpfen festgelegt. Dabei erhalten langjährige Mitarbeiter Anteile aus mehreren Töpfen (beispielsweise 0,4 Prozent aus Topf 1 und 0,2 Prozent aus Topf 2). Neue Mitarbeiter, die erst Anteile an einem Topf erwerben müssen, erzielen hingegen einen kleineren Gehaltsbonus. Die Perioden werden angepasst, wenn sich der Umsatz oder die Mitarbeiterzahl verdoppelt hat. Die Bilanzergebnisse zeigen den Beschäftigten, warum die Gehaltssteigerungen in den letzten Jahren moderater ausfielen. In dem Unternehmen SIT2 existiert neben einer jährlichen Gewinnausschüttung ein fest vereinbartes 13. Monatsgehalt, das an alle Mitarbeiter – unabhängig von der Betriebszugehörigkeit oder dem individuellen Beitrag – ausgezahlt wird. Auch neue Mitarbeiter bekommen das zusätzliche Monatsgehalt vertraglich zugesichert.

In den *wirtschaftlich angeschlagenen Unternehmen* hingegen wurde aufgrund der prekären wirtschaftlichen Situation das Einkommensniveaus weitgehend ›eingefroren‹. Gehaltserhöhungen wurden nicht in größerem Umfang vorgenommen, vielmehr mussten aufgrund von Maßnahmen zur Beschäftigungssicherung viele Mitarbeiter sogar Reallohneinbußen hinnehmen. Die Managementvertreter sehen in dem Verzicht auf Gehaltssteigerungen Probleme. Zwar kann man »einem nackten Mann nicht in die Tasche greifen« (PA-SIT3), aber trotzdem führt die Situation, den langjährigen Mitarbeitern keine Boni oder Prämien bieten zu können, zu Legitimationsproblemen:

»Das ist natürlich Irrsinn, das ist auch Quatsch eigentlich. Aber die Budgetsituation zwingt uns jetzt leider dazu, dass wir da sagen, dass das (Betriebszugehörigkeit und Entgelterhöhung, d.A.) leider in keinem Zusammenhang steht.« (AL1-MID1)

Auch in den *stabilisierten Unternehmen* werden trotz neuer Umsatzzuwächse nur selten Gehaltserhöhungen vorgenommen. Begründet wird die Zurückhaltung mit den krisenbedingten Lernerfahrungen, der Konsolidierung der Gehaltsentwicklung im Unternehmen und der allgemeinen Marktsituation, da »die Gehälter im IT-Markt sinken« (GF-SIT5). In der Zurückhaltung wird eine Stärke gesehen, die zur eigenen Stabilisierung beigetragen hat. In diesem Kontext wird auf die Entwicklung in angeschlagenen Neue-Medien-Unternehmen verwiesen, in denen ausufernde Gehaltssteigerungen in der Boomphase die mittlerweile prekären wirtschaftlichen Situationen mit verursacht haben:

»In anderen Unternehmen wurden gerade zu Anfang sicherlich höhere Gehälter gezahlt, aber die sitzen ja zum Teil auch schon wieder auf der Straße …« (TL-SIT5)

Insgesamt zeigt sich, dass die Krise in der digitalen Wirtschaft einen deutlichen Einfluss auf die Gestaltung der Entgeltbedingungen in den Neue-Medien-Unternehmen nimmt. Die Unternehmen sind angesichts der Marktanforderungen um den Aufbau transparenter Gehaltsstrukturen bemüht – mit (noch) bescheidenem Erfolg. Da derzeit nur geringe Spielräume für Entgeltsteigerungen bestehen, appellieren die Vorgesetzten an das Verständnis der Beschäftigten und konzentrieren sich insbesondere auf individuelle Härtefälle. Die jeweiligen Machtressourcen und das individuelle Verhandlungsgeschick der Beschäftigten können ein wichtiger Faktor für die erzielten Gehaltserhöhungen sein. Die Selbstorganisation der Beschäftigten und die Aufrechterhaltung der Arbeitsmotivation bedingen finanzielle Leistungsanreize (Prämien, Boni etc.), die sich am individuellen Beitrag oder Teamerfolg bemessen, um die Mitarbeiter weiter an das Unternehmen zu binden. Dabei lassen sich die Geschäftsleitungen ungern in die »Gehaltskarten schauen« (GF-SIT3) und so bleibt die Entgeltfrage häufig ein »Tabuthema« (GF-SIT1). In der Entgeltgestaltung deutet sich jedoch auch eine kollektivistische Orientierung nach den Prinzipien der Gleichmäßigkeit und der Bedürfnisgerechtigkeit an. Im Ergebnis zeigt sich auch in der Entgeltfrage ein Spannungsverhältnis, bei der transparente und gerechte Gehaltsstrukturen bei gemeinschaftlichen Sozialbeziehungen, die beruflich geprägte Leistungsorientierung und die engen finanziellen Spielräume angesichts der aktuellen Marktbedingungen austariert werden müssen.

Weiterbildung als ›Privatsache‹ bei wissensintensiver Arbeit

Die Ausführungen zur Wissensarbeit haben verdeutlicht, dass die Beschäftigten dem Betrieb eine wichtige Funktion für ihre berufliche Selbstverwirklichung zuschreiben. Ebenso wurde auf die Bedeutung der systematischen Weiterentwicklung von vorhandenen Wissensbeständen verwiesen. Die kontinuierliche Revision von Wissen und Qualifikation bei wissensintensiver Dienstleistungsarbeit setzt eine ebenso kontinuierliche Qualifizierung der Mitarbeiter voraus. In der Wachstumsphase haben die Neue-Medien-Unternehmen diesen Erfordernissen Rechnung getragen, in dem sie ein »extensives Weiterbildungsangebot« (PA-MID4) entwickelt haben und in Einzelfällen ein »Budget von mehreren Millionen Euro« (PA1-SIT4) für Weiterbildungsmaßnahmen bereit gestellt haben. Neben fachspezifischen Seminaren wurden Sprachschulungen, EDV-Kurse und (Projekt-)Managementseminare angeboten. Mit der Krise wurde ein deutlicher Umbruch vollzogen. Die finanziellen Mittel für die Weiterbildung sind »eingefroren oder drastisch reduziert« (PA1-SIT4) worden. Die deutliche Reduzierung des Weiterbildungsangebots wird insbesondere durch erforderliche Kostensenkungsprogramme begründet.

Betriebsexterne Schulungsmaßnahmen werden als zeitaufwändig und kostspielig bezeichnet und bleiben in der Regel auf Einzelmaßnahmen beschränkt (unter anderem SIT1, MID2). Die Unternehmen verweisen auf negative Erfahrungen mit externen Weiterbildungsangeboten, da die inhaltliche Gestaltung und die Kosten der Seminare nicht den eigenen Vorstellungen entsprechen. Darüber hinaus wird eine ›Verweigerungshaltung‹ der Beschäftigten gegenüber externen Schulungen konstatiert. Wenn Qualifizierungsmaßnahmen für notwendig erachtet werden, wählen die Vorgesetzten gezielt einzelne Beschäftigte aus, die ihr Wissen anschließend im Unternehmen weitergeben sollen:

»Ich erkläre den Leuten immer, dass das halt ein Invest darstellt und ich gucken muss, dass ich das Maximum da raushole. Also muss ich jemanden hinschicken, der's versteht, und jemanden, der es danach dann eben auch verbalisieren kann. Und damit komm' ich eigentlich schon gut durch.« (AL-MID4)

Im Zuge betrieblicher Reorganisationen und der Verlagerung von Kompetenzen auf die ›mittlere‹ Führungsebene liegt die Verantwortung für die Weiterqualifizierung der Mitarbeiter mittlerweile stärker bei den Personalabteilungen und insbesondere bei den Abteilungs- und Projektleitern. In vielen Unternehmen haben die Unit-Leitungen die Aufgabe, die Weiterbildung der Beschäftigten – im Rahmen eines ihnen zugewiesenen Etats – zu gewährleisten. In einem Unternehmen (MID4) beziffert ein Unit-Leiter das Budget, das ihm für Weiterbildungsmaßnahmen der Beschäftigten seiner Abteilung zur Verfügung steht, auf rund 300 Euro pro Jahr und Mitarbeiter.

Die Beschneidung der betrieblichen Weiterbildungsbudgets und der weitgehende Verzicht auf externe Schulungsmaßnahmen führen dazu, dass Qualifizierung in vielen Unternehmen »stiefmütterlich« (BR-MID4) behandelt wird. Die Weiterbildung in den Neue-Medien-Unternehmen ist weitgehend informell geregelt und wird fast ausschließlich innerbetrieblich durchgeführt. Jedoch spiegeln sich auch hier die unterschiedlichen betrieblichen Voraussetzungen wider, wenn in den Krisenunternehmen aufgrund fehlender Ressourcen »kein systematisches Weiterbildungsangebot« (AL2-SIT4) mehr existiert, während die Wachstumsunternehmen noch größere finanzielle Spielräume haben, um systematisch in die Weiterbildung zu investieren. Insgesamt zeichnen sich drei unterschiedliche ›Lösungsstrategien‹ ab: a) das Training on the Job oder Learning by Doing, b) die gegenseitige Schulung der Beschäftigten und c) die Übertragung der Verantwortung für die Weiterqualifizierung auf die einzelnen Mitarbeiter:

a) Die Unternehmen setzen zum einen darauf, dass sich die Beschäftigten das erforderliche Wissen durch die tägliche Arbeit in der Kooperation mit anderen Kollegen und durch Kundenkontakte aneignen. So wird im Bereich IT-Services und Hotline-Support das Lernen bei Kundenprojekten »direkt am Problem« (MA2-SIT2) gefördert:

»Man lernt nirgendwo so schnell wie in einer technischen Hotline, wo man nur mit Problemen zu einem bestimmten Thema konfrontiert wird. In einem Kurs lernt man das, wie es ist, wenn es schönes Wetter ist. In der Hotline lernt man, wie es ist, wenn es von früh bis spät stürmt und schneit. Das ist der Unterschied.« (GF-SIT1)

»Wir sind immer wieder mit neuen Dingen konfrontiert, und die Mitarbeiter lernen da auch immer wieder dazu. Und das sind Dinge, die sie in einem Kurs gar nicht vermittelt kriegen.« (AL1-SIT2)

Dieses Learning by Doing wird breit praktiziert und insbesondere bei der Einarbeitung neuer Mitarbeiter eingesetzt, denen in der Regel erfahrene Arbeitskräfte als ›Mentoren‹ zur Seite gestellt werden.

b) Organisierte Formen des Wissensaustausches beziehungsweise der Wissensweitergabe finden sich in nahezu allen Unternehmen. Gängige Praxis sind Inhouse-Schulungen von eigenen Mitarbeitern und betriebsinterne Veranstaltungen nach dem Prinzip »Kollegen bilden Kollegen aus« (GF-MID2). Beim Unternehmen SIT1 wurde eine sogenannte ›Akademie‹ ins Leben gerufen, bei der Schulungen von Beschäftigten für Beschäftigte angeboten werden. Diese Schulungen werden von versierten Mitarbeitern durchgeführt und sind in die Arbeitszeit integriert. Die Dauer der Veranstaltungen reicht von 30 bis 60 Minuten bis zu eintägigen Kursen. Für die Seminare melden sich Mitarbeiter freiwillig oder werden gezielt angesprochen. Die Gruppengröße umfasst in der Regel sieben bis acht Personen. Die Themen der Weiterbildungsveranstaltungen sind vorwiegend fachspezifisch (Programmierung, Softwareentwicklung etc.). Durch die Schulungen sollen die Mitarbeiter flexibel in den Units eingesetzt werden können. Im Unternehmen SIT2 werden wöchentliche ›Freitagsveranstaltungen‹ von Mitarbeitern, die von der Team- oder Abteilungsleitung ausgewählt werden, und eine jährliche Veranstaltung in Form eines Wochenendseminar angeboten. Die Themenwahl ist den referierenden Mitarbeitern selbst überlassen. Darüber hinaus werden Managementseminare und Produktschulungen bei Kunden durchgeführt. Ähnliche Qualifizierungsmaßnahmen finden sich auch in anderen Maßnahmen unter Begriffen wie ›Developer Day‹ oder Lesezirkel.

Die Weiterbildungszeit der Beschäftigten wird häufig als Arbeitszeit angerechnet. Finden die Weiterbildungsmaßnahmen in einigen Unternehmen außerhalb der Arbeitszeit am Abend oder am Wochenende statt, legen andere Unternehmen (SIT1, SIT2, MID2) Wert darauf, diese während der Arbeitszeit abzuhalten:

»Weil ich Weiterbildung auch sehr wichtig finde und auch weiß, dass die Leute keinen Bock haben, sich nur am Wochenende hinzusetzen. Deswegen gebe ich viele interne Schulungen in Auftrag.« (AL1 MID2)

Darüber hinaus wird der Wissensaustausch von neuen Mitarbeitern einerseits und etablierten Beschäftigten andererseits gefördert: Junge, hochqualifizierte Hochschulabsolventen tragen neues (theoretisches) Wissen in die Unternehmen, die älteren Mitarbeiter geben Kenntnisse aus ihrer langjährigen Praxiserfahrung weiter. Hierbei stehen insbesondere die fach- und kundenspezifischen Themen im Vordergrund. Zeigt sich in diesen Maßnahmen insgesamt eine bunte Palette an Inhouse-Schulungen, so mangelt es in allen Unternehmen doch an einer systematischen Strukturierung der Qualifizierungsangebote Die Weiterbildungsveranstaltungen finden in den wenigsten Fällen regelmäßig statt und werden häufig aufgrund anderer Prioritäten wie dringender Projektaufgaben von den Vorgesetzten, aber auch von den Beschäftigten selbst, ›hinten angestellt‹. Letzteres verweist zum einen auf den hohen Druck der Projektarbeit und zum anderen auf eine begrenzte Akzeptanz der Qualifizierungsmaßnahmen durch die Beschäftigten.

c) Letztlich wird – trotz der hohen Bedeutung der Thematik in den Unternehmen und einzelner Ansätze organisierter Formen der Weiterbildung – die Zuständigkeit für die persönliche Qualifizierung in erster Linie den Mitarbeitern selbst übertragen: Die Unternehmen setzen auf die Eigenverantwortlichkeit und Eigeninitiative der Beschäftigten, den »Finger am Puls« (AL2-MID1) zu haben und sich das erforderliche Know-how anzueignen – auch außerhalb der Arbeitszeit:

> »Grundsätzlich ist das so, … dass die grundsätzliche Motivation für Weiterbildung und die Organisation der Weiterbildung so ein bisschen in die Hände der einzelnen Mitarbeiter weitergegeben wird. Einzelne Kurse werden auch von der Firma bezahlt. Aber im Grunde genommen wird erwartet, dass jeder Einzelne sich in seiner Freizeit weiterbildet. Was in diesem Job unerlässlich ist. Wenn man sich einfach wochenlang nicht informiert, updatet, merkt man nach drei Monaten, dass man einfach weg ist, den Anschluss verpasst hat.« (AL1-MID2)

In der eigenverantwortlichen Weiterqualifizierung der Beschäftigten erwarten die Geschäfts- und Abteilungsleitungen, dass konkrete Bedarfe geäußert werden, um diese – je nach Einzelfall – mit gezielten Maßnahmen abzudecken. Die Praxis zeigt jedoch, dass von den Mitarbeitern selten ein Bedarf an (externen) Schulungsmaßnahmen angemeldet wird:

> »Ich seh' es jetzt zunächst mal nicht als meine Aufgabe an, Mitarbeiter aufzufordern, sich weiterzubilden. Sondern, wenn der Mitarbeiter den Eindruck hat, er ist seinen Aufgaben nicht gewachsen oder es ist für seine zukünftigen Aufgaben, für sein Projekt, notwendig, diesen oder jenen Kurs zu besuchen, dann erwarte ich, dass die Mitarbeiter auf mich zukommen. Und das funktioniert auch ganz gut. Ich hab' eigentlich eher ein bisschen den Eindruck, dass es gar nicht so genutzt wird.« (AL1-SIT2)

Während die Professionalisierungsphase in den Neue-Medien-Unternehmen die Suche nach konkreten Arbeitszeit- und Entgeltregelungen forciert hat, ist hinsichtlich der Weiterbildungsstrukturen eher eine gegenläufige Entwicklung zu konstatieren. Zwar wird die strukturprägende Bedeutung der Weiterqualifizierung der Beschäftigten betont, dennoch ist in Folge der veränderten Marktsituationen der zeitliche und finanzielle Aufwand für strukturierte Weiterbildungsangebote deutlich reduziert worden. Er beschränkt sich überwiegend auf informelle, ›bedarfsorientierte‹ Qualifizierungsmaßnahmen. Insbesondere im Weiterbildungsbereich wird der ›Rotstift‹ angesetzt, wenn Kosteneinsparungen erforderlich sind; Qualifizierungsprogramme werden ausgesetzt und die Budgets gekürzt. Gleichzeitig werden die Bedeutung der kontinuierlichen Qualifizierung der Beschäftigten angesichts des dynamischen Wissensumschlags in der Branche und der Gefahren, die unzureichende Qualifizierungsmaßnahmen und Kompetenzverluste von Beschäftigten und Unternehmen bergen, betont. Hier werden die Spannungen zwischen berufsstrukturierten und marktorientierten Interessenlagen deutlich. Zur Lösung dieses Paradoxons werden in den Unternehmen kostengünstigere, betriebinterne Schulungen angeboten und Strategien verfolgt, die in erster Linie auf die Selbstorganisation der Beschäftigten abzielen (vgl. Voß/Pongratz 1998). Nicht selten wird die Verantwortung für die Weiterbildung und das ›Wissens-Update‹ an die Beschäftigten weitergeben und zu deren »Privatsache« (Ahlers/Trautwein-Kalms 2002: 32) erklärt.

Karriereperspektiven bei flachen Hierarchien

Beruflicher Aufstieg und Karriere galten lange Zeit als ein Thema von nachrangiger Bedeutung in der digitalen Wirtschaft. Bei der Fokussierung auf die Selbstverwirklichung in der Arbeit wurde die persönliche Weiterentwicklung der Beschäftigten in den Unternehmen selten thematisiert. Die fehlende Ausdifferenzierung von Führungspositionen und flache Hierarchien setzten den Entwicklungsperspektiven und Aufstiegsmöglichkeiten in eine Team-, Projekt- oder Abteilungsleiterposition deutliche Grenzen. Durch die Einführung formaler Organisations- und Führungsstrukturen verändern sich die strukturellen Voraussetzungen und werden neue Entwicklungs- und Karriereperspektiven für die Mitarbeiter eröffnet. Die Aufstiegsmöglichkeiten unter den Bedingungen wissensintensiver Arbeit und neuer Organisationserfordernisse in Richtung berufsstrukturierter oder organisationsbezogener Entwicklung werden im Folgenden eingehender untersucht.

In den Neue-Medien-Unternehmen wurden bislang keine systematischen Karrierepfade und Aufstiegsmöglichkeiten für die Beschäftigten entwickelt. Entsprechende Initiativen erwiesen sich eher als ein »krampfhafter Versuch« (GF-SIT1), der von einem bescheidenen Erfolg gekrönt war. Lediglich in einem Fall (SIT4) existiert ein ausformulierter Karriereentwicklungsplan, der in der wirtschaftlichen Aufschwungsphase des Unternehmens erarbeitet wurde: ein sogenanntes ›Job-Level-System‹. Die Job

Level umfassen sieben Stufen, die eindeutig definiert und schriftlich fixiert worden sind, sich jedoch zwischen den einzelnen Abteilungen unterscheiden. Die Stufen reichen beispielsweise in der Softwareentwicklung vom Assistenten oder Junior über den Softwareentwickler und Teamleiter bis hin zu den oberen Managementpositionen. Die Einstufung in die sieben Job Level richtet sich unter anderem nach den technischen Fähigkeiten (Kenntnisse von Programmiersprachen etc.) und der Anzahl durchgeführter Projekte. Die Höherstufung in das nächste Job Level wird in der Regel vom direkten Vorgesetzten in Abstimmung mit den Unit-Leitungen vorgenommen. Die Zustimmung der Unit-Leiter zum Levelaufstieg wird nur in Ausnahmefällen verweigert, was darauf zurückgeführt wird, dass die Anforderungen klar definiert sind und wenig Interpretationsspielraum zulassen. Bei den Aufstiegsmöglichkeiten in den unteren Job-Level-Ebenen können die Vorgesetzten »ein bisschen großzügig sein« (GF-SIT4). Die Höherstufungen sind grundsätzlich entgeltwirksam. Jedoch zeigt sich der – krisenbedingte – begrenzte Spielraum für Gehaltserhöhungen: Die mit dem Level-Aufstieg verknüpften Entgeltsteigerungen sind seit einigen Jahren ausgesetzt; die Höhergruppierung beschränkt sich auf einige ausgewählte Mitarbeiter.

Wenngleich sich ähnlich ausformulierte Karrierepläne in den anderen Neue-Medien-Unternehmen nicht finden, sind auch hier Strategien entwickelt worden, um den Beschäftigten Entwicklungsperspektiven zu eröffnen und so die Bindung an das Unternehmen zu erhöhen. In nahezu allen Betrieben wird zwischen einer Führungslaufbahn und einer Fachkarriere unterschieden. Als wichtige Voraussetzungen für die Führungslaufbahn werden oft die Übernahme von Verantwortungen, die Akquise von Projekten, der Besuch von Managementseminaren sowie Personalführungs- und Controllingkenntnisse genannt. Dennoch sind einer (klassischen) Managementkarriere enge Grenzen gesetzt, da aufgrund der flachen Hierarchien und der dadurch bedingten Zahl der Managementebenen nur wenige Aufstiegsmöglichkeiten bestehen:

»Es ist natürlich so, dass der große Vorteil von schlanken Hierarchien gleichermaßen auch ein Nachteil ist. Eine Perspektive im Sinne der Karriereplanung, der Zugang zu den Leitungsebenen, ist bei uns eher gering. Es gibt natürlich Möglichkeiten, wie man sich fachlich oder thematisch entwickeln kann. Da gibt es in den Teams so eine Art Hierarchie, dass man zum Beispiel Designer ist, dann Senior-Designer und vielleicht mal Design-Direktor. Was aber eigentlich keine wirkliche Hierarchie ist. Das äußert sich aber zum einen im Titel, dass äußert sich zum anderen im Entgelt.« (GF-MID3)

In den Unternehmen sind die Managementpositionen von vergleichsweise jungen Beschäftigten besetzt. Das niedrige Durchschnittsalter der Führungskräfte eröffnet den Beschäftigten somit wenig Perspektiven für einen beruflichen Aufstieg. Die mangelnden Aufstiegsmöglichkeiten der Beschäftigten betonen auch die Führungskräfte selbst. Aus Sicht eines Geschäftsführer kann ein Mitarbeiter »an meinem Stuhl sägen, er kann mich verdrängen oder darauf setzen, dass das Unternehmen insgesamt wächst, dass es einen Personalaufbau gibt« (GF-MID3). Zwar erkennen die Geschäftsführungen und Unit-Leiter durchaus die Probleme, die aus mangelnden Entwicklungsperspektiven resultieren, verweisen jedoch gleichzeitig darauf, dass traditionelle Karrierewege mit dem Selbstverständnis der Neue-Medien-Unternehmen und den Spezifika wissensintensiver Arbeit nur bedingt kompatibel sind. Angesichts des hohen Stellenwerts fachlich fundierter und weniger auf Anweisungsdenken beruhenden Entscheidungen sind der Herausbildung traditioneller Macht- und Führungspositionen in den Unternehmen Grenzen gesetzt:

»So wie wir arbeiten, können wir eine beliebig lange Karriereleiter natürlich nicht darstellen. Wir sind nicht die Firma, die tatsächliche Karriereleitern im Sinne von Titeln und Macht in dem Sinne bieten können. Wer sich selbst über die Anzahl der Befehligten definiert, ist nicht ganz richtig bei uns. Wir wollen immer, dass die Leute eine Entscheidung akzeptieren, weil sie diese für technisch korrekt und einfach richtig halten, und nicht, weil sie vom Chef kommt.« (GF2-SIT1)

»Wir haben versucht, es so zu machen, dass der Anreiz nicht besteht: ›Ich entwickle mich dann, wenn ich viele Leute unter mir habe‹. Was, glaube ich, das Gift vieler Organisationen ist. Also: ›Je mehr Männchen ich unter mir hab‹, desto wichtiger bin ich‹. Sondern haben versucht, es so zu machen: ›Je mehr ich weiß und je besser ich Kunden beraten kann, und zwar auch, wenn ich immer nur in meiner Ecke hocke, desto wertvoller bin ich für unser Unternehmen.‹ … Das hat großen Anklang gefunden … Die Techniker hassen es, Management zu machen.« (GF-MID2)

Da neue Positionen in den flexiblen Organisationen selten eindeutig definiert und häufig wenig präzise beschrieben sind, versuchen die Vorgesetzten den Mitarbeitern die Auswirkungen eines persönlichen ›Aufstiegs‹ in den Neue-Medien-Unternehmen frühzeitig zu verdeutlichen. Letztlich bleibt es die persönliche Entscheidung jedes Einzelnen, sich für eine höhere Position zu bewerben. Jedoch ist mit der Übernahme von Führungsaufgaben eine Veränderung der Arbeitsinhalte verbunden, die auch in das Privatleben hineinwirken und Spannungsfelder von beruflichen und privaten Anforderungen begründen kann:

»Man klettert ja nicht wirklich nach oben, wenn man es genau betrachtet. Sondern es bringt mehr Arbeit, mehr Verantwortung. Was dahinter steckt, ist vielen nicht so bewusst: Und da kann man dann eben nicht mehr … die Kleine um 19 Uhr ins Bett bringen, wenn man um 20 Uhr noch einen Geschäftstermin hat. Das geht dann ehrlich gesagt nicht mehr. Aber da kann sich jeder frei entscheiden.« (AL2-MID4)

Ebenso wie Weiterqualifizierung bleiben die Entwicklungsmöglichkeiten in den Neue-Medien-Unternehmen ein problematisches Thema. Angesichts der ausgeprägten Beruflichkeit der Beschäftigten und den eingeschränkten Aufstiegsmöglichkeiten im Sinne einer Managementkarriere setzen die Unternehmen vorrangig auf die fachliche Weiterentwicklung der Mitarbeiter und weniger auf den Aufbau von Führungskompetenzen. Dieses Vorgehen entspricht in der Managementperspektive auch den Interessen der Beschäftigten. So werden im Ergebnis weniger vertikale (organisationsbezogene Karriere) als vielmehr berufsfachliche Karriereperspektiven (berufliche Karriere) eröffnet. Entgeltwirksam ist der fachliche Aufstieg der Beschäftigten in den wenigsten Fällen. Fachliche Weiterentwicklung wird durch die Vergabe von Titeln (Senior, Director, Leader etc.) und von »spannenden Aufgaben oder mehr Verantwortung« (PA-MID4) gefördert. Letztlich stoßen die fachlichen Entwicklungsperspektiven aber an Grenzen, wenn die Gefahr besteht, »mehr Häuptlinge als Indianer« (PA-MID4) zu haben oder nur eine begrenzte Anzahl entsprechender Positionen vergeben werden können.

5.2.3 Spannungsfelder in den Sozialbeziehungen bei veränderten Kontextbedingungen

Wissensarbeit und Projektorganisation dominieren die Gestaltung der Arbeitsorganisation und der Leistungserstellung in den Neue-Medien-Unternehmen. Die Beschäftigungsbedingungen sind durch informelle Arbeitszeitregelungen, flexible Entgeltstrukturen und fachliche Entwicklungsmöglichkeiten geprägt. Diese Merkmale sind in den gewachsenen, familiär und beruffachlich strukturierten Arbeitskulturen verankert. Arbeitsinhaltliche Fokussierungen, wechselseitige Verpflichtungen und ein ausgeprägtes Verantwortungsgefühl konturieren die Sozialbeziehungen. Die in den Arbeitsprozessen implementierten Partizipationspraktiken eröffnen den Beschäftigten in der Mitgestaltung von Wissens- und Projektarbeit eine Beteiligung an operativen Entscheidungen und weitgehende Freiräume in der Arbeitsgestaltung.

Im Zuge neuer Marktanforderungen richten sich die Arbeits- und Leistungserstellungsprozesse stärker an Kundenerwartungen und Produktivitätskriterien aus. In den wachsenden Unternehmen gewinnen formale Organisationsstrukturen an Bedeutung. Diese Anforderungen ›kollidieren‹ nicht selten mit den Spezifika gemeinschaftlicher und beruffachlicher Grundorientierungen, wie die Skizzierung der Wissensarbeit, der Arbeitszeit- und Entgeltregelungen sowie der Qualifizierungspraktiken gezeigt hat. Sie begründen jedoch nicht automatisch neue Handlungsorientierungen des Managements, die auf grundlegende Umbrüche in den eingespielten Sozialordnungen ausgerichtet sind. Die Reorganisationsvorhaben haben selten klare Zielvorgaben und werden mitunter halbherzig verfolgt. Sie sind Versuche, den Spagat zwischen notwendiger Strukturierung und erforderlicher Flexibilität zu bewältigen. Die Neue-Medien-Unternehmen sind weder strukturlos noch vollzieht sich ein zwangsläufiger Prozess fortschreitender Formalisierung (vgl. Feseker/Städtler 2004: 51). Der Formalisierung von Arbeits- und Organisationsstrukturen sind deutliche Grenzen gesetzt. Team- und Projektarbeit korrelieren mit flachen Hierarchien und fluiden Aufbauorganisationen und sprechen gegen bürokratisch überformte Organisationsstrukturen. Die Suche der Geschäftsführungen nach dem ›one-best-way‹ der Arbeits- und Organisationsgestaltung ist in vollem Gange, wobei die gemeinschaftlich geprägten Sozialordnungen nicht grundsätzlich in Frage gestellt werden. In den Fallunternehmen zeichnen sich aufgrund der jeweiligen wirtschaftlichen Situationen unterschiedliche Verlaufswege ab. Die wirtschaftlich angeschlagenen Betriebe versuchen die Ausdifferenzierung von Formalstrukturen, die in der Wachstumsphase vorgenommen wurde, zu bewältigen, da diese eine schnelle Anpassung an neue Marktanforderungen behindern. In den nachhaltig wachsenden Unternehmen erfolgt eine moderate, kontinuierliche Anpassung an unternehmensinterne und -externe Erfordernisse, die sich in der Gestaltung der Arbeitsorganisationen und Beschäftigungsbedingungen niederschlägt. Sie scheinen hiermit einen erfolgreichen Weg eingeschlagen zu haben, an dem sich auch die nach der Krise stabilisierten Betriebe stärker orientieren. Im folgenden Abschnitt wird analysiert, inwieweit sich die Sozialordnungsmuster und skizzierten Spannungsfelder in den betrieblichen Partizipationsstrukturen niederschlagen.

5.3 Betriebliche Partizipationspraktiken in den Neue-Medien-Unternehmen

Bereits in den Darstellungen zur Arbeitsorganisation in den Neue-Medien-Unternehmen wurden die informellen Beteiligungsmöglichkeiten aufgezeigt, die in den wissensintensiven Arbeitsprozessen strukturell verankert sind. So verweisen die Aussagen der Managementvertreter auf Partizipationsstrukturen, die den Beschäftigten Entscheidungsspielräume bei arbeitsinhaltlichen und operativen Maßnahmen, sowie in der Gestaltung der Arbeits- und Beschäftigungsbedingungen und bei unternehmensrelevanten Themenstellungen bieten. Darüber hinaus werden Partizipationsmöglichkeiten auf zwei unterschiedlichen Ebenen eröffnet: (1) Auf der individuellen Ebene in Form der direkten Partizipation durch ›Open-Door-Politik‹ und Mitarbeiter- und Zielvereinbarungsgespräche, (2) auf der kollektiven Ebene in den gering formalisierten Strukturen von Teamsitzungen, Abteilungstreffen und ›Company Meetings‹. Letztlich existieren in einigen Unternehmen gemeinsame Gremien beziehungsweise andere Vertretungsorgane, die auf die Beteiligung der Beschäftigten an unternehmensbezogenen Entscheidungen abzielen. Die Ausdrucksformen der Beschäftigtenpartizipation, ihre Reichweite und Stabilität angesichts der neuen Kontextbedingungen stehen im Zentrum der folgenden Ausführungen.

5.3.1 Zwischen Mitarbeitergespräch und ›All Meetings‹ – Vielfalt gering formalisierter Beteiligungsmöglichkeiten

Mitarbeiter- und Zielvereinbarungsgespräche als Form der direkten Partizipation

›Management-by-Objectives‹ und der Abschluss von Zielvereinbarungen zwischen Beschäftigten und Management zählen zu den Kernbestandteilen der Kontextsteuerung von wissensintensiver Dienstleistungsarbeit, auf die auch in den Studien zur digitalen Wirtschaft verwiesen wird (vgl. Heidenreich/Töpsch 1998; Kalkowski 2004). Das »zentrale Instrument für die ergebnisorientierte Koordinierung, Kontrolle und Kontraktualisierung von Wissens- und Projektarbeit ist das Management by Objectives (MbO)« (Kalkowski 2004: 254). In Zielvereinbarungen werden zum einen die Kosten-, Zeit- oder Qualitätsziele festgelegt, die von den Beschäftigten in ihrer Tätigkeit oder einem Projekt realisiert werden sollen, und zum anderen individuelle Aspekte von Entgelt, Qualifizierung oder persönlicher Entwicklung vereinbart.

Eine strukturprägende Bedeutung und flächendeckende Anwendung des Instruments der Zielvereinbarungen zeigt sich in den Neue-Medien-Unternehmen jedoch nicht. Mitarbeitergespräche werden zwar in allen zehn Fallstudienunternehmen durchgeführt, diesen wird jedoch eine höchst unterschiedliche Bedeutung eingeräumt. Nur wenige Unternehmen setzen explizit auf Zielvorgaben oder -vereinbarungen als Führungsinstrument zur Leistungssteuerung, während sich in den meisten anderen Unternehmen die Zielvereinbarungen als Steuerungs- und Beteiligungsinstrument nicht durchsetzen können. Die Gründe liegen in den Spezifika und den Unwägbarkeiten von Wissensarbeit, die einer genauen ›Kontraktualisierung‹ von Ergebnis-, Zeit- oder Qualitätszielen widersprechen. Auch die wirtschaftlichen Situationen, die dynamische Veränderungen in den Unternehmen begründen, erschweren verbindliche Absprachen zwischen Mitarbeitern und Vorgesetzten. Aufgrund des unterschiedlichen Stellenwerts von Zielvereinbarungen in den Unternehmen variiert auch der Grad der Partizipation, der den Beschäftigten das Einbringen eigener Vorstellungen in die Gespräche ermöglicht. Generell lassen sich drei Varianten unterscheiden: (1) In den Neue-Medien-Unternehmen SIT4 und MID3 sind Zielvereinbarungsgespräche als Steuerungsinstrument fest verankert. In den anderen Fallunternehmen waren zum Zeitpunkt der Erhebung die Zielvereinbarungsgespräche von einer eher untergeordneten Bedeutung: (2) In vier Unternehmen wurde auf deren Durchführung mit Hinweis auf die wirtschaftliche (Krisen-)Situation und der sich verändernden Marktanforderungen weitgehend verzichtet (SIT2, MID2, SIT3, MID1). (3) In der dritten Gruppe (SIT1, SIT5, SIT6, MID4) wurden Zielvereinbarungsgespräche zwar durchgeführt, deren Vorgaben und Ergebnisse jedoch wenig verbindlich waren.

(1) In den Unternehmen SIT4 und MID3 haben die Mitarbeiter- und Zielvereinbarungsgespräche eine hohe Priorität, wenngleich diese abteilungsspezifisch variiert. In diesen Unternehmen haben die festgelegten Ziele einen hohen Verbindlichkeitsgrad, die Inhalte der Gespräche und die Ergebnisse werden protokolliert und kontrolliert. Die Gespräche werden ein- oder zweimal im Jahr durchgeführt. Die Einhaltung von Zielvorgaben und somit die Leistung der Mitarbeiter werden in Folgegesprächen durch eine Selbst- und Fremdeinschätzung reflektiert und bewertet:

»Zielvereinbarungsgespräche haben schon mal einen wesentlichen Aspekt: Dem Mitarbeiter die Informationen zu geben, wie man seine Leistungen und sein Verhalten bewertet. Und das in einer konzentrierten Atmosphäre, dass ist ein Thema der Mitarbeitergespräche. Dieser Punkt des Feedbacks wird praktiziert über eine Selbstbild-Fremdbild-Übung, da wird der Mitarbeiter gebeten, sich selbst anhand von bestimmten Kriterien einzuschätzen. Das Gleiche macht der Vorgesetzte und dann gleicht man die Punkte ab und schaut, ob das Bild anhand dieser Kriterien und Punkte homogen ist oder ob es nicht homogen ist. Also, hat man von sich aus ein Bild, was dem Fremdbild entspricht. Meistens ist es auch so. Es gibt aber auch Fälle, in denen sich Mitarbeiter selbst besser einschätzen als Fremde oder auch schlechter einschätzen, als es der Vorgesetzte tut. Zu Einzelpunkten gebe ich dem Mitarbeiter auch noch ein Feedback, wo etwas besonders gut oder schlecht war.« (GF-MID3)

Für die Ausformulierung der Zielvereinbarung ist es bedeutsam, die »Bedürfnisse zu kennen« (AL2-SIT2), um die Beschäftigten aufgrund ihrer Qualifikationen, Neigungen und Potenziale den richtigen Arbeitsaufgaben und Projekten zuzuordnen. Aus diesem Grund werden die Ziele nicht vorgegeben, sondern zwischen Beschäftigten und Vorgesetzten konsensual ausgehandelt. Dadurch soll das Commitment der Mitarbeiter durch die Aushandlung von Zielvereinbarungen gefördert und die Akzeptanz des erzielten Ergebnisses sichergestellt werden. In diesem Kontext wird auch auf die Partizipationspotenziale verwiesen, die den Beschäftigten ermöglichen, ihre eigenen Vorstellungen und Erwartungshaltungen in die Mitarbeiter- und Zielvereinbarungsgespräche einbringen können:

»Ich führe manchmal Mitarbeitergespräche, wo die (Mitarbeiter, d.A.) sagen: ›Ganz ehrlich: Ich habe das jetzt kennengelernt im Solutionsteam. Es ist nicht das, was ich langfristig will. Ich bin mir bewusst, dass ich nicht von heute auf morgen einen anderen Job finde, auch nicht innerhalb des Unternehmens, aber: Was machen wir denn jetzt?‹ Also werden wir eine Lösung suchen, zum Beispiel Plattformteam, vielleicht in einem halben Jahr. Hier müssen wir versuchen, Job, Strategie, Produkte, Aufgaben, Können, Neigung, also was der Mitarbeiter will und was wir brauchen, auf die Reihe zu bringen. Da muss man sich immer mal verrenken, aber man muss den idealen Fit finden, so dass es zusammenpasst. Sonst ist es langfristig für beide aussichtslos.« (AL2-SIT4)

»Mir ist es ganz, ganz wichtig. Also ich muss in den Augen sehen, wenn er das Ding (Zielvereinbarung, d.A.) unterzeichnet, dass der auch wirklich sagt: ›Ja, dazu committe ich mich‹.« (GF-SIT4)

Beide Zitate zeigen, dass nicht nur materielle Aspekte, sondern auch berufliche Orientierungen der Beschäftigten in den Gesprächen eine Rolle spielen. In den Zeiträumen zwischen den jährlichen Terminen finden in regelmäßigen Abständen ›Feedback-Gespräche‹ statt, um die Zielvorstellungen zu überprüfen und die Ziele gegebenenfalls anzupassen. In der Gestaltung der Zielvereinbarungsgespräche orientieren sich die Vorgesetzten an Katalogen oder Formularen, die von ihnen selbst oder den Personalabteilungen entwickelt wurden und der systematischen Vorbereitung und Durchführung dienen.

In beiden Unternehmen gilt die Vorgabe, im Laufe eines Jahres mit allen Mitarbeitern Gespräche zu führen. Diese Leitlinie kann bei flachen Hierarchien mit einer entsprechenden Führungsspanne zu einer hohen Arbeitsbelastung für die Vorgesetzten werden. So hat ein Geschäftsführer (GF-MID3) im laufenden Jahr bereits 27 Zielvereinbarungsgespräche geführt. Während andere Geschäftsführungen und Unit-Leiter die Verantwortung für die Vorbereitung und Durchführung der Mitarbeiter- und Zielvereinbarungsgespräche delegieren, sieht dieser Geschäftsführer darin seine eigene Aufgabe:

»Ich weiß, dass die Praxis bei uns im Unternehmen unterschiedlich ist, es gibt einige Unit-Leiter, die machen die Gespräche zusammen mit dem Creative Director, das ist der fachlich oberste Gestalter. Das mache ich ganz bewusst nicht. Ich habe das in diesem Jahr zweimal getan, wobei es sich um Mitarbeiter handelte, die ich nicht aus dem Tagesgeschäft kannte und mir keine kompetente Beurteilung erlauben wollte, weil ich zu wenig mit den Mitarbeitern zu tun habe.« (GF-MID3)

(2) Die Bedeutung von Zielvereinbarungen steht nicht im unmittelbaren Zusammenhang mit der wirtschaftlichen Situation der Unternehmen. In den Unternehmen SIT2, SIT3, MID1 und MID2, die aufgrund ihrer schwierigen wirtschaftlichen Situation den Beschäftigten wenige Perspektiven zur persönlichen Weiterentwicklung (Aufstiegsmöglichkeiten, Weiterbildung, Gehaltserhöhungen) bieten können, haben die Zielvereinbarungsgespräche jedoch keine Priorität. So verweist ein Teamleiter angesichts der wirtschaftlich angespannten Lage seines Unternehmens auf die begrenzte Reichweite des Instrumentes, da der Mitarbeiter motiviert werden will und Perspektiven braucht: »Ihm diese in einem solchen Gespräch zu geben, ist natürlich schwierig.« (TL-MID1) Zwangsläufig wurden in einigen Unternehmen keine guten Erfahrungen mit Zielvereinbarungen gemacht – insbesondere, wenn angesichts begrenzter Ressourcen die Möglichkeiten zur Realisierung von vereinbarten Zielen fehlten und dies zu Frustrationserlebnissen bei den Mitarbeitern, aber auch den Vorgesetzten führte. So illustriert eine Abteilungsleiterin den gescheiterten Versuch der Einführung

von Zielvereinbarungsgesprächen in ihrer Unit, was Spannungen zwischen Beschäftigten und Vorgesetzten auslöste:

»Wir hatten beschlossen, dass wir diese Zielvereinbarungen machen, und ich war die einzige, die das gemacht hat. Ich habe Personalgespräche mit allen Leuten geführt und diese Zielvereinbarungen abgemacht, und dann … ist nichts mehr passiert. Also, die Leute hatten ihre Zielvereinbarungen und haben versucht, darauf hinzuarbeiten. Es wurde aber nicht mit dem Gehaltsmodell zusammengebracht und der Laufbahn. Das ist irgendwo stecken geblieben. Leider konnte vom Unternehmen nicht gehalten werden, was ich versprochen habe, was mir auch im Lenkungsausschuss zugesagt wurde … Aber dann: Die Personalerin ist schwanger geworden, wir hatten eine wirtschaftliche Schieflage, die Geschäftsführung hat sich umstrukturiert, die Strukturen der Firma verändert. Es war einfach ein ungünstiger Zeitpunkt und dann stand ich plötzlich da mit unserer tollen Zielvereinbarung. Da ist viel verbrannte Erde zurückgeblieben. Die Leute waren echt angestunken. Und alle haben mich gefragt: ›Wie sieht es denn jetzt aus?‹ ›Was passiert denn jetzt damit?‹ Da hat man was versprochen und dann steht man doof da. Da waren viele Leute super unzufrieden. Wir haben eine Mitarbeiterbefragung durchgeführt und da bin ich mit meiner Unit nicht am schlechtesten bewertet worden, aber schon schlecht. … Die Leute haben gedacht: ›Sie hat uns das versprochen und das kommt nicht an den Start und das ist doof.‹ Das hat sich wieder eingerenkt, weil ich viel mit den Leuten rede, und hin und her, aber es ist halt schon doof. Verbrannte Erde.« (AL1-MID2)

Das Beispiel zeigt, das sich angesichts der ›verbrannten Erde‹ die Handlungsorientierungen der Beschäftigten und somit die betrieblichen Sozialordnungen verändern können, wenn schlechte Erfahrungen und Frustrationserlebnisse die gemeinschaftlichen Vertrauensbeziehungen gefährden.

Ein weiterer Grund für die nachrangige Bedeutung der Zielvereinbarungsgespräche in den vier Unternehmen liegt in dem zu bewältigenden Aufwand. So verzichtete das wirtschaftlich prosperierende Unternehmen SIT2 bei der Durchführung von Mitarbeitergesprächen auf den Abschluss von Zielvereinbarungen aufgrund der Projektorganisation und der sich häufig verändernden Arbeitsinhalte und Kundenaufträge, die eine mittel- oder langfristige Zielbestimmung kaum möglich machen. Die Einführung eines Zielvereinbarungssystems gilt als sehr zeitaufwändig, da sich das Unternehmen für jeden Bereich und jeden Arbeitsplatz überlegen müsste, was sinnvolle Kriterien sein könnten. Außerdem sind die vereinbarten Ziele angesichts der sich permanent verändernden Rahmenbedingungen relativ schnell wieder überholt. In dem Unternehmen werden dennoch Mitarbeitergespräche anhand eines vorgegebenen Formulars durchgeführt, da das »ein ganz guter Weg (ist), an dem man sich entlang hangeln kann.«

(TL1-SIT2). Zwar wird in den Mitarbeitergesprächen die Formulierung von Zielen erprobt, dies erweist sich jedoch als komplexer Prozess, »da es manchmal ganz schwierig (ist), da was richtig zu formulieren, was man da reinschreiben kann. Man möchte aber schon was reinschreiben, weil sonst schaut's so aus: Ja, wir haben ja gar keine Ziele. « (TL1-SIT2)

(3) Schließlich werden in weiteren vier Unternehmen (SIT1, SIT5, SIT6, MID4) Mitarbeiter- oder Zielvereinbarungsgespräche durchgeführt, denen allerdings nur eine geringe Verbindlichkeit eingeräumt wird. So werden die Gespräche bei Bedarf – beispielsweise aufgrund einer hohen Arbeitsbelastung der Beschäftigten – ausgesetzt oder auf bestimmte Beschäftigtengruppen beschränkt. Vor diesem Hintergrund nehmen die Zielvereinbarungsgespräche eine eher randständige Bedeutung ein. Aufgrund sich ständig verändernder Marktbedingungen und Interessenlagen werden viele Aspekte bereits im täglichen Arbeitsablauf besprochen, so dass sich keine relevanten Themenstellungen ansammeln, die in den Gesprächen abgearbeitet werden müssen:

»Es ist ja nicht so, dass man da ein Jahr lang ein Katalog macht und sammelt und dann wird da mordsmäßig diskutiert.« (MA-SIT1)

Häufig haben Zielvereinbarungsgespräche deshalb eher den Charakter von Personalentwicklungs- und Feedbackgesprächen und werden überwiegend auf Initiative der Mitarbeiter durchgeführt, wenn die sich beispielsweise für andere Positionen im Unternehmen interessieren. Dabei werden die regelmäßigen Gespräche als ein notwendiges, wenngleich nicht hinreichendes Instrument zur Steuerung der individuellen Weiterentwicklung angesehen. In der Konsequenz dienen die Gespräche eher der Förderung der Gemeinschaftlichkeit in den Unternehmen und der beruflichen Orientierungen der Beschäftigten als der Durchsetzung klarer Zielvorstellung und Realisierung materieller Interessen.

Der besondere Charakter und der gering formalisierte Ablauf der Mitarbeiter- und Zielvereinbarungsgespräche zeigt sich an der Bandbreite der inhaltlichen Aspekte, die in den Gesprächen thematisiert werden: Arbeitsplatz/-umfeld, Arbeitsorganisation, Arbeitszeit, Qualifizierung, Gehalt, Beschäftigungssicherheit, technische und soziale Kompetenz der Mitarbeiter, neue Aufgaben und Veränderungswünsche (Verantwortungsübernahme, fachliche Spezialisierung, mehr Kundenkontakte), Zusammenarbeit in Teams oder mit Kollegen, Motivations- und Kommunikationsprobleme, Arbeitszufriedenheiten etc. Diese Vielfalt der inhaltlichen Themen spricht für den Charakter von Coaching-Gesprächen, in denen den Beschäftigten die Gelegenheit gegeben wird, sich zu ihrer persönlichen Arbeitssituation zu äußern. So können im Unternehmen SIT5 die Mitarbeiter hinsichtlich ihrer augenblicklichen Präferenzen im Rahmen der Gespräche Bewertungen vornehmen, »z.B. 2 Punkte von 10 für Arbeitszufriedenheit, weil ihm das gerade wichtig ist, oder zu Arbeitsplatzausstattung, Gehalt oder Kollegen etc.« (TL-SIT5). Nicht zuletzt aufgrund ihres unverbindlichen Charakters und der wirtschaftlichen Situation sind die Mitarbeitergespräche häufig nicht entgeltrelevant. Auf der Mitarbeiterebene existiert keine unmittelbare Verbindung der Gespräche mit Entgeltfragen, wenn auch Gehaltsaspekte thematisiert werden können. Hingegen haben Zielvereinbarungen zwischen Geschäftsführungen und den höheren Führungskräften häufig eine Entgeltrelevanz. In einigen Unternehmen werden Mitarbeitergespräche, in denen es um die persönliche Entwicklung geht und Gehaltsverhandlungen explizit voneinander abgekoppelt. Vor den Gesprächen werden auch direkte Vorgesetzte, Team- oder Projektleiter, Vertreter der Personalabteilung oder andere Führungskräfte konsultiert. Insbesondere die Einschätzung des direkten Vorgesetzten ist bedeutsam, »weil der sein Team, seine Leute kennt, weil er da eigentlich inhaltlich viel, viel stärker drin ist als der Vorstand« (GF-SIT5).

Insgesamt zeigt sich, dass Mitarbeiter- und Zielvereinbarungsgespräche in den Neue-Medien-Unternehmen nicht die Funktion eines Koordinierungs- und Kontrollinstrumentes zur Kontext- und Leistungssteuerung einnehmen, die ihnen in der öffentlichen Diskussion und wissenschaftlichen Forschung zugeschrieben worden ist. Die Einschränkungen der individuellen Entwicklungsperspektiven der Beschäftigten (Entgelt, Qualifizierung, Karriere) durch die wirtschaftliche Situation eines Unternehmens, die Projektorganisation und die kurzfristigen Veränderungen der Markt- und Kundenanforderungen sprechen in vielen Unternehmen gegen die Vereinbarung von individuellen beziehungsweise beruflichen oder aufgaben- und leistungsbezogenen Zielen. Gerade die Erfordernisse vernetzter, komplexer und interdependeter Wissens- und Projektarbeit erschweren die Formulierung individualisierter Zielvorgaben. Aufgrund der nachrangigen Bedeutung und der weitgehend fehlenden Strukturierung in formaler und inhaltlicher Hinsicht haben viele Gespräche eher den Charakter eines informellen Austausches zwischen Beschäftigten und Vorgesetzten. Dennoch – oder unter Umständen deswegen – kann das Instrument Zielvereinbarung weitgehende Beteiligungsmöglichkeiten der Beschäftigten implizieren. Dieses Thema wird in der Darstellung der Beschäftigtenperspektive wieder aufgegriffen. Die bisherigen Ausführungen sprechen nicht dafür, dass die Zielvereinbarungen in den Neue-Medien-Unternehmen zur Umsetzung eines neuen Kontrollmodus (vgl. Boes/Trinks 2006) eingesetzt werden. Vielmehr zeigt sich in vielen Unternehmen eine Sichtweise der Geschäftsführungen, die auf die Entwicklung der persönlichen Beziehungen, die Mitarbeiterbindung und deren berufliche Perspektiven fokussiert.

Teamsitzungen, Unit- und All Meetings: Plattformen der Mitentscheidung

Open-Door-Kultur und Zielvereinbarungsgespräche zielen *auf einer individuellen Ebene* auf die Mitwirkung und Einbindung der Beschäftigten. Versammlungen des Teams oder der Abteilung sind hingegen Ausdruck eines direkten Kommunikations- und Beteiligungsprozesses *auf der kollektiven Ebene*. In vielen Unternehmen der digitalen Wirtschaft bilden regelmäßige Meetings ein wichtiges Fundament der betrieblichen Kommunikationsstrukturen (vgl. Abel/Ittermann 2002). Auch in den Neue-Medien-Unternehmen werden Meetings durchgeführt, um den Informations- und Wissenstransfer bei projektförmig organisierter Leistungserstellung und funktionaler Ausdifferenzierung von Abteilungsstrukturen zu gewährleisten. In den Unternehmen existiert eine kaum zu überblickende Vielfalt von Kommunikationsstrukturen, die von der Teamebene bis zu betrieblichen Vollversammlungen reicht. Diese begründen eine Organisationsstruktur, die ausgeprägte Partizipationsmöglichkeiten der Beschäftigten impliziert und »im Prinzip wie eine Räterepublik aufgebaut« (GL-MID2) ist.

Die Anforderungen an einen flexiblen Wissensaustausch und die vernetzte Projektarbeit bedingen eine transparente Informationspolitik und ausgeprägte Kommunikationsstrukturen. Demzufolge betonen die Geschäftsführungen die Bedeutung eines intensiven Austausches zwischen Beschäftigten aller Funktionen und Ebenen und versuchen in den Unternehmen »eine relativ offene Kommunikationskultur zu leben« (GF-MID2). Sie sehen eine wesentliche Stärke ihrer Unternehmen in der Vielzahl von Kommunikationsstrukturen zwischen Management und Beschäftigten, deren Kombination dazu führt, dass »es wirklich inzwischen extrem selten geworden ist, dass ein Thema lange schwelt, bevor es adressiert werden kann und auch gelöst werden kann« (GF-MID2). *In horizontaler Perspektive* zählen zu den Kommunikationsstrukturen bereichs- und abteilungsbezogene Meetings, Projekt- und Teamtreffen sowie Mitarbeiter-Vollversammlungen. *In vertikaler Hinsicht* finden Meetings von Führungskräften aller Ebenen statt: Vorstandssitzungen, Geschäftsführungstreffen, Abteilungsleitertreffen, Projektleiter-Meetings, Teamleiterrunden sowie Meetings von Führungskräften unterschiedlicher Hierarchieebenen. Des Weiteren bieten die Nutzung neuer Medien (Email, Newsletter etc.) und informelle Kontakte (Flurfunk, Kaffeeküche, Raucherecken) wichtige Kommunikationsforen. So eröffnet sich ein breites Spektrum an Informations- und Teilhabemöglichkeiten, wenngleich durchaus »Schönheitsfehler« (GF-MID2) in der Kommunikationspraxis eingeräumt werden, da nicht immer alle relevanten Informationen rechtzeitig und breit kommuniziert werden.

Als ein strukturprägendes Merkmal in den Neue-Medien-Unternehmen erweist sich die regelmäßige Durchführung von *Mitarbeitervollversammlungen* (Company Meetings, All Meetings). An diesen nehmen auch Mitarbeiter anderer Standorte (beispielsweise durch Telefon- oder Videokonferenzen) teil. Die Company Meetings finden je nach Unternehmen 14-tägig, monatlich, quartalsweise oder halbjährlich statt. Dementsprechend variiert auch die Dauer der Meetings und reicht von 15-Minuten-Treffen bis zu Ganztagesveranstaltungen. Die inhaltlichen Themen beziehen sich überwiegend auf die wirtschaftliche Entwicklung und relevante Aspekte der Unternehmenspolitik wie die aktuelle Unternehmenssituation, Unternehmensstrategie, die Vorstellung neuer Mitarbeiter und neuer Projekte, Berichte aus laufenden Projekten, Rückblicke, Zukunftspläne etc.

Grundsätzlich haben die Versammlungen dabei den Charakter einer »Informationsveranstaltung mit Feedback-Kanal« (PA-SIT6), eine in nahezu allen Unternehmen geteilte Einschätzung. So werden die All Meetings vorwiegend von den Geschäftsführungen bestritten, die Informationen weitergeben und über aktuelle Entwicklungen berichten. Wenngleich für die Beschäftigten in vielen Fällen die Möglichkeit für Nachfragen und Meinungsäußerungen bestehen, so werden nicht zuletzt aufgrund der Größe der Versammlungen die Mitsprache- und Diskussionsmöglichkeiten als begrenzt angesehen. Im Rahmen der Meetings wird »halt in eine Richtung kommuniziert …, die Leute sind nicht so viel beteiligt« (PA-MID4) und es kommt kaum vor, dass … im Plenum hier etwas ausdiskutiert wird« (GF-MID2).

»Es ist eine Informationsveranstaltung, bei der es auch zu … Fragen kommen kann. Ja, aber es ist nicht intendiert. Es ist als Informationsveranstaltung konzipiert. Wenn wir die Quarterly haben, stehe ich nachher an der Kaffeemaschine und frage die Leute auch, was sie davon halten.« (BR-MID3)

Die Aussagen sprechen nicht für ausgeprägte Partizipationsmöglichkeiten, die sich den Beschäftigten in den Company Meetings eröffnen. Hingegen ist die Reichweite der Beteiligung in den Gremien auf Bereichs- oder Abteilungsebenen weitgehender. Die Unit-Meetings sind gegenüber den Vollversammlungen stärker fachbezogen und dienen der Koordination von Arbeitsaufgaben und -abläufen. Hier werden Ressourcenabstimmungen für neue oder laufende Projekte vorgenommen, beispielsweise hinsichtlich der Zuordnung von Personen zu Projekten oder des Einsatzes zusätzlicher Personalkapazitäten. Die Meetings fokussieren somit insbesondere auf die Klärung organisatorischer und arbeitsinhaltlicher Fragen. Jedoch werden auch andere abteilungsrelevante Themen (beispielsweise Arbeitszeitregelungen, Reorganisationsmaßnahmen, Unternehmensentwicklung) behandelt. Die meist wöchentlichen Meetings werden von den Abteilungsleitern auch genutzt, um Informationen der Geschäftsführung weiterzugegeben. Die Abteilungstreffen bilden ein Forum, »in dem durchaus diskutiert werden kann« (AL1-SIT4), was eine hohe Mitwirkung der Beschäftigten intendiert.

Auch die Projektarbeit ist durch regelmäßige Treffen gekennzeichnet. So werden nach der ›Kick-off-Veranstaltung‹ der Projekte weitere Meetings einberufen, in denen die wöchentlichen Arbeitsaufgaben und -verteilungen oder Arbeitszeitfragen behandelt werden. Außerdem werden die Treffen für inhaltliche Diskussionen genutzt, die Möglichkeiten der arbeitsbezogenen Partizipation bieten, indem die Beschäftigten etwa ihre Vorstellungen zu Softwareentwicklungen oder Projektanforderungen einbringen. Darüber hinaus finden sich auch andere Wege der Projektkoordination: Im Unternehmen SIT1 wird auf Projektmeetings weitgehend verzichtet. Stattdessen soll die Kommunikation durch die Zusammenarbeit der Projektmitarbeiter in einem Büro gewährleistet werden:

»Es wird bei uns relativ oft umgezogen ... Dann nimmt jeder seinen Rollcontainer und seinen Computer, wenn er nicht eh nur ein Laptop besitzt und zieht um. Das ist in drei Stunden erledigt. Dann wird noch die Telefonnummer umgeschaltet und dann sitzen die Leute so, dass sie sich unterhalten können und jeder mitkriegt, was läuft. Das macht Projektmeetings überflüssig.« (MA-SIT1)

Diese ausgeprägte ›Meeting-Kultur‹ findet auch in der vertikalen Struktur der unterschiedlichen Managementebenen ihren Ausdruck. Neben den regelmäßig anberaumten Sitzungen der Geschäftsführungen, wo strategische Fragestellungen im Vordergrund stehen und »die unterschiedlichen Sichtweisen im Unternehmen ... aufeinander prallen« (GL-MID2) finden zahlreiche Meetings auf Bereichs- oder Abteilungsleitungsebene statt. Letztere werden insbesondere bei ausdifferenzierten Abteilungs- und Führungsstrukturen für erforderlich gehalten, um abteilungsübergreifende Aspekte (Personal, Projekte, Arbeitsorganisation, Finanzen etc.) abzustimmen. Hier steht die Funktion im Vordergrund, »dass man sich gegenseitig ein Update gibt und auch versucht, an der Stelle denn herauszufinden, wo sind Engpässe, wo brennt's gerade, wo ist Luft, was steht in der neuen Woche an und was ist in der letzten Woche passiert« (PA-SIT6). Darüber hinaus geht es überwiegend um wirtschaftliche und unternehmensstrategische Aspekte wie Geschäftsbeziehungen, neue Produkte, Projektleitung und Mitarbeiterführung. Auch auf der Team- und Projektleiterebene werden regelmäßige Treffen durchgeführt, in denen Aspekte der Projektakquisition, Probleme in Projekten oder Personalfragen thematisiert werden. Nicht selten dienen die Treffen auf den ›unteren‹ Managementebenen dazu, Informationen zur Abstimmung und zu aktuellen Entwicklungen in den Projekten zu bündeln und an die nächsthöheren Abteilungs- oder Geschäftsführungsebenen weiterzugeben.

Letztlich werden die Möglichkeiten einer intensiven Online-Kommunikation genutzt. Hier nimmt insbesondere die Kommunikation durch Email und elektronische Newsletter einen wichtigen Stellenwert ein. Emails werden für die informelle Kommunikation beispielsweise zum Stand der Projektarbeiten oder zur Information über die Arbeitszeiten einzelner Mitarbeiter eingesetzt. In den Newslettern werden neue Mitarbeiter oder Kundenprojekte vorgestellt, Informationen zur Geschäftsentwicklung verbreitet oder auch eigene Produkte (u.a. neue Softwareversionen und -module) präsentiert. Informationsaustausch findet zudem in nicht unerheblichem Maße informell statt. ›Flurfunk‹, ›Buschfunk‹, ›Kaffeeküche‹ oder ›Raucherecken‹ oder einfach »zwischen Tür und Angel« (AL3-MID1) sind Begrifflichkeiten, mit denen diese informellen Kontakte in den Unternehmen beschrieben werden.

Die Meetings auf unterschiedlichen Ebenen sind nicht nur Ausdruck eines intensiven Kommunikations- und notwendigen Koordinierungsprozesses, sondern auch der Einbeziehung beziehungsweise Beteiligung der Mitarbeiter bei der Gestaltung von Arbeitsprozessen, Beschäftigungsbedingungen und in unternehmensstrategischen Fragen. Die Darstellungen zeigen, dass die Beteiligungsintensität bei den Projekt- und Abteilungssitzungen höher und bei den Mitarbeitervollversammlungen schwächer ausgeprägt.

5.3.2 Einbindung der Beschäftigten in die Unternehmenspolitik

Betriebliche Partizipationsmöglichkeiten in den Neue-Medien-Unternehmen richten sich nicht auf die (Mit-)Gestaltung der Arbeits- und Beschäftigungsbedingungen, sondern auch auf die Einbeziehung der Mitarbeiter in unternehmensrelevante Entscheidungen (Produkt- und Dienstleistungsangebot, Investitions- und Standortentscheidungen etc.). Die Einbindung der Beschäftigten durch die Geschäftsführungen werden grundsätzlich durch zwei Strategien verfolgt: zum einen in Form direkter Partizipation, zum anderen durch die repräsentative Beteiligung von Beschäftigten(gruppen) an den Steuerungsorganen des Unternehmens.

Direkte Partizipation an unternehmensrelevanten Entscheidungen

Die direkte Partizipation der Beschäftigten an betrieblichen Entscheidungen ist in den Unternehmen aus zwei Gründen unterschiedlich ausgeprägt: Zum einen hängt die Reichweite der informellen ›Unternehmensmitbestimmung‹ vom Selbstverständnis und der für sich beanspruchten Entscheidungshoheit des Managements ab. Zum anderen prägt das jeweilige Interesse der Beschäftigten den Grad der Mitwirkung an unternehmensrelevanten Entscheidungen. In einigen Unternehmen werden wichtige Entscheidungen allein von der Geschäftsführung oder von wenigen Personen in Schlüsselpositionen getroffen. Diese ›Hegemonialmacht‹ des Managements wird durch die ökonomische Ausrichtung begründet:

»Ein Unternehmen ist kein basisdemokratischer Verein, wo alle abstimmen dürfen, ob links oder rechts herum gegangen wird, sondern das ist ein Unternehmen, das verfolgt einen Zweck und die Organisation orientiert sich an diesem Zweck. Mit bestimmung ist insofern wichtig, als dass die unterschiedlichen Blickwinkel mit einfließen, aber es muss sich alles an diesem unternehmerischen Zweck orientieren.« (GF-SIT5)

»Das geht auch gar nicht, da kommen wir nicht weiter. Demokratie kann einen auch umbringen. Blöde Bemerkung. Aber dazu ist dann auch der Erklärungsbedarf zu hoch. Warum hätte ich meine Leute fragen sollen, ob ich eine E-Government-Agentur in Köln dazu nehme.« (GF-MID1)

Das Statement verweist auf eine ausgeprägte ökonomische Ausrichtung und ein Effizienzkalkül, an dem die Beschäftigtenpartizipation gemessen wird. Die Herrschaftsstrukturen werden nicht in Frage gestellt. Vielmehr überwiegt die Ansicht, dass die Beschäftigten an Belangen, die die Unternehmenspolitik betreffen, weniger interessiert sind und in der Regel akzeptieren, was die Geschäftsführungen entscheiden. Diese Sichtweise des Managements wird in Statements deutlich, die die strukturell unterschiedlichen Interessenlagen von Mitarbeitern und Unternehmensleitungen betonen und dabei den Vorstellungen von ›Arbeitskraftunternehmern‹ in den Wissensunternehmen widersprechen:

»Es gibt den Begriff ›der Arbeitnehmer als Unternehmer‹. Das führt an der Definition völlig vorbei. Entweder man ist Unternehmer, man hat die Verantwortung, dass es das Unternehmen gibt und es dementsprechend geführt wird, oder man ist Arbeitnehmer. … Deswegen kann ich von einem Arbeitnehmer eigentlich nicht erwarten, dass er wie ein Unternehmer denkt. Dafür sitze ich hier, um diese Elemente reinzubringen. In letzter Konsequenz erwarte ich von einem Arbeitnehmer, dass er wie ein Arbeitnehmer denkt, das heißt nicht, dass er wie ein Gewerkschaftler denken muss oder dass er grundsätzlich dagegen ist, was der Arbeitgeber will. Sondern er hat eine spezielle Sichtweise und die ist notwendig, weil es ein sehr schmales Band von Unternehmern in dem Unternehmen gibt und ein immer größeres Band von Arbeitnehmern gibt, deswegen wird diese Sichtweise umso wichtiger. Was ich natürlich von jedem erwarte, der in dem Business-Development-Team vertreten ist, ist, Dinge aus Unternehmenssicht zu betrachten, aber das ist nicht zwangsläufig die Unternehmersicht. Aber die Interessen des Unternehmens dementsprechend zu vertreten. Und das steht im Konflikt mit Arbeitnehmerinteressen, ganz klar.« (GF-SIT5)

In anderen Unternehmen wird auf die intensive Beteiligung der Beschäftigten an unternehmensrelevanten Entscheidungen hingegen großer Wert gelegt: Im Unternehmen MID2 wurden die Fusion mit einem anderen Unternehmen und ein geplanter Börsengang abgesagt, da die Belegschaft mehrheitlich gegen die Pläne der Unternehmensleitung intervenierte. Die Geschäftsführung war angesichts der Haltung der Beschäftigten zunächst »völlig konsterniert« (GF-MID2). Zu einem späteren Zeitpunkt wurde jedoch deutlich, dass es den Mitarbeitern »viel klarer« (GF-MID2) als der Geschäftsleitung war, dass die geplante Unternehmensfusion nicht der richtige Weg sei. Eine derart aktive und weitreichende Mitwirkung der Beschäftigten in unternehmensstrategischen Entscheidungen ist die Ausnahme. Selbst wenn die Beteiligung der Beschäftigten an Gremien der Unternehmensführung stark ausgeprägt ist, wird die Trennung zwischen Unternehmensleitung und Mitarbeitern der ›ausführenden‹ Ebenen nicht aufgelöst:

»Das ist trotzdem keine Basisdemokratie. Es ist schon ganz klar, wer der Kapitän ist … Das erwarten die Leute auch: ›Wir wollen gar nicht alles mitentscheiden. Wir wollen euch vertrauen können, dass ihr den Überblick behaltet und dass ihr den Kahn führt und dass ihr ihn aus der Krise herausführt.‹.« (GF-MID2)

Betriebsräte und Gewerkschaften werden in diesem Kontext eher mit Skepsis betrachtet. Sie werden als Beschränkung der unternehmerischen Freiheiten interpretiert und als »kategorisches Misstrauensvotum« (GF-SIT5) der Mitarbeiter gewertet. Einige Managementvertreter stehen einer Betriebsratsgründung oder gewerkschaftlichen Organisation der Beschäftigten dennoch offener gegenüber.

Repräsentative Formen der Beschäftigtenpartizipation

Die direkte Partizipation von Beschäftigten als ›basisdemokratische‹ Beteiligung an der Unternehmensführung ist letztlich deutlich begrenzt. Jedoch existieren Formen der repräsentativen Beteiligung durch die Einbindung von ausgewählten Mitarbeitern und Führungskräften mittlerer Ebenen in die Führungsorgane des Unternehmens. So werden in einigen Unternehmen (SIT3, SIT4, SIT5) einzelne, meist langjährige Mitarbeiter in »Schlüsselpositionen« (GF-SIT5) intensiv an Unternehmensentscheidungen beteiligt. In anderen Unternehmen (MID1, MID2, MID3, SIT2, SIT6) wurden Gremien gebildet, die Funktionen der Konsultation (und der Kontrolle) des Managements übernehmen. Hierzu zählen Lenkungsgruppen oder ›Management-Boards‹, deren Mitglieder sich weitgehend auf Geschäftsführung, Personalleitung und Abteilungsleitung beschränken, auch um die Arbeitsfähigkeit und Effizienz des Gremiums zu gewährleisten:

»Wir hatten mal ein schrecklich großes Management-Board, mit 16 Personen. Das war überhaupt nicht mehr zu handhaben und das wurde radikal zusammengestrichen mit der Einführung der Unit-Struktur. Im Augenblick sind es mit den Unit-Leitern noch fünf Personen.« (MA-MID3)

In den Gremien geht es inhaltlich um unternehmensstrategische Fragen und um die Diskussion der Vorgehensweisen und Entscheidungen der Geschäftsführungen. In den Sitzungen werden »die wichtigsten übergreifenden betrieblichen Themen besprochen und im Konsens gelöst. Dort, wo es geht.« (GF-MID2) Die Gremien bilden somit eine wichtige Plattform zur Beteiligung und Mitentscheidung von vertretungsstarken Beschäftigten und Führungskräften mittlerer Ebenen:

»Es gibt ein paar Leute, die fachlich und vom Einfluss her sehr stark sind und auf strategische Entscheidungen im Unternehmen Einfluss nehmen. Die sitzen mit im Lenkungsausschuss, der von den Unit-Leitern bestritten wird. Und da wird letztendlich die übergreifende Strategie der Firma mit der Geschäftsführung zusammen entschieden.« (AL1-MID2)

Ein außergewöhnliches Beispiel der repräsentativen Einbindung von Beschäftigten in die Unternehmenspolitik stellt der Fall SIT1 dar. Hier existiert ein ›Ältestenrat‹, der auf eine Initiative des Geschäftsinhabers zurückgeht, um die Führungsaufgaben in dem schnell wachsenden Unternehmen stärker zu delegieren. Der Ältestenrat übernimmt im Wesentlichen zwei Funktionen: zum einen die Beratung, aber auch Kontrolle der Aktivitäten der Geschäftsführung, zum anderen die Einbindung von Belegschaftsinteressen in die Unternehmenspolitik. Er besteht neben der Geschäftsführung aus Belegschaftsvertretern unterschiedlicher Abteilungen und Positionen, die alle Geschäftsbereiche des Unternehmens repräsentieren sollen. Insgesamt umfasst das Gremium 15 Personen, neben den vier Geschäftsführern sind elf Mitarbeiter vertreten, die »nicht ganz demokratisch« (GF2-SIT1) ausgewählt werden. Bei der Auswahl werden »verdiente Mitarbeiter« (GF2-SIT1) berücksichtigt, die durch ihre Funktion und Vertrauenswürdigkeit in der Belegschaft akzeptiert sind. Die Mitglieder des Ältestenrats vermitteln gemeinsam gefasste Beschlüsse an die Belegschaft und übernehmen die Funktion von Ansprechpartnern und Vertrauenspersonen für die (insbesondere jüngeren) Mitarbeiter:

»Wenn irgendjemand von den Leuten, die hier so eher juniormäßig unterwegs sind, etwas auf dem Herzen hat, dann latschen die schon mal dahin (zu den Mitgliedern des Ältestenrats, d.A.). Durch die Repräsentanz der einzelnen Bereiche dient das Gremium auch der Verbreitung von Informationen, die einzelne Abteilungen betreffen.« (GF2-SIT1)

Das Gremium kommuniziert durch monatliche Treffen und Mailinglisten. Thematisiert werden die wirtschaftliche Situation des Unternehmens, Business-Pläne sowie Unternehmensentscheidungen von größerer Tragweite: neue Standorte, Produkte und Geschäftsfelder, Technologieinnovationen, Personalentwicklung oder Projektvorfinanzierung in der Softwareentwicklung. Arbeitsbedingungen werden gelegentlich besprochen, personenbezogene Aspekte hingegen bleiben weitgehend ausgeklammert. Der Ältestenrat hat den Anspruch, durch seine Zusammensetzung ein umfassendes Stimmungsbild aller relevanten Unternehmensbereiche abzubilden, wenngleich nicht alle Mitglieder bei allen Themen mitdiskutieren können. Eine zentrale Aufgabe des Gremiums wird darin gesehen, bei wichtigen Entscheidungen einen von der Mehrzahl der Mitglieder getragenen Konsens anzustreben:

»Man kann schon mal darüber diskutieren und auch mal anständige Argumente gegeneinander auflegen. Aber zum Schluss kommen wir auch zusammen am Tisch zu einer Entscheidung, die von allen getragen wird. Wenn man das nicht schafft, dann haben wir natürlich große Schwierigkeiten als Firma, und wenn wir uns dorthin entwickeln, dann ›Gnade uns Gott‹, dann sind wir nicht mehr lange erfolgreich.« (TL1-SIT1)

Der Ältestenrat gilt aufgrund dieser Konsensorientierung als eine starke Institution der Mitarbeiterbeteiligung und der Kontrolle der Aktivitäten der Geschäftsführung. Zwar könnten die ›Mitarbeitervertreter‹ im Gremium keine Entscheidung gegen den Widerstand der Geschäftsführung durchsetzen oder Entscheidungen der Unternehmensleitung letztlich verhindern. Jedoch sind die Geschäftsführungen aufgrund der ausgeprägten Kooperations- und Beteiligungskultur des Unternehmens zur intensiven Einbeziehung der Belegschaftsvertreter verpflichtet.

5.4 Zwischenfazit

Die Darstellungen verweisen auf ausgeprägte Kommunikations- und Partizipationsstrukturen, die auch in der Krise nicht an Bedeutung verloren haben. Formen der direkten und informellen Kommunikation zwischen (langjährig) Beschäftigten und Führungskräften sowie Open-Door-Kulturen sind angesichts der krisen- und wachstumsbedingten Entwicklungen in den Unternehmen zwar u.U. eingeschränkt, jedoch keineswegs obsolet geworden. Sie stellen weiterhin eine zentrale Komponente der betrieblichen Kommunikationskulturen dar. Auch Mitarbeiter- und Zielvereinbarungsgespräche sind weit verbreitet, wenngleich diesen in vielen Unternehmen eine eher nachrangige Bedeutung zugemessen wird. Wichtige Entscheidungen werden in Meetings auf unterschiedlichen Ebenen thematisiert, die den Beschäftigten Plattformen zur Diskussion und Beteiligung bieten. Darüber hinaus werden den Beschäftigten bei unternehmensrelevanten Entscheidungen Mitsprachemöglichkeiten geboten. Hier zeigt sich, dass den Wissensarbeitern der Neue-Medien-Unternehmen eine hohe Bedeutung zukommt:

»Die Geschäftsführung weiß schon sehr genau, dass diese Firma nicht viel mehr besitzt als die Mitarbeiter. Die besitzt sie natürlich auch nicht. Aber die ›Assets‹, die hier sind, sind nicht die Möbel. Hier gibt es nichts zu holen, wenn es uns einmal richtig schlecht gehen sollte. Dann kann man einfach einpacken. … Der ›Asset‹ ist das Wissen der Mitarbeiter. Deswegen ist es absurd zu glauben, dass man gegen wirklich massiven Widerstand der Belegschaft irgendetwas durchsetzen kann – langfristig. Kurzfristig geht alles, langfristig nicht.« (GF2-SIT1)

Die Formen der betrieblichen Partizipation sind letztlich darauf zurückzuführen, dass Geschäftsleitungen und Managementvertreter implizit oder explizit an den ›New Economy-Wurzeln‹ der Betriebe festhalten: Die in den Gründungsjahren entwickelten Sozialordnungen sind von engen Arbeits- und Vertrauensbeziehungen, einer solidarischen Arbeitsatmosphäre und einem gemeinsamen Interesse der Akteure an der Entwicklung innovativer, informationstechnologisch basierter Produkte geprägt. Den hohen beruflichen Ansprüchen und arbeitsinhaltlichen Ausrichtungen in den verschworenen Gemeinschaften kann dabei eine Schlüsselrolle zugewiesen werden. Die neuen Kontextbedingungen in der Branche erzeugen Spannungsfelder zwischen den gemeinschaftlichen Orientierungen, beruflichen Vorstellungen, Marktanforderungen und Organisationserfordernissen, ohne dass die gemeinschaftlich geprägten Sozialordnungen aufgegeben werden. Deutliche Belege für neue marktinduzierte Kontrollstrukturen finden sich in den Neue-Medien-Unternehmen ebenso wenig wie für eine hierarchieorientierte Sichtweise, die informellen Strukturen und gemeinschaftlichen Beziehungen keinen Raum lässt. Dagegen sprechen die Merkmale der wissensintensiven Arbeitsprozesse und Leistungserstellungen in den Neue-Medien-Unternehmen. Die Befunde zeigen, dass in den Unternehmen eine Vorgehensweise präferiert wird, die neuen Anforderungen in die gemeinschaftliche Grundkultur zu integrieren. Dieses Vorgehen wird insbesondere in den nachhaltig wachsenden Unternehmen deutlich. In den wirtschaftlich angeschlagenen Unternehmen reproduzieren sich die solidarische Arbeitsatmosphäre und die gemeinschaftlichen Sozialordnungen aufgrund des Krisendrucks und einer stärkeren Ökonomisierung der Arbeitsprozesse zwar weniger aus sich selbst, ein grundsätzlicher Wandel zeichnet sich jedoch auch hier nicht ab (vgl. Dörre 2002).

6 Betriebliche Sozialordnungen und Partizipationsstrukturen aus Beschäftigtensicht

In diesem Kapitel wird die Beschäftigtenperspektive auf die betrieblichen Sozialordnungen und Partizipationsstrukturen in den Neue-Medien-Unternehmen behandelt. Welche Interessen und Wertorientierungen sind charakteristisch für die hochqualifizierten Wissensarbeiter in den Neue-Medien-Unternehmen? Werden die Sichtweisen des Managements zu den Merkmalen der Sozialordnungen geteilt? Welche Partizipationsmöglichkeiten sehen die Beschäftigten und wie beurteilen sie die skizzierten Praktiken? Die Analyse konzentriert sich zunächst auf die Darstellungen der Beschäftigten zur Sozialordnung und Partizipation in den ›betriebsratslosen‹ Unternehmen. Im anschließenden Kapitel 7 werden die Unternehmen mit Betriebsrat eingehender betrachtet. Mit der Perspektive der Beschäftigten zur betrieblichen Partizipation in den Neue-Medien-Unternehmen (aber auch in anderen Branchen) haben sich nur wenige industriesoziologische Studien befasst (vgl. Staedtler u.a. 2004; Kalkowski 2004; Boes/Trinks 2006). Boes und Trinks (2006) führten eine Befragung von 39 Beschäftigten in sechs Unternehmen der IT-Industrie durch. Staedtler u.a. (2004) haben in ihrer Studie über 200 Beschäftigte in Klein- und Kleinstbetrieben der Internetwirtschaft interviewt (vgl. Lange u.a. 2005). Kalkowski (2004) befragte in einer qualitativen Vorgehensweise Beschäftigte unterschiedlicher Hierarchieebenen von IT- und Medienunternehmen. Während die Untersuchungen von Staedtler u.a. (2004) und Kalkowski (2004) nur wenige Anzeichen für neue Orientierungen der hochqualifizierten Beschäftigten und einen Bedeutungszuwachs der Mitbestimmung sehen, konstatieren Boes und Trinks (2006) hingegen einen Wandel der Interessenlagen der Beschäftigten hin zu einer ausgeprägteren »Arbeitnehmerorientierung« (ebd.: 242ff.), den sie auf neue marktbezogene Kontrollmechanismen zurückführen.

Zur Erfassung der Beschäftigtenperspektive wurden in dieser Studie die qualitativen Interviews in den ›betriebsratslosen‹ Unternehmen durch Online-Befragungen der Mitarbeiter ergänzt: In fünf Unternehmen, vier Software- und IT-Betriebe (SIT1, SIT2, SIT4, SIT5) sowie eine Multimedia- und Internet-Agentur (MID2), wurden Breitenerhebungen durchgeführt. In den anderen Fallunternehmen wurden Vertreter des Betriebsrates befragt. Ein Zusammenhang zwischen ausgewählten Unternehmensmerkmalen (Größe, wirtschaftliche Situation) und der (Nicht-)Existenz von Betriebsräten zeigt sich dabei nicht: So sind bei den ›betriebsratslosen‹ Unternehmen alle Größenordnungen des Samples – von ca. 70 Beschäftigten (SIT5, MID2) bis 275 Beschäftigten (SIT4) – vertreten. Des Weiteren zählen zu den betriebsratslosen Betrieben neben den beiden Wachstumsunternehmen zwei der stabilisierten (SIT5, MID2) und eines der wirtschaftlich angeschlagenen (SIT4) Unternehmen, in dem es trotz eines massiven Personalabbaus und deutlichen Einkommenseinbußen der Beschäftigten nicht zur Betriebsratsgründung gekommen ist.

Nachfolgend werden zunächst Eckdaten der eigenen Erhebungen unter den Beschäftigten der Neue-Medien-Unternehmen vorgestellt (6.1). Anschließend werden die Interessenorientierungen und Wertvorstellungen der Beschäftigten betrachtet (6.2). Die Identifizierung von zentralen Interessenlagen und Partizipationsansprüchen der Beschäftigten bildet die Basis für eine vertiefende Untersuchung der Bewertung von Partizipationsstrukturen aus Sicht der Beschäftigten (6.3.). Schließlich werden die eigenen Partizipationsvorstellungen der Beschäftigten analysiert (6.4).

6.1 Befragung von Beschäftigten in ›betriebsratslosen‹ Neue-Medien-Unternehmen

Aufgrund der flächendeckenden Verbreitung von Email- und Internetanschlüssen an den Arbeitsplätzen verfügten alle Beschäftigten in den Unternehmen über die erforderlichen technischen Voraussetzungen, um an einer Online-Befragung teilzunehmen. Mittels der vorliegenden Email-Verteilerlisten aus den Fallunternehmen wurden die Mitarbeiter über die Befragung informiert und zur Teilnahme aufgefordert. Die beantworteten Fragebögen wurden anonym als codierte Email zurückgesendet. Die Befragung wurde nach den Richtlinien des Datenschutzgesetzes durchgeführt.

Von insgesamt 643 angeschriebenen Mitarbeitern haben sich 389 Beschäftigte an den Umfragen beteiligt.[63] Die Rücklaufquote betrug insgesamt 60,5 Prozent, variiert dabei je nach Unternehmen zwischen 51,7 Prozent (SIT4) und 76,9 Prozent (SIT5). Vergleiche zu den Angaben zur Grundgesamtheit aus den qualitativen Befragungen zeigen, dass die Beschäftigtenstruktur in den Befragungen hinreichend abgebildet werden konnte. Da nur die Perspektive der Mitarbeiter erfasst werden sollte, wurden die Antworten von Geschäftsführungen, die an der Befragung teilgenommen haben, aus dem Datensatz gefiltert. Dadurch reduzierte sich der Gesamtdatensatz auf 378 Fälle.

Soziostrukturelle Merkmale der Befragten

Die Tabelle 7 gibt einen Überblick über die soziodemografischen Daten (Alter, Geschlecht, Familienstand, Berufsabschluss und Verbandsmitgliedschaft) der Beschäftigten. Die Angaben weisen deutliche Parallelen zu den Erkenntnissen anderer Studien auf (vgl. Boes/Trinks 2004; Staedtler u.a. 2004; Ittermann/Niewerth 2005). Die Beschäftigten in den Neue-Medien-Unternehmen sind vorwiegend männlich (73,3 Prozent), zwischen 30 und 40 Jahre alt (58,6 Prozent) und verfügen über einen akademischen Abschluss (71,7 Prozent).

Bei den Befragten handelt es sich nicht nur um ›Singles‹ (38,6 Prozent), sondern auch um Personen in Partnerschaft (23,5 Prozent) oder in Partnerschaft mit Kindern (37,9 Prozent). Die Daten relativieren das Bild (ausschließlich) junger und ungebundener Wissensarbeiter in der digitalen Wirtschaft. Die Mitgliedschaft in Berufsverbänden (3,7 Prozent) oder Gewerkschaften (1,6 Prozent) ist bei den Beschäftigten der untersuchten Unternehmen allenfalls eine ›Randerscheinung‹.

63 Die Beschäftigtenzahlen weichen von den Unternehmensangaben (vgl. Kapitel 4) ab, da zum einen die Erhebungen zu unterschiedlichen Zeitpunkten durchgeführt wurden und nicht alle Standorte der Unternehmen an den Befragungen beteiligt waren.

Tabelle 7 Personenbezogene Merkmale der Beschäftigten

Merkmal		*Anteil (absolut)*
Alter	Unter 30 Jahre	28,9% (109)
	30 bis 40 Jahre	58,6% (221)
	Über 40 Jahre	12,5% (47)
	Gesamt (ohne missings)	100% (377)
Geschlecht	Männlich	73,7% (278)
	Weiblich	26,3% (99)
	Gesamt (ohne missings)	100% (377)
Familienstand	ledig/alleinstehend*	38,6% (145)
	Partnerschaft/Ehe mit Kind	37,9% (142)
	Partnerschaft/Ehe ohne Kind	23,5% (88)
	Gesamt (ohne missings)	100% (375)
Berufsabschluss	Studium: Universität, Fachhochschule	71,7% (269)
	Lehre	15,2% (57)
	Sonstige (Studienabbrecher, Studenten, Umschulung, o. Abschluss)	13,1% (49)
	Gesamt (ohne missings)	100% (375)
Verbandsmitgliedschaft	Berufsverband	3,7% (13)
	Gewerkschaft	1,6% (6)
	Keine Mitgliedschaft	94,7% (340)
	Gesamt (ohne missings)	100% (359)

Quelle: Mitarbeiterbefragung in Neue-Medien-Unternehmen; eigene Darstellung;
**inklusive. alleinerziehend (1,6 Prozent)*

Neben den personenbezogenen Merkmalen der Beschäftigten wurden auch betriebsbezogene Merkmale erhoben. Dazu zählten die Beschäftigungsverhältnisse, die betriebliche Position, die Betriebszugehörigkeit und die Zuordnung zu Abteilungen (siehe Tabelle 8). Atypische Beschäftigungsformen spielen in den Neue-Medien-Unternehmen keine besondere Rolle, nahezu alle Beschäftigten (92,8 Prozent) stehen in einem unbefristeten ›Normalarbeitsverhältnis‹. Die durchschnittliche Betriebszugehörigkeit beträgt drei bis fünf Jahre, rund ein Viertel der Befragten sind länger als fünf Jahre in ihrem Unternehmen.

Tabelle 8 Betriebsbezogene Merkmale der Beschäftigten

Merkmal		*Anteil (absolut)*
Beschäftigungsverhältnis	unbefristet	92,8% (349)
	befristet	3,2% (12)
	Ausbildung/ Praktikum	3,5% (13)
	Sonstige/ freier MA	0,5% (2)
	Gesamt (ohne missings)	100% (376)
Betriebszugehörigkeit	Unter 1 Jahr	10,1% (37)
	1 – 3 Jahre	21,0% (77)
	3 – 5 Jahre	40,9% (150)
	5 – 7 Jahre	20,2% (74)
	Über 7 Jahre	7,9% (29)
	Gesamt (ohne missings)	100% (367)
Position	Unit-/Abteilungsleitung*	6,1% (23)
	Projekt-/Teamleitung	20,4% (77)
	Mitarbeiter	70,6% (267)
	Sonstige	2,9% (11)
	Gesamt (ohne missings)	100% (378)
Abteilungen	Vertrieb/Sales u.ä.	16,8% (62)
	Administration	13,8% (51)
	Development u.ä.	36,2% (134)
	Support & Services	28,9% (107)
	Sonstige	4,3% (16)
	Gesamt (ohne missings)	100% (370)

*Quelle: Mitarbeiterbefragung in Neue-Medien-Unternehmen; eigene Darstellung; *ohne Geschäftsführung*

Die Angaben sprechen für niedrige Fluktuationsraten unter den Beschäftigten. Hinsichtlich der jeweiligen betrieblichen Position konnten 6,1 Prozent der Beschäftigten dem mittleren Management (Unit- oder Abteilungsleitungen) und 20,8 Prozent den Projekt- oder Teamleitungen zugeordnet werden. 70,6 Prozent der Befragten waren Mitarbeiter ohne Führungsfunktionen. Die Positionsgruppen wurden aufgrund von Plausibilitätsüberlegungen gebildet, da die Bezeichnungen der Hierarchieebenen in den Unternehmen uneinheitlich sind (vgl. Kapitel 4).

Bei den Abteilungen, denen sich die Befragten zuordnen, dominieren die Entwicklungsbereiche wie Development, Kreation, HelpDesk oder Technology (36,2 Prozent) und Support & Services (28,9 Prozent). Des Weiteren sind 13,8 Prozent der Beschäftigten in verwaltungs- oder administrativen Abteilungen (Verwaltung, Finanzen, Strategie, interne IT) und 16,8 Prozent in Vertriebs- und kundenbezogenen Abteilungen (Sales, Marketing, Vertrieb, Consulting) tätig. Über 65 Prozent der Beschäftigten sind demnach in den produktiven Abteilungen der direkt abrechnungsfähigen Leistungserstellung (Development u.ä., Sales u.ä., Support & Services) tätig. In den administrativen Bereichen liegt der Frauenanteil (36,4 Prozent) deutlich höher, im technikdominierten Support & Services hingegen deutlich niedriger (13,1 Prozent) als in den anderen Abteilungen. In der Analyse der Handlungsorientierungen und Partizipationsvorstellungen werden die personen- und betriebsbezogenen Merkmale der Beschäftigten als mögliche Einflussfaktoren berücksichtigt.

6.2 Handlungsorientierungen der Wissensarbeiter

Die Handlungsorientierungen von hochqualifizierten Beschäftigten lassen sich durch das ausgeprägte berufliche Selbstverständnis und die hohe Beitragsorientierung charakterisieren (vgl. Kotthoff 1997; Boes/Trinks 2006). Die Hochqualifizierten formulieren konkrete Ansprüche an ihre inhaltlichen Tätigkeiten und an die Wahrung ihrer Handlungs- und Dispositionsspielräume insbesondere in der Arbeitszeitgestaltung. Von den jungen Beschäftigten in der digitalen Wirtschaft werden die Tätigkeiten häufig als Verlängerung von Studiums- und Arbeitserfahrungen im wissenschaftlichen Kontext begriffen, die Selbstentfaltungsmöglichkeiten und eine weitreichende Autonomie in der Arbeit bieten sollen (vgl. Abel u.a. 1998: 39). Traditionelle Schutzbedürfnisse wie Beschäftigungssicherheit, geregelte Entgelte oder Maßnahmen gegen hohe Arbeitsbelastungen sind für diese Beschäftigtengruppe hingegen nachrangig (vgl. Töpsch u.a. 2001).

Die hochqualifizierte Wissensarbeit führt zur Herausbildung von Lebens- und Erwerbsbiographien, die auf einem neuen Verständnis der Beruflichkeit basieren. In diesem Kontext wird das Verhältnis von Arbeit,

Familie und Freizeit neu formuliert und kontinuierlich revidiert. Veränderte Lebensumstände und neue Anforderungen in den Unternehmen können jedoch die Interessenorientierungen der Beschäftigten beeinflussen. So richten sich die folgenden Ausführungen darauf, welche Interessenlagen bei den Beschäftigten in den Neue-Medien-Unternehmen dominieren und inwieweit sich diese angesichts der strukturellen Veränderungen in den letzten Jahren verändert haben.

6.2.1 Interessenorientierungen der Beschäftigten in den Neue-Medien-Unternehmen

Die Erhebungen unter den Beschäftigten zeigen Veränderungen in der Gewichtung ihrer Interessen. Die Abbildung 3 belegt, dass für die Beschäftigten die Themen Beschäftigungssicherheit (52,9 Prozent) und Entgelt (52,1 Prozent) zu den zentralen Interessenlagen zählen und an Bedeutung gewonnen haben. In diesem Befund spiegeln sich nicht zuletzt die wirtschaftlichen Umbrüche wider, die zur Herausbildung von marktbezogenen Interessenlagen der Beschäftigten in den Neue-Medien-Unternehmen beigetragen haben. Auf die hohe Bedeutung eines sicheren Arbeitsplatzes und eines angemessenen Gehaltes verweisen auch andere Studien (vgl. Boes/Trinks 2004: 117ff.; Städtler u.a. 2004: 159; Ittermann/Niewerth 2005). Die ausgeprägten berufsbezogenen Interessen geben die Items ›Arbeitsinhalte‹ und ›Weiterbildung‹ wieder. Die eigenen Arbeitsinhalte zählt jeder zweite Befragte zu seinen zentralen Interessen (50,8 Prozent). Auch das Thema Weiterbildung wird häufig genannt (42 Prozent), was zum einen auf den hohen Wissensumschlag in der Branche und zum anderen auf Probleme in den Qualifizierungsmöglichkeiten verweist.

Arbeitsatmosphäre und Betriebsklima sind Ausprägungen gemeinschaftlicher Orientierungen, die in der Prioritätenliste zwar weniger stark ausgeprägt sind als die beruflichen Orientierungen, jedoch immerhin von ca. 40 Prozent der Beschäftigten genannt wurden. Die Themen Arbeitszeit (26,5 Prozent), Unternehmenspolitik (19 Prozent) und Leistungsanforderungen (16,3 Prozent) sind hingegen von einer vergleichsweise nachrangigen Bedeutung. Ein Grund für die geringe Nennung von Arbeitszeit kann in den praktizierten Arbeitszeitregelungen liegen, die den Beschäftigten viele Gestaltungsmöglichkeiten eröffnen.[64]

Abbildung 3 Zentrale Interessenlagen der Beschäftigten (n = 374)

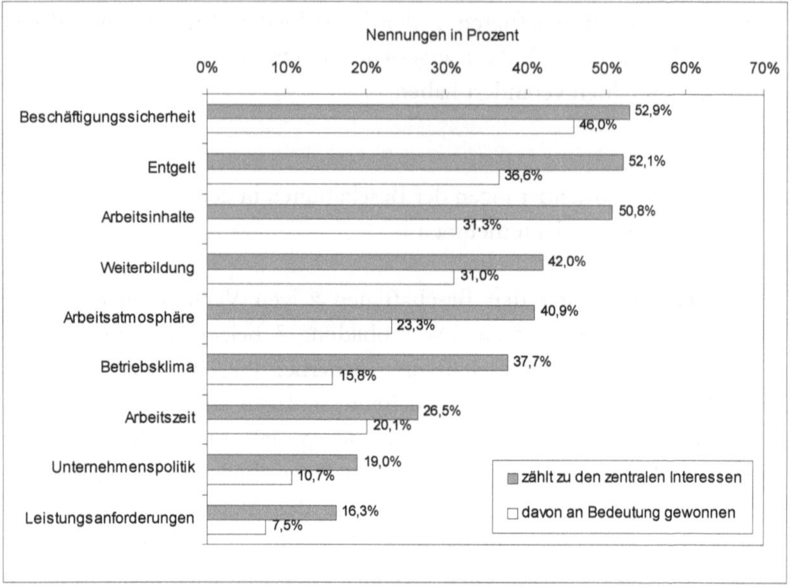

Quelle: Mitarbeiterbefragung in Neue-Medien-Unternehmen; eigene Darstellung; Mehrfachnennungen

Dass die Leistungsanforderungen nur für wenige Beschäftigte zu den zentralen Interessen zählen, spricht gegen die verbreitete Annahme eines hohen Leistungsdrucks und Überforderungsproblems bei Wissensarbeit. In der Gesamtschau zeigen die Daten kein eindeutiges Muster, demzufolge einzelne Interessenlagen bei den Beschäftigten dominieren: Weder die materiellen Interessen (Entgelt etc.) noch die beruflichen Orientierungen (Arbeitsinhalte, Weiterbildung) oder das Gemeinschaftsinteresse stehen eindeutig im Mittelpunkt.

Um die Auswirkungen der strukturellen Veränderungen auf die Interessenlagen der Beschäftigten zu erfassen, sollten die Befragten angeben, ob

64 Diese Begründung wird durch das Ergebnis gestützt, dass von den Beschäftigten in den Unternehmen SIT2 (31,9 Prozent) und MID2 (37,5 Prozent) Arbeitszeit häufiger als zentrales Interesse genannt wird. In beiden Unternehmen existierten Arbeitszeitmodelle, die zu einer stärkeren Formalisierung in der Arbeitszeitgestaltung führten und Unzufriedenheit bei den Mitarbeitern auslösten.

die einzelnen Themen in den letzten zwei Jahren wichtiger geworden sind (siehe Abbildung 3). Die zentralen Interessen ›Beschäftigungssicherheit‹ und ›Entgelt‹ haben einen deutlichen Bedeutungszuwachs erfahren: Demzufolge wächst der Stellenwert eines sicheren Arbeitsplatzes und angemessener Einkommensmöglichkeiten. Fast 90 Prozent der Befragten, die Beschäftigungssicherheit zu ihren Interessen zählen, geben an, dass das Thema an Bedeutung gewonnen hat. In Abhängigkeit von den personenbezogenen Merkmale zeigt sich, dass die Beschäftigungssicherheit von den älteren Beschäftigten (rund 65 Prozent der über 40-Jährigen) häufiger zu den zentralen Interessen als von den jüngeren Mitarbeiter (ca. 49 Prozent der unter 30-Jährigen) gezählt wird. Hier spiegeln sich die unterschiedlichen Arbeitsmarktchancen der Beschäftigten wider. Das Thema Entgelt ist hingegen für die jüngeren Beschäftigten (ca. 58 Prozent der unter 30-Jährigen ohne Führungsfunktion) von höherem Interesse.

Auch den eigenen Arbeitsinhalte und der Weiterbildung wird von vielen Beschäftigten ein wachsender Stellenwert eingeräumt. Arbeitsinhalte (34,8 Prozent) und Weiterbildung (30,4 Prozent) werden dabei von den Mitarbeitern ohne Führungsfunktion häufiger genannt als von den Unit- oder Abteilungsleitern, die demgegenüber ein höheres Interesse an der Unternehmenspolitik haben. Die Differenzierung der zentralen Interessen nach Beschäftigtenmerkmalen führt jedoch insgesamt zu keinem Ergebnis, das für eindeutig unterscheidbare Beschäftigtentypen spricht. Allenfalls deuten die Ergebnisse auf die Unterscheidung einer ›ersten‹ und ›zweiten‹ Generation der Hochqualifizierten in den Neue-Medien-Unternehmen hin: Ältere und langjährige Beschäftigte in Führungsposition, die neben der eigenen Beschäftigungssicherheit betriebsbezogene Interessen in den Vordergrund stellen, repräsentieren die erste Generation, die jüngeren Beschäftigte auf der ›ausführenden‹ Ebene, die das Gehalt, die Arbeitsinhalte und die Weiterbildungsmöglichkeiten betonen, bilden die neue, zweite Generation.

Der Blick auf die Unterschiede der einzelnen Unternehmen führt zu der Erkenntnis, dass dem Thema Beschäftigungssicherheit sowohl im ›Krisenunternehmen‹ SIT4 (ca. 64 Prozent) als auch in dem dynamisch wachsenden Unternehmen SIT1 (ca. 60 Prozent) virulent ist. Im wachstumsstarken Unternehmen SIT2 ist es mit rund 39 Prozent hingegen von unterdurchschnittlicher Bedeutung. Deutlichere Unterschiede zeigen sich beim Thema ›Entgelt‹: Von den Beschäftigten der Wachstumsunternehmen (SIT1: 38,7 Prozent; SIT2: 43,6 Prozent) wird Entgelt seltener zu den zentralen Interessen gezählt, in den stabilisierten Unternehmen MID2 und SIT5 sind es hingegen jeweils rund 60 Prozent und im Krisenunternehmen SIT4 sogar rund zwei Drittel der Beschäftigten, die Entgelt als zentrales Interesse benennen. Die Relevanz von Entgeltaspekten ist für die Beschäftigten in den Unternehmen, die die Auswirkungen der Krise bewältigen müssen, somit deutlich höher. Der Arbeitsatmosphäre und dem Betriebsklima wird von den Beschäftigten im Wachstumsunternehmen SIT2 ein höherer und im Krisenunternehmen SIT4 ein nachrangiger Stellenwert zugeschrieben wird. Somit finden sich einige Belege, dass die jeweilige wirtschaftliche Situation der Unternehmen die Interessenpräferenzen der Beschäftigten beeinflusst, ohne dass jedoch berufliche Orientierungen und soziale Wertvorstellungen deutlich in den Hintergrund treten.

6.2.2 Stellenwert und Wandel der ›Betriebsfamilien‹ aus Sicht der Beschäftigten

Die Ausführungen im Kapitel 5 haben verdeutlicht, dass sich in der Wachstumsphase der Neue-Medien-Unternehmen familiär-gemeinschaftlich geprägte Sozialbeziehungen herausgebildet haben, auf die sich das Management in seinen Handlungsorientierungen bezieht. Die familiäre Grundkultur soll trotz der Professionalisierungsbemühungen der Unternehmen und den neuen Marktanforderungen aufrechterhalten werden. Diese Auffassung wird von auch den Mitarbeitern geteilt, was sich in den Bewertungen zur Arbeitsatmosphäre (auf den eigenen Arbeitsplatz bezogen) und zum Betriebsklima (auf das gesamte Unternehmen bezogen) abbilden lässt (siehe Abbildung 4). Die Daten zu den Interessen- und Wertorientierungen zeigen, dass die Arbeitsatmosphäre und das Betriebsklima für viele Beschäftigten äußerst relevant sind. Über 80 Prozent aller Befragten bewerten die Arbeitsatmosphäre als sehr gut (42 Prozent) oder gut (39,6 Prozent). Nur wenige Beschäftigte beurteilen die Arbeitsatmosphäre als schlecht. Und auch das allgemeine Betriebsklima wird von den meisten Beschäftigten als sehr gut (30,8 Prozent) oder gut (41,6 Prozent) beurteilt, wenngleich die Bewertung im Vergleich zur Arbeitsatmosphäre etwas schlechter ausfällt.

Abbildung 4 Arbeits- und Unternehmenskultur – Einschätzungen der Beschäftigten

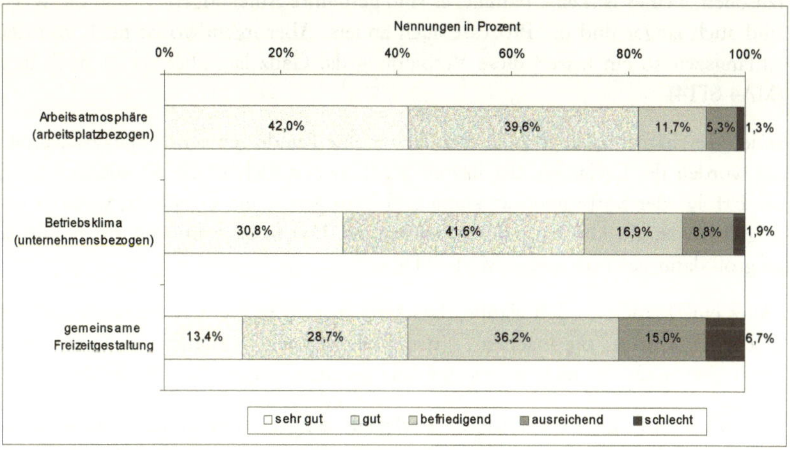

Quelle: Mitarbeiterbefragung in Neue-Medien-Unternehmen; eigene Darstellung; (n = 376)

Eine familiäre Arbeitsumgebung hat für viele hochqualifizierte Beschäftigte eine hohe Bedeutung. Dies bezieht sich in den kleineren Betrieben häufig auf das gesamte betriebliche Umfeld, während in den mittelgroßen Unternehmen mit ihren ausgeprägten Organisations- und Abteilungsstrukturen das unmittelbare Umfeld für die Beschäftigten wichtig ist: »Man ist irgendwie schon in seiner Abteilung zu Hause.« (MA1-SIT4) An einem ›familiären‹ Betriebsklima und einer gemeinschaftlichen Arbeitsatmosphäre wird weiterhin festgehalten, da die Krisen- und Wachstumsphasen der Unternehmen den ausgeprägten Zusammenhalt nicht nachhaltig verändern:

»Generell ist es hier bei uns eigentlich schon so, dass alle irgendwie miteinander sehr viel zu tun haben. Das ist auch das Schöne hier, das ist eigentlich sehr familiär, obwohl es so groß ist ... Also das ist kein Problem, auch mal zu den Producern zu gehen, ... wenn ich da ein Problem mit meinem Computer habe. Das ist eigentlich ziemlich locker bei uns.« (MA2-MID2)

Der familiär-gemeinschaftliche Grundkonsens bleibt in den Neue-Medien-Unternehmen weiterhin bestehen, wenngleich sich angesichts der Krisen- und Wachstumsprozesse Veränderungsprozesse abzeichnen, die auf eine zunehmende Distanzierung hindeuten. Die Professionalisierung und der Aufbau von Organisationsstrukturen haben dazu geführt, dass die Trennung von Beschäftigten und Vorgesetzten klarer hervortritt und die Beziehungen der Mitarbeiter untereinander in den Abteilungen nicht mehr so ausgeprägt sind wie in der Anfangszeit:

»Da gibt's eigentlich ein Wort, das klingt blöd: Familie. ... Eigentlich muss das täuschen, weil es ist keine Familie, es sind getrennte Abteilungen ... und die Wege sind auch länger und die Prozesse auch anders. Aber irgendwo ist noch von der Anfangszeit so ein bisserl diese Verbindung da. Ganz lau, aber sie ist noch da.« (MA4-SIT4)

»Die (Geschäftsinhaber, d.A.) haben früher eine Runde gemacht. Freitagsnachmittag wurden die Ereignisse der letzten Wochen besprochen, die Kundenkontakte, die Erfolge der Softwareentwicklung und dazu gab es ein Glas Sekt, wenn es erfolgreich war, als Abschluss der Arbeitswoche. Das ist langsam weg, da die Firma zu groß dafür geworden ist.« (MA1-SIT5)

»Alles eine Familie ... Ich glaube, dass kann man nicht mehr so stehen lassen. Es gibt einfach Leute, die machen ... mehr Dienst nach Vorschrift. So Leute gibt's inzwischen auch, das hätte man sich früher gar nicht vorgestellt.« (MA1-SIT2)

Mit Blick auf die Beschäftigtenmerkmale zeigen sich keine signifikanten Unterschiede in der Bewertung der unternehmenskulturellen Aspekte. Jedoch differieren die Einschätzungen in den einzelnen Unternehmen: Im Unternehmen SIT1 dominiert eine positive Bewertung der Aspekte der Unternehmenskultur. Nahezu alle Beschäftigten beurteilen die Arbeitsatmosphäre (88,9 Prozent) und das Betriebsklima (92,6 Prozent) als sehr gut oder gut. Auch im Unternehmen SIT5 liegen die positiven Bewertungen über dem Durchschnitt. Neben den beruflichen Kontakten »trifft man sich häufig ›semioffiziell‹. Man unterhält sich privat und nicht nur über Jobsachen. Das ist eine sehr interessante Sache. Es ist nicht gesteuert, aber doch sind alle dabei.« (MA2-SIT5) Die Beurteilungen der Beschäftigten in SIT2 und SIT4 liegen eher im Durchschnitt. Im Unternehmen MID2 hingegen wird von den Beschäftigten eine wesentlich skeptischere Einschätzung der unternehmenskulturellen Merkmale abgegeben. Hier wird die familiäre und lockere Arbeitsatmosphäre häufig den konkreten ökonomischen Interessen des Unternehmens untergeordnet:

»Dieses Ganze: Man ist nett zueinander, und wir verstehen uns alle und ›Sie‹ hat sowieso noch keiner gesagt und das ist alles irgendwie so locker und wer was sagen will, der kann's mal sagen, das ist ja kein Problem. ... Das ist irgendwie so eine Oberfläche, die gar nicht recht stimmt. Das ist zwar jetzt nicht sehr extrem hier, aber das entspricht nicht den Verhältnissen. Und wenn hier ein Geschäft gemacht wird, dann können die alle sehr gut rechnen und wissen, was hier wo geschrieben ist.« (MA4-MID2)

Ein weiteres Indiz für die Bedeutung der verschworenen Gemeinschaft liegt in dem Stellenwert, der einer gemeinsamen Freizeitgestaltung zugemessen wird. Zahlreiche Studien zur New Economy zeigen, dass die Arbeitskulturen durch eine Entgrenzung von Arbeits- und Privatleben gekennzeichnet sind, wobei die Beschäftigten ihre Freizeit häufig gemeinsam verbringen. Die Befragungen der Mitarbeiter in den Neue-Medien-Unternehmen machen hingegen deutlich, dass diese Praktiken nicht mehr so ausgeprägt sind wie in den Gründungsjahren. Die gemeinsame Freizeitgestaltung wird gegenüber der Arbeitsatmosphäre und dem Betriebsklima schlechter bewertet (siehe Abbildung 4). Dennoch beurteilen rund 40 Prozent der Befragten diese als gut (28,7 Prozent) oder sehr gut (13,4 Prozent). Dieses Ergebnis ist nicht zuletzt darauf zurückzuführen, dass die persönliche Distanz zwischen den Beschäftigten größer geworden ist. Hinsichtlich der Unternehmen zeigen sich hier nur wenige Unterschiede. In den Unternehmen SIT1 und SIT5 wird die gemeinsame Freizeitgestaltung immerhin von über der Hälfte der Befragten positiv bewertet.

Face-to-Face-Kommunikation

Ein Merkmal direkter und informeller Arbeitsbeziehungen in den Neue-Medien-Unternehmen ist die Face-to-Face-Kommunikation mit Kollegen und die direkte Ansprechbarkeit von Vorgesetzten. Die Face-to-Face-Kommunikation im Betrieb halten drei Viertel aller Beschäftigten für sehr wichtig (siehe Abbildung 5). In dieser Bewertung äußert sich ein strukturelles Erfordernis bei wissensintensiver Dienstleistungsarbeit, das einen unmittelbaren Austausch zwischen Projektbeteiligten oder zwischen einzelnen Beschäftigten und Unit-Leitungen erfordert. Nur rund zwei bis drei Prozent der Befragten halten die direkte Kommunikation für unwichtig.

Die Möglichkeit der direkten Kommunikation mit der Geschäftsleitung hat demgegenüber zwar einen geringeren Stellenwert, wird jedoch immerhin von rund 70 Prozent der Befragten als wichtig oder sehr wichtig eingestuft. Das Open-Door-Prinzip, das von den Geschäftsführungen insbesondere in den kleineren Unternehmen propagiert wird, ist auch im Bewusstsein der Beschäftigten verankert:

»Also es gibt hier keine Grenzen in dem Sinne. Ich kann auch jeder Zeit zu den Geschäftsführern reinlaufen, wenn ich irgendwie das Gefühl habe, ich brauche von denen mal einen Rat.« (MA2-MID2)

»Es vergeht kein Tag, an dem ich nicht beim X (Geschäftsführer des Unternehmens, d.A.) im Büro sitze.« (TL-SIT5)

Abbildung 5 Bedeutung von Face-to-Face-Kommunikation (n = 376)

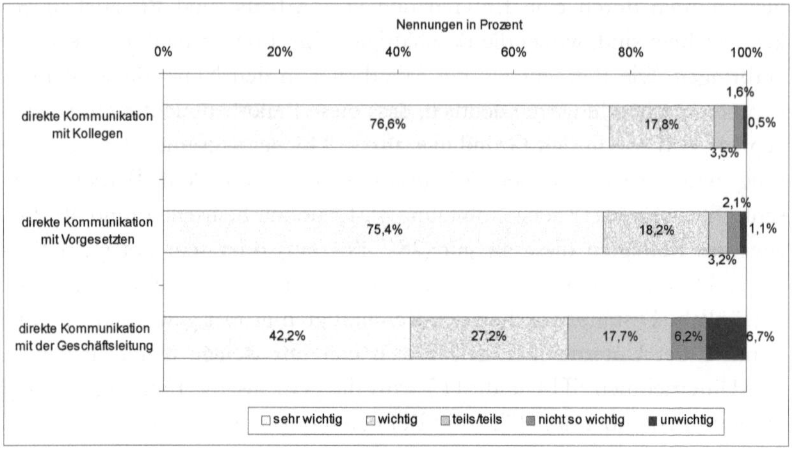

Quelle: Mitarbeiterbefragung in Neue-Medien-Unternehmen; eigene Darstellung

Die Ausdifferenzierung von Organisationsstrukturen und Hierarchieebenen hat nicht zu einer generellen Abkehr von den Open-Door-Kulturen geführt. In der direkten Kommunikation mit Vorgesetzten zeigen sich Unterschiede in den einzelnen Unternehmen, die auf die jeweilige Betriebsgröße und die vorhandenen Hierarchiestufen zurückzuführen sind (siehe Tabelle 9). In den größeren Unternehmen (SIT2, SIT4) ist der direkte Kontakt zu den Geschäftsführungen für die Mitarbeiter weniger wichtig als in den anderen Unternehmen. Über 80 Prozent der Befragten bei SIT5 und SIT1 und gar 95 Prozent bei MID2 halten die Face-to-Face-Kommunikation mit den Geschäftsführungen für wichtig bzw. sehr wichtig.

Tabelle 9 Bedeutung der Face-to-Face-Kommunikation mit der Geschäftsleitung nach Unternehmen (in Prozent)

Unternehmen	*sehr wichtig / wichtig*	*teils – teils*	*nicht so wichtig / unwichtig*	*n*
SIT1	81,5	18,5	0	54
SIT2	63,2	21,4	15,3	117
SIT4	56,1	20,3	23,6	123
SIT5	86,5	10,8	2,7	37
MID2	95,2	4,9	0	41

Quelle: Mitarbeiterbefragung in Neue-Medien-Unternehmen; eigene Darstellung; Chi-Quadrat (n. Pearson), $p<0.01$

In den größeren Neue-Medien-Unternehmen werden viele Aspekte von den Beschäftigten eher mit den direkten Vorgesetzten ausgehandelt, wenngleich sie im Prinzip jeden Geschäftsführer aufsuchen können, »ob es der oberste Chef ist oder nicht. Was ganz angenehm ist. Letztendlich macht man jedoch nicht viel Gebrauch davon.« (MA3-SIT4) Hinsichtlich der betrieblichen Positionen zeigt sich, dass für die Abteilungsleitungen die direkte Kommunikation mit der Geschäftsleitung – notwendigerweise – von höherer Relevanz ist als für die Mitarbeiter ohne Führungsfunktion. Während für die langjährigen Mitarbeiter mit Vorgesetztenfunktion die regelmäßige Face-to-Face-Kommunikation mit den Geschäftsführungen zum Alltag zählt, offenbart sich bei den jüngeren Mitarbeitern eine größere Distanz zur Geschäftsleitung.

Die Open-Door-Politik bietet den Beschäftigten die Möglichkeit, eigene Interessen gegenüber Vorgesetzten und Unternehmensleitungen vorzubringen und Beteiligungsansprüche zu formulieren. Selbst wenn die direkte Kommunikation mit der Geschäftsführung bei zunehmender Unternehmensgröße schwieriger wird, so setzt sich das Open-Door-Prinzip auf der Vorgesetztenebene fort. Die direkte Kommunikation zwischen Beschäftigtengruppen und Vorgesetzten in den Neue-Medien-Unternehmen äußert sich außerdem in der intensiven Nutzung von Intranet und Email als Kommunikations- und Beteiligungsmedien. Drei Viertel aller Beschäftigten halten Online-Kontakte zu Kollegen und Vorgesetzten und rund zwei Drittel aller Beschäftigten zu Geschäftsführern für wichtige bzw. sehr wichtige Kommunikationsformen.

6.2.3 Bewertung der Arbeits- und Beschäftigungsbedingungen

Stellenwert von Beschäftigungssicherheit

Beschäftigungssicherheit ist für die Wissensarbeiter der Neue-Medien-Unternehmen ein zentrales Interesse, das in den letzten Jahren an Bedeutung gewonnen hat (siehe Abbildung 3). Dies lässt sich nicht zuletzt auf die deutlich veränderte Arbeitsmarktsituation in der Branche zurückführen. Ende der 1990er Jahre herrschte ein Fachkräftemangel in vielen Hightech-Unternehmen, die Studienabbrecher und Spezialisten aus dem Ausland anwarben, um diese ›Beschäftigungslücke‹ aufzufüllen. Die hochqualifizierten Beschäftigten verfügten aufgrund der hohen Nachfrage nach ihren Qualifikationen über eine stabile Beschäftigungssituation und hohe Machtpoten ziale, die sie bei der Gestaltung von Arbeits- und Beschäftigungsbedingungen nutzen konnten. Aufgrund des Zusammenbruchs der Technologiemärkte, der strukturellen Krise in der digitalen Wirtschaft und eines wachsenden Angebots an qualifizierten Arbeitskräften hat sich diese Situation deutlich verändert. Die wachsende Zahl von verfügbaren Fachkräften und von Absolventen einschlägiger Ausbildungs- und Studiengänge haben die Arbeitsmarktkonkurrenz deutlich erhöht. Angesichts der eigenen Substituierbarkeit und der potenziellen Bedrohung des eigenen Arbeitsplatzes sinken die ›Primärmachtpotenziale‹ der Beschäftigten. Das Thema Beschäftigungssicherheit gewinnt in der Wahrnehmung der Beschäftigten eine neue Relevanz. Diese Entwicklung kann die Herausbildung von kollektiven Interessenvertretungsstrukturen befördern (vgl. Boes/Trinks 2006: 137ff.).

In den Interviews der Beschäftigten wird deutlich, dass das Interesse an einem sicheren Arbeitsplatz stärker in den Vordergrund gerückt ist. Angesichts der Arbeitsmarktsituation zeigt sich auf der einen Seite, dass die ›Exit-Option‹ der Beschäftigten, bei einer Verschlechterung der Arbeitsbedingungen mit Kündigung zu drohen, allenfalls eingeschränkt vorhanden ist, insbesondere wenn die Bindung an das Unternehmen oder die Region stark ausgeprägt ist:

»Man kann nicht mehr einfach die Brocken werfen, wie man lustig ist. Ich denke, in meiner Unit spielt aber auch keiner mit solchen Gedanken. Man kennt die Leute auf persönlicher Ebene viel mehr als in anderen Unternehmen.« (AL2-MID2)

»Man hat, auch durch früher, irgendwie so eine innere Bindung an das Unternehmen. … Da ist irgendwo so ein inneres Band, da kommt man einfach irgendwie nicht los. Jetzt in der Zeit sagen sich viele, und ich sage mir das auch, ich bin froh, dass ich Arbeit habe.« (MA4-SIT4)

»Es ist einfach das persönliche Verantwortungsgefühl für die Firma, ich möchte, dass es der Firma gut geht, in der ich arbeite, weil dann habe ich einen sicheren Arbeitsplatz … und ein angenehmes Arbeitsumfeld.« (TL1-SIT2)

Auf der anderen Seite äußern die Beschäftigten einen eher gelassenen Umgang in Fragen der Beschäftigungssicherung und einer möglichen Arbeitsplatzbedrohung. Sie sehen weiterhin die Möglichkeit der Exit-Option und würden das Unternehmen verlassen, wenn aus ihrer Sicht persönliche Entwicklungsperspektiven fehlen oder die Einkommenssituationen wenig zufriedenstellend sind. In diesem Kontext wird auf eigene Machtressourcen verwiesen, die auf den spezifischen Qualifikationen und Arbeitsmarktpositionen beruhen und die in Konfliktfällen eingesetzt würden:

»Weil ich denke, wenn's Probleme gibt, dann kann ich versuchen, die zu ändern, und wenn's Probleme gibt, die mir zu sehr stinken und die ich nicht ändern kann, dann gehe ich eben.« (MA3-MID2)

Beschäftigungssicherheit ist insbesondere in den Unternehmen, in denen in der Vergangenheit ein größerer Personalabbau durchgeführt wurde, ein zentrales Thema. Im Krisenunternehmen SIT4 sehen viele Beschäftigte die prekäre Arbeitsmarktsituation und die Gefahr, selbst bei einem Arbeitsplatzwechsel »recht bald« (MA1-SIT4) wieder arbeitslos zu werden. In einigen Unternehmen verzichteten die Beschäftigten deshalb auf Prämien oder Entgeltsteigerungen, um ihre Arbeitsplätze im Unternehmen dauerhaft zu sichern. Auch die veränderte familiäre Situation einiger Beschäftigten führt zu einem Bedeutungszuwachs des Interesses an einer sicheren Beschäftigung. Nicht zuletzt für die ›älteren‹ Beschäftigten der digitalen Wirtschaft ist aufgrund familiärer Situationen, finanzieller Verpflichtungen und regionaler Bindung der Erhalt des eigenen Arbeitsplatzes von hoher Bedeutung.

Insgesamt überwiegt letztlich die pragmatische Einschätzung bei den Beschäftigten, dass die Unternehmen auf die veränderten wirtschaftlichen Rahmenbedingungen mit Personalmaßnahmen reagieren müssen. Angesichts der Krisensituation und der verschlechterten Marktchancen sehen die Wissensarbeiter in den Neuen Medien dennoch keine grundsätzlichen ›Primärmachtverluste‹, die sich in deutlichen Einschränkungen der eigenen Ansprüche oder einem wachsenden Bedarf an kollektiven Regelungen äußern.

Mitgestaltung von Wissens- und Projektarbeit

Die Mitgestaltung der Inhalte von Wissens- und Projektarbeit ist für die Beschäftigten in den Neue-Medien-Unternehmen sehr gewichtig: Die Darstellung der zentralen Interessen zeigt, dass die eigenen Arbeitsinhalte von rund jedem zweiten Beschäftigten (50,8 Prozent) genannt werden. Das hohe Interesse an den eigenen Arbeitsinhalten sowie eine ausgeprägte intrinsische Arbeitsmotivation finden in Statements der Beschäftigten ihren Ausdruck, die »einfach Spaß und Interesse an IT-Problemen haben« (TL1-SIT1) oder ihre Arbeit »einfach echt gut machen« (MA1-MID2) wollen. Hinsichtlich der Mitgestaltung der Arbeitsinhalte verhalten sich die Beschäftigten äußerst engagiert:

»Gerade, wenn man kreativ arbeitet, braucht man inspirierende Leute um sich herum« (MA2-MID2)

»Ich möchte letztlich einen schönen Tag haben. Ich möchte nicht irgendwie glänzen durch irgendwas Geniales, was kein anderer versteht, aber was dann mir gehört. Ich möchte einen schönen Tag haben und von meinem Umfeld und meinen Kollegen habe ich es halt hier irgendwie so getroffen, dass ich mich wohlfühle.« (MA4-MID2)

»Ich hab in meinem Leben schon viele Jobs gehabt und kann nur sagen: Hier ist es gut! Die Arbeit macht mir Spaß und das geht anderen hier auch so.« (TL-SIT5)

Die Zitate verdeutlichen die enge Verknüpfung zwischen Berufsorientierung und gemeinschaftlicher Sozialordnung, wenn der Spaß an der gemeinsamen Arbeit in den Vordergrund gestellt oder das kollegiale Umfeld betont wird. Eine Voraussetzung der Mitgestaltung von Wissens- und Projektarbeit sind entsprechende Gestaltungsspielräume. Hochqualifizierte Arbeit ist neben dem hohen Interesse der Beschäftigten an den eigenen Arbeitsinhalten durch eine weitgehende Autonomie in der konkreten Projektarbeit gekennzeichnet (siehe Abbildung 6). Rund drei Viertel der befragten Beschäftigten sehen in der eigenen Arbeit ausgeprägte Gestaltungsspielräume: 56,4 Prozent verweisen auf eine weitgehende Autonomie in der Arbeitsgestaltung; 20,6 Prozent geben sogar an, ›praktisch alle Freiheiten‹ in der Erledigung der Arbeitsaufgaben zu haben. Nur 3,5 Prozent der Befragten arbeiten nach eindeutig definierten Vorgaben durch Vorgesetzte.

Abbildung 6 Weisungsgebundenheit und Gestaltungsspielräume in der Wissensarbeit (n = 369)

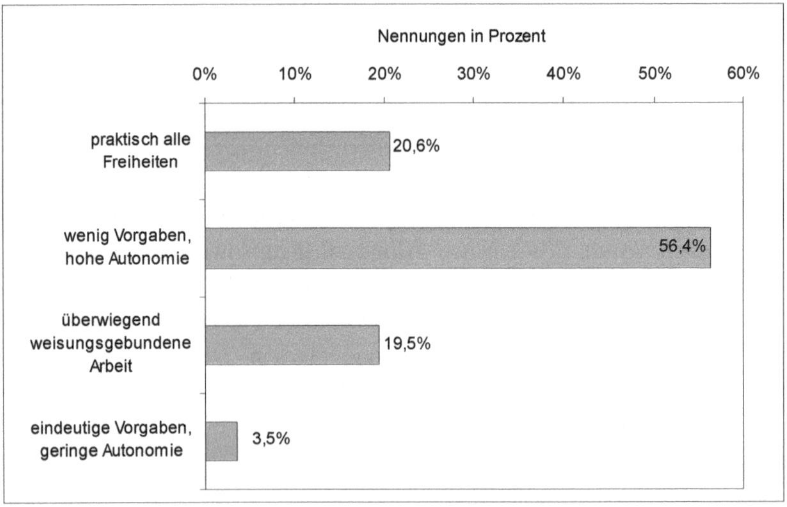

Quelle: Mitarbeiterbefragung in Neue-Medien-Unternehmen; eigene Darstellung

Auf die weitreichende Autonomie als ein zentrales Charakteristikum der Wissensarbeit legen die Beschäftigten großen Wert. Demnach sind Selbstorganisation und Gestaltungsautonomie bei der Erledigung von Projektarbeiten und anderen Aufgaben für die Mitarbeiter selbstverständlich. Diesen Merkmalen wird trotz verschärfter Marktanforderungen weiterhin eine wichtige Funktion zugeschrieben:

»Uns hat ein Kollege letztens mal gefragt, was ich sehr bezeichnend fand: ›Ja und dann macht ihr einfach, was euch so einfällt oder wie ihr Lust habt dazu?‹ Und im Prinzip machen wir das sehr oft: Dass wir das machen, was wir jetzt ganz persönlich selbst für richtig halten.« (MA4-MID2)

In der zunehmenden Herausbildung von Führungs- und Organisationsstrukturen sehen die Beschäftigten in der Regel keine Beschränkung der eigenen Gestaltungsmöglichkeiten und Handlungsfreiheiten. Die Spielräume in der Arbeit bleiben aus ihrer Sicht weiterhin bestehen und reichen nicht selten soweit, dass die Beschäftigten ›klarere Vorgaben‹ und genauere Arbeitsanweisungen selbst einfordern:

»Ich habe nicht die Erfahrung gemacht, dass Leute sich nicht genug austoben können. Ich sehe hier das gegenteilige Problem. Einige Leute sagen: ›Ich kann so nicht arbeiten, wenn mir nicht klar vorgegeben wird, was ich machen soll‹.« (MA1-SIT5)

Zwischen den einzelnen Unternehmen variieren die Gestaltungsspielräume, die von den Mitarbeitern gesehen werden: Diese sind bei SIT1 und SIT2 stärker und bei SIT5 und MID2 schwächer ausgeprägt. Darüber hinaus ist der ›Autonomiegrad‹ von der jeweiligen Position im Unternehmen abhängig: Während nur rund 15 Prozent der Beschäftigten auf Mitarbeiterebene über eine völlige Autonomie in der Aufgabenerledigung verfügen, geben dies über 28 Prozent der Team- und Projektleitungen und über 50 Prozent der Unit-Leitungen an.

Der hohe Stellenwert der projektförmig organisierten Leistungserstellung wird von den Beschäftigten bestätigt: Etwa 50 Prozent aller Befragten arbeiten in einem Projekt, weitere rund 25 Prozent in mehreren Projekten. Bei den Beschäftigten, die nicht in Projekten arbeiten (ca. 25 Prozent), handelt es sich insbesondere um die Mitarbeiter aus den administrativen Bereichen. Bei vielen Beschäftigten (ca. 40 Prozent) beträgt der Anteil der Projektarbeit an den (täglichen) Arbeitsaufgaben mehr als 75 Prozent. Hierbei zeigt sich, dass insbesondere für die Projektleiter, die in mehrere Projekte involviert sind, die Projektarbeit das Tagesgeschäft beherrscht. In höheren Positionen ist hingegen der Anteil der Projektarbeit an der täglichen Arbeitszeit geringer: Die Unit- bzw. Abteilungsleiter sind zwar ebenfalls in Projekte involviert, wenden jedoch einen erheblich geringeren Anteil ihrer Arbeitszeit für Projektarbeit auf.

Die Beschäftigtenbefragungen zeigen, dass die projektförmig organisierte Wissensarbeit nicht zwangsläufig ein hohes Maß an Teamarbeit erfordert: Lediglich 17 Prozent der Befragten arbeiten überwiegend im Team und erledigen gemeinsam mit Kollegen die Projektaufgaben, 29 Prozent der Befragten arbeiten allenfalls teilweise im Team. Hingegen geben über die Hälfte der Befragten an, die anfallenden Aufgaben weitgehend oder ausschließlich allein zu erledigen. Projektarbeit und Teamarbeit erweisen sich somit nicht zwangsläufig als zwei Seiten derselben Medaille. Wenngleich die Projektarbeit die Arbeitsorganisationsformen dominiert, bestimmen individualisierte Tätigkeiten das Aufgabenfeld der Beschäftigten. Insbesondere bei den Entwicklern und Programmierern spielt Teamarbeit eine untergeordnetere Rolle: »Am liebsten hocke ich mich in irgendeine Ecke und schreibe nette Programme.« (MA-SIT1) Hier zeigen sich die beruflichen Identitäten von Hochqualifizierten, die vorrangig ihre arbeitsinhaltlichen Vorstellungen umsetzen wollen, ohne zwangsläufig ein ausgeprägtes Gemeinschaftsinteresse zu verfolgen. Die Dominanz der familiärgemeinschaftlichen Grundkultur wird durch die individuellen berufszentrierten Orientierungen relativiert, ohne jedoch instrumentalistische Formen der Sozialbeziehungen zu begründen. Insgesamt wird deutlich, dass sich angesichts der Auswirkungen der Krise und der betrieblichen Reorganisationen die Freiräume in der Arbeitsgestaltung und die flexiblen Formen der Arbeitsorganisation aus Sicht der Beschäftigten nicht wesentlich verschlechtert haben. Die meisten Befragten sind sowohl mit den eigenen Gestaltungsspielräumen in der Arbeit als auch mit den arbeitsorganisatorischen Strukturen in den Unternehmen zufrieden. Die hohe Identifikation mit der eigenen Arbeit und die Zusammenarbeit mit ›Gleichgesinnten‹ stärken die betrieblichen Sozialbeziehungen; individualistische Orientierungsmuster spezifischer Beschäftigtengruppen werden in die betrieblichen Gemeinschaften integriert.

Die hohe Zufriedenheit belegt auch die Bewertung der Wissens-, Team- und Projektarbeiten durch die Beschäftigten (siehe Abbildung 7). So sehen über 60 Prozent der Befragten hinsichtlich der betrieblichen Organisation von Projektarbeit und Teamarbeit keinen Veränderungsbedarf; auch mit den Autonomiespielräumen in der Arbeit sind die meisten Beschäftigten (61,3 Prozent) zufrieden. Die weitgehende Zufriedenheit mit den Arbeitsbedingungen – auch in Krisenzeiten – basiert auf den gewachsenen Arbeits- und Teamkulturen:

»Die Leute sind keine Idioten. ... Die sind intellektuell anspruchsvoll, man kann auch mal Gespräche führen. ... Und die Arbeit, die wir tun, das was wir machen, ist auch noch interessant. ... Insofern hält eben gerade dieses gewachsene Team, das Umfeld, die Leute wahrscheinlich noch hier.« (AL1-SIT4)

Abbildung 7 Veränderungsbedarfe in Wissens- und Projektarbeit (n=369)

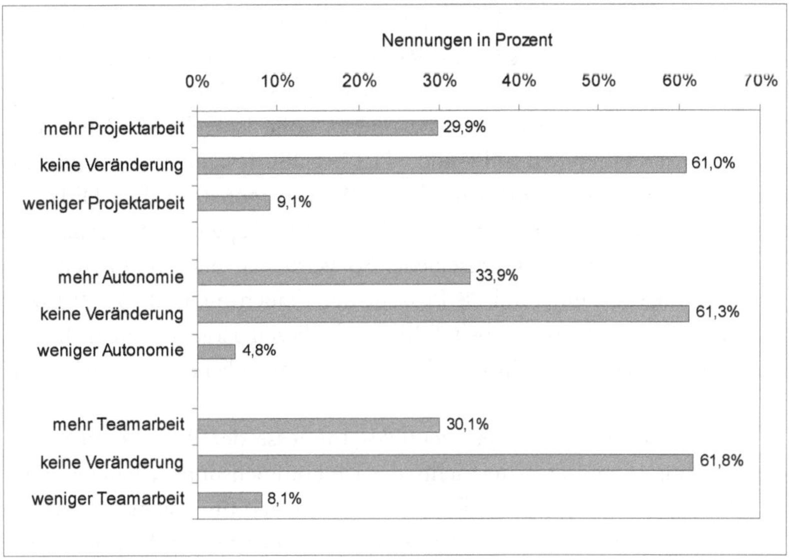

Quelle: Mitarbeiterbefragung in Neue-Medien-Unternehmen; eigene Darstellung

Die Angaben zeigen jedoch auch, dass einige Mitarbeiter Veränderungsnotwendigkeiten in ihrer Arbeitsgestaltung und ihren Handlungsspielräumen sehen: So wünscht sich je rund ein Drittel der Befragten mehr Projektarbeit (29,9 Prozent), mehr Teamarbeit (30,1 Prozent) und mehr Gestaltungsspielräume in der eigenen Arbeit (33,9 Prozent). Dabei wird von den Beschäftigten aus den administrativen Abteilungen der Wunsch nach mehr Projektarbeit oder höheren Gestaltungsspielräumen deutlich häufiger geäußert als von Mitarbeitern aus anderen Abteilungen.

Entgeltperspektiven aus Sicht der Beschäftigten

In den Neue-Medien-Unternehmen werden zunehmend transparente und einheitliche Entgeltstrukturen geschaffen. Gleichzeitig hat sich in einigen Fällen gezeigt, dass angesichts der wirtschaftlichen Situationen die Möglichkeiten der Gehaltssteigerungen begrenzt sind. Im Folgenden wird analysiert, wie die Beschäftigten ihre Einkommenssituation einschätzen und ob die Eingruppierungen einerseits und ausbleibenden Gehaltserhöhungen andererseits eine Unzufriedenheit und einen Interessenwandel in den Belegschaften begründen.

Die Ergebnisse der Mitarbeiterbefragungen verweisen auf ein überdurchschnittliches Gehaltsniveau der Beschäftigten. Rund 60 Prozent der Befragten verdienen mehr als 3.000 Euro brutto im Monat, davon knapp die Hälfte mehr als 4.000 Euro. Besonders hohe Entgelte werden in den Wachstumsunternehmen SIT1 und SIT2 bezahlt: Jeweils über 40 Prozent der Beschäftigten erhalten mehr als 4.000 Euro monatlich. Die Differenzierung nach männlichen und weiblichen Beschäftigten zeigt geschlechtsspezifische Einkommensunterschiede: So verdienen über 70 Prozent der Männer, hingegen nur rund 28 Prozent der Frauen mehr als 3.000 Euro. Hochqualifizierte Wissensarbeit führt nach diesen Ergebnissen nicht zur Angleichung der Gehaltsdifferenzen zwischen männlichen und weiblichen Beschäftigten.

Das Thema Entgelt ist ein zentrales Interesse der Beschäftigten. Vor diesem Hintergrund und angesichts der Einkommensunterschiede wurden die Mitarbeiter befragt, ob sie ihr derzeitiges Gehalt für angemessen halten und wie sie den Einfluss auf die eigene Entgeltgestaltung beurteilen. Im Ergebnis zeigt sich, dass – lediglich – rund jeder zweite Befragte (52,5 Prozent) sein Gehalt als angemessen empfindet; 47,5 Prozent der Befragten sind mit ihrem Gehalt nicht zufrieden. In der Begründung zeigt sich ein signifikanter Zusammenhang mit den jeweiligen wirtschaftlichen Bedingungen der Unternehmen (siehe Tabelle 10). In den Wachstumsunternehmen SIT1 und SIT2 empfinden jeweils über 70 Prozent der Befragten ihr Entgelt als angemessen (SIT1: 72,2 Prozent; SIT2: 72,9 Prozent). In den Unternehmen MID2 und SIT5 schätzen hingegen 44 Prozent bzw. 48 Prozent ihr Gehalt als angemessen ein. In dem Unternehmen SIT4, in dem sich angesichts der prekären Situation und erforderlichen Marktanpassung nur begrenzte Spielräume für Entgeltsteigerungen eröffnen, sind nur 30 Prozent Beschäftigten mit ihrem Entgelt zufrieden, was angesichts der ›eingefrorenen‹ Gehälter in den letzten Jahren nur wenig verwundert.

Tabelle 10 Einschätzungen der Beschäftigten zur persönlichen Entgeltsituation

	Ja, Bezahlung ist angemessen	Nein, Bezahlung ist nicht angemessen
Unternehmen	Anteil in Prozent	Anteil in Prozent
SIT1	72,2	27,8
SIT2	72,9	27,1
SIT4	30,0	70,0
SIT5	48,0	52,0
MID2	44,0	56,0

Quelle: Mitarbeiterbefragung in Neue-Medien-Unternehmen; eigene Darstellung; Chi-Quadrat (n. Pearson), $p<0.01$

Überraschenderweise zeigt sich kein Zusammenhang in der Beurteilung des eigenen Gehaltes durch männliche und weibliche Beschäftigte: Das eigene Gehalt wird jeweils von rund der Hälfte der Männer und Frauen als angemessen bewertet. Deutlichere Unterschiede ergeben sich jedoch hinsichtlich der jeweiligen Position der Befragten: Fast 70 Prozent des mittleren Managements empfinden ihr Gehalt als angemessen. In den höheren Positionen sind die Einkommensmöglichkeiten besser und werden durch weitere, nicht monetäre Vergütungen (wie Handy, Notebook, Firmenwagen etc.) zusätzlich aufgewertet. Die Mitarbeiter ohne Führungsfunktionen sind hingegen seltener mit ihrer Gehaltssituation zufrieden und äußern sich kritisch zur Angemessenheit ihrer Verdienste:

»Ich bin sehr realistisch und ich sehe einfach, was ich leiste in der kurzen Zeit. Also, jetzt unabhängig von der Qualität, also generell, was ich auch quantitativ leiste. … Ich sehe einfach, dass ich halt schon schnell und effizient arbeite, und ich finde, dass hat einfach auch seinen gewissen Preis. Ich greife ja nicht nach den Sternen, ich sage ja nicht auf einmal: ›Leute, ich will jetzt auf einmal hier 10.000 Euro haben.‹ Ich finde nur, dass das Preis-Leistungs-Verhältnis einfach stimmen muss.« (MA2-MID2)

»Man sagt sich immer, dass es schön wäre, wenn man angemessen entlohnt werden würde. Die Frage ist: Was ist angemessen? Ich denke, … ich stehe eigentlich nicht so übel da. Außerdem macht mir noch die Arbeit sehr viel Spaß.« (AL1-SIT4)

»Ich weiß grob, wo die Firma steht und kenne auch ein bisschen die Gehaltsstruktur. Ich bin zufrieden und weiß, dass es hier fair zugeht. Ich meine, was soll ich große Gehaltsforderungen stellen, ich stehe schon am oberen Ende der Skala. Viel mehr wäre unfair den anderen gegenüber. Und im Moment ist halt die wirtschaftliche Lage so, wie sie ist, und da weiß man eh, was einen so erwartet.« (MA-SIT1)

In den Einschätzungen werden Spannungsfelder zwischen materiellen, beruflichen und sozialen Orientierungen deutlich. Zum einen sprechen die Statements für den Stellenwert der gemeinschaftlichen Sozialbeziehungen und der beruflichen Selbstverwirklichung. In diesem Kontext sind die wirtschaftlichen Situationen des Unternehmens und die Vermeidung von ›Gerechtigkeitslücken‹ in der Entgeltgestaltung die wesentlichen Gründe für die Beschäftigten, keine expliziten Gehaltsforderungen zu stellen. Zum anderen wird trotz dieser Orientierungen die allgemeine Unzufriedenheit deutlich. So wird das Thema Entgelt von den Beschäftigten auch deshalb häufig zurückgestellt, da sie die Erfahrung gemacht haben, dass die Forderungen nicht erfüllt werden: »Ich habe einmal ein Entgegenkommen bekommen, aber das war eine Ausnahme, … eine einmalige Prämie als Zeichen des guten Willens.« (MA1-SIT5) Die Chancen, die eigenen Gehaltsvorstellungen durchzusetzen, werden von vielen Befragten als eher gering eingeschätzt: Lediglich 14 Prozent der Befragten sehen einen hohen oder sehr hohen Einfluss auf die eigene Entgeltgestaltung (siehe Abbildung 8). Rund zwei Drittel der Befragten geben hingegen an, dass sie ihren Einfluss auf die eigene Entgeltgestaltung für gering oder gar sehr gering halten.

Auch bei den Einflussmöglichkeiten der Beschäftigten auf die Entgeltgestaltung werden Unterschiede zwischen den Unternehmen deutlich: Im Unternehmen SIT1 ist die Zahl der Beschäftigten, die gute (18,2 Prozent) beziehungsweise sehr gute (9,1 Prozent) Optionen sehen, ihr Gehalt mitzubestimmen, höher als in den anderen Unternehmen. Bei SIT2 hingegen sehen überraschenderweise lediglich elf Prozent der Befragten den Einfluss auf die eigene Entgeltgestaltung als hoch oder sehr hoch an. Im Krisenunternehmens SIT4 beurteilen mehr als drei Viertel der Mitarbeiter ihren Einfluss auf die Entgeltgestaltung als gering bzw. sehr gering.

Abbildung 8 Einfluss auf Entgeltgestaltung (n = 375)

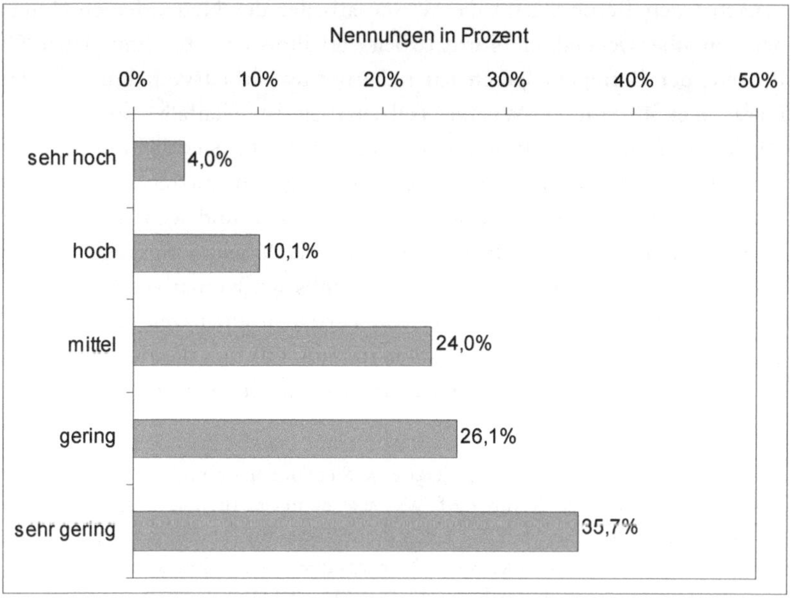

Quelle: Mitarbeiterbefragung in Neue-Medien-Unternehmen; eigene Darstellung

Zusammenfassend zeigt sich, dass sich die Entgelte in den Neue-Medien-Unternehmen auf einem hohen Niveau befinden. Aus Sicht der Beschäftigten sind jedoch angesichts der geringeren finanziellen Ressourcen der Unternehmen die Spielräume für Gehaltserhöhungen deutlich niedriger als zu Zeiten wirtschaftlicher Prosperität. Während von den Beschäftigten in den dynamisch wachsenden Unternehmen insgesamt eine höhere Zufriedenheit mit der jeweiligen Entgeltsituation geäußert wird, monieren die Beschäftigten in den wirtschaftlich angeschlagenen Unternehmen häufiger eine fehlende Angemessenheit ihres Gehalts. Das Thema Entgeltgestaltung ist für die Beschäftigten von hoher Bedeutung; die Möglichkeiten der eigenen Beeinflussung werden hingegen als begrenzt angesehen.

Arbeitszeitregelungen als nachrangiges Interesse?

Das Thema Arbeitszeit zählt für die Beschäftigten nicht zu den zentralen Interessen. Angesichts der zunehmenden Formalisierung von Arbeitszeitstrukturen in den Unternehmen und sich verändernder Lebenslagen der Beschäftigten ist das nachrangige Interesse an Arbeitszeitfragen überraschend und verdient eine nähere Betrachtung. Die Befragungen bestätigen zunächst den Befund, dass die Wissensarbeiter der Neue-Medien-Unternehmen überwiegend in Normalarbeitsverhältnissen tätig sind. Über 90 Prozent der Befragten haben ein unbefristetes Arbeitsverhältnis auf der Basis einer 40-Stunden-Woche: Teilzeitarbeit ist allenfalls eine Randerscheinung. Eine hohe Flexibilisierung zeigt sich hingegen bei der Arbeitszeitgestaltung. Nach konkreten Arbeitszeitvorgaben mit festgelegten Zeiten (beispielsweise 8 bis 17 Uhr) arbeiten lediglich rund sechs Prozent der Beschäftigten. Über 90 Prozent können flexible Arbeitszeitmodelle nutzen: Hier dominieren Gleitzeitmodelle mit vereinbarten Kernarbeitszeiten (50,7 Prozent) sowie betriebliche Muster von Vertrauensarbeitszeit (32 Prozent), die insbesondere bei den Projektleitern und Führungskräften verbreitet sind. Feste Arbeitszeitregelungen beurteilen die Beschäftigten eher skeptisch:

»Was sagt das denn aus, wenn ich jetzt eine Stechuhr hätte und sage, ich komme um neun und verschwinde um fünf. Was sagt denn das darüber aus, wie viel ich gearbeitet habe? Ich kann ja Däumchen drehen oder im Internet surfen. Das sagt im Grunde genommen gar nichts aus. Nur was über meine physische Anwesenheit im Büro. Das ist ja nun eher nebensächlich.« (MA-MID4)

Bei der Gestaltung der Arbeitszeitregelungen im Unternehmen werden die Interessen der Mitarbeiter beachtet. Dies äußert sich in den sehr positiven Beurteilungen der Beschäftigten: 85 Prozent aller Befragten geben an, dass ihre Arbeitszeitpräferenzen im Unternehmen angemessen berücksichtigt werden. Hier liegt eine denkbare Begründung für das untergeordnete Interesse, das die Beschäftigten dem Thema Arbeitszeit einräumen. Die hohe Zufriedenheit mit der Arbeitszeitgestaltung belegen Statements der Beschäftigten, die auf die hohen Freiräume der Selbstorganisation verweisen und denen zufolge die bestehenden Regelungen »total easy« (AL2-SIT2) gehandhabt werden:

»Wenn ich noch einen privaten Termin habe oder in der Stadt was besorgen will, kann ich mittags mal zwei, drei Stunden weg bleiben. Oder wenn der Zählerableser nach Hause kommt, muss ich mir keinen Urlaub nehmen. Ich kann auch daheim arbeiten über ISDN-Leitung oder einen entsprechend gesicherten Zugang von außen. Wenn ich in Ruhe arbeiten will und nicht für die Kunden erreichbar sein will, schalte ich mein Handy aus und bin nur für die Kollegen per Email erreichbar oder über meine private Telefonnummer.« (MA-SIT1)

»Ich musste letztens mal tagsüber zum Arzt. Ich habe GF2 gefragt, ob er ein gelben Zettel haben möchte und er sagte: ›Geh einfach. Du siehst schon zu, dass du auf deine Arbeitszeit kommst.‹« (MA-SIT5)

»Aber daran, dass ich das (die Lage der Kernarbeitszeit, d.A.) zum Beispiel net so genau weiß, können Sie schon erkennen, dass es net so arg wichtig ist.« (MA3-SIT2)

Ihre Arbeitszeitpräferenzen finden 15 Prozent der Befragten nicht angemessen berücksichtigt. Hier zeigen sich hinsichtlich personen- oder unternehmensspezifischer Merkmale keine Auffälligkeiten, die diese Einschätzungen begründen könnten. Einige Beispiele zeigen jedoch, dass die konkreten Arbeitszeitregelungen zu Unzufriedenheit führen können: In dem Unternehmen SIT2 werden die Arbeitszeitregelungen von einigen Mitarbeitern als zu unflexibel und ihren eigenen Präferenzen als nicht angemessen beurteilt: bei MID2 sind dies rund ein Drittel. Die Beschäftigten versuchen jedoch, ihre Interessen ›auf eigene Faust‹ durchzusetzen und die bestehenden Regelungen zu unterlaufen, wenn sie in der Anwesenheitspflicht eine Einschränkung ihrer gewohnten freien Zeiteinteilung sehen: »Ich selber nehm' mir einfach das Recht« (MA1-MID2) ist eine typische Aussage, die zeigt, dass einzelne Beschäftigte Spielräume sehen, sich über Arbeitszeitvorgaben hinwegzusetzen. Bei den Arbeitszeiten eröffnen sich somit deutlichere Gestaltungs- und Partizipationsmöglichkeiten als in der Durchsetzung von Entgeltinteressen.

Ein wichtiger Aspekt bei der Arbeitszeitthematik ist der Umfang und Ausgleich von Mehrarbeit. Von den Geschäftsführungen und Personalabteilungen wurde betont, dass unzählige Überstunden nicht (länger) charakteristisch für die Arbeit in den Neue-Medien-Unternehmen sind. Dies bestätigen auch die Antworten der Beschäftigten: Knapp 87 Prozent aller Befragten leisten allenfalls ein bis fünf Überstunden pro Woche. Mehrarbeit ist insbesondere bei den Führungskräften und in den Vertriebsbereichen verbreitet. Die Anordnung von Überstunden durch Vorgesetzte spielt keine Rolle. Rund zwei Drittel der Beschäftigten geben an, die Mehrarbeit freiwillig zu leisten, für immerhin knapp ein Drittel wird sie als ›betrieblich üblich‹ wahrgenommen:

»Klar, die Arbeit macht auch Spaß – zum Teil. Entweder sind es Sachen, wo ich länger arbeite, weil ich einfach irgendwas fertig machen will oder weil es eben fertig sein muss. Beides kann ich … ganz gut akzeptieren.« (MA3-MID2)

Das Statement zeigt, dass sowohl die beruflichen Ansprüche, eine Arbeit abzuschließen, als auch die Markterfordernisse, ein Ergebnis termingerecht zu liefern, wesentliche Gründe für die Mehrarbeit darstellen. Knapp die Hälfte der Mitarbeiter gibt an, einen Überstundenausgleich in Form von Freizeit (43,1 Prozent) oder Entgelt (3,7 Prozent) zu erhalten; bei über 40 Prozent der Beschäftigten werden die Überstunden nicht entgolten. Zwar resultieren aus den Überstunden für die Mehrheit der Beschäftigten keine gravierenden Probleme, dennoch äußern immerhin rund 16 Prozent der Befragten Kritik an der Mehrarbeit, die sich auf die fehlende Vereinbarkeit von Beruf und Privatleben bezieht. Dieses Problem sehen insbesondere die Beschäftigten über 40 Jahre, während sich hinsichtlich des Familienstandes oder des Geschlechts keine deutlichen Unterschiede zeigen. Viele Beschäftigte achten zunehmend darauf, dass ihre privaten Interessen neben der Arbeit nicht zu kurz kommen. Hier zeichnet sich mit Blick auf die entgrenzten Arbeitszeiten der Anfangsjahre eine veränderte Interessenorientierung der Beschäftigten ab.

Hinsichtlich der einzelnen Unternehmen ergibt sich ein unterschiedliches Bild. In den wachstumsstarken Unternehmen SIT1 und SIT2 werden deutlich weniger Überstunden geleistet als in den (kleineren) stabilisierten Betrieben SIT5 und MID2 sowie dem Krisenunternehmen SIT4. Im Unternehmen SIT4 fällt die Akzeptanz von Überstunden geringer aus, was möglicherweise in den fehlenden finanziellen Anreizen begründet liegt:

»Ich breche dann auch ein Meeting ab, wenn ich denke, dass das jetzt nicht so wichtig ist, dass ich deswegen meinen Zug verpassen müsste.« (MA3-SIT4)

»Heute würde ich mir an Kopf greifen und würde sagen: Hier Freitag, 18 Uhr, fällt bei mir der Hammer. Das hat damals niemanden interessiert, das war einfach so ein Fluss.« (MA4-SIT4)

Zusammenfassend lässt sich festhalten, dass die bestehenden Arbeitszeitregelungen und die Berücksichtigung der eigenen Präferenzen durch die Beschäftigten weitgehend positiv bewertet werden. Überstunden werden von den hochmotivierten Mitarbeitern in den Unternehmen überwiegend freiwillig geleistet. Hintergründe der positiven Einschätzungen und damit der geringen Relevanz des Themas Arbeitszeit in der Wahrnehmung der Beschäftigten sind die Freiräume in der Arbeitszeitgestaltung sowie der hohe Einfluss auf die formellen und informellen Arbeitszeitregelungen.

Qualifizierung und Karriere: Entwicklungsperspektiven der Beschäftigten

Den Themen berufliche Weiterbildung und Karriere wird seitens des Managements ein hoher Stellenwert zugeschrieben. Gleichzeitig sind die betrieblichen Weiterbildungsangebote und Aufstiegsmöglichkeiten in den Neue-Medien-Unternehmen angesichts knapper Budgets und flacher Hierarchien begrenzt. Auch die Beschäftigten zählen das Thema Weiterbildung zu ihren zentralen Interessengebieten (siehe Abbildung 3). Rund 93 Prozent der Befragten halten das Thema Weiterbildung für wichtig oder sehr wichtig und viele geben an, in den letzten Jahren an fachlichen Qualifizierungsmaßnahmen teilgenommen zu haben. Die Bewertung fällt jedoch mehrheitlich skeptisch aus: Nur rund jeder Vierte ist mit den Weiterbildungsangeboten zufrieden (18 Prozent) oder sehr zufrieden (7 Prozent) (siehe Abbildung 9). Hingegen ist fast die Hälfte aller Befragten mit den Weiterbildungsmöglichkeiten mehr oder weniger unzufrieden. Rund 28 Prozent sind teilweise zufrieden.

Abbildung 9 Zufriedenheit mit Weiterbildungsmöglichkeiten (n = 369)

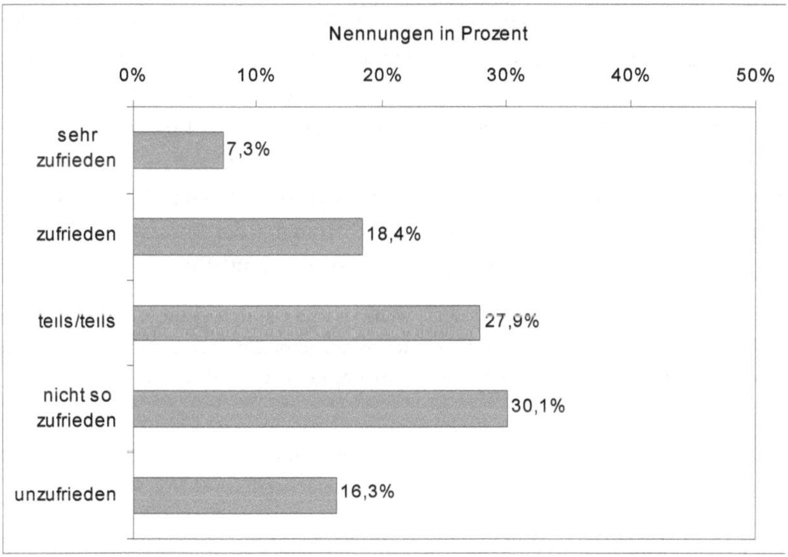

Quelle: Mitarbeiterbefragung in Neue-Medien-Unternehmen; eigene Darstellung

Die Unzufriedenheit der Beschäftigten ist insbesondere auf den untergeordneten Stellenwert zurückzuführen, der der Weiterbildung in den Unternehmen zugeschrieben wird. Hier wird deutlich, dass aus Sicht der Beschäftigten das Thema Qualifizierung in den Hintergrund getreten ist und sowohl die Angebote als auch die Budgets unzureichend sind:

»Weiterbildung wird eigentlich zu kurz geschrieben. Wir hatten entwicklungsinterne Schulungen aufgestellt, wo einmal im Monat so intern eine Schulung gehalten wurde, die von uns vorbereitet wurde. Das war nicht mehr zu halten. Jetzt sind wir froh, wenn wir es einmal im Viertel- oder Halbjahr schaffen. Das beschränkt sich auf eine Offenstellung von Skripten zu einem Thema, was man sich selber aufarbeiten muss. Ich sehe einen gewissen Willen, aber Weiterbildung ist leider kein Kernthema mehr.« (MA-SIT5)

»Man muss auch schon selbst aktiv werden hier, habe ich festgestellt. Von nichts kommt hier auch nichts.« (MA2-MID2)

Aufgrund des begrenzten Engagements der Unternehmensleitungen und fehlender Investitionen in die Weiterqualifizierung müssen die Beschäftigten demnach selbst die Initiative ergreifen und die berufliche Weiterentwicklung in Eigenregie betreiben. Das Thema Karriere steht hingegen weniger im Vordergrund: Im Vergleich zu den Weiterbildungsmaßnahmen fällt die Bedeutung geringer aus und halten ›lediglich‹ 61,2 Prozent der Befragten die eigene Karriere für sehr wichtig bzw. wichtig. Dabei ist der bevorzugte Karriereweg eindeutig fachlich geprägt: Rund 50 Prozent der Beschäftigten streben eine rein fachliche Weiterentwicklung an, 38,6 Prozent eine Fach- und Managementkarriere. Lediglich 7,5 Prozent der Mitarbeiter äußern das Interesse an einer reinen Führungskarriere – ein Ergebnis, dass angesichts des beruflichen Selbstverständnisses der Wissensarbeiter wenig überrascht. Hier wird die Dominanz der berufsstrukturierten gegenüber einer hierarchiebezogenen Sichtweise deutlich:

»Ich will nicht managen. Ich mache es, wenn es nicht anders geht. Mein Endziel im Leben ist sicherlich nicht, irgendwo einen Managementposten zu erlangen. Wenn ich das wollte, wäre ich zu Siemens gegangen, denn die haben nur Managementposten.« (MA-SIT1)

»Ich möchte mich lieber inhaltlich weiterentwickeln, fachlich. Gut, es wird sich natürlich dann bei MID2 irgendwann mal auch erschöpfen.« (MA2-MID2)

Die Bewertung der eigenen Entwicklungsperspektiven fällt auch deshalb nüchtern aus, weil für die Beschäftigten zumeist nur begrenzte Spielräume für die Übernahme neuer Positionen bestehen. Flache Hierarchien und geringe Leitungsspannen in den Neue-Medien-Unternehmen bieten im Gegensatz zu Großunternehmen mit ausdifferenzierten Hierarchiestrukturen nur eine überschaubare Anzahl von Führungspositionen. Zudem begrenzt die vergleichsweise junge Altersstruktur in den Unternehmen die Chancen des Aufstiegs:

»Ich brauche mir keine Gedanken machen, Bereichsleiter zu werden. Erstens gibt's da viel mehr Leute, die da vor mir dran wären, aber der Bereichsleiter ist natürlich auch nicht so, dass er da altersmäßig demnächst rausfallen würde.« (TL1-SIT2)

»Mein Ressortleiter ist zwei Jahre älter als ich, der Herr X (Geschäftsführer; d.A.) ist auch gerade 40, also in diesem Betrieb etwas zu werden, ist sehr unwahrscheinlich. Also für mich wird das sicherlich auch ein Argument sein, in ein paar Jahren zu sagen: ›Es war eine schöne Zeit, ich habe hier gern gearbeitet, es sind supernette Kollegen, aber jetzt gehe ich woanders hin.‹ Ich bin jetzt 34, ich werde hier sicherlich nicht die nächsten zehn Jahre arbeiten. Weil Ressortleiter zu werden, würde eigentlich nur unter der Voraussetzung gehen, dass mein Ressortleiter den Betrieb verlässt oder seinerseits aufsteigt. … Das ist aber sehr unwahrscheinlich, dass sich an der Front was tut oder ich sehe das momentan nicht.« (MA-MID4)

Dennoch sehen die Beschäftigten in den begrenzten Aufstiegsmöglichkeiten kein grundsätzliches Problem. Die persönlichen Entwicklungsperspektiven werden von rund 44 Prozent der Befragten als sehr gut bzw. gut und von 37 Prozent als zufriedenstellend bewertet (siehe Abbildung 10).

Abbildung 10 Bewertung der eigenen Entwicklungsmöglichkeiten (n = 373)

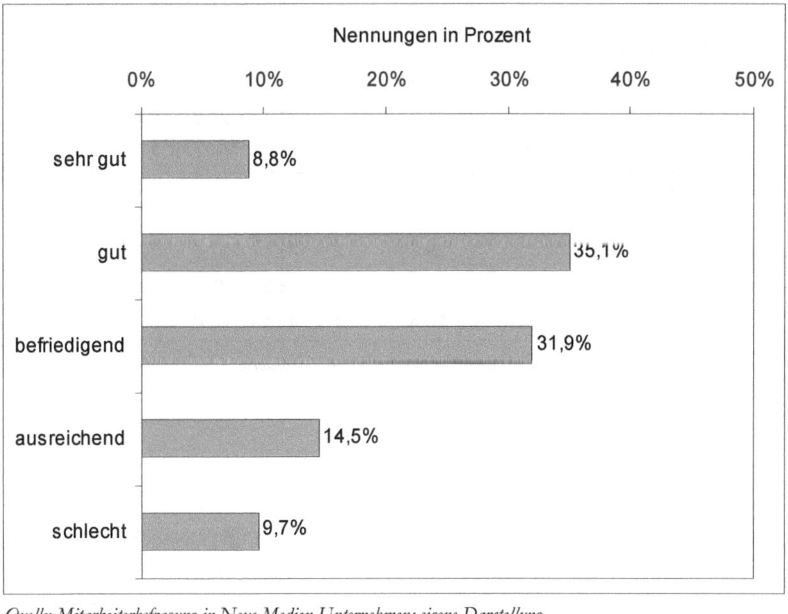

Quelle: Mitarbeiterbefragung in Neue-Medien-Unternehmen; eigene Darstellung

Lediglich knapp zehn Prozent der Beschäftigten bewerten ihre Entwicklungsmöglichkeiten als schlecht. Die Gründe liegen insbesondere in den strukturellen Rahmenbedingungen und weniger im mangelnden Engagement der Vorgesetzten: Immerhin rund zwei Drittel aller befragten Mitarbeiter geben an, von den Vorgesetzten beziehungsweise dem Unternehmen in der Förderung ihrer persönlichen Weiterentwicklung ausreichend unterstützt zu werden.

In der Bewertung von Weiterbildungs- und Karriereperspektiven zeigen sich Unterschiede, die auf Zusammenhänge mit der jeweiligen wirtschaftlichen Situation des Unternehmens verweisen (siehe Tabelle 11). Mit den betrieblichen Weiterbildungsmöglichkeiten sind insbesondere die Beschäftigten bei SIT2 (39,3 Prozent) und SIT1 (35,2 Prozent) zufrieden. Hohe Unzufriedenheit wird insbesondere bei SIT5 (65,7 Prozent) und MID2 (61 Prozent) geäußert. Ein ähnliches Bild zeigt sich bei den Beurteilungen der eigenen Karrieremöglichkeiten.

Tabelle 11 Bewertung der Weiterbildungs- und Entwicklungsmöglichkeiten nach Unternehmen (in Prozent)

	Unternehmen					*Gesamt*
Zufriedenheit mit ...	*SIT1*	*SIT2*	*SIT4*	*SIT5*	*MID2*	
betrieblichen Weiterbildungsmöglichkeiten (n)	*54*	*117*	*122*	*35*	*41*	*369*
sehr zufrieden/zufrieden	35,2	39,3	17,2	8,6	14,6	25,7
teils/teils	25,9	27,4	31,1	25,7	24,4	27,9
weniger zufrieden/unzufrieden	38,9	33,3	51,6	65,7	61,0	46,3
persönlichen Entwicklungsperspektiven (n)	*54*	*118*	*123*	*37*	*41*	*373*
sehr zufrieden/zufrieden	59,3	43,2	23,6	37,8	29,3	37,0
teils/teils	20,4	25,4	33,3	35,1	22,0	27,9
weniger zufrieden/unzufrieden	20,4	31,4	43,1	27,0	48,8	35,1

Quelle: Mitarbeiterbefragung in Neue-Medien-Unternehmen; eigene Darstellung; Chi-Quadrat (n. Pearson), $p<0.01$

Die Bewertung der Beschäftigten nach Unternehmen spricht dafür, dass Marktanforderungen und Formalstrukturen auf die betrieblichen Weiterbildungsmöglichkeiten und persönlichen Entwicklungsperspektiven einwirken. Die begrenzten finanziellen Spielräume einiger Betriebe schlagen sich in fehlenden Weiterbildungsangeboten nieder; hier zeichnet sich angesichts der ausgeprägten beruffachlichen Orientierung ein strukturelles Problem ab, das zu einer hohen Unzufriedenheit der Beschäftigten führt. In der Bewertung der persönlichen Karrieremöglichkeiten dominiert hingegen eine pragmatische Sichtweise: Zwar begrenzen fehlende Führungspositionen die Möglichkeiten einer klassischen Managementkarriere; diese wird jedoch von vielen Beschäftigten auch nicht angestrebt. Sie sind stärker auf eine berufsbezogene oder arbeitsinhaltliche Weiterentwicklung ausgerichtet.

6.3 Zwischenfazit

Die Ausformungen gemeinschaftlicher Sozialordnungen in den Neue-Medien-Unternehmen sind im Bewusstsein der Beschäftigten verankert. Die beruflichen und arbeitsinhaltlichen Interessen sind ebenso ausgeprägt wie die Orientierungen an einer kollegialen Arbeitsatmosphäre und einem guten Betriebsklima. Deutliche Umbrüche und Verschlechterungen der Arbeitsbedingungen sehen die Beschäftigten nicht, wenngleich zahlreiche Einflüsse der neuen Markt- und Organisationsanforderungen auf Arbeitszeiten, Entgeltstrukturen und Entwicklungsmöglichkeiten aufgezeigt werden. Auf der einen Seite bleiben die Potenziale der arbeitsinhaltlichen Mitgestaltung und der Arbeitszeitautonomie weitgehend erhalten. Auf der anderen Seite gewinnen Interessenlagen der materiellen Reproduktion (Beschäftigungssicherheit, Entgelt) im Zuge der Krise an Bedeutung (vgl. Boes/Trinks 2006) und wird die Unzufriedenheit mit den ausbleibenden Gehaltsanpassungen und Weiterbildungsangeboten offensichtlich.

Zwangsläufig offenbart der Blick auf die jeweiligen wirtschaftlichen Umstände der Unternehmen Unterschiede in den Einschätzungen. In den Wachstumsunternehmen (SIT1, SIT2) überwiegen die positiven Bewertungen der Mitarbeiter, die auf stabile Beschäftigungsverhältnisse, attraktive Einkommensmöglichkeiten, hohe Gestaltungsspielräume in der Arbeit und persönliche Entwicklungsperspektiven verweisen. In den stabilisierten (MID2, SIT5) und dem wirtschaftlich angeschlagenen Unternehmen (SIT4) fallen die Beurteilungen der Beschäftigten negativer aus. Die Sicherheit des Arbeitsplatzes, die Angemessenheit des Gehaltes und die Zufriedenheit mit Weiterbildungs- und Karrieremöglichkeiten sind ›virulente‹ Themen. Dabei überwiegt jedoch eine pragmatische Einschätzung der Beschäftigten. Nach dem Prinzip ›Wo nichts ist, kann man auch nichts holen‹

nehmen sie die jeweilige Situation weitgehend in Kauf. Die externen Anforderungen wirken dabei nicht »ungefiltert« auf die Handlungsorientierungen der Beschäftigten ein. Das belegt die hohe Bedeutung der gemeinschaftlichen Arbeitskulturen und der arbeitsinhaltlichen Komponente der betrieblichen Sozialordnungen. Aus Sicht der Beschäftigten zeigen sich keine spürbaren Anzeichen, dass von der Managementseite ein neuer Kurs zu »vermarktlichten Sozialordnungen« (ebd.: 313) eingeschlagen wird.

6.4 Partizipationsangebote in den Unternehmen aus Sicht der Beschäftigten

6.4.1 Bewertungen der betrieblichen Partizipationsmöglichkeiten

Mitarbeitergespräche, Team- oder Projektsitzungen, Abteilungs- und Company Meetings wurden von den Geschäftsführungen der Neue-Medien-Unternehmen als Formen der betrieblichen Partizipation auf der individuellen und kollektiven Ebene beschrieben, die neben einer partizipativen Arbeitskultur und der Open-Door-Politik den Beschäftigten die Möglichkeit zur Information und Beteiligung und zur Formulierung der eigenen Interessen bieten sollen. Die Nutzung und Bewertung der betrieblichen Kommunikations- und Partizipationsstrukturen durch die Mitarbeiter steht im Mittelpunkt der folgenden Ausführungen.

Die Abbildung 11 zeigt, dass die Beschäftigten die vorhandenen Beteiligungsmöglichkeiten unterschiedlich bewerten: Mitarbeiter- und Zielvereinbarungsgespräche werden von fast 90 Prozent der Beschäftigten als Beteiligungsform genannt. Dies ist ein zunächst überraschender Befund angesichts des geringen Stellenwerts, der den Gesprächen häufig von der Managementseite zugeschrieben worden ist. Auch Team- oder Projektsitzungen (84,4 Prozent) und Treffen auf der Abteilungsebene (72,7 Prozent) sehen viele Beschäftigte als wichtige Partizipationsstrukturen. Hingegen stellen für weniger als die Hälfte der Beschäftigten die Company Meetings eine Partizipationsform dar. Insgesamt zeichnet sich ein Trend ab, demzufolge sich Partizipationsmöglichkeiten stärker auf individueller und Projektebene eröffnen.

Abbildung 11 Partizipationsstrukturen aus Beschäftigtensicht (n = 378)

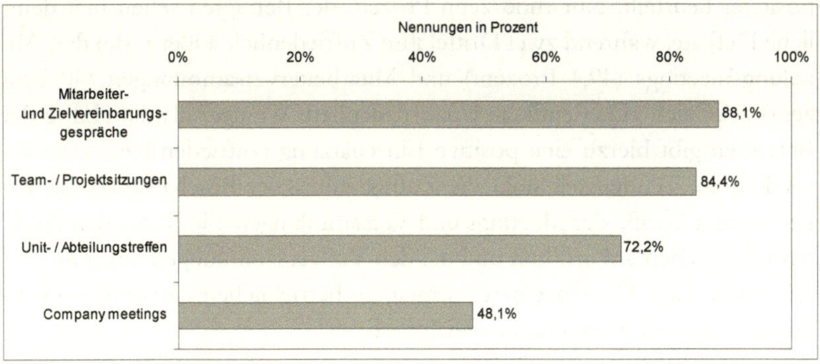

Quelle: Mitarbeiterbefragung in Neue-Medien-Unternehmen; eigene Darstellung

Neben dem Stellenwert der betrieblichen Beteiligungsstrukturen ist von Relevanz, wie die Beschäftigten die unterschiedlichen Partizipationsformen beurteilen. In der Gesamtschau zeigen sich eine hohe Zufriedenheit der Beschäftigten mit den Team- und Projektsitzungen sowie eine durchaus kritische Einschätzung der Zielvereinbarungsgespräche, Unit- und Company Meetings (siehe Abbildung 12).

Abbildung 12 Zufriedenheit mit den Partizipationsstrukturen

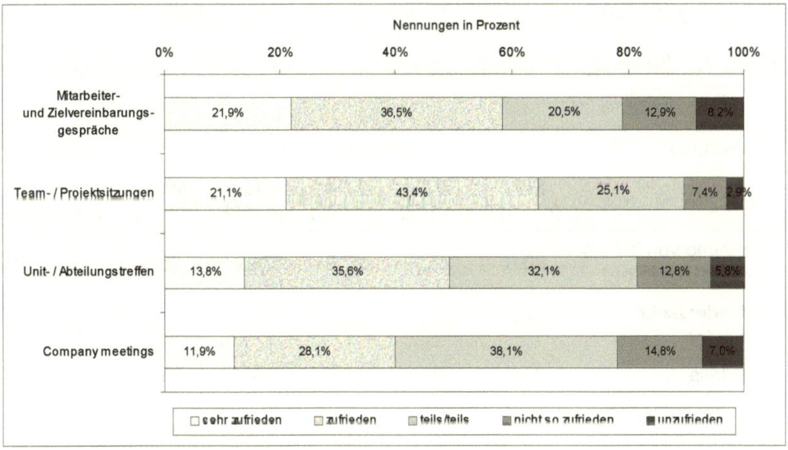

Quelle: Mitarbeiterbefragung in Neue-Medien-Unternehmen; eigene Darstellung

Mit den Mitarbeitergesprächen sind mehr als die Hälfte der Befragten zufrieden (36,5 Prozent) oder sehr zufrieden (21,9 Prozent); jeder Fünfte ist hingegen weniger zufrieden. Die Team- und Projektsitzungen werden noch positiver beurteilt: Nur rund zehn Prozent der Befragten sehen hier deutliche Defizite, während zwei Drittel ihre Zufriedenheit äußern. Bei den Abteilungsmeetings (49,4 Prozent) und Mitarbeiterversammlungen (40 Prozent) zeigt sich eine deutliche Unzufriedenheit: Weniger als die Hälfte der Befragten gibt hierzu eine positive Einschätzung (zufrieden bzw. sehr zufrieden) ab. Tendenziell sinkt die Zufriedenheit der Beschäftigten mit zunehmender Größe der Meetings und Versammlungen: Sie ist bei den direkten Gesprächen am größten und bei den Vollversammlungen am schwächsten ausgeprägt. Die einzelnen Formen der betrieblichen Partizipation werden im Folgenden eingehender analysiert.

6.4.2 Mitarbeiter- und Zielvereinbarungsgespräche

Bei der Zufriedenheit mit dem Instrument der *Mitarbeiter- und Zielvereinbarungsgespräche* zeigt sich eine wenig einheitliche Bewertung. Die Unterschiede sind nicht auf personenbezogenen Merkmale (wie Alter, Geschlecht, Qualifikation) zurückzuführen. Da in den Unternehmen den Gesprächen jedoch eine unterschiedliche Bedeutung zugeschrieben wird (vgl. Kapitel 5), liegt die Vermutung nahe, dass die Bewertung der Gespräche durch die Beschäftigten unternehmensspezifisch ausfällt (siehe Tabelle 12).

Tabelle 12 Bewertung von Zielvereinbarungsgesprächen (ZV) durch die Beschäftigten (in Prozent)

Bewertung	*Unternehmen*					*Gesamt*
	SIT1 (n=101)	*SIT2 (n=178)*	*SIT4 (n=242)*	*SIT5 (n=52)*	*MID2 (n=70)*	*(n=341)*
Nennung von ZV als Beteiligungsform	80,0	89,9	97,0	78,9	73,8	
zufrieden/sehr zufrieden	70,0	56,0	60,8	79,3	23,5	58,4
teils/teils	22,0	22,9	18,3	10,3	26,5	20,5
weniger zufrieden/ unzufrieden	8,0	21,1	20,8	10,3	50,0	21,1

Quelle: Mitarbeiterbefragung in Neue-Medien-Unternehmen; eigene Darstellung; Chi-Quadrat (n. Pearson), p<0,01

Bei der Betrachtung nach Unternehmen fällt auf, dass nahezu alle Beschäftigten (97,6 Prozent) bei SIT4 in Zielvereinbarungsgesprächen, die in diesem Unternehmen einen hohen Formalisierungsgrad aufweisen, eine Form der betrieblichen Partizipation sehen. Ähnliche Bewertungen nehmen die Beschäftigten des Unternehmens SIT2 (89,9 Prozent) vor. In den Unternehmen SIT1 und SIT5 sind die Zielvereinbarungsgespräche eher durch ihre Unverbindlichkeit gekennzeichnet. Hier sehen jeweils rund 80 Prozent der Befragten in den Gesprächen eine wichtige Beteiligungsform. In der Bewertung zeigt sich eine große Zufriedenheit bei SIT5 (79,3 Prozent der Befragten), während diese bei SIT2 und SIT4 (56 bzw. 60,8 Prozent) schwächer ausgeprägt ist. Hier äußern Mitarbeiter unter anderem ihren Unmut darüber, dass »die Zielvereinbarung … nicht angepasst wurde und dann die einzelnen Punkte einfach gestrichen wurden, also keine Relevanz mehr hatten« (MA1-SIT4).

Auffällig sind die Ergebnisse des Unternehmens MID2, in dem Managementvertreter von schlechten Erfahrungen in der Umsetzung berichten (vgl. Kapitel 5). Auch die Beschäftigten bewerten die Zielvereinbarungsgespräche recht negativ: Nur 23,5 Prozent der Befragten bei MID2 sind mit den Gesprächen zufrieden, jeder zweiter Mitarbeiter (50 Prozent) des Unternehmens äußert hingegen eine deutliche Unzufriedenheit (siehe Tabelle 12). Diese Bewertungen gehen nicht zuletzt auf eine geringe Verbindlichkeit der vereinbarten Ziele zurück. Ein Mitarbeiter von MID2, der sich auf das Mitarbeitergespräch gewissenhaft vorbereitet und Kritikpunkte formuliert hat, war letztlich mit der Verhaltensweise des Vorgesetzten und dem Verlauf des Gespräches sehr unzufrieden:

»Der Unit-Leiter hat viel Seife in den Mund genommen und gelächelt und alles hat gut geschmiert und nach einer halben Stunde kam ein Anruf auf dem Handy von einem wichtigen Kunden und dann war unser Gespräch zu Ende.« (MA4-MID2)

Die Bewertung deutet darauf hin, dass die Mitarbeitergespräche von beiden Parteien ernst genommen werden müssen, um die Zufriedenheit zu erhöhen. Weitere Gründe, die von den Beschäftigten angeführt werden, liegen neben der fehlenden Verbindlichkeit in den geringen Spielräumen für Gehaltssteigerungen und den wechselnden Arbeitsanforderungen, die mit konkreten Zielvorgaben nur begrenzt kompatibel sind.

6.4.3 Meetings: Informations- oder Partizipationsgremien?

Die Meetings auf Projekt-, Team-, Abteilungs- oder Unternehmensebene sollen Diskussionsforen und Mitsprachemöglichkeiten für die Mitarbeiter bieten. Wie gezeigt, wird den Treffen auf Team- oder Projektebene von den Beschäftigten eine höhere Bedeutung als Beteiligungsinstrument eingeräumt als den Meetings in der Abteilung und auf der Unternehmensebene. Insbesondere die Belegschaftsversammlungen (Company Meetings) werden häufig eher als Informationsveranstaltungen und weniger als Partizipationsstruktur bewertet.

Die *Team- und Projektsitzungen* bieten wichtige Strukturen für die Kommunikation und Partizipation auf der ausführenden Ebene. Rund zwei Drittel der Befragten halten die Meetings für den Interessenaustausch mit Kollegen und Vorgesetzten und zur Formulierung eigener Beteiligungsvorstellungen für wichtig. Hier werden unter ihrer Mitwirkung Entscheidungen getroffen, die für die Gestaltung der Arbeitsorganisation und Arbeitsinhalte bedeutsam sind. Es geht vorrangig um die Partizipation in operativen Entscheidungen, die auch produkt- und organisationsbezogene Aspekte betreffen. Insbesondere die Projektleiter sehen in den Team- und Projektsitzungen eine wichtige Beteiligungsform, mit der sie häufiger zufrieden sind (77,3 Prozent) als die einzelnen Mitarbeiter (61,7 Prozent).

Die *Treffen auf der Abteilungsebene* sind eine wichtige Institution, in denen neben unternehmens- oder leistungsbezogenen Themen auch Aspekte der Arbeits- und Beschäftigungsbedingungen erörtert werden. Rund 50 Prozent der Beschäftigten zeigten sich mit der Durchführung von Unit- oder Abteilungsmeetings zufrieden bis sehr zufrieden. Allerdings ergeben sich unterschiedliche Bewertungen einzelner Beschäftigtengruppen: Während zwei Drittel der Führungskräfte in den Unternehmen mit den Abteilungsmeetings weitgehend zufrieden sind, ist die Bewertung auf der Mitarbeiterebene kritischer: So wird die mangelhafte Vorbereitung und Durchführung der Sitzungen sowie die fehlende Ergebnisorientierung, die sich beispielsweise im ›Nicht‹-Treffen von Entschlüssen und Entscheidungen äußert, moniert:

»Kommunikation hat teilweise überhaupt nicht stattgefunden. Meetings wurden nicht ernst genommen. Das Problem lag darin, dass einige einen Termin hatten. Dann hatten sie keinen Bock und es war ein beschissenes Meeting. Wir haben über gar nichts gesprochen, zum Teil nur rumgelabert. Es wurde überhaupt nicht kommuniziert. Es wurden auch keine Entscheidungen getroffen, nichts Konkretes abgesprochen. Es war Zeitverschwendung. Man wird nicht weiter dahin gehen, wenn das so weiterläuft.« (AL1-MID2)

In den *Mitarbeiterversammlungen und Company Meetings* sehen die Beschäftigten in erster Linie Informationsveranstaltungen und weniger Diskussions- und Mitspracheforen. Zwar besteht aus Sicht einzelner Beschäftigter auf den Vollversammlungen durchaus die Möglichkeit, »einfach mal so drauf los zu fragen« (MA3-SIT4), dennoch haben für die meisten Mitarbeiter die Company-Meetings eher den Zweck, durch die Geschäftsleitungen über aktuelle Entwicklungen des Unternehmen informiert zu werden: Zwar haben die Beschäftigten »schon die Möglichkeit, Fragen zu stellen …, grundsätzlich ist es jedoch eine Informationsveranstaltung« (MA1-SIT5). Auch hinsichtlich der Company Meetings äußern die Führungskräfte eine höhere Zufriedenheit als die Mitarbeiter ohne Führungsfunktion.

Zwischen den Unternehmen zeigen sich auch hier Unterschiede (siehe Tabelle 13). Die Ergebnisse sprechen für spezifische Modelle von Kommunikation und Partizipation in den Unternehmen, in denen die jeweiligen Formen unterschiedlich beurteilt werden. Bei SIT1 fallen die Bewertungen der Beschäftigten im Unternehmensvergleich äußerst positiv aus. Die Treffen auf der Teamebene sind weniger bedeutsam als die Treffen auf der Abteilungs- und Unternehmensebene. So stellen die monatlichen Vollversammlungen (›All Meeting‹) für die meisten Beschäftigten (78,2 Prozent) des Unternehmens eine wichtige Beteiligungsform dar, mit der über 80 Prozent zufrieden sind. Die Team- bzw. Projektsitzungen werden hingegen seltener als Beteiligungsform genannt.

In den (größeren) Mittelbetrieben SIT2 und SIT4 wird angesichts der zunehmenden Ausdifferenzierung von Abteilungs- und Organisationsstrukturen den Team- und Abteilungssitzungen ein höherer Stellenwert beigemessen als den Company Meetings. Im Unternehmen SIT4 äußern die wenigsten Beschäftigten eine hohe Zufriedenheit (18,2 Prozent) mit den betrieblichen Vollversammlungen. Bei MID2 sind Team- und Projektsitzungen die dominante Beteiligungsstruktur. Im Unternehmen SIT5 hingegen wird den Meetings insgesamt von den Beschäftigten eine vergleichsweise geringere Bedeutung zugeschrieben. Hier spielen die direkten Beteiligungsformen (Open-Door-Kultur, Mitarbeitergespräche) für die Beschäftigten eine größere Rolle.

Tabelle 13 Bewertung von betrieblichen Partizipationsstrukturen (in Prozent)

Beteiligungsform/ Bewertung	*SIT1 (101 MA)*	*SIT2 (178 MA)*	*SIT4 (242 MA)*	*SIT5 (52 MA)*	*MID2 (70 MA)*
Team-/Projektsitzung					
Als Beteiligungsform: ja	72,7	90,8	85,5	71,1	90,5
Bewertung: zufrieden/sehr zufrieden	68,8	65,6	67,8	62,5	48,7
Abteilungsmeetings					
Als Beteiligungsform: ja	85,5	63,0	76,6	57,9	81,0
Bewertung: zufrieden/sehr zufrieden	61,2	45,7	49,1	48,0	44,1
Mitarbeiterversammlungen					
Als Beteiligungsform: ja	78,2	37,8	45,2	44,7	50,0
Bewertung: zufrieden/sehr zufrieden	80,8	37,0	18,2	61,9	40,0

Quelle: Mitarbeiterbefragung in Neue-Medien-Unternehmen; eigene Darstellung

6.4.4 Strategische Partizipation bei unternehmensrelevanten Entscheidungen

Die Einbindung der Beschäftigten in relevante Fragen der Unternehmensentwicklung erfolgt in den Neue-Medien-Unternehmen zum einen durch die direkte Partizipation der Beschäftigten, zum anderen durch die Einbeziehung von Mitarbeitern in die Steuerungsgremien der Unternehmen (vgl. Kapitel 5). Die Beteiligung an unternehmenspolitischen Entscheidungen, die Fusionen, Standorte, Finanzierungsmodelle oder Kundenstrukturen betreffen, ist nur für eine Minderheit der Beschäftigten (19 Prozent) ein zentrales Interesse. Allenfalls die Produktpolitik und die Unternehmensorganisation sind Themen, bei denen einige Mitarbeiter mitentscheiden wollen. Wenig überraschend ist dabei, dass für die Abteilungsleitungen (57,1 Prozent) die *direkte strategische Partizipation* bedeutsamer ist als für die Projektleiter (14,8 Prozent) und die Beschäftigten auf der operativen Ebene (8,2 Prozent). Jedoch ist nicht nur das Interesse der Beschäftigten an der Beteiligung an der Unternehmenspolitik, sondern aus Sicht der Beschäftigten auch die realen Partizipationsmöglichkeiten schwach ausgeprägt. Hier wird auf eine eher zurückhaltende Beteiligungspolitik der Unternehmensleitungen in strategischen Entscheidungen verwiesen. Die Geschäftsführungen geben »den Kurs vor«, die Mitarbeiter können allenfalls »ein bisschen mitsteuern« (TL-SIT5):

»Manche Sachen kann man vielleicht auch nicht verstehen, irgendwelche Jobbesetzungen, Vorstandspositionen oder irgendwelche Direktoren oder so. Warum das jetzt so ist, das wird sicherlich auch nicht bis ins letzte jedem Mitarbeiter transparent gemacht.« (MA3-SIT4)

In einigen Unternehmen existieren repräsentative Vertretungsorgane, die auf die Einbeziehung der Beschäftigten in strategische und unternehmensbezogene Entscheidungen abzielen (vgl. Kapitel 5). Die *Einbindung in die Steuerungsgremien* wie Lenkungssauschüsse, Management-Boards oder Ältestenräte der Unternehmen stellt jedoch nur für wenige Mitarbeiter auf der ausführenden Ebene eine Form der betrieblichen Partizipation dar, während die Gremien von Führungskräften positiver beurteilt werden. Ein Beispiel für ein managementinitiiertes Beteiligungsgremium ist der Ältestenrat im Unternehmen SIT1, der eine Beratungs- und Kontrollfunktion der Geschäftsführung übernehmen soll (vgl. Kapitel 5). Dieses Modell zielt in erster Linie auf die Beteiligung von Beschäftigten an unternehmensrelevanten Entscheidungen. Dabei wird dem Gremium von einigen Beschäftigten auch die Funktion einer Arbeitnehmervertretung zugeschrieben: Mitglieder des Ältestenrates vertreten in ihrer Repräsentantenfunktion auch die Interessen der Beschäftigten (der einzelnen Abteilungen). Die kollektive Form der Interessenregulierung zwischen Beschäftigten und Geschäftsführung basiert dabei nicht auf rechtlich legitimierten Beteiligungsmöglichkeiten, sondern auf den Vertrauensbeziehungen der betrieblichen Akteure und der gegenseitigen Akzeptanz und Berücksichtigung von Interessenlagen:

»Etwas verhindern kann der Ältestenrat eigentlich in keinem Falle, denn die Geschäftsleitung ist zeichnungsfähig. Nur, ich würde mal meinen, wenn wir einen großen Disput hätten, dass ein Großteil des Ältestenrates in die eine Richtung geht und die Geschäftsleitung in die andere, dann wird's schon sehr gute Argumente brauchen, dass die Geschäftsleitung es durchziehen kann, weil diese Mitarbeiter sind nicht umsonst da drin. Die haben natürlich auch einen gewissen Einfluss auf ihre Leute, die sind nicht personalverantwortlich, aber das sind durchaus Leute, die mit den anderen Mitarbeitern sprechen. So gesehen: Ja, auch ein bisschen Mitarbeitervertretung.« (AL1-SIT1)

Der Ältestenrat nimmt somit auch die Funktion einer Interessenvertretung wahr. Die Beschäftigten sprechen Mitglieder des Ältestenrates, zu denen sie ein Vertrauensverhältnis aufgebaut haben, an, um eigene Interessen vorzubringen, Vorschläge zur Gestaltung der Arbeits- und Beschäftigungsbedingungen zu äußern und um Informationen über aktuelle Unternehmensentwicklungen zu erhalten.

6.4.5 Stabilität und Wandel der betrieblichen Partizipationsstrukturen aus Beschäftigtensicht

Eine deutliche Rücknahme oder Aufkündigung der betrieblichen Partizipationsstrukturen angesichts von neuen Marktanforderungen und der Ausdifferenzierung von Organisations- und Führungsstrukturen zeichnet sich au Sicht der Beschäftigten nicht ab. Von einem Zerfall der partizipativen Arbeitskulturen in den Neue-Medien-Unternehmen kann nicht die Rede sein. Dennoch bleiben die Partizipationsstrukturen von den Anpassungsprozessen in den Unternehmen nicht unberührt: Bei der *Open-Door-Kultur* haben neue Führungsebenen insbesondere in den größeren Mittelbetrieben die Kluft zwischen einer ›ersten‹ und ›zweiten‹ Generation unter den Mitarbeitern anwachsen lassen. *Mitarbeiter- und Zielvereinbarungsgespräche* sind häufig durch eine geringe Verbindlichkeit sowie fehlende Gehalts- und Entwicklungsperspektiven gekennzeichnet, die auf die wirtschaftlichen Situationen und wenige Spielräume für individuelle Gehaltsverhandlungen zurückzuführen sind. Die Vielzahl von *Meetings* sind für die Einbeziehung und Beteiligung der Mitarbeiter wichtige Institutionen, die auf der arbeitsplatzbezogenen Ebene größere Partizipationschancen bieten, während sie insbesondere auf der Unternehmensebene stärker den Charakter von Informationsveranstaltungen aufweisen.

Die Bewertungen der Kommunikations- und Beteiligungsstrukturen durch die Beschäftigten führen zu einer Identifizierung unternehmensspezifischer Muster. Diese Muster sind weniger auf die jeweiligen wirtschaftlichen Verlaufswege der Neue-Medien-Unternehmen, sondern vielmehr auf die Ausprägungen der Arbeits- und Sozialbeziehungen zurückführen: Die jeweilige Beteiligungspolitik der Geschäftsleitungen, die Verbindlichkeit der Partizipationsstrukturen und unternehmenskulturelle Merkmale sind hier wichtige Einflussfaktoren.

6.5 Selbstvertretungspräferenzen der Beschäftigten in den Neue-Medien-Unternehmen

Die Interessenorientierungen der Beschäftigten und die Bewertung der betrieblichen Partizipationsstrukturen bilden die Basis für die Analyse der Interessenvertretungsmuster in den betriebsratslosen Unternehmen. Die folgenden Abschnitte befassen sich mit den Fragen, a) wie die Beschäftigten die betrieblichen Partizipations- und Mitbestimmungsmöglichkeiten in ihren zentralen Interessengebieten einschätzen, b) welche Formen der Interessenvertretung sie präferieren und c) welche Bedeutung institutionalisierten Formen der betrieblichen Interessenregulierung zugeschrieben wird. Dabei wird kritisch betrachtet, ob sich ein Bewusstseinswandel von einer Beitragsorientierung zu einer Arbeitnehmerorientierung abzeichnet (vgl. Staedtler u.a. 2004; Kalkowski 2004; Boes/Trinks 2006). Im Zuge dieses Wandels könnten die institutionellen Mechanismen der Industriellen Beziehungen an Bedeutung gewinnen und in der betrieblichen Mitbestimmung und gewerkschaftlichen Interessenvertretung für die Beschäftigten »denkbare Alternativen« (Kotthoff 1997: 125) der Interessenregulierung bestehen.

6.5.1 Interessenlagen der Beschäftigten und Partizipationsmöglichkeiten

Das Interesse der Mitarbeiter an einem sicheren Arbeitsplatz und an guten Verdienstmöglichkeiten ist stark ausgeprägt. Auch anspruchsvolle Arbeitsinhalte, betriebliche Weiterbildungsmöglichkeiten und Aspekte der Sozialbeziehungen zählen zu den zentralen Interessen. Arbeitszeit, Unternehmenspolitik und Leistungsanforderungen erwiesen sich hingegen als nachgeordnete Themen. Hier ist zu fragen, welche Bedeutung der Beteiligung an Entscheidungen in den einzelnen Aspekten zugemessen und wie die Reichweite der betrieblichen Partizipation beurteilt wird.

Den Ergebnissen der Mitarbeiterbefragungen zufolge halten die Beschäftigten ihre Partizipation an vielen Aspekten der Arbeits- und Beschäftigungsbedingungen für sehr wichtig (siehe Abbildung 13). Jeweils über 70 Prozent der Beschäftigten wollen an Entscheidungen, die Arbeitsinhalte, Arbeitszeiten, Weiterbildung oder Beschäftigungssicherheit betreffen, beteiligt werden. Den höchsten Wert erzielt die Beteiligung an arbeitsinhaltlichen Fragen mit 77 Prozent, während die Mitwirkung in Entgeltfragen nur für zwei Drittel der Beschäftigten sehr wichtig ist. In den ausgeprägten arbeitsinhaltlichen Partizipationsansprüchen der Beschäftigten offenbart sich der hohe Stellenwert von beruflichen Orientierungen bei wissensbasierter Arbeit.

Abbildung 13 Bedeutung der betrieblichen Partizipation nach Themenfeldern (n=370)

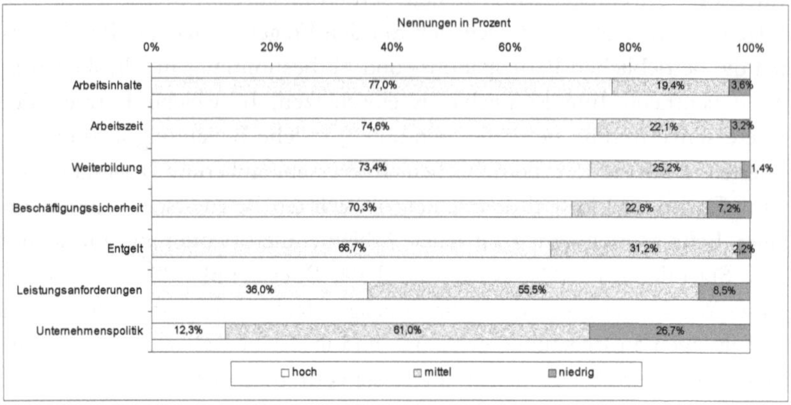

Quelle: Mitarbeiterbefragung in Neue-Medien-Unternehmen; eigene Darstellung

Die Beteiligung an Entscheidungen zur Arbeitszeitgestaltung spielt für rund drei Viertel der Beschäftigten (74,6 Prozent) eine wichtige Rolle, obwohl das Thema Arbeitszeit nicht zu den zentralen Interessen der Beschäftigten zählt. Die Partizipationsansprüche bei Weiterbildung (73,4 Prozent), Beschäftigungssicherheit (70,3 Prozent) und Entgelt (66,7 Prozent) sind bei den meisten Beschäftigten ebenfalls stark ausgeprägt, wenngleich der Beteiligung in diesen Bereichen gegenüber anderen Themen ein nachrangiger Stellenwert zugeschrieben wird. Einer Mitwirkung in der Gestaltung der Leistungsanforderungen und der Unternehmenspolitik misst lediglich eine Minderheit der Beschäftigten eine hohe Bedeutung (36 Prozent bzw. 12,3 Prozent) bei.

Die Darstellung der Beteiligungsansprüche der Beschäftigten in den einzelnen Themengebieten führt zu der Frage, wie die realen Beteiligungsmöglichkeiten eingeschätzt werden. Die Abbildung 14 fasst die Bewertung der Partizipationsmöglichkeiten zusammen und zeigt einige auffällige Unterschiede. Dabei wird deutlich, dass die Bedeutung der Partizipation aus Sicht der Befragten nicht in allen Fällen den realen Einflussmöglichkeiten entspricht. Gute und sehr gute Beteiligungsmöglichkeiten sehen viele Beschäftigte in den Bereichen Arbeitszeit (68,8 Prozent) und Arbeitsinhalte (63,7 Prozent).

Abbildung 14 Bewertung der Partizipationsmöglichkeiten nach Themengebieten (n=370)

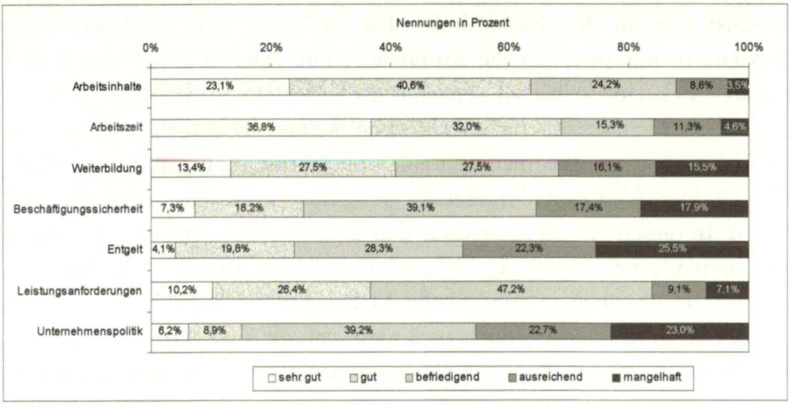

Quelle: Mitarbeiterbefragung in Neue-Medien-Unternehmen; eigene Darstellung

Bei den Weiterbildungsmöglichkeiten sehen sich nur 41 Prozent der Beschäftigten gut bis sehr gut beteiligt. Noch schwächere Beteiligungsmöglichkeiten werden beim Entgelt und bei der Beschäftigungssicherheit gesehen: Lediglich rund ein Viertel hält die Beteiligung an diesen Entscheidungen für gut oder sehr gut. Die Partizipation in der Entgeltgestaltung wird von vielen Beschäftigten als ausreichend (21,6 Prozent) oder gar mangelhaft (24,8 Prozent) bewertet. Hier wird deutlich, dass hinsichtlich dieser zentralen Themenfelder, in denen von den Beschäftigten eine hohe Entscheidungsbeteiligung erwartet wird, eher schwach ausgeprägte Partizipationsmöglichkeiten bestehen. In unternehmenspolitischen Entscheidungen sehen sich die wenigsten Beschäftigten gut beteiligt. Die Angaben zeigen jedoch, dass weniger eine restriktive Managementpolitik als ein geringes Interesse der Beschäftigten der Grund für schwach ausgeprägte Beteiligungsmöglichkeiten im Bereich der Unternehmenspolitik ist.

6.5.2 Muster der Interessenregulierung in den Neue-Medien-Unternehmen

Die Untersuchung der Formen der betrieblichen Interessenvertretung in den Neue Medien-Unternehmen zeigt zwei zentrale Befunde. Zum einen dominiert das Muster der Selbstvertretung der Beschäftigten, zum anderen zeichnet sich eine Differenzierung hinsichtlich der jeweiligen Interessenlagen beziehungsweise Regulierungsgegenstände ab. Der strukturprägende Stellenwert der Selbstvertretung kommt in vielen Aussagen der befragten Beschäftigten in den Neue-Medien-Unternehmen zum Ausdruck. Viele Wissensarbeiter vertreten die Auffassung, ihre eigenen Interessen in den meisten Belangen selbst zu vertreten. Repräsentative ›Instanzen‹ sind aus ihrer Sicht nicht erforderlich. Zahlreiche Statements sprechen dafür, dass es »nicht nötig ist, dass man sich eine höhere Instanz holen muss« (MA4-MID2). Den Weg zum Vorgesetzten »soll schon jeder selbst machen« (TL-SIT5). In diesen Aussagen spiegelt sich die Präferenz der Selbstvertretung und individuellen Interessenaushandlung hochqualifizierter Beschäftigter wider. Die Angaben in der Tabelle 14 belegen die hohe Bedeutung der Selbstvertretung, zeigen jedoch auch, dass sich die jeweils präferierte Form der Interessenvertretung nach Themenfeldern mitunter deutlich unterscheidet.

Tabelle 14 Individuelle und kollektive Interessenvertretung nach Regulierungsgegenständen (in Prozent)

Regulierungsgegenstand	*Form der Interessenvertretung*					
	Selbstvertretung	*Vorgesetzte*	*Team Kollegen*	*Personalabteilung*	*Vertrauensperson*	*Gremien der IV*
Arbeitszeit	73,6	11,3	11,6	2,7	0,8	0,0
Weiterbildung	62,6	25,3	7,7	3,8	0,5	0,0
Arbeitsinhalte	52,6	26,8	20,1	0,3	0,3	0,0
Entgelt	48,5	40,3	1,6	8,5	1,1	0,0
Leistungsanforderungen	44,2	41,9	11,3	0,9	0,6	1,2
Beschäftigungssicherheit	27,2	53,0	5,2	12,3	1,1	1,1
Unternehmenspolitik	20,9	58,8	11,3	4,8	2,0	2,3

Quelle: Mitarbeiterbefragung in Neue-Medien-Unternehmen; eigene Darstellung

Bei Entscheidungen zu Arbeitszeiten (73,6 Prozent), Arbeitsinhalten (62,6 Prozent) und Weiterbildung (52,6 Prozent) setzt die Mehrheit der befragten Mitarbeiter auf die Selbstvertretung der eigenen Interessen. Jedoch wird von den Beschäftigten auch der Interessenvertretung durch (direkte) Vorgesetzte eine Bedeutung in der betrieblichen Interessenregulierung zugeschrieben.

»Ich fühle mich durch die Unit-Leiterin schon gut vertreten. … Da vertraue ich ihr eigentlich voll und ganz. … Eigentlich ist sie, wenn man so will, der Betriebsrat für uns in der Kreation.« (MA2-MID2)

Dies gilt zunächst für die Entgeltgestaltung und die Leistungsanforderungen, bei denen die Interessenvertretung durch Vorgesetzte einen vergleichbaren Stellenwert wie die Selbstvertretung einnimmt: Jeweils rund 40 Prozent der Befragten sehen im Bereich Lohn und Leistung ihre Interesse durch Abteilungs- oder Projektleiter vertreten. Noch bedeutsamer ist die Interessenvertretung durch Vorgesetzte in Fragen der Beschäftigungssicherheit, in denen nur eine Minderheit der Beschäftigten ihre Interessen selbst vertreten und über die Hälfte der Befragten den direkten Vorgesetzten als ihren Interessenvertreter sehen. Diese Praxis der betrieblichen Interessenvertretung durch Vorgesetzte spielt in den Neue-Medien-Unternehmen somit eine gewichtige Rolle. Für die unteren und mittleren Vorgesetzten können daraus Rollenkonflikte entstehen. Werden sie zu Interessenvertretern der Beschäftigten oder gar zum ›Betriebsratsersatz‹, so müssen sie die Ansprüche der Mitarbeiter beziehungsweise der Teams auf der einen Seite und die Interessen des Unternehmens auf der anderen Seite miteinander vereinbaren. Teams beziehungsweise Arbeitskollegen spielen allenfalls in der Vertretung arbeitsinhaltlicher Interesse eine Rolle; hier sehen rund ein Fünftel der Beschäftigten im Team eine wichtige Form der Interessenvertretung. Weitere Formen der Interessenvertretung durch Personalabteilungen, Vertrauenspersonen oder alternative Gremien, spielen in den Neue-Medien-Unternehmen eine untergeordnete Rolle.

Hinsichtlich der Interessenvertretungspolitik einzelner Beschäftigtengruppen zeigen sich einige bemerkenswerte Unterschiede. In Abhängigkeit von der jeweiligen Funktion beziehungsweise Position im Unternehmen zeigt sich, dass die Selbstvertretung insbesondere bei den Unit- und Abteilungsleitern stark ausgeprägt ist. Arbeitszeiten (95,5 Prozent), Arbeitsinhalte (77,3 Prozent) und Entgelt (77,3 Prozent), aber auch Unternehmenspolitik (59,1 Prozent) und Beschäftigungssicherheit (47,6 Prozent) sind Themen, die von den Beschäftigten des mittleren Managements deutlich häufiger in Eigenregie vertreten werden als von anderen Beschäftigtengruppen. Aber auch die Projektleiter vertreten ihre Interessen in vielen Aspekten eigenständiger als die Mitarbeiter ohne Führungsfunktion. Für die Projektleiter spielt die Interessenvertretung durch Vorgesetzte in den Bereichen Beschäftigungssicherheit, Entgelt und Unternehmenspolitik eine Rolle. Von den Mitarbeitern der ausführenden Ebene wird dem Team beziehungsweise den Kollegen bei der Interessenvertretung (insbesondere bei den Arbeitszeiten, Arbeitsinhalten und Leistungsanforderungen) eine auffallend höhere Bedeutung attestiert als von den Führungskräften. Die Frage der präferierten Form der Interessenvertretung hängt demnach auch vom jeweiligen ›Standing‹ der Mitarbeiter im Unternehmen ab; in höheren Positionen sind die Chancen zur Durchsetzung der eigenen Interessen durch die Beschäftigten selbst stärker ausgeprägt.

Die bisherigen Ausführungen lassen Unterschiede in den Interessenvertretungspraktiken der einzelnen Unternehmen vermuten. Demnach ist zu erwarten, dass in den wachstumsstarken Betrieben die ›Primärmachtpotenziale‹ und somit die Selbstvertretungsmuster der Beschäftigten deutlicher ausgeprägt sind als in den wirtschaftlich prekären Unternehmen. Diese These wird durch die Befunde der Mitarbeiterbefragungen jedoch nicht belegt. Die Differenzierung nach Unternehmen zeigt kein eindeutiges Bild: Im Unternehmen SIT1 ist das Selbstvertretungsmuster in vielen Aspekten stärker ausgeprägt. Im Wachstumsunternehmen SIT2 hingegen fällt die Bedeutung der Selbstvertretung der Beschäftigten im Unternehmensvergleich (mit Ausnahme der Themen Arbeitsinhalte und Weiterbildung) geringer aus. Im Krisenbetrieb SIT4 zeigt sich lediglich im Bereich der Leistungsanforderungen ein geringerer Stellenwert der Selbstvertretung und eine hohe Bedeutung der Interessenvertretung durch Vorgesetzte. Letztlich lässt sich kein eindeutiges Interessenvertretungsmuster, das auf die jeweilige wirtschaftliche Situation oder die Organisationsstrukturen der Unternehmen zurückzuführen ist, identifizieren.

Zusammenfassend zeigen die Ergebnisse, dass die Beschäftigten trotz der Veränderungen der strukturellen Rahmenbedingungen ihre Interessen weitgehend eigenständig vertreten. Die Dominanz der Selbstvertretungsmuster und der informellen Partizipationsstrukturen bleibt unangetastet. In einigen Aspekten (Arbeitsinhalte, Arbeitszeit) ist das Muster der Selbstvertretung stärker, in anderen Bereichen (Entgelt, Beschäftigungssicherheit und Unternehmenspolitik) hingegen schwächer ausgeprägt. Da in den letztgenannten Bereichen den Spielräumen zur Selbstvertretung aufgrund der strukturellen und konjunkturellen Rahmenbedingungen enge Grenzen gesetzt sind, versuchen die Beschäftigten, ihre Interessen Ansprüchen gegenüber dem Unternehmen durch die Unterstützung ihrer Vorgesetzten eine bessere Geltung zu verschaffen.

6.5.3 Einschätzungen zu betrieblicher Mitbestimmung und anderen Vertretungsorganen

In den Online-Befragungen in den Unternehmen wurde den Beschäftigten im Rahmen einer offenen Frage die Möglichkeit gegeben, Verbesserungsvorschläge zur betrieblichen Kommunikation und Partizipation zu äußern. Als Verbesserungsvorschläge wurden insbesondere die Einrichtung von Diskussionsforen sowie die intensivere Anhörung und Mitwirkung bei Entscheidungsprozessen genannt. Einige Beschäftigte plädierten für die Gründung eines formalen Vertretungsorgans. Die konkreten Ansätze, eine Mitarbeitervertretung zu konstituieren, werden von den Beschäftigten in den Unternehmen jedoch nur ›halbherzig‹ betrieben. Von einigen Beschäftigten des Unternehmens SIT2 wird der Wunsch nach einer Betriebsratsgründung geäußert. Hier sind konkrete Initiativen zur Gründung einer kollektiven Interessenvertretung unternommen worden.

Ansatze kollektiver Interessenvertretung – Die Belegschaftsinitiative bei SIT2

Die Dominanz des Selbstvertretungsmodells bedeutet nicht, dass die Beschäftigten in bestimmten Situationen nicht über eine kollektive Interessenvertretung nachdenken. So führten bei SIT2 betriebliche Reorganisationsmaßnahmen und Umbrüche in den Arbeits- und Organisationsstrukturen zu Veränderungen in den Sozialbeziehungen und neuen Handlungsorientierungen der Beschäftigten. Die Einführung eines neuen Arbeitszeitmodells, das aus Sicht der Beschäftigten von der Geschäftsführung in Eigenregie und »hinter verschlossenen Türen« (MA1-SIT2) entwickelt wurde, war der Auslöser für die Gründung einer Initiative zur Bildung einer kollektiven Interessenvertretung. Diese Mitarbeiterinitiative verfolgte das Ziel, an Entscheidungen des Managements besser beteiligt zu werden, »um mehr Mitbestimmung zu haben. Oder eine Vertretung für die Mitarbeiter. Was Offizielles mit Regelungen.« (MA2-SIT2) Die Initiatiatoren waren langjährige Mitarbeiter aus der Softwareentwicklung und den IT-Services, die sich mit ihren Interessen nur unzureichend berücksichtigt fühlten. Die wachsende Unzufriedenheit begründeten sie mit den zunehmenden Kommunikationsproblemen in dem dynamisch wachsenden Unternehmen und dem fehlenden Problembewusstsein der Geschäftsleitung, neue Informations- und Partizipationsstrukturen zu schaffen:

»Wir wissen einfach nicht, was los ist, was passiert. In welche Richtung entwickelt sich das Unternehmen. Den Kommunikationsfluss von oben nach unten, den empfanden wir als nicht existent.« (TL2-SIT2)

»Diese flachen Hierarchien ... fand ich noch nie so richtig klasse. Alles hat sein Gutes, aber es hat eben auch Probleme, wenn eben die Gleichen unter Gleichen irgendwas entscheiden müssen und es nicht richtig läuft und dann ist's immer schwierig. Um das Wachstum aufzufangen, denke ich einfach, ist die Firma gezwungen, da sich zu verändern.« (MA3-SIT2)

Die Kommunikationsprobleme wurden aus Mitarbeitersicht durch die räumliche Trennung der Geschäftsbereiche des Unternehmens verschärft, so dass einige Beschäftigte in wichtige Entscheidungsprozesse des Unternehmens nicht mehr involviert waren. Die Initiative zur Mitarbeitervertretung fußte demnach weniger auf Missständen in den Arbeits- und Beschäftigungsbedingungen, sondern vielmehr auf den Defiziten in der betrieblichen Kommunikations- und Beteiligungskultur.

Die Initiatorengruppe bestand aus sieben Personen, die nach ihrer Konstituierung die Belegschaft per Email über ihre Motive und Ziele in Kenntnis setzte. Auch die Geschäftsführung wurde über die Initiative informiert und tolerierte nach anfänglicher Skepsis den Wunsch der Beschäftigten nach einer organisierten Interessenvertretung. Die weiteren Planungen zu einer organisierten Interessenvertretung wurden in Kooperation mit der Geschäftsführung entwickelt. In einem ersten Schritt wurden einige Alternativvorschläge für ein Mitarbeitergremium erarbeitet: Zur Auswahl standen ein unternehmenseigenes, sich am BetrVG orientierendes Vertretungsmodell, ein Round-Table-Gremium, die Betriebsratsgründung sowie ein basisdemokratisches Modell. Auf einer Betriebsversammlung wurden die unterschiedlichen Modelle vorgestellt und diskutiert; letztlich wurden drei Alternativvorschläge zur Abstimmung gestellt: Erstens das unternehmensspezifische Mitarbeitervertretungsmodell, das von der Geschäftsführung als ›weiche‹ Lösung präferiert wurde, zweitens das Betriebsratsmodell, das von der Initiatorengruppe favorisiert wurde, und drittens die weitere Diskussion über ein geeignetes Gremium. An der Abstimmung nahmen über 80 Prozent der Beschäftigten teil, jedoch wurde kein eindeutiges Ergebnis erzielt. Zwar plädierten die Mitarbeiter für eine kollektive Form der Interessenvertretung, eine mehrheitliche Zustimmung zu einem Modell bildete sich jedoch nicht heraus. In der Folgezeit versandeten die Ansätze im Unternehmen, eine kollektive Interessenvertretung zu konstituieren, nicht zuletzt, da sich aufgrund persönlicher Differenzen die Initiatorengruppe auflöste.

Bei der Suche nach den Gründen für das Scheitern werden die unterschiedlichen Auffassungen deutlich: Die Geschäftsführung interpretiert die Entwicklung so, »dass vielleicht doch ein paar Dinge übertrieben worden sind … Kommunikationsprobleme, die da genannt worden sind … Offensichtlich ist die Selbstvertretung ausreichend, die hier stattfindet.« (GF1-SIT2) Die Mitglieder und Protagonisten der Belegschaftsinitiative räumen selbstkritisch ein, dass es ihnen nicht gelungen ist, der Belegschaft das Hauptanliegen der Initiatorengruppe, in wichtigen Fragen mitzugestalten und mitzubestimmen, zu vermitteln. Die Beschäftigten selbst sehen letztlich weder einen außerordentlichen Problemdruck noch strukturelle Interessengegensätze, die das Interesse an einer organisierten Mitarbeitervertretung begründen könnten. Die starke individualistische Orientierung zeigt sich bei Mitarbeitern, die die Selbstvertretung ihrer Interessen präferieren, wenngleich sie »nicht ausschließen, dass andere Beschäftigte Probleme haben« (MA2-SIT2), die ein Vertretungsorgan erforderlich machen könnte.

Positionen zur betrieblichen Mitbestimmung und gewerkschaftlichen Interessenvertretung

Die Themen ›kollektive Interessenvertretung‹ und ›betriebliche Mitbestimmung‹ sind in den betriebsratslosen Neue-Medien-Unternehmen also durchaus relevant. Auch in anderen Unternehmen sind für einige Beschäftigten kollektive Formen der Interessenvertretung eine denkbare Alternative, um ihren Interessen eine bessere Geltung zu verschaffen:

»Es muss ja nix Schlimmes sein. Aber das einfach insgesamt beide Seiten vertreten werden, sowohl Arbeitgeber als auch Arbeitnehmer. … So was fände ich klasse.« (MA1-MID2)

»Es gab ein gemeinsames Interesse, als es uns wirtschaftlich schlecht ging. Da haben sich Leute formiert und über die Möglichkeit nachgedacht oder einen vorgeschickt, aber eine richtige Arbeitnehmervertretung haben wir nicht. Dafür sind zu viele unterschiedliche Interessen da.« (MA1-SIT5)

Insgesamt dominieren jedoch die Selbstvertretungspräferenzen der Beschäftigten und eine eher skeptische bis ablehnende Haltung gegenüber der formalisierten, betrieblichen Mitbestimmung. In der Begründung verweisen die Befragten auf Merkmale der gemeinschaftlichen Sozialordnungen und der spezifischen Interessenlagen hochqualifizierter Wissensarbeiter. In dem Bewusstsein der Beschäftigten ist ein Bild der betrieblichen Mitbestimmung verankert, das nicht zu den besonderen Arbeitskulturen und Sozialbeziehungen in ›ihren‹ Unternehmen passt:

»Ich würde sagen, dass in der Kultur, wie wir im Moment unterwegs sind, ein Betriebsrat nicht positiv wäre. Den Ältestenrat durch einen Betriebsrat zu ersetzen, würde ich nicht als sinnvoll erachten. Wir würden einiges an Unternehmenskultur verlieren.« (TL1-SIT1)

»Ich denke, das liegt daran, dass die meisten Leute zu jung sind und damit (Betriebsrat, d.A.) nie konfrontiert wurden. … Das (Betriebsrat, d.A.) ist eher interessant für Familienväter und Leute, die ein Haus haben oder irgendsowas. Vielleicht liegt es daran, dass man denkt, man ist noch flexibel genug, man kriegt noch ohne Problem einen Job.« (MA3-SIT4)

Darüber hinaus trauen die Beschäftigten einem Betriebsrat nicht zu, ihre eigenen Interessen besser vertreten zu können als sie es selbst tun könnten. Auch bei den Beschäftigten in dem wirtschaftlich angeschlagenen Unternehmen SIT4 »fehlt der Glaube, dass das (eine Betriebsratsgründung, d.A.) die Pleite verhindert hätte« (PA1-SIT4). Vielmehr überwiegt eine pragmatische Haltung, der zufolge die wirtschaftliche Situation Personaleinsparungen und Einkommenseinbußen erfordert, um die langfristige Existenz des Unternehmens zu sichern. Hier spiegelt sich die hohe Beitragsorientierung der Wissensarbeiter in der digitalen Wirtschaft wider. Eine Betriebsratsgründung hätte aus Sicht eines Beschäftigten u.U. dazu geführt, »dass es die Firma gar nicht mehr gäbe« (MA1-SIT4). Die Beschäftigten sehen weniger die Möglichkeit, durch das Einklagen von Mitbestimmungsrechten ihre Interessen besser durchzusetzen, sondern hoffen auf ›bessere Zeiten‹ und eine langfristige Verbesserung der Situation.

Auch die Gewerkschaften sind für Beschäftigten in den Neue-Medien-Unternehmen keine Form der kollektiven Interessenvertretung, die ihren eigenen Bedürfnissen und Vorstellungen entspricht. Hier werden die ›altbekannten‹ Argumente vorgebracht, dass Gewerkschaften zu inflexibel sind und andere Interessen als die Beschäftigten in den Neue-Medien-Unternehmen verfolgen:

»Die Kollegen kennen so eine Gewerkschaft aus den Nachrichten. Das sind die, denen immer nachgesagt wird, dass sie auf der Bremse stehen und für vieles zuständig sind, was im Argen ist.« (MA4-MID2)

»In unserem Bereich ist eine Gewerkschaft … eigentlich zu starr. Wir brauchen eigentlich Sachen, die flexibler sind. Und bei der Gewerkschaft kann ich mir nicht vorstellen, dass die mich in Bereichen unterstützen würden. Wenn ich's nicht selber schaffe, dann schafft es eine Gewerkschaft auch nicht, das durchzusetzen, was ich brauche.« (TL1-SIT1)

Betriebsräte und Gewerkschaften werden jedoch von den Beschäftigten nicht grundsätzlich abgelehnt. Den Institutionen der Industriellen Beziehungen wird auf der gesellschaftlichen Ebene eine wichtige Funktion zugeschrieben. Diese Sichtweise der Beschäftigten in den Neue-Medien-Unternehmen entspricht den Orientierungen von hochqualifizierten Beschäftigten in anderen Wirtschaftsbereichen (vgl. Kotthoff 2005; Kotthoff/Wagner 2007; Hoose u.a. 2009).

6.6 Zwischenfazit

Den Ausgangspunkt dieses Abschnittes bildete die Frage nach den Handlungsorientierungen und Interessenpräferenzen der Mitarbeiter in den ›betriebsratslosen‹ Neue-Medien-Unternehmen. Dabei wurde untersucht, inwieweit sich die betrieblichen Sozialordnungen in den Handlungsorientierungen der Beschäftigten widerspiegeln und wie die betrieblichen Partizipationsstrukturen in der eigenen Interessenvertretung wahrgenommen werden. Die strukturelle Verankerung der gemeinschaftlich geprägten Sozialbeziehungen wird von den Beschäftigten bestätigt. Die ›Betriebsfamilie‹ ist durch wechselseitige Verbundenheit und Vertrauensbeziehungen zwischen den Akteuren charakterisiert, die den Betrieben das Bild der verschworenen Gemeinschaften gegeben haben. Die Konzentration auf die Entwicklung innovativer und informationstechnologisch basierter Produkte und Dienstleistungen und die hierauf basierenden spezifischen Arbeitsprozesse stärkten die Gemeinschaften und die engen Beziehungen zwischen den Unternehmensgründern und den Beschäftigten. Für die Beschäftigten haben das ›familiäre‹ Betriebsklima und eine gemeinschaftliche Arbeitsatmosphäre in den letzten Jahren nicht ihre grundsätzliche Bedeutung verloren; die neuen Marktanforderungen gefährden nicht zwangsläufig den ausgeprägten Zusammenhalt in den Unternehmen. Dennoch zeichnen sich einige Veränderungen in den Einstellungen und Wahrnehmungsmustern der Beschäftigten ab: Die Trennung von Arbeits- und Privatsphäre gewinnt für die Beschäftigten an Bedeutung, die gemeinsame Freizeitgestaltung mit Kollegen ist weniger ausgeprägt als in den Gründungs- und Wachstumsphasen der Unternehmen, die ›klassischen‹ Interessenlagen von Arbeitnehmern, der Erhalt des eigenen Arbeitsplatzes und angemessene Einkommensmöglichkeiten treten stärker in den Vordergrund.

Die markt- und organisationsinduzierten Veränderungen und Formalisierungen der betrieblichen Strukturen nehmen mitunter eine deutlichen Einfluss auf die Gestaltung der Arbeits- und Beschäftigungsbedingungen. Dennoch begründen sie keinen grundlegenden Wandel der strukturprägenden Interessenlagen der Wissensarbeiter, die sich auf das berufliche Selbstverständnis und ausgeprägte Arbeitsidentitäten zurückführen lassen. In einer näheren Betrachtung konnte gezeigt werden, dass sich die Interessenlagen der Beschäftigten hinsichtlich personen- und unternehmensbezogener Merkmalen unterscheiden. Zum einen haben sich zwei ›Generationen‹ von Beschäftigten in den Neue-Medien-Unternehmen herausgebildet: auf der einen Seite die ›altgedienten‹, langjährigen Mitarbeiter, die zumeist Schlüsselfunktionen im Unternehmen übernehmen und die spezifischen Arbeitskulturen der Unternehmen mitbegründet haben, und auf der anderen Seite die jüngeren und ›neueren‹ Mitarbeiter, die nicht mit dem Unternehmen ›groß‹ geworden sind und deren innere Bindung an das Unternehmen weniger intensiv ist. Die erste Generation zeichnet ein größeres Interessen an der Beschäftigungssicherheit, dem Erhalt des familiären Betriebsklimas und der Mitgestaltung der Unternehmenspolitik aus. Für die neuere Generation sind hingegen andere Interessengebiete zentral: Einkommensperspektiven, Arbeitsinhalte und Weiterbildungsmöglichkeiten stehen im Vordergrund. Zum anderen zeigt sich, dass die Interessenlagen der Beschäftigten auch von der jeweiligen wirtschaftlichen Situation des Unternehmens beeinflusst werden. In den wirtschaftlich angeschlagenen Unternehmen sind Beschäftigungssicherheit und Entgelt von höherer Bedeutung, in den Wachstumsunternehmen sind ›weiche‹ Themenfelder wie Arbeitsatmosphäre oder Unternehmenskultur bedeutsamer.

Die Mitsprachemöglichkeiten in den Unternehmen werden von den Beschäftigten weitgehend positiv beurteilt. Face-to-Face-Kontakte, Open-Door-Kulturen und direkte Partizipation prägen das Bild der Interaktions- und Sozialbeziehungen zwischen Beschäftigten und Führungskräften. Insbesondere in den größeren Unternehmen ist angesichts der wachsenden Distanz zwischen den Beschäftigten der unterschiedlichen ›Generationen‹ eine zunehmende Formalisierung der Kommunikations- und Beteiligungsmuster zu konstatieren; für die Beschäftigten bleiben dennoch informelle Beziehungen und direkte Partizipation die Schlüsselelemente zur Formulierung und Durchsetzung eigener Beteiligungsansprüche. Den Mitarbeiter- oder Zielvereinbarungsgesprächen räumen nahezu alle Befragten einen wichtigen Stellenwert ein. Auch Team- und Projektmeetings, in denen Beschäftigte oder Beschäftigtengruppen ihre Interessen einbringen können, werden positiv bewertet und als wichtige Partizipationsformen erachtet. In den Abteilungssitzungen und insbesondere den Betriebsversammlungen werden zwar Formen der Informationsbeschaffung und -vermittlung gesehen, jedoch keine echten Partizipationsstrukturen. Insgesamt nimmt die Akzeptanz und Zufriedenheit der Beschäftigten mit zunehmender Größe der Kommunikations- und Beteiligungsgremien ab. Aufgrund der Verlaufswege der Unternehmen haben sich spezifische Muster der Interessenvertretung herausgebildet. In den kleineren Betrieben des Samples stehen die Open-Door-Kultur und informelle Face-to-Face-Kontakte im Zentrum der Interessenregulierung. In anderen Unternehmen haben sich die Mitarbeiter- und Zielvereinbarungsgespräche oder die kollektiv ausgerichteten Kommunikations- und Beteiligungsstrukturen zu wichtigen Beteiligungsinstrumenten entwickelt. Die Beteiligungsmöglichkeiten werden von den Beschäftigten überwiegend positiv bewertet. In ihren Einschätzungen finden sich insgesamt nur wenige Belege, dass die Wachstums- oder Krisensituationen der Betriebe oder die zunehmenden Formalisierungen die betrieblichen Partizipationsmöglichkeiten signifikant verschlechtert hätten.

Die Selbstvertretung bleibt für die Wissensarbeiter der Neue-Medien-Unternehmen weiterhin zentral. In den meisten Fällen wollen die Mitarbeiter ihre Interessen selbstständig vertreten. Insbesondere bei den Themen Arbeitsorganisation, Arbeitsinhalte und Arbeitszeiten wird der Beteiligung an betrieblichen Entscheidungen eine hohe Bedeutung zugemessen. Die Handlungsspielräume und Mitbestimmungsmöglichkeiten in diesen Aspekten sind aus Beschäftigtensicht deutlich ausgeprägt, wobei die Beschäftigten nahezu ausschließlich auf individuelle Aushandlung und Selbstvertretung setzen. Bei einer möglichen Gefährdung oder Einschränkung dieser Interessenlagen nutzen die Beschäftigten ihre Primärmachtpotenziale oder die Möglichkeiten, mit kollektiven Mustern der Interessenvertretung zu drohen. Auch die Beteiligung in den wichtigen Fragen der Weiterbildung und persönlichen Entwicklungsperspektiven wird weitgehend in Eigenregie verfolgt. Jedoch werden in diesen Bereichen eher defizitäre Partizipationsmöglichkeiten gesehen und eine höhere Unzufriedenheit hinsichtlich der betrieblichen Praxis geäußert. Bei einigen Themen greifen die Beschäftigten jedoch auch auf die Unterstützung durch unmittelbare Vorgesetzte zurück, denen insbesondere im Bereich der Beschäftigungssicherheit und der Entgeltgestaltung eine hohe Bedeutung zugeschrieben wird. Hier werden die Vorgesetzten zu Interessenvertretern und mit der Aufgabe und Verantwortung betraut, die individuellen Ansprüche gegenüber den Personalabteilungen oder der Unternehmensführung zu vertreten. Einen deutlichen Verlust von Primärmachtpotenzialen, individuellen Mitsprachemöglichkeiten und ›Exit-Optionen‹ sehen die Beschäftigten angesichts veränderter struktureller Rahmenbedingungen nicht. Im Gegenteil: Die Beschäftigten betonen die Notwendigkeit von ausdifferenzierten Organisations- und Leitungsstrukturen, um verbindlichere Regelungen zu schaffen und Entscheidungsprozesse zu beschleunigen.

Kollektive Formen der Interessenvertretung spielen für die Beschäftigten in den ›betriebsratslosen‹ Neue-Medien-Unternehmen – nicht zuletzt aufgrund der Dominanz individueller, informeller Aushandlung – keine entscheidende Rolle. In einigen Unternehmen haben sich zwar Ansätze von kollektiven Mitarbeitervertretungen herausgebildet; das Beispiel der Belegschaftsinitiative im Unternehmen SIT2 zeigt jedoch, dass die Mitarbeiter weniger den Aufbau kollektiv mobilisierbarer ›Sekundärmacht‹ anstreben, sondern vielmehr ›Drohpotenziale‹ aufbauen, wenn ihre Interessenlagen und Handlungsspielräume gefährdet werden. In diesem Kontext kommt in einigen Fällen auch das Thema Mitbestimmung zur Sprache und eine stärkere Rechts- und Normenorientierung zum Ausdruck. Dennoch überwiegt die skeptische bis ablehnende Haltung gegenüber den Institutionen der Industriellen Beziehungen.

7 Betriebsräte in den Neue-Medien-Unternehmen

In diesem Kapitel erfolgt die Untersuchung der betrieblichen Interessenregulierung in den ›mitbestimmten‹ Neue-Medien-Unternehmen. In vier Fallunternehmen existierte zum Erhebungszeitpunkt ein Betriebsratsgremium (SIT3, MID 1, MID3, MID4). Im Unternehmen SIT6 war ein Betriebsrat gegründet, zu einem späteren Zeitpunkt aber wieder aufgelöst worden. Dieser Fall ist mit aufgenommen worden, da er interessante Erkenntnisse hinsichtlich der Stabilität der betrieblichen Mitbestimmung verspricht. Ausgehend von der Annahme, dass die Existenz eines Betriebsrates keine hinreichende Auskunft über die dominanten Muster der betrieblichen Interessenregulierung und Partizipation in den Unternehmen liefert, richten sich die folgenden Ausführungen auf die soziale Realität der betrieblichen Arbeitsbeziehungen, das heißt die Bedeutung und die Reichweite der Mitbestimmung in der Wahrnehmung der betrieblichen Akteure. Die Untersuchungen in den ›mitbestimmten‹ Neue-Medien-Unternehmen sollen Antworten auf die folgenden Fragen liefern: Spricht die Gründung von Betriebsräten für eine wachsende Rechts- und Normenorientierung und für die Herausbildung betrieblicher Sozialordnungen, die dem Muster der ›Betriebsverfassung‹ folgen? In welchem Verhältnis steht die betriebliche Mitbestimmung zu den praktizierten individuellen und informellen Partizipationsstrukturen? Lassen sich die Betriebsratsgründungen auf neue Marktanforderungen und Organisationserfordernisse zurückführen? Sind sie Ausdruck genereller Umbrüche in den Sozial- und Partizipationsbeziehungen? Die folgenden Ergebnisse zeigen, dass direkte Partizipation und Selbstvertretung der Beschäftigten auch in den ›mitbestimmten‹ Unternehmen stark ausgeprägt sind und die Existenz von Betriebsräten weder für einen grundsätzlichen Interessengegensatz der betrieblichen Akteure noch für neue Muster der Sozialordnungen in den Neue-Medien-Unternehmen spricht.

Zunächst werden die Hintergründe der Betriebsratsgründungen und die möglichen Veränderungen der betrieblichen Sozialordnungen thematisiert (7.1). Im Abschnitt 7.2 werden die Merkmale und Aufgabenfelder der

Betriebsratsgremien dargestellt. Auf dieser Basis erfolgt eine Analyse der betrieblichen Arbeitsbeziehungen zwischen Management und Betriebsräten (7.3). Anschließend richtet sich der Blick auf die Bedeutung der betrieblichen Mitbestimmung in der Interessenvertretung der Beschäftigten (7.4), bevor die wesentlichen Erkenntnisse zusammengefasst werden (7.5). Die Auswertungen reflektieren zugleich die Erkenntnisse der handlungstheoretisch basierten Studien der Mitbestimmungsforschung, die unterschiedliche Betriebsratstypen und Interessenregulierungsmuster identifiziert haben. Diese verweisen auf die Bedeutung des Professionalisierungsgrades der Betriebsratsgremien, die Akzeptanz der betrieblichen Interessenvertretung durch die Unternehmensleitung und des Rückhaltes der Betriebsräte in der Belegschaft.

7.1 Hintergründe der Betriebsratsgründungen

Vorliegende Studien und zahlreiche Statements von Gewerkschafts- und Verbandsvertreter verweisen auf einen wachsenden Stellenwert der verfassten Mitbestimmung in der digitalen Wirtschaft. Verschärfte Marktanforderungen, Krisensituationen und wachsende Interessengegensätze gelten als Ursachen, die »Tendenzen der Verbreitung der verfassten Mitbestimmung« (Boes/Baukrowitz 2002: 278) fördern. Des Weiteren können betriebliche Formalstrukturen und Einschränkungen der direkten Partizipation einen Bedeutungszuwachs der verfassten Mitbestimmung begründen. Dies wirft Fragen nach den Hintergründen der Betriebsratsgründungen in den Neue-Medien-Unternehmen auf. Der Blick auf die mitbestimmten Unternehmen zeigt zunächst, dass die Existenz der Betriebsratsgremien weder eindeutig auf das jeweilige Segment (Multimedia/Internet oder Software/IT-Services) noch auf die Betriebsgröße zurückgeführt werden können. So existieren Betriebsräte auch in den kleineren Unternehmen, während die größeren Unternehmen des Samples (SIT2, SIT4) ›betriebsratslos‹ sind. In den Unternehmen SIT6 und MID3 sind die Betriebsräte in den 1990er Jahren während der wirtschaftlichen Expansion gegründet worden. In den Unternehmen SIT3, MID1 und MID4 werden die Auswirkungen der Krise sichtbar, da sich die Betriebsräte im Zuge von betrieblichen Restrukturierungs- und Fusionsprozessen konstituierten.[65] Die wesentlichen Ursachen für die Gründung von Betriebsräten in den Neue-Medien-Unternehmen sind jedoch vielschichtiger und das Zusammenwirken verschiedener Faktoren (vgl. Städtler u.a. 2004: 160; Kotthoff 1994). Eine entscheidende Rolle bei der Betriebsratsgründung wird betrieblichen ›Protagonisten‹ zugewiesen. Das Beispiel der Betriebsratsgründung im Unternehmen MID3 zeigt, dass einzelne Beschäftigte wichtige Funktionen bei der Entwicklung und Konstituierung der kollektiven Interessenvertretung übernehmen.

Im Multimedia-Unternehmen MID3 wurde Anfang der 1990er Jahre ein Betriebsrat gegründet. Ein wesentlicher Einflussfaktor der Betriebsratsgründung war das dynamische Unternehmenswachstum, das zu einer wachsenden Distanz zwischen Mitarbeitern und Vorgesetzten führte:

»Wir sind mittlerweile ein großer Betrieb. Als ich angefangen habe, waren wir 13 Mitarbeiter. Da haben wir uns einmal in der Woche alle an einen Tisch gesetzt und es gab für die Mitarbeiter die Möglichkeit, mit der Betriebsführung eng zusammenzuarbeiten. Das hat sich natürlich völlig geändert. Wenn man in einer Abteilung war, die weit weg war vom Zentrum, hatte man mit denen auch nichts zu tun. Und mit Hilfe des Betriebsrates gab es die Möglichkeit, auch mit den Führungskräften in Kontakt zu kommen.« (BR-MID3)

Veränderungen der Kommunikations- und Organisationsstrukturen, die nicht »öffentlich benannt wurden« (BR-MID3) sowie Managemententscheidungen, bei denen die Mitarbeiter erst im Nachhinein informiert wurden, lösten Unzufriedenheit in der Belegschaft aus. Die Betriebsratsgründung wurde insbesondere von einem einzelnen Protagonisten forciert, der einen starken Einfluss auf die betriebliche Interessenbildung ausübte:

»Es gab einen Mitarbeiter, der es persönlich wichtig fand, für seine Meinung einzutreten und das wurde seiner Meinung nach nicht richtig honoriert oder ignoriert oder was auch immer. Seine Antwort darauf war, okay, dann gründe ich jetzt einen Betriebsrat.« (BR-MID3)

»Ich glaube, es war so, dass damals ein Mitarbeiter in der Gewerkschaft engagiert war und angestoßen hat, einen Betriebsrat zu gründen. Und der Kollege war wohl auf seine Art fordernd und rebellisch eingestellt und hat mit ein paar Kollegen zusammen einen Betriebsrat gegründet.« (MA-MID3)

65 In den Unternehmen MID1 und MID4 existierten bereits vor den Fusionen Betriebsräte (vgl. Kapitel 4).

Aus Sicht der Geschäftsführung ist die Betriebsratsgründung eher auf diese ›Einzelinitiative‹ als auf eine generelle Unzufriedenheit der Belegschaft zurückzuführen. Ein Betriebsratsmitglied verweist darauf, dass sich ohne das Engagement des Protagonisten auch eine andere Form der Interessenvertretung hätte herausbilden können. Wenn »die Person nicht da gewesen wäre, hätte sich das vielleicht heute noch alles anders kanalisiert« (BR-MID3). Das Engagement wird auf biographisch bedingte Persönlichkeitsmerkmale des ›Protagonisten‹ zurückgeführt und darauf, »den Autoritäten nicht zu trauen und sich selbst zu verwirklichen« (GF-MID3). Deshalb wollte er – unabhängig von den Interessen der Unternehmensleitung – mit dem Betriebsrat ein eigenständiges Vertretungsgremium der Belegschaft aufbauen:

»Nach dem Prinzip: Wir brauchen ein Gremium, wo wir Mitarbeiter, in Abgrenzung zur Unternehmensleitung, eine Vertretung herausbilden, die unsere Interessen besser vertritt.« (GF-MID3).

In dem Unternehmen SIT6 werden von den Befragten ähnliche Ursachen der Betriebsratsgründung beschrieben. Das schnelle Unternehmenswachstum führte zur Intransparenz von Organisationsstrukturen und zu Managemententscheidungen, die von den Beschäftigten nicht mitgetragen wurden. In der Konsequenz zeichnete sich eine neue Form der Solidarisierung ab, die in der Bildung eines Betriebsrates ihren Ausdruck fand:

»Wir waren zu dem Zeitpunkt alle sehr jung, hatten keinerlei Erfahrungen aus früheren Unternehmen … Wir haben einfach mehr oder weniger mit Bauchgefühl versucht, das hochzustemmen. Und da die Wachstumsphase sehr schnell ging, haben wir auch wahnsinnig viele Fehler gemacht. Also das muss man auch ganz deutlich sagen. Und in dem Zuge hat sich auch der Betriebsrat gegründet.« (PA-SIT6)

Letztlich hatten auch die Unternehmensrestrukturierungen in den Neue-Medien-Unternehmen, die mit einem massiven Personalabbau einhergingen, die Betriebsratsgründungen forciert. So führte im (börsennotierten) Unternehmen MID4 der Einbruch der Technologiemärkte, der sinkende Geschäftserfolg, drohender Personalabbau und der »Ärger, über das was passiert ist« (BR-MID4) zur Betriebsratswahl. Auf Initiative der Personalleitung und unter mehrheitlichem Beschluss der Beschäftigten wurde in dem Unternehmen zunächst ein ›Round Table‹ eingerichtet, der Vertreter aller Abteilungen des Unternehmens umfasste. Dieser erwies sich jedoch, da die Unternehmensleitung die Zusammensetzung des Gremiums manipulierte, »als nicht besonders einflussreich« (BR-MID4), um Entscheidungen im Sinne der Mitarbeiter durchzusetzen. Vor dem Hintergrund eines geplanten Fusionsprozesses und drohender Entlassungen von Mitarbeitern initiierten einige Beschäftigte – mit Unterstützung der Gewerkschaft – die Betriebsratsgründung. Die Geschäftsführung stand der Initiative eher »gemischt« (BR-MID4) gegenüber, widersetzte sich jedoch der Betriebsratsgründung nicht massiv. Im Zuge der Unternehmensfusion 2001 wurde ein Gesamtbetriebsrat mit Standorten im norddeutschen und im süddeutschen Raum gebildet. Zwar wurde der Betriebsrat in die Fusionsverhandlungen eingebunden, aber nicht zuletzt aufgrund der Standortkonkurrenz entwickelte sich keine produktive Zusammenarbeit zwischen den Betriebsräten:

»Die Fusion wurde uns ja verkauft als Fusion unter Gleichen. Ich würde eher sagen, der Lahme hat den Kranken geschluckt und jeder wollte der Schluckende sein. Und so war es natürlich auch beim Betriebsrat.« (BR-MID4)

Das Beispiel belegt, dass ein anderes Vertretungsorgan die ›Vorstufe‹ einer Betriebsratsgründung darstellen kann. In dem Unternehmen wurde die Notwendigkeit einer kollektiven Interessenvertretung erkannt und zunächst ein gemeinsames Gremium von Management- und Beschäftigtenvertretern (Round Table) gegründet. Dessen Instrumentalisierung durch die Geschäftsführung und der wachsende Interessengegensatz zwischen Beschäftigten und Unternehmensvertretern führte schließlich dazu, dass die Beschäftigten einen Betriebsrat gründeten, um ihre eigenen Forderungen und Wertvorstellungen vertreten zu können. Auch in diesem Beispiel zeigt sich somit die hohe Bedeutung einzelner ›Protagonisten‹ oder von »kleinen Aktivistengruppen« (Dörre 2002: 330) für eine Betriebsratsgründung in den Neue-Medien-Unternehmen.

Die Betriebsratsgründung bei MID1 ist ebenfalls auf die veränderte wirtschaftliche Situation zurückzuführen. Eine erste Initiative zur Betriebsratsgründung wurde bereits Mitte der 1990er Jahre umgesetzt, als viele Mitarbeiter, die aufgrund (zu) optimistischer Entwicklungsprognosen des Managements eingestellt worden waren, wieder entlassen werden mussten. Der Betriebsrat hielt sich zunächst lediglich drei Jahre, »ist dann irgendwann wieder eingeschlafen« (BR-MID1) beziehungsweise hatte sich aus Sicht der Geschäftsführung »tot gelaufen« (GF-MID1). Aufgrund einer erneuten Krise des Unternehmens und der Schließung eines Unternehmensstandortes kam es zur Neugründung eines Betriebsrats. Bemerkenswert an dieser Entwicklung ist, dass eine Betriebsratsgründung nicht zu einer langfristigen Verankerung der verfassten Mitbestimmung führen muss, wie sich auch in dem Unternehmen SIT6 zeigt.

7.2 Strukturelle Merkmale und zentrale Handlungsfelder der Betriebsratsarbeit

Zu den Strukturmerkmalen der Betriebsratsgremien zählen die jeweilige Größe, die Zahl der Freistellungen, die internen Arbeitsteilungen und die wesentlichen Betätigungsfelder (Arbeits- und Beschäftigungsbedingungen, Unternehmenspolitik etc.). Die konkreten Ausprägungen liefern wichtige Hinweise zum Grad der Professionalisierung und zur Wirkungsweise der betrieblichen Mitbestimmung in den ›jungen‹ Neue-Medien-Unternehmen. Sie sind Voraussetzung einer effizienten Interessenvertretungspolitik und der Institutionalisierung der Betriebsratsgremien in der Wahrnehmung des Managements und der Beschäftigten.

7.2.1 Konstituierungsmerkmale der Betriebsratsgremien

Die Betriebsratsgremien umfassen in allen vier Unternehmen sieben Mitglieder. Dies entspricht der Anzahl der Betriebsratsmitglieder nach dem BetrVG in Unternehmen mit 100 bis 200 Beschäftigten. Lediglich in einem Unternehmen ist der Betriebsratsvorsitzende für seine Aufgaben teilweise freigestellt, in mehreren Unternehmen bestehen informelle Vereinbarungen zwischen Betriebsrat und Geschäftsführung, die den Betriebsratsmitgliedern beispielsweise einen halben Arbeitstag in der Woche für ihre Tätigkeiten einräumen. Die Betriebsräte in den Neue-Medien-Unternehmen treffen sich in der Regel einmal pro Woche zu Betriebsratssitzungen, um relevante Themen und aktuelle Probleme zu erörtern. Alle Betriebsratsgremien streben an, die Abteilungen und Belegschaftsgruppen des Unternehmens angemessen zu vertreten.

Die untersuchten Betriebsratsgremien sind weitgehend ›junge‹ Organe, die zunächst »nicht wussten, was jetzt eigentlich zu tun war« (BR-MID1). Mit den betrieblichen Funktionen und Mitbestimmungsaufgaben mussten sich die Mitglieder zunächst vertraut machen. Bei der Gründung war es ihnen nicht bewusst, mit welchen Anforderungen sie sich im Einzelnen auseinanderzusetzen hatten und über welche Rechte und Pflichten sie verfügten. In vielen Aspekten, die sich zum einen auf die Interessen der Beschäftigten und zum anderen auf das Wohl des Betriebes beziehen, fingen die betrieblichen Interessenvertretungen »sozusagen bei Null an« (BR-SIT3) und brauchten »lange, um … da ein qualifiziertes Wort abzugeben« (BR-MID1). Hier zeigt sich der geringe Bezug der ›Wissensarbeiter‹ zur verfassten Mitbestimmung, wenngleich sich diese Problemlagen auch in anderen Kleinbetrieben der Wirtschaft finden.

Eine klare Arbeitsteilung innerhalb der Betriebsratsgremien hat sich in keinem Unternehmen herausgebildet: Zwar wurden themenfokussierte Arbeitsgruppen (beispielsweise zu Arbeitszeit, Arbeitsschutz, Weiterbildung oder betriebliche Altersvorsorge) oder Wirtschaftsausschüsse ins Leben gerufen, die nach dem BetrVG in allen Betrieben mit mehr als 100 ständigen Beschäftigten zu errichten sind. Dennoch hat sich der Professionalisierungsgrad der Gremien auch in den Jahren nach der Gründung nicht wesentlich erhöht; die rechtlich verankerten Möglichkeiten der Interessenvertretung werden zumeist nicht vollständig ausgeschöpft. So werden beispielsweise regelmäßige Betriebsversammlungen nicht in allen Unternehmen durchgeführt.

Der gewerkschaftliche Organisationsgrad unter den Betriebsräten (und in der Belegschaft) ist gering, die Zusammenarbeit mit den Gewerkschaften vor Ort ist schwach ausgeprägt. Die Beratungs- und Unterstützungsangebote der Gewerkschaften und die Möglichkeit eines Informationsaustausches mit den Betriebsräten anderer Unternehmen werden eher punktuell genutzt:

> »Es gibt von der Gewerkschaft ›connexx-av‹ einen Stammtisch, zu dem ich öfter gegangen bin. Da hat man eher informell über die Dinge gesprochen. Dann gibt es auch … an Dienstagnachmittagen Veranstaltungen zu bestimmten Themen, wo man sich mit anderen Leuten aus den neuen Medien trifft, Gewerkschaftlern und Betriebsräten, und sich dazu austauscht.« (BR-MID3)

Die Betriebsräte nutzen jedoch Schulungsangebote und Fachzeitschriften, um sich in ihre Aufgaben weiter einzuarbeiten. Um die Institutionalisierung der Gremien voranzutreiben und die eigene Position in Verhandlungen mit dem Management zu verbessern, haben sich einige Betriebsräte in Schulungen zu arbeitsrechtlichen und betriebsverfassungsrechtlichen Grundlagen, aber auch zu anderen Themen (Datenschutz etc.), weitergebildet:

> »Ich habe ein Einführungsseminar besucht, als es die Änderung des Betriebsverfassungsgesetzes 2001 gab. Ansonsten gibt es immer wieder Fälle, die einen dazu

bringen, dass man sich damit (dem BetrVG, d.A.) auseinandersetzen muss.« (BR-MID3)

In Fachzeitschriften informieren sich die Betriebsräte über aktuelle Entwicklungen in der betrieblichen Mitbestimmung sowie wichtige Themen, die ihre Betriebsratsarbeit betreffen. In der Gesamtbetrachtung zeigt sich, dass sich die Konstituierung der Betriebsratsgremien in einem Entwicklungsprozess befindet. In den Neue-Medien-Unternehmen sind »vor allem die ›youngster‹ der Betriebsratsgremien noch recht unerfahren im Umgang mit den sogenannten ›Industriellen Beziehungen‹ zwischen Management/ Arbeitgeber und der Interessenvertretung der Arbeitnehmer« (Ahlers/ Trautwein-Kalms 2002: 47). Um sich weiter zu professionalisieren, orientieren sich Betriebsräte an den betriebsverfassungsrechtlichen Grundlagen. Diese sind eine wichtige Grundlage, um »für Handlungen immer Normen zu finden« (BR-MID4).

7.2.2 Zentrale Themen der Betriebsratsarbeit

Angesichts der Umbrüche in der digitalen Wirtschaft befassen sich viele Betriebsräte insbesondere mit den Themen Kündigung und Personalabbau sowie individuellen Problemen der Mitarbeiter (vgl. Ahlers/Trautwein-Kalms 2001, 2002; Ittermann/Niewerth 2005). So hat der Betriebsrat des Unternehmens MID1 »es eh nur mit einer einzigen Thematik zu tun … und das sind Kündigungen« (BR-MID1). Mit diesem Thema befassen sich auch die Betriebsräte in den anderen Fallunternehmen. Um die Arbeitsplätze in den Unternehmen zu sichern, werden unterschiedliche Modelle der Beschäftigungssicherung (Vier-Tage-Woche, Kurzarbeit etc.) verhandelt. In einem Fall (MID3) garantierte ein ›Verschmelzungsvertrag‹ zwischen Betriebsrat und Management den Kündigungsschutz der Beschäftigten im Zuge von Fusionsprozessen. In den Unternehmen MID4 und SIT3 haben die Betriebsräte versucht, Kündigungen von Mitarbeitern zu verhindern oder Sozialpläne mit den Personalabteilungen auszuhandeln:

»Der Betriebsrat hat klar gesagt: ›Unser Job ist es, hier jeden Einzelnen zu schützen. Wir widersprechen jeder einzelnen Kündigung‹.« (PA-MID4)

Das Lösen individueller Probleme einzelner Mitarbeiter (Mobbing, Abmahnungen, Probleme in der Zusammenarbeit mit Kollegen oder Vorgesetzten) spielt für die Betriebsräte ebenfalls eine »wichtige Rolle« (BR-

MID4). Ein drittes wichtiges Thema sind Arbeitszeitregelungen, wobei sich die Regelungen weniger auf die Einführung konkreter Arbeitszeitmodelle als auf den Ausgleich von Überstunden beziehen. In allen Unternehmen wurden Übereinkünfte zwischen Betriebsrat und Management für den Gesamtbetrieb oder einzelne Abteilungen getroffen. Hier versuchen die Betriebsräte, die Transparenz der geleisteten Mehrarbeit der Belegschaft zu erhöhen:

»Wir versuchen, das gerade regelbar zu machen, dass alle Überstunden ausgewiesen werden und wir einen Überblick haben, wer, wo, wann, welche Überstunden gemacht hat.« (BR-MID3)

In Fragen der Entgeltregelung sind die Betriebsräte kaum involviert. Initiativen der Betriebsräte, Eingruppierungssysteme zu entwickeln, sind nur in Ansätzen vorhanden oder konnten nicht umgesetzt werden. Gründe hierfür liegen in den wirtschaftlichen Lagen der Unternehmen und den individualisierten Gehaltsverhandlungen zwischen Beschäftigten und Vorgesetzten. Aber auch die Zurückhaltung mancher Geschäftsführungen führt dazu, dass der Aufbau »einer einheitlichen und transparenten Gehaltsstruktur« (BR-MID3) nicht realisiert werden kann. Entgeltregelungen betrachten die Managementvertreter bei MID 3 als »ein Hoheitsgebiet, wo man sich nicht reinreden lassen will« (BR-MID3). Eine begrenzte Einflussnahme der betrieblichen Mitbestimmung zeigt sich auch daran, dass zwischen Betriebsrat und Management zwar Jahresgratifikationen und dreizehnte Monatsgehälter vereinbart worden sind, die jedoch nicht ausgezahlt wurden.

Die Organisation von Weiterbildungsmaßnahmen und die betrieblichen Karrieremöglichkeiten der Beschäftigten sind Themen, denen in der Betriebsratsarbeit kein besonderer Stellenwert zugeschrieben wird. Die Betriebsräte verweisen zwar auf das Dilemma, dass einerseits ein hohes Interesse der Beschäftigten an Qualifizierung besteht und andererseits die Weiterbildung in den Unternehmen eher »stiefmütterlich« (BR-MID4) behandelt wird. Sie sehen auch die Probleme der fehlenden Weiterbildungsangeboten und Gefahren einer »gewissen Verdummung« (BR-MID4):

»Wir bleiben auf einem technologischen Stand stehen von vor zwei, drei Jahren. Einfach weil das Thema bei uns nicht wichtig ist.« (BR-MID4)

Trotzdem unternehmen die Betriebsräte nur geringe Anstrengungen, die Weiterbildungsmaßnahmen intensiver voranzutreiben, da andere Fragen und Probleme aus ihrer Sicht drängender sind. Die ihnen zustehenden Beteiligungsmöglichkeiten schöpfen die Betriebsräte nur in wenigen Fällen aus. Darüber hinaus werden sie von den Geschäftsführungen nicht immer über geplante Maßnahmen informiert:

»Im Bezug auf Weiterbildung könnten wir sicherlich unser Recht mit mehr Nachdruck einfordern, dass wir da rechtzeitig und umfassend informiert werden. Zum Beispiel lag der Weiterbildungssektor zwei Jahre lang brach. Es wurde nicht weitergebildet, es gab kein Geld. … Jetzt hat sich langsam die Situation wieder verbessert, man überlegt, welche externen Weiterbildungsmaßnahmen bieten wir an, wen holen wir. Aber das habe ich nur per Zufall mitbekommen, dass da jemand kommt und Seminare macht über Kommunikationsformen.« (BR-MID3)

Neben Kündigungsfragen und individuellen Problemen sind es insbesondere eine Reihe »kleineren Themen« (Dörre 2002: 323), die den Arbeitsalltag der Betriebsräte prägen: Arbeitsplatzgestaltungsmaßnahmen (Raumgröße, Bildschirmarbeit, Klimatisierung, Softwareausstattung etc.), Firmenparkplätze oder Nichtraucherzonen. In diesen Bereichen wird häufig schneller eine Übereinkunft mit dem Management erzielt als bei den ›Brennpunkten‹, da »über solche Themen … dann gern mit uns gesprochen wird, weil dann andere Themen nicht angesprochen werden« (BR-MID1).

Schließlich beteiligen sich die Betriebsräte an unternehmensstrategischen Entscheidungen, um die Interessen der Beschäftigten einzubringen und da hiermit auch »die Frage der Beschäftigungssicherheit« (BR-MID4) verknüpft ist. Insbesondere die Betriebsräte in den Unternehmen SIT3 und MID4 versuchen in unternehmensrelevanten Entscheidungsprozessen »möglichst früh, einen Fuß in die Tür zu kriegen, um dann gegebenenfalls Entwicklungen abbiegen zu können« (BR-MID4). Beispiele für diese ›Entwicklungen‹ sind Produktentwicklung, marktbezogene Veränderungen sowie Investitions- oder Standortentscheidungen.

In den Unternehmen MID1 und MID3 versuchen die Betriebsräte zwar ebenfalls, Einfluss auf die Unternehmenspolitik zu nehmen, sehen jedoch nur einen begrenzten Erfolg in der Durchsetzung von Mitbestimmungsrechten. Sie praktizieren eher informeller Regelungen mit der Geschäftsführung, die nicht rechtlich abgesichert sind und einen wenig verbindlichen Charakter haben:

»Dann haben wir im Prinzip ein ›Gentleman Agreement‹ geschlossen, indem wir gesagt haben, wir verzichten auf den Wirtschaftsausschuss, wenn ihr dem gesamten Betriebsrat genau die Rechte einräumt, die ein Wirtschaftsausschuss hat.« (BR-MID1)

Aus Sicht der Betriebsräte ist die Beteiligung an Unternehmensentscheidungen durchaus problematisch, da ihnen betriebswirtschaftliche Kompetenzen fehlen und sie somit kaum eigene Vorschläge formulieren können. Um die Bedeutung weitreichender Unternehmensentscheidungen abschätzen zu können, »muss man Einblick haben in die Gesamtausrichtung des Betriebes. Ein Großteil der Betriebsratsmitglieder würde sich nicht berufen fühlen, da mitzuentscheiden.« (BR-MID3)

Die bisherigen Erkenntnisse sprechen dafür, dass die rechtlich verankerten Partizipationsmöglichkeiten der verfassten Mitbestimmung von den Betriebsräten in den Neue-Medien-Unternehmen nicht ausgeschöpft werden. Bei der Beschäftigungssicherung und dem Kündigungsschutz nutzen die Betriebsräte ihre gesetzlich verbrieften Beteiligungsrechte. Bei den meisten anderen Themen lassen die individualistischen Muster der Interessenregulierung zwischen Beschäftigten und Management letztlich nur geringe Spielräume für kollektive Regelungen zu. Die Mitwirkung der Betriebsräte an strategischen Entscheidungen ist begrenzt, wenngleich sie um eine größere Einflussnahme bemüht sind.

7.2.3 Betriebsvereinbarungen in den Neue-Medien-Unternehmen

Die inhaltlichen Schwerpunkte der Betriebsratsarbeit spiegeln sich auch in den bisher abgeschlossenen Betriebsvereinbarungen wider. Der Stellenwert der betrieblichen Vereinbarungen unterscheidet sich in den Unternehmen deutlich: In den Fällen MID1 und MID3 wird dem Abschluss von Betriebsvereinbarungen eine untergeordnete Rolle zugeschrieben. In den beiden anderen beiden Unternehmen (SIT3, MID4) haben die Vereinbarungen zwischen Management und Betriebsrat hingegen eine höhere Bedeutung.

Im Unternehmen MID1 existierte zum Erhebungszeitpunkt keine Betriebsvereinbarung. Im Unternehmen MID3 ist zwischen Management und Betriebsrat eine Vereinbarung zur Mehrarbeit abgeschlossen worden, »also das eine ist der monetäre Ausgleich, der ist darin festgelegt, das andere ist, dass Überstunden abgefeiert werden können« (BR-MID3). Die Vereinbarung findet jedoch aus Sicht der Betriebsräte kaum Beachtung:

»Ich denke, die Betriebsvereinbarung wird bei denen (den Beschäftigten, d.A.) irgendwo in der Schublade liegen und vielleicht noch mal am Anfang durchgelesen worden sein. Auf der nächsten Betriebsversammlung werden wir noch mal darauf hinweisen, dass sie auch im Intranet abgelegt ist und da eingesehen werden kann. Es ist schon ein Problem in dem Sinne, dass manche Leute einfach nicht über ihre Rechte informiert sind.« (BR-MID3)

In den Unternehmen SIT3 und MID4 ist eine größere Anzahl von Betriebsvereinbarungen abgeschlossen worden beispielsweise zu den Themen Arbeitszeit, Überstunden, Schichtdienst, Kurzarbeit, Elternzeit, betriebliches Vorschlagswesen sowie Kommunikationssystem und Videoüberwachung. Der Betriebsrat des Unternehmens SIT3 betont, dass der Stellenwert verbindlicher Regelungen aus seiner Sicht an Bedeutung gewonnen hat, während informelle und vertrauensbasierte Verabredungen dem gegenüber in den Hintergrund treten:

»Ich denke mal, es ist das, was juristisch Wert hat in diesem ganzen Geschäft. Und wenn man's dann immer nur auf so einer Verabredung lässt, dann ist es bald eben gestrichen.« (BR-SIT3)

Im Unternehmen SIT3 ist in einer Betriebsvereinbarung ein innovatives Arbeitszeitmodell festgelegt worden. Das Modell fand überbetrieblich in der Branche Beachtung, da es insbesondere die ›Nicht-Regelung‹ von Arbeitszeiten in den Mittelpunkt stellt: Die Beschäftigten können Anfangszeiten und tägliche Arbeitsdauer weitgehend frei wählen. Auch steht es den Beschäftigten offen, nach Ankündigung ihre wöchentliche Arbeitszeit auf bis zu 30 Stunden zu verkürzen. Des Weiteren umfasst die Betriebsvereinbarung die Regelung von Überstunden und Langzeitkonten. Aufgrund geplanter Änderungen des Arbeitszeitmodells, die aus den Restrukturierungsmaßnahmen des Unternehmens resultierten, war zum Erhebungszeitpunkt die Betriebsvereinbarung vom Betriebsrat gekündigt worden, um den Druck auf die Geschäftsführung zur Neuverhandlung zu erhöhen.

Die Bestandsaufnahmen der wesentlichen Themenfelder und der abgeschlossenen Betriebsvereinbarungen zeigen einige strukturelle Defizite der Betriebsratsarbeit. Diese Defizite äußern sich – gemessen an den betriebsverfassungsrechtlichen Normen – in fehlenden Mitbestimmungsstrukturen (Aufgabenteilung, Betriebsversammlungen, Wirtschaftsausschüsse etc.) und in einer allenfalls begrenzten Mitwirkung der Betriebsräte an der Regelung der Arbeits- und Beschäftigungsbedingungen. Eine Ausnahme bilden die Personalanpassungs- und Beschäftigungssicherungsmaßnahmen. In den Unternehmen ist der Professionalisierungsgrad der Betriebsratsgremien letztlich unterschiedlich: Während in den Unternehmen MID1 und MID3 die Betriebsratsarbeit kaum institutionalisiert ist, sind die Gremien in den Unternehmen SIT3 und MID4 deutlich stärker professionalisiert. Um den Stellenwert der betrieblichen Mitbestimmung genauer zu bestimmen, werden die Interaktionsmuster von Betriebsräten und Management näher analysiert.

7.3 Interaktionsmuster von Betriebsrat und Management

In der Mitbestimmungsforschung wird zwischen kooperationsorientierten und konfliktgeprägten Beziehungsmustern zwischen Management und Betriebsräten unterschieden (vgl. u.a. Wirth 1999; Bosch u.a. 1999). Auch Studien, die sich mit dem Stellenwert der Mitbestimmung in den Neue-Medien-Unternehmen auseinander gesetzt haben, sehen die Betriebsräte im Spannungsverhältnis von Interessenkonflikt und Kooperation (vgl. Karger 2003). Die folgenden Ausführungen richten sich auf die Akzeptanz der betrieblichen Interessenvertretung durch das Management, die Ausgestaltung der betrieblichen Interaktion in der Wahrnehmung der Betriebsräte und die Ausformungen der betrieblichen Sozialordnungen, auf denen die Mitbestimmungspraktiken in den Unternehmen basieren.

7.3.1 Betriebliche Interessenregulierung aus Sicht des Betriebsrates

Die Zusammenarbeit mit dem Management schätzen die Betriebsräte als vorwiegend kooperativ ein. Zwar werden innerbetriebliche Konflikte zwischen den Parteien nicht grundsätzlich ausgeschlossen: »Mal ist mehr streiten, mal ist mehr kooperativ« (BR-MID4). Jedoch betonen die Betriebsräte die kooperative Grundausrichtung in den betrieblichen Arbeitsbeziehungen, Sie berichten von einer insgesamt »guten Kultur und … dass das Verhältnis zwischen Management, Betriebsrat und den Beschäftigten gut ist« (BR-MID3). Die kooperative Gesprächskultur wird nicht generell in Frage gestellt, dennoch resultieren Probleme in der Zusammenarbeit aus Sicht des Betriebsrates teilweise aus der Unkenntnis des Managements über die betriebsverfassungsrechtlichen Grundlagen und aus dem Unterlaufen von Informations- und Beteiligungsrechten. Nicht zuletzt vor dem Hintergrund der noch ›jungen‹ Arbeitsbeziehungen in den Neue-Medien-Unternehmen werden die mangelnden Kompetenzen des Managements und die fehlende Berücksichtigung (willentlich oder unbeabsichtigt) von Beteiligungsrechten beklagt, die zu Konfliktsituationen führen können:

»Wenn man dem Gegenüber sozusagen seine Rechte alle vorlesen muss, so nach dem Motto: ›Hier, das ist übrigens unsere Verfassung, hast du die auch schon mal gelesen?‹ Das erschwert es einfach. Die haben sich nicht gebildet beziehungsweise zu wenig. Merkt man auch ganz deutlich zum Beispiel beim Thema Kündigungen. … Da stellen sich uns manchmal die Haare zu Berge, wie dilettantisch die sich anstellen. Selbst, ich will mal sagen, bei berechtigten Kündigungen.« (BR-MID4)

»So ist das mit den ›roten Tüchern‹: Da gab es erst das rote Tuch ›Betriebsrat‹, dann das rote Tuch ›Gewerkschaft‹ und dann das rote Tuch ›Wirtschaftsausschuss‹. Da hat jemand ins Buch geguckt und gedacht: ›Oh Gott, der Betriebsrat hat ja ein Haufen von Rechten‹.« (BR-MID1)

»Wir bekommen die Probleme erst auf den Tisch, wenn eigentlich die Entscheidung in den Köpfen schon gefallen ist. … Die Aufgaben des Betriebsrates werden oft erst am Ende der Entscheidungsprozesse gefragt. Wir werden oft erst so spät ins Boot geholt, dass es zu spät ist.« (BR-MID3)

Von den Betriebsräten wird insbesondere eine defizitäre Informationspolitik des Managements hinsichtlich der Finanzlage des Unternehmens, der wirtschaftlichen Entwicklung oder geplanter betrieblicher Änderungen kritisiert. In Krisensituationen sind die Geschäftsführungen in den Unternehmen mit der Weitergabe von sensiblen Geschäftszahlen zurückhaltend. Auch die Personalabteilungen verhalten sich nicht in allen Fällen kooperativ, insbesondere, wenn es um Entgeltfragen oder Personalentscheidungen geht. Dieses Verhalten resultiert aus Sicht der Betriebsräte nicht nur aus Widerständen, sondern auch aus der Unsicherheit und Unkenntnis des Managements, inwieweit die Betriebsräte in bestimmte Entscheidungsprozesse einbezogen werden müssen. Aus Sicht der Betriebsräte hat sich die betriebliche Mitbestimmung als institutionalisierte Form der Interessenvertretung in den Handlungsorientierungen der Managementvertreter bislang nicht festgesetzt.

Die kooperativen Beziehungen bilden ein wichtiges Fundament der betrieblichen Interessenregulierung in den Neue-Medien-Unternehmen. Jedoch ist sowohl das Selbstverständnis der einzelnen Betriebsräte als auch die Praxis der betrieblichen Interessenregulierung in den Unternehmen unterschiedlich ausgeprägt. In den Unternehmen SIT3 und MID4 drückt sich in der Interessenaushandlung zwischen Geschäftsführungen und den *stärker professionalisierten* Betriebsräten ein höherer Stellenwert der betriebli chen Mitbestimmung aus. In beiden Unternehmen beharren die Betriebsräte stärker auf ihren Beteiligungsrechten und nutzen ihre Mitbestimmungsmöglichkeiten bis hin zur Drohung mit Arbeitsgerichtsverfahren. Sie sehen sich als eine aktive Interessenvertretung, die ›auf gleicher Augenhöhe‹ mit dem Management agiert und trotz grundsätzlicher Konsensorientierungen die eigenen Interessen durchsetzen will:

»Ich bin nicht einer, der leise zuschaut.« (BR MID4)

»Wenn da ein Paragraph drin steht, dann horchen die (Geschäftsführer, d.A.) auf. Weil, das machen wir eigentlich nicht.« (BR-SIT3)

Die Betriebsräte wehren sich gegen Instrumentalisierungsversuche durch das Management und verfolgen eine autonome Interessenvertretungspolitik. Am Beispiel des Unternehmens SIT3 zeigt sich, wie sich die Betriebsräte gegen die Einflussnahme der Geschäftsleitungen zur Wehr setzen. So versuchte der Geschäftsführer, den Betriebsrat dazu zu bewegen, die betriebliche Interessenregulierung ›unter vier Augen‹ zu gestalten, um die Absicherung des Betriebsrates durch die Belegschaft zu verhindern. Der Betriebsrat hielt jedoch an seiner Strategie der persönlichen Ansprache der Beschäftigten und an seinen ›basisdemokratischen‹ Beteiligungsvorstellungen fest:

»Wenn ich einen Bereich mit 30 Leuten habe und habe mit denen was Größeres vor, dann kann ich doch einen Nachmittag mal rumlaufen in dem Bereich … und dann habe ich doch schon ein gutes Bild … Ich sehe es nicht ein, dass ich als Betriebsrat irgendwas nach Gusto Betriebsratsgremium entscheide, wenn ich da 30 Leute fragen kann …« (BR-SIT3)

Einen vergleichbaren Status haben die *gering institutionalisierten* Betriebsräte in den Unternehmen MID1 und MID3 nicht. Ihre Machtpositionen und Möglichkeiten der Einflussnahme auf die Managementpolitik sind schwach ausgeprägt. Sie sind Interessenvertretungen, die zwar bei den Managementvertretern »Gehör« (BR-MID1) finden, letztlich aber keinen entscheidenden Einfluss auf betriebliche Entscheidungen nehmen. Die Betriebsräte betonen die ausgeprägten Vertrauensbeziehungen zur Geschäftsleitung, die sie auch dann nicht in Frage stellen, wenn die eigenen Beteiligungsmöglichkeiten zurückgestellt werden müssen:

»Es hat sich einfach so eingespielt im Laufe der vielen Jahre, dass wir einen sehr weichen Umgangston und eine sehr weiche Vorgehensweise haben. … Und so ist es manchmal, dass einer Forderung nicht genug Nachdruck verliehen wird, weil wir ein gutes Verhältnis zum Management haben und weil man deswegen nicht mal sagt: ›Könnt ihr uns nicht mal vorher Bescheid sagen?‹.« (BR-MID3)

»Es geht jedoch nicht soweit, dass wir Formfehler nachweisen, wenn ein Termin überschritten wurde. Da sind wir nicht so.« (BR-MID1)

Sein defensives Vorgehen und die (erfolgreichen) Instrumentalisierungsversuche durch das Management lassen diesen Betriebsratstypus zu einem »Organ der Geschäftsführung« (Kotthoff 1994: 64) werden, der Stimmungen in der Belegschaft einfangen soll und die Aufgabe hat, »das, was man auf der Vorstandsetage nicht mitkriegt, was auf den anderen Etagen passiert unter den Leuten, das zu sammeln und nach oben zu tragen und zu vermitteln« (BR-MID3). Die Geschäftsführungen versuchen, Einfluss auf die Zusammensetzung der Betriebsratsgremien zu nehmen, um Störungen im Betriebsablauf zu vermeiden:

»Also nicht, dass Sie mich da falsch verstehen: Ich bin da (in das Betriebsratsgremium, d.A.) nicht rein taxiert worden. Aber es wurde mir schon nahe gelegt: ›Pass mal auf, wenn du da jetzt mitmachst, ist in gewisser Art und Weise sichergestellt, dass hier nicht das totale Chaos abgeht.‹ Man hat die Einrichtung des Betriebsrats als hochgradig bedrohliche Situation empfunden.« (BR-MID1)

In den Beziehungen zu den Geschäftsführungen sind außerdem die Binnenstrukturen der Betriebsratsgremien bedeutsam (vgl. Minssen/Riese 2007). So liegt ein entscheidendes Hindernis, eine wirksame, kollektive Interessenvertretungsstruktur aufzubauen, in den unterschiedlichen Auffassungen ihrer Mitglieder und der fehlenden Herausbildung einer einheitlichen Position, die in die Interaktionsprozesse mit dem Management eingebracht wird. Dieses Manko zeigt sich beispielsweise in dem Unternehmen MID4, wo innerhalb des Betriebsratsgremiums gegensätzliche Einstellungen aufeinanderprallen: Einzelne Mitglieder verfolgen eine auf Gegenmacht fokussierte Position, andere setzen auf eine ›weichere Taktik‹ und konsensuelle Problemlösungen:

»Es gibt schon, sage ich mal, die Radikaleren: ›Ich sitze auf meinem Betriebsverfassungsgesetz, und was da drin steht, ist Gesetz. Und ob jetzt die Firma Gewinn macht oder nicht, ist mir wurscht.‹ Und die anderen, die sagen: ›Na ja, schließlich kommt ja mein Gehalt auch von der Firma und irgendwie muss das Geld ja auch reinkommen und mittelfristig müssen wir irgendwie Geld verdienen‹.« (BR-MID4)

»Sicher, dann gibt es auch Kollegen, die sagen: ›Da müssen wir jetzt doch auf den Tisch hauen, die Geschäftsführung muss uns vorher informieren.‹ Ich bin der Meinung, wenn man auf den Tisch hauen will, dann kann man zwar auf den Tisch hauen, aber man muss dann auch die Konsequenzen tragen. Keiner lässt sich gerne auf den Tisch hauen, und dann gibt es auch eine härtere Reaktion. Wir haben auch schon mal auf den Tisch gehauen … aber mir würde es reichen, dass wir uns an einen Tisch setzten. … Ich glaube, dass man mit einer weicheren Taktik und mit Einfühlungsvermögen mehr erreicht, als wenn man auf den Tisch haut. Wobei ich sage, mit der Faust auf den Tisch hauen, ist nicht falsch, aber dann muss man diesen Kurs auch durchziehen bis zum Schluss. Und das bedarf einer bestimmten Standfestigkeit.« (BR-MID3)

Die Differenzen zwischen den Positionen führen innerhalb der Gremien zu »Streitereien« (BR-MID4) und zu internen Konflikten beispielsweise bei der Aushandlung von Betriebsvereinbarungen. Das Miteinander der unterschiedlichen ›Fraktionen‹ in den Betriebsratsgremien und die Erarbeitung einheitlicher Handlungsstrategien sind Herausforderungen für die Betriebsräte, um die jeweilige Durchsetzungskraft und Wirksamkeit der Interessenvertretungsarbeit zu steigern.

7.3.2 Betriebliche Interessenregulierung aus Sicht des Managements

Von den Geschäftsführungen und Personalabteilungen der Neue-Medien-Unternehmen wird die grundsätzlich kooperative und konstruktive Zusammenarbeit mit den Betriebsräten betont. Zwar ist aus Sicht der Managementvertreter in den Neue-Medien-Unternehmen angesichts der hochqualifizierten und selbstvertretungsfähigen Beschäftigten eine institutionalisierte Form der betrieblichen Partizipation eigentlich nicht erforderlich. Die Betriebsräte werden dennoch grundsätzlich akzeptiert; diese sind »kein Teufelswerk« (PA-SIT6), das massiv bekämpft und ›ausgetrieben‹ werden muss. So wird eine vertrauensvolle Zusammenarbeit mit den betrieblichen Interessenvertretungen gesucht; es wird Wert gelegt »auf Kooperation und Partnerschaftlichkeit, weil letztendlich kann man nur gemeinsam die Firma voran bringen und sich nicht irgendwie gegenseitig blockieren« (PA-SIT3). Trotzdem sind die Betriebsräte für die Managementvertreter keine zentralen Verhandlungspartner und als Vertretung der Beschäftigten demzufolge von untergeordneter Bedeutung. Diese generelle Einschätzung ist aufgrund der ›Betriebsratstypen‹ zu differenzieren, da insbesondere in den Unternehmen MID1 und MID3 die grundsätzliche Existenzberechtigung der relativ schwachen Vertretungsgremien von Managementvertretern hinterfragt wird:

»Ich halte den Betriebsrat … für keine notwendige Einrichtung. Vor dem Hintergrund, dass es bei uns im Unternehmen eine ausreichende Mitarbeiterorientierung gibt und auch, weil die Mehrzahl unserer Beschäftigten hochqualifizierte Angestellte sind, die um den Wert ihrer Arbeit auch wissen. … Außerdem spielt der Betriebsrat bei uns keine nennenswerte Rolle, weil seine Aufgaben sich im Wesentlichen auf Beratung von Mitarbeitern in arbeitsrechtlichen Fragen in Konfliktfällen beziehen, und darauf, welche Möglichkeiten ein Arbeitnehmer im Allgemeinen hat.« (GF-MID3)

»Ich bin ein anerkannter Betriebsratshasser, aber ich habe mit denen keine Schwierigkeiten. … Wir haben das Glück, dass wir jetzt nicht jemanden da sitzen haben, der nur alleiniger Betriebsrat ist und dafür auch freigestellt ist. Weil das würde mich umbringen, allein schon kostenmäßig. Das kann ich mir gar nicht leisten oder will ich mir auch nicht leisten.« (GF-MID1)

Die ablehnende Haltung der betrieblichen Mitbestimmung durch die Managementvertreter basiert auch auf den Restriktionen des Betriebsverfassungsgesetzes, die aus ihrer Sicht rasche Veränderungen in den Unternehmen und die Flexibilität in den Arbeitsprozessen durch bürokratische Entscheidungsprozesse behindern. Die Geschäftsführungen präferieren informelle Vereinbarungen und Muster der Interessenregulierung, bei denen die Betriebsräte nicht von allen Rechten Gebrauch machen. So werden von den Managementvertretern viele ›altbekannte‹ Argumente (Kosten, bürokratischer Aufwand) gegen die Betriebsratsarbeit vorgebracht, jedoch auch auf Spezifika wissensintensiver Arbeitsprozesse hingewiesen. Gleichzeitig zeigen einige Aussagen, dass eine kollektive Form der Beschäftigtenpartizipation in vielen Aspekten die Arbeit der Geschäftsführungen erleichtern kann.

In den Unternehmen mit professionalisierten Betriebsratsstrukturen (MID4, SIT3) wird den Betriebsräten »schon eine starke Position« (AL-MID4) attestiert. Eine Ablehnung der Managementvertreter äußert sich weniger gegenüber dem Gremium insgesamt als vielmehr in der Skepsis gegenüber einzelnen Mitgliedern, die eine effiziente Zusammenarbeit behindern:

»Ja, mein Gott, Betriebsrat ist toll. Wenn da nur die Leute nicht drin wären.« (AL-MID4)

Die ›Leute‹ zeichnen sich bei den Managementvertretern weniger durch ihre effektive Betriebsratsarbeit aus, sondern dadurch, dass sie »irgendwie ihr Machtleben ausspielen wollen … oder für etwas kämpfen, damit sie toll dastehen. Die eben dann auf Außenwirkung aus sind.« (AL-MID4) Des Weiteren sehen die Führungskräfte das Problem, dass sich im Betriebsrat Personen sammeln, die unzufrieden mit ihrem Job waren beziehungsweise von Kündigung bedroht waren und ein neues Betätigungsfeld suchten, um letztlich nur ihre eigenen Interessen zu vertreten. Auch im (mittlerweile ›betriebsratsfreien‹) Unternehmen SIT6 hatten sich nach Ansicht der Personalleitung einzelne Beschäftigte nur deshalb in den Betriebsrat wählen lassen, um von den Regelungen des Kündigungsschutzes zu profitieren. Dieses Vorgehen führte zur Missbilligung durch die Unternehmensleitung, da andere, leistungsfähigere Mitarbeiter entlassen werden mussten:

»Denen man auch ganz klar gesagt hat: ›Dein Job ist sicher, dafür muss der andere gehen. Wir hätten aber lieber den anderen behalten‹.« (PA-SIT6)

Die Managementvertreter sind angesichts unterschiedlicher ›Fraktionen‹ in den Betriebsratsgremien insbesondere an einer guten Zusammenarbeit mit den Mitgliedern interessiert, die sich im Sinne eines ›Co-Managements‹ für das Unternehmen und die Beschäftigten engagieren und eine aufgeklärte und reflektierte Interessenvertretung verfolgen:

»Wir haben auch einige sehr vernünftige (Betriebsräte, d.A.), die wirklich Dinge auch von vielen Seiten betrachten können. … Mit denen kann man durchaus diskutieren und dann schöne Lösungen finden.« (PA-MID4)

Wenngleich die Managementvertreter eine Professionalisierung der Betriebsratsstrukturen konstatieren, schlägt sich das aus ihrer Sicht nicht in einer besonders erfolgreichen Arbeit der Betriebsratsgremien nieder. So wird den Betriebsräten zwar beim Abschluss von Betriebsvereinbarungen eine wichtige Funktion zugeschrieben, dennoch werden zentrale Aspekte aus Managementsicht von den Betriebsräten nicht thematisiert beziehungsweise nicht im Sinne der Mitarbeiter vertreten:

»Ich schätze es, diese Vertretung zu haben, aber ich habe die noch nicht sinnvoll in Aktion gesehen.« (AL-MID4)

»Ich denke dennoch nicht, dass der Betriebsrat viel getan hat für die Leute im Unternehmen, muss ich ganz ehrlich sagen. Meines Erachtens nach haben die keinen einzigen Arbeitsplatz gerettet oder wie auch immer.« (PA-SIT3)

Die vorliegenden Ergebnisse zur Zusammenarbeit der betrieblichen Kollektivakteure und zum Stellenwert der betrieblichen Mitbestimmung in den Neue-Medien-Unternehmen offenbaren eine Praxis, die von einer grundsätzlich konsensuellen Beziehung und einer weitgehend informellen Kooperation bestimmt wird. Zwischen Betriebsrat und Management dominieren kooperative gegenüber konfliktorientierten Interaktionsmustern, wenngleich in Einzelfällen durchaus Interessenkonflikte ausgetragen werden. Die Geschäftsführungen tolerieren die Existenz von Betriebsräten in den Unternehmen, obwohl sie ihre Skepsis hinsichtlich des grundsätzlichen Stellenwertes und der konkreten Funktionen der betrieblichen Mitbestimmung zum Ausdruck bringen. Die Betriebsräte sind um den Aufbau einer eigenständigen Position bemüht, kämpfen jedoch nicht zuletzt mit heterogenen Interessen und Zielsetzungen der einzelnen Mitglieder.

In den Unternehmen MID1 und MID3 ist die Verhandlungsposition der Betriebsräte eher schwach. Die Gremien werden von den Geschäftsleitungen zur Durchsetzung der eigenen Interessen stärker instrumentalisiert. In den beiden anderen Unternehmen (SIT3, MID4) haben sich die Betriebsräte als institutionalisierte Form der Interessenvertretung im Sinne eines »Ordnungsfaktors« (Kotthoff 1994: 64) weitgehend durchgesetzt und werden von der Managementseite respektiert. Dennoch finden sich auch hier keine hinreichenden Belege für die Herausbildung einer konstitutionellen Grundordnung und von betrieblichen Sozialordnungen, die durch eine ausgeprägte Rechts- und Normenorientierung der Akteure gekennzeichnet ist.

7.4 Betriebliche Mitbestimmung und die Interessenlagen der Beschäftigten

Die betrieblichen Interaktionsmuster zwischen Betriebsrat und Management in den Neue-Medien-Unternehmen sprechen weder für einen ausgeprägten Stellenwert noch für einen hohen Wirkungsgrad der betrieblichen Mitbestimmung, wenngleich Unterschiede zwischen den einzelnen Unternehmen deutlich werden. Im Folgenden werden die Beziehungen zwischen dem Betriebsrat und den Beschäftigten analysiert und der Frage nachgegangen, welche Bedeutung die betriebliche Mitbestimmung für die Beschäftigten hat. Hierzu wird zum einen der Aspekt aufgegriffen, welche Rolle sich die Betriebsräte in der Vertretung der Beschäftigten zuschreiben, und zum anderen untersucht, wie die Beschäftigten die Betriebsratsarbeit beurteilen. Da in den Neue-Medien-Unternehmen hochqualifizierte Beschäftigte mit einem ausgeprägten Selbstvertretungsanspruch tätig sind, sind diese Aspekte für die Identifizierung der betrieblichen Partizipationsmuster in den ›Betriebsratsbetrieben‹ von besonderer Relevanz.

7.4.1 Funktionen der Interessenvertretung aus Sicht der Betriebsräte

Die eigenen Befunde aus den ›betriebsratslosen Betrieben‹ sprechen für eine strukturelle Verankerung von direkter Partizipation und Selbstvertretung der hochqualifizierten Beschäftigten in den Neue-Medien-Unternehmen. Auch die Betriebsräte betonen den hohen Stellenwert individualisierter Formen der Interessenaushandlung und der Face-to-Face-Kommunikation zwischen Beschäftigten und Vorgesetzten. Sie akzeptieren diese Praxis der internen Interessenregulierung und unterstützen die Selbstvertretungsansprüche der Beschäftigten:

»Man geht ja erst in der Hierarchie nach oben, zum Projektleiter und dann zum Unit-Leiter. Selbst der Unit-Leiter sitzt mit den Leuten konkret auf einer Ebene, die sitzen ja auch in denselben Räumen, da kann man im Vorbeigehen mal was sagen oder anders Kontakt aufnehmen. Der Vorstand hingegen sitzt hier in der 5. Etage, da muss man sich richtig bewegen, nicht nur räumlich, sondern auch innerlich. Dann kommen die Kollegen zu uns und wir gehen ja zu Herrn X, der ist innerhalb des Vorstandes für Human Resources zuständig. Das geht alles ganz einfach, wenn man diesen Schritt wagt, aber für die Kollegen ist das eine große Hemmschwelle, sich an den Vorstand zu wenden, auch über uns. Auch wenn der Vorstand sagt: ›Wenn ihr Probleme habt mit dem Unit-Leiter, kommt doch zu mir‹.« (BR-MID3)

Aus Sicht der Betriebsräte übernehmen sie als repräsentative Interessenvertretung der Beschäftigten weniger klassische Schutzfunktionen als vielmehr Coaching- und Beratungsaufgaben. Erst in Situationen, in denen das ›Individualmodell‹ der Beschäftigten an Grenzen stößt und aufgrund der neuen Markterfordernisse die Kollektiv- und Schutzinteressen der Mitarbeiter stärker in den Vordergrund treten, werden die Betriebsräte intensiver konsultiert:

»Erst in dem Moment, wo sich die Situation verschärfte, wo wir mit Massenentlassungen konfrontiert wurden und der Betriebsrat auch mit ins Boot geholt wurde, wurde der Betriebsrat stärker frequentiert. Auch die Kollegen haben gemerkt, dass es gut ist, jemanden zu haben, an den man sich wenden kann. Und dass man nicht alles ›Face-to-Face‹ mit der Betriebsleitung besprechen muss. … Wenn jemand eine Abmahnung auf dem Tisch liegen hat, dann kommt der ganz schnell zum Betriebsrat. Denn dann ist erst mal Panik angesagt. Und dann gehen wir zum Vorstand und besprechen das mit denen. Und dann ist klar, hier ist ein Konflikt, dann setzten wir uns mit denen an einen Tisch und dann haben wir auch schon mal was bewegen können.« (BR-MID3)

Jenseits dieser einschneidenden Situationen suchen nach Aussagen der Betriebsräte einzelne Beschäftigte den Betriebsrat insbesondere dann auf, wenn sie konkrete Fragen haben oder Informationen benötigen. Dabei sprechen sie ausgewählte Betriebsratsmitglieder eher als Vertrauenspersonen als in ihrer Funktion als Betriebsrat an. In dieser Funktion sind die Betriebsräte »die designierten Kümmerer« (BR-SIT3). Somit wird die Betriebsratsarbeit durch die Beratung von Mitarbeitern in Einzelfällen geprägt, worin sich weniger eine kollektive Interessenvertretungsfunktion der Betriebsräte äußert. Die Betriebsräte werden von den einzelnen Beschäftigtengruppen unterschiedlich in Anspruch genommen: Während Mitarbeiter in prekären Beschäftigungen eher die Unterstützung von Betriebsräten suchen, äußern leistungsorientierte, hochqualifizierte und oftmals junge Beschäftigte seltener einen Beratungsbedarf. Letztere »interessieren sich auch nicht wirklich für den Betriebsrat« (BR-SIT3) und betrachten die Mitbestimmung nicht als eine Institution, die ihnen im Problemfall bessere Durchsetzungschancen ihrer Interessen bietet als die Selbstvertretung:

»Da wenden sich die Leute weniger an den Betriebsrat als an Einzelpersonen, zu denen sie Vertrauen haben. Die Leute haben nicht den Glauben, dass ich in der Lage bin, etwas zu verändern.« (BR-MID1)

Die fehlende Einbeziehung durch die Beschäftigten führt dazu, dass es für die Betriebsräte häufig »das Schwierigste ist, informiert und unterrichtet zu werden und Probleme irgendwie mitzukriegen« (BR-MID3). Hier räumen Betriebsratsmitglieder Kommunikationsprobleme ein, die sich in einem unzureichenden Informationsfluss zwischen Beschäftigten und Betriebsräten (in beide Richtungen) äußern. Zwangsläufig sind die Betriebsräte in den Fallunternehmen bemüht, die Transparenz ihrer Vertretungsarbeit und ihre Informationspolitik gegenüber den Beschäftigten zu verbessern, um die Attraktivität als Ansprechpartner zu erhöhen. Aktuelle Themen und Entwicklungen werden über eigene Webseiten, Email, ›schwarze Bretter‹ oder über Abteilungs- oder Betriebsversammlungen an die Mitarbeiter weitergegeben. Darüber hinaus haben Betriebsräte in allen Unternehmen Mitarbeiterbefragungen durchgeführt, um die Schwerpunkte der Betriebsratsarbeit beziehungsweise mögliche Veränderungen in den Betriebsabläufen zu thematisieren. Die Umfragen hatten häufig jedoch nur einen mäßigen Erfolg:

»Ich glaube, wir haben so 20 Antworten zurückgekriegt. Im Unternehmen arbeiteten zu diesem Zeitpunkt 120. Es ist schwer, Leute zum aktiven Mitarbeiten an den Verhältnissen zu bewegen, wenn sie nicht wirklich unter Druck stehen. Die Leute sind so sehr mit ihrer Arbeit befasst, dass sie sich kaum Gedanken darüber machen, ob es möglich wäre, die Arbeitsprozesse auch besser zu organisieren. Dass man mal Abstand gewinnt zum Alltagsstress und sich strukturell Gedanken macht. Andererseits kann man aber auch sagen: ›Gut, dann sind die Verhältnisse vielleicht so und es gibt kein Bedarf, sie zu ändern‹.« (BR-MID3)

Schließlich beeinflusst auch die Vertretungspolitik der Betriebsräte gegenüber den Geschäftsleitungen die Binnenbeziehungen zwischen Betriebsrat und Belegschaft. Bezeichnerweise sind insbesondere in den Unternehmen MID1 und MID3, in denen die Betriebsräte häufiger in einer schwächeren Position in der Aushandlung mit den Managementvertretern sind, aus Sicht der Betriebsräte die Vorbehalte unter den Beschäftigten besonders ausgeprägt. Der Rückhalt der betrieblichen Interessenvertretung in der Belegschaft ist eher gering:

»Wenn ein Vorstand sagt: ›Bitte wählt die Betriebsratsvorsitzende wieder, wir haben eine supergute Zusammenarbeit‹, dann kann man sagen: ›Ist doch toll‹. Aber es können auch Arbeitnehmer sagen: ›Wir dachten, dass die Arbeit zwischen Vorstand und Betriebsrat eine konfrontative ist.‹ Und man könnte auch auf Gedanken kommen, die nicht gerade positiv sind. Aber ich stehe auch dazu. Ich fahre keinen konfrontativen Kurs. Hier gibt es einfach kein Klima dafür, konfrontative Betriebsratsarbeit zu machen. Dazu braucht man auch eine Belegschaft, die hinter einem steht, und das ist hier auch nicht so.« (BR-MID3)

In den Unternehmen mit vertretungswirksamen Betriebsratsmustern (SIT3, MID4) sehen sich die Betriebsräte nicht nur in der Funktion eines Gremiums, das die individualisierte Interessenvertretungspraxis zwischen Beschäftigten und Vorgesetzten flankiert, sondern streben ihre Weiterentwicklung als eigenständige Institution der Vertretung von Arbeitnehmerinteressen an. Jedoch wird auch in diesen Unternehmen seitens der Betriebsräte auf eine geringe Unterstützung der Betriebsratsarbeit durch die Beschäftigten hingewiesen.

7.4.2 Beurteilung der Mitbestimmung durch die Beschäftigten

Für die grundsätzliche Bedeutung der betrieblichen Mitbestimmung unter den Beschäftigten spricht zunächst die überraschend hohe Wahlbeteiligung an den Betriebsratswahlen: Diese betrug im Jahr 2002 in den Fallunternehmen zwischen 60 und 80 Prozent und zeigt, dass die Vertretungsgremien im Bewusstsein der Belegschaften verankert sind. Ein wichtiger Erklärungsfaktor für die hohe Beteiligung liegt in der wirtschaftlichen Krisensituation einiger Unternehmen, die den Bedarf an einer höheren Absicherung verstärkten:

»Dann, vor ein, zwei Jahren (2001/2002, d.A.), war dann jeder im Betrieb heilfroh, dass wir einen Betriebsrat haben.« (MA-MID3)

Die positive Beurteilung der Betriebsratsgremien durch die Beschäftigten konzentriert sich jedoch auf einzelne Stärken, die den betrieblichen Interessenvertretungen insbesondere in Personal- und Kündigungsangelegenheiten zugeschrieben werden. Grundsätzlich überwiegt unter den meisten Beschäftigten eine skeptische bis ablehnende Haltung, die sich zum einen auf die Funktion der kollektiven Interessenvertretung insgesamt, zum anderen auf die Betriebsratsarbeit einzelner Personen bezieht. Im Unternehmen MID1 wird die Effizienz der betrieblichen Mitbestimmung angesichts der Instrumentalisierbarkeit der Gremien kritisch hinterfragt:

»Einige Mitarbeiter waren bei der Betriebsratswahl … nicht ganz zufälligerweise unter den Kandidaten, die sich dafür haben aufstellen lassen. Das haben die Mitarbeiter auch relativ schnell mitbekommen und haben gemerkt: ›Aha, der Betriebsrat ist ja … viel mehr Handlanger der Geschäftsführung und wird hier quasi nur eingesetzt, um die Belange der Geschäftsführung durchzusetzen und nicht die Belange der Mitarbeiter.‹ Das wurde eine Zeitlang auch sehr kritisch beäugt.« (AL1-MID1)

»Ich glaube, das ist ein Haufen von Leuten, die mehr oder weniger ihre ›Wackeldackel-Funktion‹ einnehmen und den lieben, langen Tag mit dem Kopf nicken.« (AL3-MID1)

Abwertende Bezeichnungen wie ›Handlanger der Geschäftsführung‹ und ›Wackeldackel‹ belegen, dass die Beschäftigten bei MID1 dem Betriebsrat nicht zutrauen, autonom zu agieren und Entscheidungen im Sinne der Beschäftigten zu treffen. Darüber hinaus wird zum einen auf mangelnde Kompetenzen der Betriebsratsmitglieder hingewiesen und zum anderen – insbesondere von den ›Leistungsträgern‹ unter den Beschäftigten – das bereits skizzierte Vorgehen einzelner Beschäftigter, sich durch die Wahl in den Betriebsrat den eigenen Arbeitsplatz zu sichern, kritisiert:

»Wobei schon etliche Kollegen sagen, der Betriebsrat ist etwas schwammig besetzt mit blöden Mitarbeitern und den Mitarbeitern, denen sonst gekündigt wird. Und er ist auch nicht mehr fachlich so kompetent, wie er vor einem Jahr war. Einige Mitarbeiter, die mal im Betriebsrat waren, haben sich selbstständig gemacht, und sind nicht mehr dabei. Und daher ist alles etwas schwieriger geworden.« (MA-MID3)

»Es gibt hier eine Kollegin innerhalb des Betriebes, die ist eigentlich ganz nett, aber fachlich … Kann jedenfalls nach meiner Auffassung nichts richtig. Diese Frau sollte eigentlich im Zuge des Stellenabbaus entlassen werden. Das hätte ich ehrlich gesagt auch als ganz in Ordnung empfunden. Diese Frau hat sich in den Betriebsrat wählen lassen und ist dann nach massiver Intervention des Betriebsrates nicht entlassen worden. Jetzt ist sie mittlerweile schon weitergereicht worden und hat mittlerweile schon einige Positionen durchlaufen. … Wenn sich der Betriebsrat dann im Wesentlichen für solche Leute einsetzt, dann kann das aus meiner Perspektive nicht richtig sein. Das ist ja auch eine Belastung für die Gemeinschaft ›Betrieb‹. Meine Arbeit hängt ja auch im großen Maße davon ab, wie effektiv andere arbeiten. Es schadet mir ja eigentlich, wenn ich Leute durchschleppe, die eigentlich nichts können. Insofern ist das, was der Betriebsrat macht, viel zu sozial und auch sozialromantisch geprägt, das gefällt mir nicht. Also, Betriebsrat ist ja kein Instrument, das grundsätzlich gegen die Geschäftspolitik des Hauses agieren soll. Ich sehe den Betriebsrat schon auch irgendwo dazwischen. Aber eine gewisse Härte in dem, was man tut, wäre da meiner Meinung nach notwendig, die sehe ich aber nicht unbedingt. Deswegen bin ich da grundsätzlich eher distanziert, was die Betriebsratsarbeit angeht, und wie gesagt ganz froh, dass ich da selbst nicht drin sitze.« (MA-MID4)

Ein wesentliches Problem sehen die hochqualifizierten Beschäftigten darin, dass sich die Betriebsräte weniger mit Problemen befassen, die aus ihrer Sicht Priorität haben, sondern auf Themen konzentrieren, denen die Beschäftigten eine randständige Bedeutung zumessen und die aus ihrer Sicht »mal ganz klar gesprochen, aufgeblasen sind« (MA-MID4). Hier spiegelt sich die auch von den Betriebsräten geschilderte, defizitäre Kommunikations- und Informationskultur zwischen Belegschaften und betrieblichen Interessenvertretungen ab. So werden auf der einen Seite zentrale Themen (Arbeitszeit, Entgelt, Qualifizierung) von den Betriebsräten nicht behandelt, da aus ihrer Sicht die Beschäftigten die Regulierung dieser Gegenstände in Eigenregie durchführen. Auf der anderen Seite betonen die Beschäftigten, dass sie den Betriebsräten eine geringe Bedeutung zumessen, da deren Engagement in Kernthemen der Arbeits- und Beschäftigungsbedingungen unzureichend ist.

Die hochqualifizierten Beschäftigten in den ›Betriebsratsbetrieben‹ betonen ihre eigenen Selbstvertretungsansprüche und geben ihre individualisierten Handlungsorientierungen auch bei der Existenz eines kollektiven Interessenvertretungsorgans nicht auf. Ein eigenes Engagement im Betriebsrat lehnen sie mit der Begründung ab, dass Zeit investiert wird, die von der eigenen Arbeitszeit verloren geht. Die betriebliche Mitbestimmung ist für die Beschäftigten kein dominanter Mechanismus in der betrieblichen Interessenregulierung. Allenfalls in Krisenzeiten sprechen sie den Betriebsräten eine wichtige Funktion zu. Insgesamt sehen sie nur wenige Situationen, in denen sie die Betriebsräte als ›ultima ratio‹ konsultieren würden:

»Da müsste schon viel schief laufen in der Kommunikation mit meinem Ressortleiter und meinem Chefredakteur. Dann würde ich sozusagen erst mal selber in

Klausur gehen und nachdenken: ›Wie reagiere ich eigentlich? Reagiere ich eigentlich noch richtig? Ist das, was ich mache, angemessen oder habe ich grundsätzlich eine Wirklichkeitswahrnehmung, die vielleicht doch nicht ganz stimmig ist?‹ Und erst wenn ich da nicht weiterkomme, würde ich sagen: ›Okay, jetzt wende ich mich mal an den Betriebsrat.‹ Ich kann es mir aber nur theoretisch vorstellen. In der Praxis halte ich das für sehr unwahrscheinlich.« (MA-MID4)

7.5 Zwischenfazit

Neue Markterfordernisse und die hierauf basierenden Maßnahmen der betrieblichen Rationalisierung und des Personalabbaus sind wichtige Hintergründe für die Herausbildung der Betriebsratsgremien in den Unternehmen. Insbesondere die Initiativen von ›Aktivistengruppen‹ in den Belegschaften haben zu Betriebsratsgründungen geführt. Die Neue-Medien-Unternehmen sind somit keine gänzlich mitbestimmungsfreie Zone. Die Verankerung der betrieblichen Mitbestimmung ist nicht auf den Verlust einer sozialintegrativen Gemeinschaft und einen strukturellen Interessengegensatz zwischen den betrieblichen Akteuren zurückzuführen. Die gemeinschaftlichen Sozialbeziehungen existieren in den Betrieben weiterhin. Insgesamt messen sowohl die Geschäftsleitungen als auch die Beschäftigten den Gremien eher eine geringe Bedeutung bei. Auch die kritische Selbstwahrnehmung der Betriebsräte deutet zumeist nicht auf die Herausbildung einer autonomen und wirksamen Interessenvertretung und einer neuen Ordnung hin. Ob aufgrund einer fehlenden Professionalisierung weitgehend noch junger Betriebsratsgremien oder ob aufgrund der Arbeits- und Unternehmenskulturen, die einem ›traditionellen‹ Verständnis von Betriebsratsarbeit und Vertretungspolitik widersprechen: Der Stellenwert der betrieblichen Mitbestimmung in den Unternehmen ist begrenzt.

Instrumentalisierungsversuche durch das Management, Kompetenz- und Machtdefizite der Betriebsräte sowie der fehlende Rückhalt in der Belegschaft sprechen gegen den Aufbau effizienter Vertretungsgremien; dies zeigt sich insbesondere bei den vertretungsschwächeren Betriebsratsgremien der Unternehmen MID1 und MID3. Ob mit zunehmender Erfahrung auch die Professionalisierung der Betriebsratsgremien zunimmt, bleibt offen. In den Unternehmen SIT3 und MID4 finden sich zahlreiche Belege dafür, dass die Entwicklung einer eigenständigen Interessenvertretung, die auch von Managementseite und den Beschäftigten akzeptiert wird, prinzipiell möglich ist.

Selbst in den mitbestimmten Unternehmen praktizieren die hochqualifizierten Beschäftigten überwiegend die Selbstvertretung der eigenen Interessen. Vertretungsfunktionen und Beratungsleistungen von Betriebsräten werden durchaus akzeptiert, jedoch substituieren diese nur in seltenen Fällen die dominanten Selbstvertretungspraktiken. Hier zeigen sich Ansätze der Kompatibilität und Gleichzeitigkeit unterschiedlicher Vertretungsmodelle in den Unternehmen, bei denen die betriebliche Mitbestimmung neue Funktionen übernimmt.

Letztlich führen die Befunde zu einer Erkenntnis, die in den bisherigen Studien zur Partizipation und Mitbestimmung in den Neue-Medien-Unternehmen unterbelichtet geblieben ist: Die notwendige Betrachtung der langfristigen Stabilität der betrieblichen Mitbestimmung in den Unternehmen. In den Unternehmen MID1 und MID3 haben die Betriebsratsgremien mit dem Ausscheiden zentraler Akteure an Stellenwert verloren. Im Unternehmen SIT3 wird aufgrund fehlender Betriebsratsmitglieder die Entscheidungsfähigkeit des Gremiums untergraben. Im Unternehmen MID4 konnten Betriebsratswahlen an einem Standort aufgrund eines Mangels an Kandidaten nicht durchgeführt werden, wenngleich der Betriebsrat am Hauptsitz des Unternehmens gut aufgestellt ist. Die langfristige Existenz der betrieblichen Mitbestimmung in den Unternehmen ist somit nicht gesichert. Schließlich zeigt der Fall des Unternehmen SIT6, dass die Stabilität eines Betriebsratsgremiums in den Neue-Medien-Unternehmen nicht von Dauer sein muss: In Folge eines Restrukturierungsprozesses war der Betriebsrat nicht wiedergewählt worden und hatte sich zum Erhebungszeitpunkt bereits aufgelöst. Auf Basis dieser empirischen Befunde ist nicht von Entwicklungsverläufen auszugehen, die sich in der langfristigen Verankerung der verfassten Mitbestimmung und von neuen konstitutionellen Sozialordnungen in den Neue-Medien-Unternehmen niederschlagen.

8 Fazit und Ausblick

In der vorliegenden Studie sind die Formen der betrieblichen Partizipation und Mitbestimmung in Neue-Medien-Unternehmen untersucht worden. Die Bezugspunkte der Untersuchung waren die aktuellen Debatten zum Stellenwert der betrieblichen Mitbestimmung in der Wissensgesellschaft und zur Herausbildung innovativer und ›alternativer‹ Partizipationsformen in der digitalen Wirtschaft. Die Neue-Medien-Unternehmen wurden als ein Kernsegment der digitalen Wirtschaft identifiziert, das an der Schnittstelle von Softwareentwicklung, IT-Dienstleistungen, Multimedia- und Internetwirtschaft liegt und das sich in den letzten Jahren deutlicher herausgebildet hat.

In der Aufarbeitung des Forschungsstandes wurde auf kontroverse Positionen der Industrial-Relations-Forschung zu den Entwicklungsverläufen betrieblicher Partizipation und Mitbestimmung in den Neue-Medien-Unternehmen verwiesen. So sprechen einige Befunde für die Verbreitung von neuen Formen der direkten und kollektiven Partizipation und Interessenregulierung. Die institutionellen Mechanismen der Industriellen Beziehungen setzen sich in diesem Segment nicht durch. Somit wird die Reichweite der dualen Struktur von betrieblicher Mitbestimmung und tarifvertraglicher Regulierung in der Wissensgesellschaft kritisch hinterfragt. Andere Bestandsaufnahmen hingegen legen in Anbetracht der Krisenerfahrungen der Unternehmen der digitalen Wirtschaft eine andere Sichtweise nahe: Angesichts neuer Markt- und Kontrollmechanismen werden die Partizipationsmöglichkeiten der hochqualifizierten Beschäftigten instrumentalisiert oder deutlich eingeschränkt. Die gering formalisierten und vertrauensbasierten Strukturen von direkter Partizipation, Selbstvertretung und betriebsspezifischen Formen der Interessenregulierung sind in dieser Perspektive keine Alternative zu den rechtlich verankerten Formen der betrieblichen Mitbestimmung. Die deutlichere Herausbildung der Interessengegensätze zwischen Beschäftigten und Management in den Neue-Medien-Unternehmen führt zu einem Bedeutungsgewinn von verfasster Mitbestimmung und gewerkschaftlicher Interessenvertretung. In der Konsequenz nähern sich die Arbeits- und Partizipationsstrukturen in den Neue-Medien-Unternehmen den bewährten Mustern in der ›traditionellen Wirtschaft‹ (im Sinne eines ›Trajectory‹-Effektes) zunehmend an. Die unterschiedlichen Entwicklungsszenarien wurden einer kritischen Reflexion unterzogen und bildeten den Ausgangspunkt der eigenen Erhebungen in den Neue-Medien-Unternehmen.

Ein zentrales Forschungsdefizit wurde in der fehlenden Verknüpfung der Befunde mit Erkenntnissen der Partizipations- und Mitbestimmungsforschung identifiziert: Die Untersuchungen zu den Beteiligungsstrukturen in der digitalen Wirtschaft knüpfen zwar an Studien zu partizipativem Management und direkter Partizipation als neuer Angebotslinie des Managements an. Jedoch werden die Formen der individuellen, informellen oder betriebsspezifischen Partizipation und Interessenregulierung vornehmlich aus der Perspektive effizienzorientierter Beteiligungsangebote analysiert. Die Befunde aus der industriesoziologischen Klein- und Mittelbetriebsforschung und aus den Studien zu hochqualifizierten Angestellten bleiben in dieser Perspektive weitgehend unberücksichtigt. Für eine Beurteilung der Entwicklungsverläufe betrieblicher Partizipation in den Neue-Medien-Unternehmen sind Erkenntnisse zu den Hintergründen, den Wechselbeziehungen und der Reichweite der Beteiligungsformen von hoher Bedeutung.

Bei der Entwicklung eines Erklärungsansatzes zur betrieblichen Beschäftigtenpartizipation knüpft die vorliegende Untersuchung an das Konzept betrieblicher Sozialordnungen an, das eine Bezugsfolie zur systematischen Einbeziehung unterschiedlicher Forschungstraditionen der Industrial-Relations-Forschung darstellt. Das Konzept richtet die Perspektive auf die unterschiedlichen Formen der Handlungskoordination, den betrieblichen Sozialordnungen, auf die sich die Akteure in ihrem Handeln beziehen. Auf der Basis der Unterscheidung gemeinschaftlicher und instrumentalistischer Typen werden verschiedene Sozialordnungsmuster identifiziert, die für die Analyse der Formen betrieblicher Partizipation herangezogen werden können. Der Sozialordnungsansatz wurde bislang nicht systematisch bei der Betrachtung von Arbeitsbereichen und Betrieben mit hochqualifizierter Wissensarbeit übertragen (vgl. Kotthoff 2005). Des Weiteren fehlt die Rückkopplung des handlungstheoretisch basierten Konzeptes an eine institutionenbezogene Perspektive. In dem Erklärungsansatz dieser Studie wird deshalb eine Verknüpfung mit dem Konzept erwerbsstrukturierender Institutionen (vgl. Pries 2005) vorgeschlagen, um die institutionellen Kräftefelder zu erfassen, die auf die betrieblichen Sozialordnungen und die Handlungsorientierungen der Akteure einwirken. In dieser Perspektive wurde auf die familiär-gemeinschaftlich geprägten und beruflich strukturierten Sozialordnungen in den Neue-Medien-Unternehmen verwiesen. Markt- und Organisationsmechanismen wirken auf die betrieblichen Sozialordnungen ein, ohne jedoch einen grundsätzlichen Wandel der Sozialbeziehungen zu begründen. Auf dieser Basis bleiben die informelle, direkte Partizipation und die Selbstvertretungsmuster der Beschäftigten strukturprägend, wenngleich sie das Auftreten anderer Formen der Partizipation (andere Vertretungsorgane, Betriebsräte) nicht ausschließen. Die empirische Untersuchung richtete sich auf die Arbeitsbeziehungen und Beteiligungsstrukturen in zehn Neue-Medien-Unternehmen. Dabei wurde sowohl die Managementperspektive als auch die Sichtweise der Beschäftigten und Interessenvertretungen analysiert.

8.1 Selbstvertretung als strukturprägendes Muster in den Neue-Medien-Unternehmen

Die Beteiligung von Beschäftigten auf der betrieblichen Ebene kann in verschiedenen Formen individueller und kollektiver, informeller und formalisierter Partizipation ihren Ausdruck finden. In dieser Arbeit wurden mit der direkten Partizipation, den kollektiven Vertretungsorganen und der betrieblichen Mitbestimmung drei mögliche Ausprägungen identifiziert. Die Untersuchungen in den Neue-Medien-Unternehmen belegen somit die Existenz verschiedener Formen der Partizipation und Strukturen der Interessenregulierung, die nicht nur durch ihre Vielfalt, sondern auch durch ihre Gleichzeitigkeit gekennzeichnet sind. Die direkte Partizipation und Selbstvertretung der Beschäftigten bilden dabei das strukturprägende Beteiligungsmuster. Die direkte Partizipation ist nicht nur ein Instrument der Unternehmensführung, sondern auch ein Erfordernis wissensintensiver Arbeitsprozesse und Ausdruck der Selbstvertretungsansprüche der Beschäftigten.

Direkte Partizipation zielt nicht nur auf die Effizienzsteigerung der Arbeitsprozesse, sondern ist sowohl in der Managementsicht als auch in der Beschäftigtenperspektive in modernen, reflexiven und hochqualifizierten

Arbeitszusammenhängen strukturell verankert. Von der Managementseite werden vielfältige Partizipationsangebote an die Beschäftigten herangetragen. Die Befunde sprechen gegen die Annahme, dass diese Angebote nur von Marktorientierungen und Effizienzkalkülen geleitet werden. Sie sind vielmehr arbeitsinhaltliche und organisationsbezogene Erfordernisse bei wissensintensiver Arbeit und Ausdruck genereller Wertvorstellungen zur Partizipationskultur. Von den Beschäftigten werden Selbstvertretungsansprüche formuliert, um die eigenen Interessen und Wertorientierungen zu realisieren und um sich aktiv an arbeits- und beschäftigungsbezogenen Entscheidungen zu beteiligen. Zwar fehlt der ›informellen‹ und direkten Beteiligung der Beschäftigten ein gesetzlich legitimiertes Fundament von einklagbaren Partizipationsrechten, jedoch sprechen die Besonderheiten von Wissens- und Projektarbeit in den Neue-Medien-Unternehmen für eine starke Verankerung und hohe Verbindlichkeit dieser Beteiligungsstrukturen. Die Spielräume einer einseitigen ›Aufkündbarkeit‹ von Beteiligungsangeboten durch das Management sind begrenzt.

Der hohe Stellenwert der *direkten Partizipation und Selbstvertretung* der Beschäftigten zeigt sich insbesondere in den ›betriebsratslosen‹ Neue-Medien-Unternehmen. Flache Hierarchien, Open-Door-Kultur und Face-to-Face-Kommunikation sind wichtige Grundlagen der direkten Partizipation. Weitere Beteiligungsmöglichkeiten eröffnen sich in Mitarbeiter- und Zielvereinbarungsgesprächen sowie Team-, Projekt- oder Abteilungsmeetings, die von den Beschäftigten zur Information und Diskussion sowie zur Mitentscheidung bei der Gestaltung von Arbeitsinhalten und Beschäftigungsbedingungen genutzt werden. In unternehmensstrategischen Fragen beteiligen sich die Beschäftigten hingegen seltener, nicht zuletzt, da sie an der Mitwirkung an entsprechenden Entscheidungen nur ein begrenztes Interesse haben. Die herausragende Stellung der direkten Partizipation und informellen Interessenvertretung zeigt sich auch in den Unternehmen, in denen ein Betriebsrat existiert. Die betriebliche Mitbestimmung stellt auch in diesen Betrieben nicht das dominante Muster der Partizipations- und Interessenregulierungspraxis dar.

Die Reichweite der individuellen Partizipation zeigt sich insbesondere in den Themenfeldern Arbeitszeitgestaltung, Arbeitsinhalte und Arbeitsorganisation, in denen die Beschäftigten über ausgeprägte Gestaltungsspielräume und Mitentscheidungsmöglichkeiten verfügen. In anderen Regulierungsbereichen wie Beschäftigungssicherheit, Entgelt oder Qualifizierung sind die Partizipationsmöglichkeiten deutlich schwächer. Aufgrund der schwierigen wirtschaftlichen Situation vieler Unternehmen müssen die Beschäftigten Abstriche bei den Gehaltsvorstellungen und Qualifizierungsangeboten hinnehmen. Die veränderte Arbeitmarktsituation in der digitalen Wirtschaft setzt den potenziellen ›Exit-Optionen‹, das heißt Kündigung und Jobwechsel, der Beschäftigten Grenzen. Persönliche Einbußen werden demzufolge ›zähneknirschend‹ akzeptiert; in dieser Handlungsorientierung drückt sich aber zugleich eine hohe Identifikation mit der Arbeit und dem Unternehmen aus. In den eingeschränkten Einflussmöglichkeiten in den Bereichen Beschäftigungssicherheit und Entgelt liegt kein strukturelles Defizit direkter Partizipation und informeller Interessenregulierung: Auch Betriebsräte oder Gewerkschaften können in wirtschaftlich schwierigen Zeiten, ihre Forderungen nur begrenzt durchsetzen.

In einigen ›betriebsratslosen‹ Neue-Medien-Unternehmen existieren *betriebsspezifische Modelle kollektiver und repräsentativer Vertretung*. Diese sind das Ergebnis der Suche nach innovativen Beteiligungsformen und betriebsspezifischen Lösungen, die den konkreten Anforderungen von Wissensarbeit und den spezifischen Vorstellungen der betrieblichen Akteure entsprechen. Die kollektiven Vertretungsorgane können vom Management oder von den Beschäftigten initiiert werden. Der ›Ältestenrat‹ im Unternehmen SIT1 geht auf eine Managementinitiative zurück und ist ein Beispiel für ein gemeinsam von Management- und Beschäftigtenvertretern gebildetes Gremium. Es orientiert sich weniger an dem Modell der betrieblichen Mitbestimmung, sondern eher an dem Muster gemeinsamer Betriebsausschüsse. Das Modell der ›Belegschaftsinitiative‹ im Unternehmen SIT2 hingegen, das von Beschäftigten entwickelt wurde, zielt – in mehr oder weniger expliziter Abgrenzung zum Betriebsratsmodell – auf die Gründung einer autonomen Form der kollektiven Interessenvertretung ab.

Der Stellenwert der kollektiven Vertretungsorgane ist in den untersuchten Neue-Medien-Unternehmen jedoch letztlich gering. Zwar ist für die Managementvertreter bei SIT1 der Ältestenrat eine starke Institution der Mitarbeiterbeteiligung und dient der Kontrolle der Aktivitäten der Geschäftsführung. In der Wahrnehmung der Beschäftigten zeigt sich jedoch keine strukturprägende Relevanz des Gremiums, obwohl die Möglichkeiten der repräsentativen Partizipation an unternehmensrelevanten Entscheidungen betont werden. Das Modell der Belegschaftsinitiative im Unternehmen SIT2 konnte sich letztlich nicht durchsetzen, da es von den Beschäftigten nicht mehrheitlich getragen wurde. Das Fallbeispiel illustriert, dass die Aufrechterhaltung vertrauensbasierter Unternehmenskulturen und die Selbstvertretungsansprüche der Beschäftigten der Realisierung einer kollektiven Interessenvertretung entgegen stehen können.

Bei den Formen der repräsentativen Partizipation in den Neue-Medien-Unternehmen müssen letztlich die bemerkenswerten ›Vertretungsfunktionen‹ beachtet werden, die den direkten Vorgesetzten von den Beschäftigten zugeschrieben werden. Die Führungskräfte der mittleren Managementebene übernehmen die Rolle einer Mitarbeitervertretung, wenn die Selbstvertretung der Beschäftigten an Grenzen stößt (beispielsweise in Entgeltfragen). Dies kann Rollenkonflikte der Vorgesetzten begründen, wenn gleichzeitig die Interessen des Unternehmens und die Vorstellungen der Beschäftigten miteinander vereinbart werden müssen.

Die *betrieblichen Mitbestimmung* konnte sich auch nach den Krisenerfahrungen in den Neue-Medien-Unternehmen bislang nicht als vorherrschendes Modell durchsetzen. Zwar zeigen die Erhebungen, dass auch dieser Kernbereich der digitalen Wirtschaft keine mitbestimmungsfreie Zone ist und Betriebsräte in einigen Unternehmen gewählt werden. Die Befunde zeigen aber im Ergebnis eine begrenzte Reichweite der betrieblichen Mitbestimmung und die deutliche Präferenz der Beschäftigten, die eigenen Interessen weitgehend selbst zu vertreten, wenngleich die Betriebsräte mitunter wichtige Funktionen in der Interessenvertretung der Beschäftigten wahrnehmen. Die betriebliche Mitbestimmung in den Unternehmen ist kein Ausdruck einer neuen Arbeitnehmerorientierung der Beschäftigten. Die Betriebsratsgründungen gehen in der Regel auf die Initiative einzelner ›Aktivistengruppen‹ zurück. Die Mehrzahl der Beschäftigten hält hingegen an den individualisierten Mustern der Interessendurchsetzung fest. Sie greifen nur in Einzelfällen auf die Unterstützung der Betriebsräte zurück, wenn besondere Umstände oder fehlende ›Primärmachtressourcen‹ (bei Kündigungen etc.) entsprechende Beratungs- und Unterstützungsleistungen erforderlich machen.

Den Betriebsräten gelingt es nur in wenigen Fällen, ihre eigenen Vorstellungen zu realisieren, die Mitbestimmungsrechte wahrzunehmen und insgesamt eine wichtige Rolle in der betrieblichen Interessenregulierung zu übernehmen. Der fehlende Rückhalt in der Belegschaft behindert den Aufbau autonomer und wirksamer Vertretungsgremien; dies zeigt sich insbesondere in den vertretungsschwächeren Betriebsratsgremien der Unternehmen MID1 und MID3. In den Unternehmen SIT3 und MID4 hingegen ist die Entwicklung einer kollektiven Interessenvertretung, die sowohl von Managementseite als auch von den Beschäftigten akzeptiert wird, prinzipiell möglich. Diese muss sich jedoch an den Mustern der individuellen Interessenaushandlung orientieren. Ob mit zunehmender Erfahrung auch die Professionalisierung der Betriebsratsgremien voranschreitet, kann an dieser Stelle nicht abschließend beantwortet werden. Jedoch weisen die Befunde auf eine Erkenntnis hin, die in der Untersuchung betrieblicher Partizipationsstrukturen bislang weitgehend unberücksichtigt geblieben ist: So ist es keineswegs eine zwangsläufige Entwicklung, dass die betriebliche Mitbestimmung perspektivisch ihr ›Schattendasein‹ verlassen und sich zu einer ernsthaften Alternative der individualisierten und informellen Partizipations- und Vertretungsformen in den Neue-Medien-Unternehmen entwickeln wird. Vielmehr ist die langfristige Stabilität der betrieblichen Mitbestimmung angesichts eines mangelnden Engagements der Betriebsratsmitglieder und der Dominanz der direkten Partizipation kritisch zu hinterfragen.

Einen Betriebsrat zu gründen beziehungsweise zu konsultieren, ist für viele Beschäftigte weiterhin die ›ultima ratio‹ (vgl. Feseker/Städtler 2004; Kalkowski 2004), da aus ihrer Sicht ein ›Repräsentativorgan‹ ihre eigenen Interessen nicht besser vertreten kann als sie selbst. In den Betriebsräten und Gewerkschaften sehen viele Beschäftigte zwar gesellschaftlich relevante Institutionen, halten diese jedoch für ›ihre eigene‹ Interessenvertretung nicht für erforderlich. Bei Missklängen in den betrieblichen Vertrauens- und Sozialbeziehungen oder bei massiven Einschnitten in ihre Handlungs- und Gestaltungsfreiheiten sind sich die hochqualifizierten Wissensarbeiter der Neue-Medien-Unternehmen jedoch auch ihrer ›Kollektivmachtpotenziale‹ bewusst: In diesen Fällen begeben sie sich auf die Suche nach Formen der gemeinsamen Interessenartikulation und klagen ihre ›Bürgerrechte‹ auf der betrieblichen Ebene ein. Dies kann sich in der ›Androhung‹ einer Betriebsratsgründung, wie der Fall des Unternehmens SIT2 eindrucksvoll belegt, oder in ›ultima ratio‹-Situationen, in denen die Betriebsräte konsultiert werden, äußern.

In der genaueren Analyse der Beteiligungspraxis in den ›Betriebsrats-Unternehmen‹ der Neuen Medien konnte die Gleichzeitigkeit unterschiedlicher Formen von direkter Partizipation und kollektiver Interessenvertretung nachgezeichnet werden. Hierbei wurde deutlich, dass die durch die Betriebsverfassung gewährleisteten Beteiligungsrechte und Institutionen der Mitbestimmung nicht im Selbstlauf zu wirksamen Vertretungsstrukturen führen. Auch die direkte Partizipation der hochqualifizierten Beschäftigten kann sich als durchaus vertretungswirksam erweisen – in den Betrieben mit und ohne Betriebsrat.

8.2 Spannungsfelder in den betrieblichen Sozialordnungen der Neue-Medien-Unternehmen

Die dominanten Partizipationsstrukturen in den Neue-Medien-Unternehmen gehen auf die Herausbildung spezifischer Sozialordnungen zurück. Die Fallunternehmen sind junge, klein- und mittelbetriebliche Technologieunternehmen, die in vergleichbaren Geschäftsfeldern tätig sind. In der Gründungsphase der Unternehmen haben sich Sozialordnungsmuster herausgebildet, die durch Gemeinschaftlichkeit, Beruflichkeit, Anerkennung, Vertrauen, wechselseitige Verpflichtungen und einer hohen Identifikation mit den Tätigkeiten und den Produkten des Unternehmens charakterisiert sind. Eine dichte Sozialintegration durch persönliche Kontakte, Betriebsfeiern, gemeinsame Freizeitaktivitäten, die wechselseitige Durchdringung von Beruf und Hobby sowie die nachrangige Bedeutung geregelter Arbeitszeiten kennzeichnen die Sozialordnungen, die sich in den Wahrnehmungen von Inhabern, Management und Beschäftigten verfestigt haben. Die ›Familien‹-Metapher wird in zahlreichen Statements der befragten Akteure verwendet, wenn die Konstitutionsphase der ›Turnschuhunternehmen‹ in den 1990er Jahren beschrieben wird. Die Neue-Medien-Unternehmen prägen die zentrale Bedeutung der hochqualifizierten Beschäftigten als ›Assets‹ der Unternehmen und die besonderen Handlungsmuster der Beschäftigten, die sich aus der beruflichen Sozialisation und den im Studium erworbenen Grundorientierungen speisen. Die innovativen, informationstechnologisch basierten Produkte und Dienstleistungen sowie die wissensintensiven Arbeitsprozesse sind wichtige Bezugsfolien der gemeinschaftlich geprägten Arbeits- und Sozialbeziehungen.

Diese betrieblichen Sozialordnungen werden zahlreichen Belastungsproben ausgesetzt. Neue Marktanforderungen und Organisationserfordernisse wirken auf die eingespielten Sozialbeziehungen ein. Sie führen jedoch nicht zwangsläufig zu neuen Sozialordnungen und – in der Konsequenz – zur Herausbildung neuer Partizipations- und Mitbestimmungsstrukturen. Die gewachsenen Sozialordnungen sind vielmehr organisch verankert und nicht ohne Weiteres ›aufkündbar‹. Ein grundsätzlicher ›Zerfall‹ der gemeinschaftlich geprägten Arbeitskulturen und Sozialbeziehungen zeichnet sich nicht ab:

1. Die Krisen- oder Wachstumserfahrungen konfrontieren die Unternehmen vielmehr mit neuen Herausforderungen, die in die Produktion und Reproduktion der betrieblichen Sozialordnungen eingespeist werden. Formale Arbeits- und Organisationsstrukturen spielten in den (turbulenten) Gründungsjahren der Unternehmen zunächst keine besondere Rolle. Ohne Zweifel führten die Professionalisierungsbemühungen der jungen Neue-Medien-Betriebe in den letzten Jahren zu strukturellen Anpassungsmaßnahmen und einer stärkeren Formalisierung von Arbeitsabläufen und -prozessen. Reorganisationsprozesse begründen neue Organisationsstrukturen, die in der Ausdifferenzierung von Geschäftsbereichen und Hierarchieebenen ihren Niederschlag finden. In den zahlreichen Ordnungsversuchen von Arbeits- und Beschäftigungsbedingungen (Arbeitszeitregelungen, Entgeltstrukturen etc.) werden Tendenzen der Formalisierung und Professionalisierung deutlich. Bei der Qualifizierung und den betrieblichen Karrieremöglichkeiten existieren ungelöste Strukturprobleme. Zu gravierenden Beschränkungen von Beteiligungsmöglichkeiten der Beschäftigten haben die Reorganisationen und Formalisierungen nicht geführt. Im Gegenteil: Von den meisten Mitarbeitern werden neue Organisations- und Kommunikationsstrukturen befürwortet, um Aufgaben, Verantwortungen und Zuständigkeiten festzulegen, Informationsflüsse zu strukturieren und verbindlichere Regelungen zu treffen. In den Formalstrukturen sehen viele Mitarbeiter nicht nur notwendige Rahmenbedingungen einer effizienten Arbeitsgestaltung, sondern auch strukturelle Voraussetzungen, um eigene Partizipationsvorstellungen zu realisieren. Darüber hinaus wissen die Beschäftigten um die begrenzte Reichweite der Formalstrukturen: Nicht zuletzt die Erfordernisse bereichsübergreifender Projektorganisation und flexibler Wissensarbeit sprechen gegen die Herausbildung von starren Organisationsstrukturen und ausdifferenzierten Hierarchieebenen. Deutliche Indizien für diese Begrenzungen der Ordnungsversuche und Formalisierungen sind die untergeordnete Bedeutung einzelner Führungspositionen und -funktionen, uneindeutige Abteilungs- oder Bereichsabgrenzungen, eine mäßige Verbindlichkeit von Arbeitszeitregelungen und die allenfalls ansatzweise Realisierung von transparenten Entgeltstrukturen. So kennzeichnet die Neue-Medien-Unternehmen zum Erhebungszeitpunkt eine Neuorientierung und Weiterentwicklung von Lösungsstrategien, die so-

wohl der Notwendigkeit neuer Formalstrukturen als auch den Erfordernissen flexibler Arbeitsgestaltung entsprechen.

2. Die wirtschaftliche Krise der digitalen Wirtschaft ist in den Neue-Medien-Unternehmen nicht ohne Folgen geblieben. Erfahrungen mit Umsatzeinbrüchen, Auftragsrückgängen und Personalabbau wurden in nahezu allen Unternehmen gemacht. Vor diesem Hintergrund zeigt sich, dass die Orientierung an Markterfordernissen und ökonomischen Imperativen an Bedeutung gewinnt. Hierbei zeichnen sich unterschiedliche wirtschaftliche Verlaufswege ab: Insbesondere die *nachhaltig wachsenden* Unternehmen haben Lösungsansätze mit Vorbildcharakter entwickelt, die auf die langfristige Anpassung der Aufbau- und Ablauforganisationen an neue Marktanforderungen unter Berücksichtigung arbeitsprozesslicher Bedingungen und der Interessenpräferenzen der Beschäftigten setzen. Dieses Austarieren unterschiedlicher Kontextbedingungen erweist sich als ein wichtiger Faktor für den unternehmerischen Erfolg und eine hohe Mitarbeiterzufriedenheit. Auch die *nach Krisensituationen stabilisierten* Unternehmen setzen stärker auf eine systematische Herangehensweise beim Aufbau von Formalstrukturen und in der Verarbeitung verschärfter Marktbedingungen. Beide Typen sprechen für die Existenz von betrieblichen Sozialordnungsmustern, die sich als ›New Media Communities‹ bezeichnen lassen. In den *wirtschaftlich angeschlagenen* Unternehmen erweisen sich die ausdifferenzierten Organisations- und Führungsstrukturen in der Krisenbewältigung als eher hinderlich. Marktanpassungsmaßnahmen und Reorganisationen haben zu Frustrationserlebnissen und Unzufriedenheit unter den Beschäftigten geführt. In diesen Unternehmen zeigen sich deutlicher die Auswirkungen marktinduzierter Kontrollstrategien und die Herausbildung struktureller Interessengegensätze zwischen den betrieblichen Akteuren. Die Restrukturierungserfahrungen begründen Vertrauensverluste und eine zunehmende Distanz zwischen Geschäftsführung und Beschäftigten. Mit Kotthoff (1997) lässt sich in diesem Kontext von »temperierten Sozialordnungen« (ebd.: 103) sprechen. Eine »Erschütterung der bestimmenden Kultur in den Unternehmen« (Boes/Trinks 2004: 22) zeichnet sich jedoch nicht ab. Die Sozial- und Vertrauensbeziehungen verlieren an Intensität, ohne zu harten Auseinandersetzungen zu führen.

Insgesamt werden die zahlreichen Spannungsfelder zwischen erforderlicher Flexibilität und notwendiger Formalisierung sowie beruflichen beziehungsweise arbeitsinhaltlichen Orientierungen und Markterfordernissen, die von betrieblichen Akteuren bewältigt werden müssen, sichtbar. In neuen Vermarktlichungsstrategien und hierarchischen Steuerungsformen sehen die Geschäftsführungen keine geeigneten Instrumente, um die Arbeitsprozesse zu reorganisieren und die ›Folgebereitschaft‹ der Wissensarbeiter zu sichern. In Folge der Verarbeitung der Wachstums- und Krisenerfahrungen haben die betrieblichen Arbeits- und Partizipationsstrukturen in den Neue-Medien-Unternehmen keine grundlegende Veränderung erfahren. Den gemeinschaftlichen Formen der Sozialordnungen wird weiterhin ein zentraler Stellenwert eingeräumt. Die Beschäftigten nehmen eine überwiegend positive Bewertung der Beteiligungskulturen, der Arbeitsatmosphäre und des Betriebsklimas vor. Gravierende Umbrüche in den betrieblichen Sozialbeziehungen werden nicht konstatiert, wenngleich die ›Konsolidierungsphasen‹ in einigen Unternehmen ihre Spuren hinterlassen haben. Die unbekümmerte ›Turnschuh- und Garagenmentalität‹ wird in den Neue-Medien-Unternehmen, ohne die organisch gewachsenen Arbeitskulturen gänzlich aufzugeben, durch ein professionelleres, ›mittelständisches‹ Selbstverständnis abgelöst – eine Entwicklung, die die meisten Beschäftigten positiv bewerten. Die Erhebungen verdeutlichen dabei auch, dass sich Unterschiede hinsichtlich der Interessenpräferenzen und des Beteiligungshandelns einzelner Beschäftigtengruppen ergeben. Dabei handelt es sich weniger um Auffälligkeiten, die aus dem Geschlecht, dem Familienstand oder der Qualifikation der Beschäftigten resultieren. Vielmehr deuten die Ergebnisse auf eine ›alte‹ und eine ›neue‹ Generation von Wissensarbeitern in den Neue-Medien-Unternehmen hin. Die ›alte Generation‹ der hochqualifizierten Beschäftigten ist ›erwachsen‹ geworden, jedoch weiterhin durch eine enge Bindung an das Unternehmen gekennzeichnet. Die ›Next Generation‹ der Wissensarbeiter weist eine größere Distanz zum Management und zum Unternehmen auf.

8.3 Schlussfolgerungen und Ausblick

Unter den Bezeichnungen »direkte Partizipation« (Abel u.a. 2001; Weitbrecht 2001) oder »individuelle Aushandlung« (Abel u.a. 2005; Pries 2005) ist in den letzten Jahren eine neue ›Arena‹ der betrieblichen Arbeitsregulierung in den Fokus der industriesoziologischen Forschung geraten. Kritische Beobachter betrachten diese Entwicklungen mit Skepsis: Direkte Partizipation gilt als Element von Managementkonzepten, das aufgrund der ökonomischen Leitorientierung keine eigenständige Interessenposition der Beschäftigten ermöglicht (vgl. Boes/Trinks 2004). Die freiwillig gewährte Partizipation könnten die Beschäftigten nicht kontrollieren und sei einseitig aufkündbar (vgl. Müller-Jentsch 2004). Demnach stellt diese keine Alternative zur Mitbestimmung dar (vgl. Dörre 2002).

Die Ergebnisse der Untersuchung der Partizipationsstrukturen in den Neue-Medien-Unternehmen legen eine andere Sichtweise nahe: (1) Direkte Partizipation muss im Kontext hochqualifizierter Arbeit auch als ein Erfordernis in modernen, wissensintensiven Arbeitszusammenhängen betrachtet werden. (2) Sie ist darüber hinaus der Ausdruck eines Mitgestaltungs- und Selbstvertretungsanspruches und eines aktiven Beteiligungshandelns der Beschäftigten. Erst aus der Verknüpfung von erforderlichen, informellen Beteiligungsstrukturen, gewährten Partizipationsmöglichkeiten und den präferierten Selbstvertretungsmustern der Beschäftigten entsteht ein Muster der individuellen Interessenregulierung, das zu den bestehenden Institutionen der betrieblichen Mitbestimmung in Beziehung gesetzt werden kann.

Zu 1) Die Erhebungen zeigen, dass sich aufgrund der Besonderheiten wissensintensiver Leistungserstellung und projektifizierter Arbeitsorganisation in den Neue-Medien-Unternehmen Partizipationsformen herausgebildet haben, die sich nicht ausschließlich am Primat der Wirtschaftlichkeit orientieren und die nicht ›per Aufhebungsvertrag‹ einseitig eingeschränkt beziehungsweise aufgekündigt werden können. Unabhängig von der jeweiligen wirtschaftlichen Situation sowie den betriebsspezifischen Lösungsstrategien bei der Bewältigung von Erfordernissen der Formalisierung und Flexibilisierung erweist sich direkte Partizipation als integrativer Bestandteil der Sozialbeziehungen in den wissensbasierten Unternehmen. Sie ist in den gewachsenen Arbeitskulturen strukturell verankert. Die sozialintegrative Seite der neuen Managementkonzepte bleibt in den Neue-Medien-Unternehmen auch bei veränderten strukturellen Rahmenbedingungen weitgehend bestehen. In vielen Fragen der Arbeitsorganisation, des Arbeitsprozesses, der Organisation von Wissensarbeit und der projektbasierten Erzeugung wissensbasierter Güter und Dienstleistungen wie Softwareentwicklung, Webseiten- und Content-Produktion oder IT-Services praktizieren die Unternehmen weiterhin eine weitreichende Delegation von Entscheidungskompetenzen an die Beschäftigten. Eine Auflösung des Modells direkter Partizipation, des sozialen Austausches und der diskursiven Regulierung ist trotz der beobachtbaren Professionalisierungstendenzen in den untersuchten Unternehmen nicht zu erkennen. Somit sind die informellen, rechtlich nicht abgesicherten Beteiligungsmuster in den Unternehmen ein wesentliches Merkmal der spezifischen Leistungserstellungsprozesse und ein konstitutives Element der betrieblichen Arbeitsbeziehungen.

Zu 2) Direkte Partizipation ist auch ein Ausdruck des (beruflichen) Selbstverständnisses und der Interessenlagen der hochqualifizierten Beschäftigten. Für die meisten Wissensarbeiter bleibt die Selbstvertretung und individuelle Aushandlung ihrer persönlichen Interessen eine Selbstverständlichkeit. Die individuellen Interessenpräferenzen müssen dabei nicht zwangsläufig im Einklang mit den Unternehmensinteressen stehen. Sie können durchaus zu Interessenkonflikten der Akteure führen, wodurch jedoch das Vertrauensverhältnis zwischen den betrieblichen Akteuren nicht massiv in Frage gestellt wird. Die neuen Anforderungen der Unternehmen haben nicht zu einem spürbaren Bewusstseinswandel und generellen Primärmachtverlust der Beschäftigten geführt, die einen strukturellen Interessengegensatz begründen würden. Zwar wurde deutlich, dass ›Exit-Optionen‹ (Arbeitsplatzwechsel etc.) oder ›Voice-Optionen‹ (Gehaltsforderungen etc.) in den letzten Jahren eingeschränkt worden sind. Auch die »Ungewissheitszonen« (Crozier/Friedberg 1979: 43), die von den Wissensarbeitern kontrolliert werden, sind in den letzten Jahren kleiner geworden sein. Den Beschäftigten bieten sich jedoch weiterhin Machtpotenziale und Gestaltungsspielräume, die auf die Abhängigkeit der Unternehmen von ihrem Wissen und ihren Qualifikationen sowie auf die Unwägbarkeiten wissensintensiver, projektorientierter Arbeitsprozesse zurückführen sind. Angesichts einer hohen Arbeitsidentität und der angestrebten Realisierung beruflicher Interessen in fachlicher und kreativer Hinsicht nutzen die Wissensarbeiter ihre Machtpotenziale, um eigene Beteiligungsvorstellungen zu äußern und durchzusetzen. Insbesondere in der Arbeits- und Arbeitszeitgestaltung haben sich die Beschäftigten weitgehende Mitbestimmungsmöglichkeiten erarbeitet. Die Mehrheit der Beschäftigten äußert insgesamt eine hohe Zufriedenheit mit ihrer Arbeitssituation und ihren Beteiligungsmöglichkeiten. Letztlich akzeptieren viele Beschäftigte die wirtschaftlichen Rahmenbedingungen und verzichten angesichts der hohen Loyalität gegenüber ›ihrem‹ Unternehmen und dem Festhalten an der Leitidee der sozialen Gemeinschaft auf die Durchsetzung ihrer primären Interessen mit allen ihnen zur Verfügung stehenden Mitteln. Die Einbußen führen bei den Beschäftigten weder zur deutlichen ›Entsolidarisierung‹ mit dem Unternehmen noch zu einem ausgeprägten arbeitnehmerorientierten Interessenhandeln.

Die ›neuen‹ Partizipations- und Interessenregulierungsmustern der Neue-Medien-Unternehmen bieten viele Ansätze, um Vorstellungen von industrieller Demokratie durch eine stärkere Verankerung von Beteiligungsmöglichkeiten auf der Arbeitsplatzebene dauerhaft zu realisieren. Zu begründen ist dies damit, dass die Partizipationsstrukturen eben nicht ausschließlich auf jederzeit aufkündbaren Beteiligungsofferten des Managements basieren, sondern Ausdruck moderner Leistungserstellungsprozesse und von Beteiligungs- und Mitbestimmungsansprüchen der Beschäftigten sind. Den Beschäftigten in den Neue-Medien-Unternehmen bieten sich weitgehende Handlungsspielräume und Beteiligungsmöglichkeiten, über die Arbeitnehmer in vielen anderen Wirtschaftsbereichen nicht verfügen.

In der Vergangenheit wurde wiederholt eine Ausweitung der ›Mitbestimmung am Arbeitsplatz‹ gefordert, die neben der Unternehmensmitbestimmung und der betrieblichen Mitbestimmung eine dritte Säule der Arbeitnehmerbeteiligung in Betrieb und Unternehmen darstellen kann. Die Chancen für einen basisdemokratischen Ausbau der dualen Struktur der Industriellen Beziehungen durch eine stärkere Berücksichtigung von direkter Partizipation und anderen Vertretungsformen sind durchaus gegeben. Die Konturen einer neuen Regulierungsarena mit einem größeren Ausmaß direkter Partizipation der Beschäftigten insbesondere an arbeitsinhaltlichen Entscheidungen zeichnen sich ab (vgl. Pries 2005: 62). Und auch die Formen der kollektiven und repräsentativen Formen der Interessenvertretung, beispielsweise durch gemeinsam besetzte Gremien, bieten Anknüpfungspunkte, so dass der Betriebsrat eine zentrale, jedoch nicht die einzige Institution der betrieblichen Interessenvertretung in der Wirtschaft darstellen muss. In der verbesserten rechtlichen Flankierung und gesellschaftlichen Legitimierung von Formen der Beschäftigtenpartizipation – wie sie sich im Bereich der Neue-Medien-Unternehmen abzeichnen – kann ein wichtiger Schritt dieses Institutionalisierungsprozesses liegen.

Trotz eines gesunden Misstrauens, das gegenüber den informellen Formen der Partizipation und Interessenvertretung geäußert werden kann, ist eine skeptische bis ablehnende Haltung vieler Gewerkschaftsvertreter und gewerkschaftsnaher Wissenschaftler gegenüber den neuen Beteiligungsstrukturen unter diesen Bedingungen wenig begründet. Die neuen Partizipationsstrukturen in der digitalen Wirtschaft können, müssen aber nicht zwangsläufig ›Konkurrenzveranstaltungen‹ zur dualen Struktur der Industriellen Beziehungen darstellen. Vieles spricht für die Notwendigkeit einer stärkeren Orientierung der gewerkschaftlichen Beratungs- und Betreuungsarbeit an den Interessen der hochqualifizierten Beschäftigten. Hier eröffnen sich den Interessenverbänden perspektivisch neue Möglichkeiten, Attraktivitäts- und Mitgliedergewinne bei den Beschäftigten und Unternehmen der digitalen Wirtschaft zu verzeichnen. Nicht zuletzt aufgrund der aktuellen Debatte in Wirtschaft, Wissenschaft und Politik um die Perspektiven der Mitbestimmung (auf Unternehmens- und betrieblicher Ebene) kann es nur ratsam sein, die innovativen Partizipationsstrukturen der Neue-Medien-Unternehmen und ihre Demokratisierungseffekte stärker in den Blick zu nehmen.

Die Befunde werfen neue Fragen nach der Ausdifferenzierung und zukünftigen Entwicklung des Systems der Industriellen Beziehungen auf. Die Erkenntnisse beschränken sich zwar auf einen Teil- bzw. Kernbereich der digitalen Wirtschaft und somit nur auf einen spezifischen Ausschnitt der Gesamtwirtschaft. So wurden klein- und mittelbetrieblich strukturierte Neue-Medien-Unternehmen in den Blick genommen, die nur begrenzt Rückschlüsse über die Arbeitszusammenhänge in anderen Teilbereichen der digitalen Wirtschaft (Hardwareproduktion, großbetriebliche Softwareproduktion, Telekommunikationsbranche etc.) zulassen. Die Konturen und Merkmale der Partizipationspraktiken und Sozialbeziehungen in den Neue-Medien-Unternehmen mögen nicht richtungsweisend für die Entwicklungsverläufe betrieblicher Partizipation und Interessenregulierung in der Gesamtwirtschaft sein. Jedoch finden sich ähnliche Muster auch in anderen Bereichen der klein- und mittelbetrieblichen Produktion und wissensintensiver Dienstleistungsarbeit. Aufgrund der Wachstumsdynamiken dieser Segmente kann sich die Reichweite der Muster zunehmend auch auf andere Wirtschaftssegmente erstrecken und so insgesamt auf den Stellenwert und den Wandel des Institutionengefüges der Industriellen Beziehungen einwirken. Vor diesem Hintergrund ist der gesellschaftlichen Reichweite der in den Neue-Medien-Unternehmen identifizierten betrieblichen Sozialordnungen und Partizipationsstrukturen weiter nachzugehen. Bei einer wachsenden Zahl von hochqualifizierten Beschäftigten in der Wirtschaft, bei denen die Beruflichkeit von Arbeit eine zentrale Rolle spielt, sind die hierauf basierenden betrieblichen Arbeitsbeziehungen genauer in den Blick zu nehmen.

Aus der Perspektive der Industrial-Relations-Forschung können der Ansatz betrieblicher Sozialordnungen und die in dieser Arbeit vorgestellten Erweiterungen eine Erklärungsfolie in der Betrachtung und Interpretation der betrieblichen Partizipationsstrukturen darstellen. Eine Weiterentwicklung der sozialwissenschaftlichen Theorieangebote zur Analyse von betrieblicher Partizipation und Mitbestimmung auch in anderen Segmenten der Wirtschaft ist erforderlich. So steht eine eingehendere Betrachtung und vergleichende Analyse von Arbeitskulturen, Sozialordnungen und Partizipationsstrukturen in Bereichen moderner und qualifizierter Dienstleistungsarbeit, aber auch des produzierenden Gewerbes noch aus. Auf der Basis der vorgelegten Erkenntnisse ergeben sich in theoretischer und empirischer Hinsicht einige Anknüpfungspunkte für eine Weiterentwicklung der Industrial-Relations-Forschung, die die sozialen Wirklichkeiten von Partizipation und Mitbestimmung auf der betrieblichen Ebene in ihren Ausprägungen und Dimensionen erfassen und erklären will.

Tabellenverzeichnis

Abbildungsverzeichnis

Literatur

Abel, Jörg (2005): *Vom Kollektiv zum Individuum? Zum Verhältnis von Selbstvertretung und kollektiver Interessenvertretung in Neue-Medien-Unternehmen.* Soziologische Arbeitspapiere der Universität Dortmund, Nr. 9. Dortmund

— /Braczyk, Hans-Joachim/Renz, Christian/Töpsch, Karin (1998): *Wandel der Arbeitsregulation.* Stuttgart

— /Ittermann, Peter (2001): Mitbestimmung im Wandel – Daten und Trends. In: J. Abel/P. Ittermann (Hg.): *Mitbestimmung an den Grenzen?* München/Mering. S. 11–37

— /Ittermann, Peter (2006): Strukturen und Wirksamkeit von Beschäftigtenpartizipation in Neue-Medien-Unternehmen. In: I. Artus/S. Böhm/S. Lücking/R. Trinczek (Hg.): *Betriebe ohne Betriebsrat. Informelle Interessenvertretung in Unternehmen.* Frankfurt/New York. S. 197–222

— /Ittermann, Peter/Pries, Ludger (2005): Erwerbsregulierung in hochqualifizierter Wissensarbeit – individuell und kollektiv, diskursiv und partizipativ. In: *Industrielle Beziehungen*, 12 (1). S. 28–50

— /Ittermann, Peter/Wannöffel, Manfred (2001): Alte und neue Arenen der industriellen Beziehungen – Resümee und Ausblick. In: J. Abel/H. Sperling (Hg.): *Umbrüche und Kontinuitäten.* München/Mering. S. 383–405

— /Pries, Ludger (2005): Von der Stellvertretung zur Selbstvertretung? Interessenvertretung bei hochqualifizierter Wissensarbeit in Neue-Medien-Unternehmen. In: N. Mayer-Ahuja/H. Wolf (Hg.): *Entfesselte Arbeit – neue Bindungen. Grenzen der Entgrenzung in der Medien und Kulturindustrie.* Berlin. S. 109–152

Abrahmsson, Bengt (1977): *Bureaucracy or Participation.* London

Ahlers, Elke/Trautwein-Kalms, Gudrun (2001): Gründungs-Nachholbedarf. In: *Die Mitbestimmung*, 47 (6). S. 46–48

— /Trautwein-Kalms, Gudrun (2002): *Entwicklung von Arbeit und Leistung in IT-Unternehmen.* Edition der Hans-Böckler-Stiftung 62. Düsseldorf

Alemann, Ulrich v. (1975): Partizipation, Demokratisierung, Mitbestimmung - Zur Problematik eines Gegenstandes. In: ders. (Hg.): *Partizipation – Demokratisierung – Mitbestimmung.* Opladen. S. 13–40

Andersen, Uwe/Wichard Woyke (Hg.) (2003): *Handwörterbuch des politischen Systems der Bundesrepublik Deutschland.* 5. aktualisierte Auflage. Opladen

Artus, Ingrid/Böhm, Sabine/Lücking, Stefan/Trinczek, Rainer (Hg.) (2006): *Betriebe ohne Betriebsrat. Informelle Interessenvertretung in Unternehmen.* Frankfurt/New York

— /Trinczek, Rainer (Hg.) (2004): *Über Arbeit, Interessen und andere Dinge. Phänomene, Strukturen und Akteure im modernen Kapitalismus.* München/Mering

Backhaus, Jürgen (1979): *Ökonomik der partizipativen Unternehmung I.* Tübingen

Baethge, Martin (2004): Ordnung der Arbeit – Ordnung des Wissens: Wandel und Widersprüche im betrieblichen Umgang mit Humanressourcen. In: *SOFI-Mitteilungen*, Nr. 32. S. 7–22

— /Denkinger, Jochen/Kadritzke, Ulf (1995): *Das Führungskräftedilemma. Manager und industrielle Experten zwischen Unternehmen und Lebenswelt.* Frankfurt/New York

— /Oberbeck, Herbert (1986): *Die Zukunft der Angestellten.* Frankfurt/New York

Bartölke, Klaus/Kiunke, Sabine (1999): Mitbestimmung als Demokratisierung bei implosiven und explosiven Arbeitsstrukturveränderungen. In: T. Breisig (Hg.): *Mitbestimmung – Gesellschaftlicher Auftrag und ökonomische Ressource.* München/Mering. S. 119–141

Barton, Allen H./Lazarsfeld, Paul F. (1979): Einige Funktionen von qualitativer Analyse in der Sozialforschung. In: C. Hopf/E. Weingarten (Hg.): *Qualitative Sozialforschung.* Stuttgart. S. 41–89

Bechtle, Günther (1980): *Betrieb als Strategie. Theoretische Vorarbeiten zu einem industriesoziologischen Konzept.* Frankfurt/New York

Beck, Ulrich/Lau, Christoph (Hg.) (2004): *Entgrenzung und Entscheidung.* Frankfurt a. M.

Bell, Daniel (1985): *Die nachindustrielle Gesellschaft* (amerik. Erstausgabe 1973). Frankfurt/New York

Benz-Overhage, Karin (2000): Neue Anforderungen an die Betriebspolitik. In: *WSI-Mitteilungen*, 53 (1). S. 46–55

Bergmann, Joachim (1991): Bemerkungen zum Begriff der »betrieblichen Sozialordnung«. In: E. Hildebrandt (Hg.): *Betriebliche Sozialverfassung unter Veränderungsdruck.* Berlin. S. 49–54

— (1996): Industrielle Beziehungen. In: B. Lutz/H.M. Nickel/R. Schmidt/A. Sorge (Hg.): *Arbeit, Arbeitsmarkt und Betrieb.* Opladen. S. 257–294

Bieber, Hans-Joachim (1999): Zwischen Kasernenhof und Rätesystem. Der schwierige Weg zu gesetzlichen Regelungen der industriellen Mitbestimmung in Deutschland vom 19. Jahrhundert bis 1933. In: H.G. Nutzinger (Hg.): *Perspektiven der Mitbestimmung: historische Erfahrungen und moderne Entwicklungen vor europäischem und globalen Hintergrund.* Marburg. S. 11–126

Bispinck, Rainer/Schulten, Thorsten (1999): Flächentarifvertrag und betriebliche Interessenvertretung. In: W. Müller-Jentsch (Hg.): *Konfliktpartnerschaft. Akteure und Institutionen der Industriellen Beziehungen.* München/Mering. S. 185–212

BITKOM (2004): *Daten zur Informationsgesellschaft. Status quo und Perspektiven Deutschlands im internationalen Vergleich.* Berlin

— (2004a): *Branchenbarometer 4. Quartal 2004.* Statement von Willi Berchtold. Präsident des Bundesverbandes Informationswirtschaft, Telekommunikation und neue Medien. Berlin/Frankfurt

— (2005): *Daten zur Informationsgesellschaft. Status quo und Perspektiven Deutschlands im internationalen Vergleich.* Berlin

— (2006): *Daten zur Informationsgesellschaft. Status quo und Perspektiven Deutschlands im internationalen Vergleich.* Berlin

— (2008): *ITK-Marktzahlen Herbst 2008.* Berlin

— (2008a): *Erwerbstätige in der ITK-Branche 2000–2008.* Berlin

Bläsche, Alexandra (2006): *Betriebliche Handlungsorientierungen in modernen Dienstleistungsfeldern am Beispiel neugegründeter Betriebe der Software- und Multimediabranche.* München/Mering

Blume, Otto (1964): *Normen und Wirklichkeit einer Betriebsverfassung.* Tübingen

BMWA/BMBF (2003): *Informationsgesellschaft Deutschland 2006. Aktionsprogramm der Bundesregierung.* Berlin

Boes, Andreas (2003): *Versuch einer Topographie der sozialen Auseinandersetzungen in der IT-Industrie.* Arbeitspapier 3 des Projekts ARB-IT 2. München

— (2004): *Interessen und Interessenhandeln von IT-Beschäftigten. Fokus Entwickler.* Arbeitspapier 6 des Projekts ARB-IT 2. München

— /Baukrowitz, Andrea (2002): *Arbeitsbeziehungen in der IT-Industrie. Erosion oder Innovation der Mitbestimmung?* Berlin

— /Kämpf, Tobias/Marrs, Kira (2005): *Zwischen Atomisierung und neuer Solidarität. Entwicklungstendenzen der Arbeitsbeziehungen nach dem Ende des New Economy-Hype.* Arbeitspapier 10 des Projekts ARB-IT 2. München

— /Marrs, Kira (2003): *Interessen und Interessenhandeln von IT-Beschäftigten.* Arbeitspapier 5 des Projekts ARB-IT 2. München

— /Trinks, Katrin (2004): *»Theoretisch bin ich frei!« – Interessen und Interessenhandeln von IT-Beschäftigten als Momente des Wandels der Arbeitsbeziehungen in der IT-Industrie.* Unveröffentlichter Abschlussbericht. München

— /Trinks, Katrin (2006): *»Theoretisch bin ich frei!« – Interessenhandeln und Mitbestimmung in der IT-Industrie.* Berlin

Böhm, Sabine/Herrmann, Christa/Trinczek, Rainer (2004): *Herausforderungen Vertrauensarbeitszeit. Zur Kultur und Praxis eines Arbeitszeitmodells.* Berlin

— /Lücking, Stefan (2006): Orientierungsmuster des Managements in betriebsratslosen Betrieben. Zwischen Willkürherrschaft und Human Resource Management. In: I. Artus/S. Böhm/S. Lücking/R. Trinczek (Hg.): *Betriebe ohne Betriebsrat. Informelle Interessenvertretung in Unternehmen.* Frankfurt/New York. S. 107–140

Bolle de Bal, Marcel (1992): Participation. In: G. Szell (Hg.): *Concise Encyclopedia of Participation and Co-Management.* Berlin/New York. S. 603–610

Bosch, Aida (1997): *Vom Interessenkonflikt zur Kultur der Rationalität. Neue Verhandlungsbeziehungen zwischen Management und Betriebsrat.* München/Mering

— /Ellguth, Peter/Schmidt, Rudi/Trinczek, Rainer (1999): *Betriebliches Interessenhandeln. Band 1: Zur politischen Kultur der Austauschbeziehungen zwischen Management und Betriebsrat in der westdeutschen Industrie.* Opladen

Braczyk, Hans-Joachim (1997): Organisation in industriesoziologischer Perspektive. In: G. Ortmann/J. Sydow/K. Türk (Hrsg.): *Theorien der Organisation. Die Rückkehr der Gesellschaft.* Opladen. S. 530–575

— /Franzpötter, Reiner/Renz, Christian/Töpsch, Karin (2000): *Wandel der Arbeit durch neue Formen der Koordination und Steuerung.* Unveröffentlichter Endbericht. Stuttgart

— /Schienstock, Gerd (1996): Im »Lean-Express« zu einem neuen Produktionsmodell? »Leanproduction in Wirtschaftsunternehmen Baden-Württembergs – Konzepte, Wirkungen, Folgen. In: H.-J. Braczyk/G. Schienstock (Hg.): *Kurswechsel in der Industrie.* Stuttgart/Berlin/Köln. S. 95–114

Breisig, Thomas (1990): *It's Team Time. Kleingruppenkonzepte in Unternehmen.* Köln

— (1993): Quo vadis – Partizipatives Management? In W. Müller-Jentsch (Hg.): *Profitable Ethik – effiziente Kultur.* München/Mering. S. 159–178

Briefs, Götz (1931): Betriebssoziologie. In: A. Vierkandt (Hg.): *Handwörterbuch der Soziologie.* Stuttgart. S. 31–52

Bungard, Walter/Antoni, Conny (1993): Gruppenorientierte Interventionstechniken. In: H. Schuler (Hg.): *Lehrbuch Organisationspsychologie.* Bern u.a.. S. 377–404

Burawoy, Michael (1985): *The politics of production.* London

BVDW (2004): *Kurzpräsentation des Bundesverbandes der Digitalen Wirtschaft (BVDW).* http://www.bvdw.org/shared/data/pdf/bvdw_verbandspraesentation_kurz.pdf. Berlin

— /HightextVerlag/Horizont/W&V (2008): *New Media Service Ranking.* http://www.newmediaranking.de, Berlin

Castells, Manuel (2001): *Der Aufstieg der Netzwerkgesellschaft. Das Informationszeitalter.* Opladen

Child, John (1969): *The Business Enterprise in Modern Industrial Society.* London

Crozier, Michel/Friedberg, Erhard (1979): *Macht und Organisation. Die Zwänge kollektiven Handelns.* Königstein/Ts.

Dabrowski, Hartmut/Görres, Hans-Joachim/Rosenbaum, Walter/Voswinkel, Stephan (1984): *Humanisierungsprobleme und Belegschaftsvertretungen in Klein- und Mittelbetrieben.* Göttingen

Dachler, Peter/Wilpert, Bernhard (1980): Dimensionen der Partizipation. Zu einem organisationswissenschaftlichen Analyserahmen. In: W. Grunwald/H.-G. Lilge (Hg.): *Partizipative Führung. Betriebswirtschaftliche und sozialpsychologische Aspekte.* Bern/Stuttgart. S. 80–98

Dahrendorf, Ralf (1959): Betriebliche Sozialordnung. In: *Handwörterbuch der Sozialwissenschaften, 2. Band.* Tübingen/Göttingen

De Jong, John R. (1975): Möglichkeiten und Probleme der innerbetrieblichen Partizipation. In: *Zeitschrift für Arbeitswissenschaft.* Nr. 2. S. 121–124

Deckstein, Dagmar/Felixberger, Peter (2000): *Arbeit neu denken. Wie wir die Chancen der New Economy nutzen können.* Frankfurt/New York

Deppe, Joachim (1988): Qualitätszirkel in Theorie und Praxis. In: *Zeitschrift für Führung und Organisation* (3). S. 171–174

Deutschmann, Christoph (2001): Führungskräfte der Wirtschaft: Entzauberung einer Elite? In: J. Abel/H. J. Sperling (Hg.): *Umbrüche und Kontinuitäten. Perspektiven nationaler und internationaler Arbeitsbeziehungen.* München/Mering. S. 69–82

— (2002): *Postindustrielle Industriesoziologie – Theoretische Grundlagen, Arbeitsverhältnisse und soziale Identitäten.* Weinheim/München

DGB (1985): *Konzeption zur Mitbestimmung am Arbeitsplatz. DGB Schriftenreihe Mitbestimmung* (7). Düsseldorf

Dieckmann, Andreas (1999): *Empirische Sozialforschung.* 5. Auflage. Reinbek

Dienel, Hans-Liudger (2004): Wirtschaft und Politik in der Wissensgesellschaft. In: FES (Hg.): *Deutschland in der globalen Wissensgesellschaft. Auswirkungen und Anforderungen.* Berlin. S. 15–91

Dilger, Alexander (2002): *Ökonomik betrieblicher Mitbestimmung. Die wirtschaftlichen Folgen von Betriebsräten.* München/Mering

DiMaggio, Paul J./Powell, Walter W. (2000): Das ›stahlharte Gehäuse‹ neu betrachtet. Institutioneller Isomorphismus und kollektive Rationalität in organisationalen Feldern. In: H.-P. Müller/S. Sigmund (Hg.): *Zeitgenössische amerikanische Soziologie.* Opladen. S. 147–174

Dohmeyer, Volker/Funder, Maria (1991): *Kooperation als Strategie. Eine empirische Studie zu Gründungsprozessen, Organisationsformen, Bestandsbedingungen von Kleinbetrieben.* Opladen

Domsch, Michel/Ladwig, Désirée/Siemers, Sven (1995): *Innovation durch Partizipation. Eine erfolgversprechende Strategie für den Mittelstand.* Stuttgart

— /Reineke, Peter (1982): Partizipative Personalentwicklung. In: H. Kossbiel (Hg.): *Personalentwicklung. ZbF Sonderheft* 14, Wiesbaden. S. 64–81

Dörre, Klaus (1996): Partizipatives Management – ein Schritt zum demokratischen Betrieb? In: K. Denisow/W. Fricke/B. Stieler-Lorenz (Hg.): *Partizipation und Produktivität. Forum Zukunft der Arbeit* (5). Friedrich-Ebert-Stiftung. Bonn. S. 69–86

— (1996a): Die »demokratische Frage« im Betrieb. Zu den Auswirkungen partizipativer Managementkonzepte auf die Arbeitsbeziehungen in deutschen Unternehmen. In: *SOFI-Mitteilungen* (23). Göttingen. S. 7–23

— (2001): Partizipation in Arbeitsprozess – Alternative oder Ergänzung zur Mitbestimmung? In: *Industrielle Beziehungen.* 8 (4). S. 379–407

— (2002): *Kampf um Beteiligung. Arbeit, Partizipation und industrielle Beziehungen im flexiblen Kapitalismus.* Wiesbaden

— /Neubert, Jörg/Wolf, Harald (1993): »New Deal« im Betrieb? Unternehmerische Beteiligungskonzepte und ihre Wirkung auf die Austauschbeziehungen zwischen Management, Belegschaften und Interessenvertretungen. In: *SOFI-Mitteilungen* (20). Göttingen. S. 15–35

Drucker, Peter F. (1969): *The Age of Discontinuity: Guidelines to Our Changing Society.* New York

— (1993): *Post-Capitalist Society.* New York

Düll, Klaus/Bechtle, Günther (1988): Die Krise des normierten Verhandlungssystems – Rationalisierungsstrategien und industrielle Beziehungen im Betrieb. In: K.M. Bolte (Hg.): *Mensch, Arbeit und Betrieb.* Weinheim. S. 215–244

Dybowski-Johannson, Gisela (1980): *Die Interessenvertretung durch den Betriebsrat. Eine Untersuchung der objektiven und subjektiven Bedingungen der Betriebsratstätigkeit.* Frankfurt a. M.

Eger, Thomas/Weise, Peter (1984): Grundlagen einer ökonomischen Theorie der Partizipation. In: H. Diefenbacher, H.G. Nutzinger (Hg.): *Mitbestimmung: Theorie, Geschichte, Praxis. Konzepte und Formen der Arbeitnehmerpartizipation.* Heidelberg. S. 39–64

Ehrhardt, Peter V. (1975): Mitbestimmung im Betrieb. In: U. Alemann (Hg.): *Partizipation – Demokratisierung – Mitbestimmung.* Opladen. S. 155–171

Eichmann, Hubert/Flecker, Jörg/Hermann, Christoph/Krenn, Manfred/Papouschek, Ulrike (2004): *Entgrenzung von Arbeit und Chancen zur Partizipation.* FORBA-Zwischenbericht. Wien

— /Hofbauer, Ines/Schönauer, Annika (2006): *Arbeit und Partizipation in kleinbetrieblichen Strukturen ohne Betriebsrat. Eigenverantwortung und Fremdbestimmung in Software-/IT-Dienstleistungsfirmen und Callcentern.* FORBA Forschungsbericht 1/2006. Wien

EIRO (2001): *Industrial relations in the German information and communications technology sector.* Dublin

Ellguth, Peter (2002): Betriebsräte in Kleinbetrieben – ein bislang eher seltenes Phänomen. In: *IAB Materialien* Nr. 1. S. 10–11

— (2003): Quantitative Reichweite der betrieblichen Mitbestimmung. In: *WSI-Mitteilungen.* 56 (3). S. 194–199

— (2005): Betriebe ohne Betriebsrat – Welche Rolle spielen betriebsspezifische Formen der Mitarbeitervertretung? In: *Industrielle Beziehungen.* 12 (2). S. 49–176

— (2006): Betriebe ohne Betriebsrat – Verbreitung, Entwicklung und Charakteristika – unter Berücksichtigung betriebsspezifischer Formen der Interessenvertretung. In: I. Artus/S. Böhm/S. Lücking/R. Trinczek (Hg.): *Betriebe ohne Betriebsrat. Informelle Interessenvertretung in Unternehmen.* Frankfurt/New York. S. 43–80

— /Ahlers, Elke (2003): *Betriebsräte und betriebliche Personalpolitik.* Unveröfflichter Abschlussbericht. Nürnberg/Düsseldorf

— /Kohaut, Susanne (2004): Tarifbindung und betriebliche Interessenvertretung: Ergebnisse des IAB-Betriebspanels 2003. In: *WSI-Mitteilungen.* 57 (8). S. 450–454

— /Kohaut, Susanne (2008): Tarifbindung und betriebliche Interessenvertretung: Aktuelle Ergebnisse aus dem IAB-Betriebspanel 2007. In: *WSI-Mitteilungen.* (61) 9. S. 515–519

Emery, Frederick/Thorsrud, Einar (1982): *Industrielle Demokratie.* Bern

Faust, Michael/Jauch, Peter/Deutschmann, Christoph (1998): Reorganisation des Managements: Mythos und Realität des »Intrapreneurs«. In: *Industrielle Beziehungen*, 5 (1). S. 101–118

— /Jauch, Peter/Notz, Petra (2000): *Befreit und entwurzelt: Führungskräfte auf dem Weg zum »internen Unternehmer«.* München/Mering

Feseker, Klaus/Städtler, André (2004): *Interessenregulierung in der New Economy.* Unveröffentlichter Projektbericht. Bremen

Friedman, Andrew (1987): Managementstrategien und Technologie: Auf dem Weg zu einer komplexen Theorie des Arbeitsprozesses. In: E. Hildebrandt/R. Seltz (Hg.): *Managementstrategien und Kontrolle.* Berlin. S. 99–132

Fuchs, Michael/Niedenhoff, Horst-Udo (Hg.) (1993): *Sozialpartnerschaft – Meinungen, Visionen, Vorschläge.* Köln

Funder, Maria (1995): *Stand und Perspektiven der Mitbestimmungsforschung. Von der institutionenorientierten Mitbestimmungs- zur industrial relations Forschung. Eine Literaturstudie.* Düsseldorf

— (1999): Mitbestimmungsforschung der Gegenwart. Erosion oder Stabilität? – Zum Wandel der betrieblichen Interessenvertretung. In: H. G. Nutzinger (Hg.): *Perspektiven der Mitbestimmung: historische Erfahrungen und moderne Entwicklungen vor europäischem und globalen Hintergrund.* Marburg. S. 169–191

— (2001): Mitbestimmung in der reflexiven Moderne – ein Auslaufmodell? In: J. Abel/H. J. Sperling (Hg.): *Umbrüche und Kontinuitäten. Perspektiven nationaler und internationaler Arbeitsbeziehungen.* München/Mering. S. 153–168

— /Seitz, Beate (1997): Unternehmens(re)organisation und industrielle Beziehungen im Maschinenbau – Ergebnisse einer repräsentativen Studie. In: *WSI-Mitteilungen.* 50 (1). S. 57–64

Fürstenberg, Friedrich (1958): Der Betriebsrat. Strukturanalyse einer Grenzinstitution. In: *Kölner Zeitschrift für Soziologie und Sozialpsychologie.* 10 (3). S. 418–429

— (1969): Betriebssoziologie. In: W. Bernsdorf (Hg.): *Wörterbuch der Soziologie.* Stuttgart. S. 109–114

— (1975): *Industrielle Arbeitsbeziehungen. Untersuchungen zu Interessenlagen und Interessenvertretungen in der modernen Arbeitswelt.* Wien

Gaedeke, Oliver (2001): *Industrielle Beziehungen in Veränderung. Neue Formen der Betriebsratsarbeit.* München/Mering

Geary, John/Sisson, Keith (1994): *Conceptualising Direct Participation in Organisational Change – The EPOC Project.* Dublin

Geck, Ludwig H. A. (1931/1977): *Die sozialen Arbeitsverhältnisse im Wandel der Zeit: Eine geschichtliche Einführung in die Betriebssoziologie.* Darmstadt

Geiger, Theodor (1929): Zur Soziologie der Industriearbeit und des Betriebs. In: *Die Arbeit. Zeitschrift für Gewerkschaftspolitik und Wirtschaftskunde.* (11). Berlin. S. 673–689; 766–781

Gerst, Detlef (2004): Industrielle Gruppenarbeit und der Leittypus des Arbeitskraftunternehmers. In: H. J. Pongratz/G. Voß (Hg.): *Typisch Arbeitskraftunternehmer? Befunde der empirischen Arbeitsforschung.* Berlin. S. 187–207

— /Hardwig, Thomas/Kuhlmann, Martin/Schumann, Michael (1994): Gruppenarbeit in der betrieblichen Erprobung – ein Modell kristallisiert sich heraus. In: *Angewandte Arbeitswissenschaft.* Heft 142. S. 5–30

Giddens, Anthony (1988): *Die Konstitution der Gesellschaft.* Frankfurt/New York

Girndt, Cornelia (2006): Die Betriebsratsgründer. In: *Magazin Mitbestimmung.* Heft 11, S. 40–45

Greifenstein, Ralf/Jansen, Peter/Kißler, Leo (1990): Direkte Arbeitnehmerbeteiligung mit oder ohne Arbeitnehmervertretung? In: *WSI Mitteilungen* 43 (9). S. 602–610

Hammer, Michael/Champy, James (1993): *Reengineering the corperation: a manifesto for business revolution.* New York

Hartmann, Anja (2002): Dienstleistungen im wirtschaftlichen Wandel: Struktur, Wachstum und Beschäftigung. In: A. Hartmann/H. Mathieu (Hg.): *Dienstleistungen in der Neuen Ökonomie – Struktur, Wachstum und Beschäftigung.* Bonn. S. 19–34

Hauser-Ditz, Axel/Hertwig, Markus/Pries, Ludger (2006): Betriebsräte und »Andere Vertretungsorgane«. Verbreitung und Kontext betrieblicher Beschäftigtenvertretungen in der deutschen Privatwirtschaft. In: *Industrielle Beziehungen.* 13 (4). S. 340–369

— /Hertwig, Markus/Pries, Ludger (2008): *Betriebliche Interessenregulierung in Deutschland. Arbeitnehmervertretung zwischen demokratischer Teilhabe und ökonomischer Effizienz.* Frankfurt/New York

— /Höpner, Martin (2002): Bewertung der Unternehmen am Neuen Markt. Gibt es einen Mitbestimmungsdiscount? In: Bertelsmann Stiftung/Hans-Böckler-Stiftung (Hg.): *Mitbestimmung in der digitalen Wirtschaft – (k)ein Widerspruch.* Gütersloh. S. 55–66

Heidenreich, Martin (1997): Zwischen Innovation und Institutionalisierung. Die soziale Strukturierung technischen Wissens. In: B. Blättel-Mink/O. Renn (Hg.): *Zwischen Akteur und System. Die Organisierung von Innovation.* Opladen. S. 177–206

— (2003): Die Debatte um die Wissensgesellschaft. In: S. Boeschen/I. Schulz-Schäfer (Hg.): *Die Debatte um die Wissensgesellschaft.* Opladen. S. 25–51

— /Töpsch, Karin (1998): Die Organisation von Arbeit in der Wissensgesellschaft. In: *Industrielle Beziehungen.* 5 (1). S. 13–44

Heisig, Ulrich/Littek, Wolfgang (1995): Wandel der Vertrauensbeziehungen im Arbeitsprozess. In: *Soziale Welt.* 46 (3). S. 282–304

— /Ludwig, Thorsten (2004): *Regulierte Selbstorganisation. Arbeitssituationen und Arbeitsorientierungen von Wissensarbeitern in einem High-Tech Unternehmen. IAW Forschungsbericht* 6. Bremen

Heller, Frank (1998): Introduction. In: F. Heller/E. Pusic/G. Strauss/B. Wilpert (Hg.): *Organizational Participation. Myth and Reality.* Oxford. S. 1–8

Hellpach, Willi (1922): Sozialpsychologische Analyse des betriebstechnischen Tatbestandes ›Gruppenfabrikation‹. In: W. Hellpach/R. Lang (1922): *Gruppenfabrikation.* Berlin. S. 5–183

— /Lang, Richard (1922): *Gruppenfabrikation.* Berlin

Herrmann, Christa/Promberger, Markus/Singer, Susanne/Trinczek, Rainer (1999): *Forcierte Arbeitszeitflexibilisierung. Die 35-Stunden-Woche in der betrieblichen und gewerkschaftlichen Praxis.* Berlin

Hilbert, Josef/Sperling, Hans Joachim (1990) *Die kleine Fabrik. Beschäftigung, Technik und Arbeitsbeziehungen.* München/Mering

— /Sperling, Hans Joachim (1993): *Die kleine Fabrik. Beschäftigung, Technik und Arbeitsbeziehungen.* 2. Auflage. München/Mering.

— /Sperling, Hans Joachim/Fretschner, Rainer (1999): Interessenvertretung in Klein- und Mittelbetrieben. In: W. Müller-Jentsch (ed.): *Konfliktpartnerschaft.* 3. Auflage. München/Mering. S. 257–272

Hildebrandt, Eckart (Hg.) (1991): *Betriebliche Sozialverfassung unter Veränderungsdruck. Konzepte, Varianten, Entwicklungstendenzen.* Berlin

— /Seltz, Rüdiger (Hg.) (1987): *Managementstrategien und Kontrolle. Eine Einführung in die Labour Process Debate.* Berlin

— /Seltz, Rüdiger (1989): *Wandel betrieblicher Sozialverfassung durch systemische Kontrolle? Die Einführung computergestützter Produktionsplanungs- und Steuerungssysteme im bundesdeutschen Maschinenbau.* Berlin

Hillmann, Karl-Heinz (1994): *Wörterbuch der Soziologie.* 4. Auflage. Stuttgart

Holtgrewe, Ursula/Voswinkel, Stefan (2002): *Anerkennung und Arbeit.* Konstanz

Hoose, Fabian/Jeworutzki, Sebastian/Pries, Ludger (2009): *Führungskräfte und betriebliche Mitbestimmung. Zur Praxis der Partizipation am Beispiel der chemischen Industrie.* Im Erscheinen. Frankfurt/New York

Hopf, Christel (2000): Qualitative Interviews – ein Überblick. In: U. Flick/E. von Kardorff/I. Steinke (Hg.): *Qualitative Forschung: Ein Handbuch.* Hamburg. S. 349–360

IDE (1993): *Industrial Democracy in Europe revisited.* Oxford

IG Metall (2003): *Die Informations- und Telekommunikationsindustrie. Branchenanalyse.* Frankfurt a.M.

Institut für Sozialforschung (1981): Gemeinschaftliche Arbeit und Rationalisierung. *Leviathan-Sonderheft* (4). Opladen

Ittermann, Peter (2003): *Mitbestimmung in der digitalen Wirtschaft. Trendreport.* Gütersloh

— (2003a): Mitbestimmung in der Neuen Wirtschaft: Gratwanderung zwischen Tradition und Innovation, In: U.-M. Hangebrauck/K. Kock/E. Kutzner (Hg.): *Handbuch Betriebsklima.* München/Mering. S. 199–210

— /Abel, Jörg (2002): Gratwanderung zwischen Tradition und Innovation – Reifeprüfung der New Economy. In: *Industrielle Beziehungen* 9 (4). S. 463–470

— /Niewerth, Claudia (2004): *»Bleibt alles anders?« Organisations- und Beteiligungsstrukturen in der digitalen Wirtschaft – Ergebnisse einer repräsentativen Befragung.* SOAPS papers 4. Bochum

— /Niewerth, Claudia (2005): *Mitbestimmungsalternativen – Betriebliche Muster der Parti und Interessenregulierung in der digitalen Wirtschaft.* Unveröffentlichter Abschlussbericht. Bochum

Jäger, Meike (2003): Arbeitsbeziehungen und Interessenvertretung in New Media-Unternehmen. In: N. Mayer-Ahuja/H. Wolf (Hg.) (2003): *Arbeit und Organisation in Neuen Medien und Kulturindustrie – Modelle für die Zukunft?* Göttingen. S. 29–40

Jürgens, Ulrich (1984): Die Entwicklung von Macht, Herrschaft und Kontrolle im Betrieb als politischer Prozeß – Eine Problemskizze zur Arbeitspolitik. In: U. Jürgens/F. Naschold (Hg.): *Arbeitspolitik.* Opladen. S. 58–91

— /Naschold, Frieder (Hg.) (1984): *Arbeitspolitik.* Opladen

Kaase, Max (2000): Partizipation. In: E. Holtmann (Hg.): *Politik-Lexikon.* 3. erweiterte Auflage, München/Wien. S. 466–470

Kalkowski, Peter (2004): Der Kontrakt der Arbeit bei wissensintensiven Dienstleistungen. In: *Industrielle Beziehungen.* 11 (4). S. 246–269

— (2004a): Zur Regulation von Wissensarbeit – Explizite und implizite Vertragsverhältnisse. In: *SOFI-Mitteilungen* (32). Göttingen. S. 103–109

— /Mickler, Otfried (2002): Zwischen Emergenz und Formalisierung - Zur Projektifizierung von Organisation und Arbeit in der Informationswirtschaft. In: *SOFI-Mitteilungen* (30). Göttingen. S. 119–134

— /Mickler, Otfried (2005): *Projektorganisation in der IT- und Medienbranche.* Düsseldorf

Kappler, Ekkehard (1987): Partizipation und Führung. In: A. Kieser/G. Reber/R. Wunderer (Hg.): *Handwörterbuch der Führung.* Stuttgart. Sp. 1631–1647

Karger, Katja (2003): Let's get organized! Betriebsräte und Beschäftigte der Neuen Medien zwischen Konflikt und Kooperation. In: U: Hangebrauck/K. Kock/E. Kutzner/G. Muesmann: *Handbuch Betriebsklima.* München/Mering. S. 211–222

Keller, Berndt (1997): *Einführung in die Arbeitspolitik.* 5. Auflage. München/Wien

Kern, Horst/Schumann, Michael (1984): *Das Ende der Arbeitsteilung?* München.

— (1998): Kontinuität oder Pfadwechsel? Das deutsche Produktionsmodell am Scheideweg. In: *SOFI-Mitteilungen* (20). Göttingen. S. 7–15.

Kieser, Alfred (2001): *Organisationstheorien.* 4. Auflage. Stuttgart

Kipker, Ingo/Potthoff, Helmut (2000): *Job-Maschine Neuer Markt. Managament Summary.* Frankfurt a. M.

Kißler, Leo (1992): *Die Mitbestimmung in der Bundesrepublik Deutschland.* Marburg

— (1997): Mitbestimmung und Partizipation. In: H. Luczak/W. Volpert (Hg.): *Handbuch Arbeitswissenschaft.* Stuttgart. S. 763–766

— /Graf, Melanie/Wiechmann, Elke (2000): *Nachhaltige Partizipation. Beschäftigtenbeteiligung als Beitrag für mehr Chancengleichheit.* Berlin

Kluge, Norbert/Schiemann, Vera (2001): Mitbestimmung und New Economy. In: J. Abel/P. Ittermann (Hg.): *Mitbestimmung an den Grenzen?* München/Mering. S. 89–108

Kommission Mitbestimmung (1998): *Mitbestimmung und neue Unternehmenskulturen – Bilanz und Perspektiven. Bericht der Kommission Mitbestimmung*, Bertelsmann Stiftung und Hans-Böckler-Stiftung, Gütersloh

Korsch, Karl (1968): *Arbeitsrecht für Betriebsräte.* (zuerst 1922). Frankfurt a.M.

Kotthoff, Hermann (1981): *Betriebsräte und betriebliche Herrschaft. Eine Typologie von Partizipationsmustern im Industriebetrieb.* Frankfurt/New York

— (1994): *Betriebsräte und Bürgerstatus. Wandel und Kontinuität betrieblicher Mitbestimmung.* München/Mering

— (1995): Betriebsräte und betriebliche Reorganisation. Zur Modernisierung eines alten Hasen. In: *Arbeit.* 4 (4) S. 425–447

— (1997): *Führungskräfte im Wandel der Firmenkultur. Quasi-Unternehmer oder Arbeitnehmer?* Berlin

— (1998): Mitbestimmung in Zeiten interessenpolitischer Rückschritte – Betriebsräte zwischen Beteiligungsofferten und ›gnadenlosem Kostensenkungsdiktat‹. In: *Industrielle Beziehungen.* 5 (1). S. 76–100

— (1999): Unternehmenskultureller Wandel und die Arbeitssituation hochqualifizierter Angestellter. In: W. Konrad/W. Schumm (Hg.): *Wissen und Arbeit. Neue Konturen von Wissensarbeit.* Münster. S. 120–133

— (2000): Anerkennung und Sozialer Austausch. In: U. Holtgrewe/S. Voswinkel (Hg.): *Die soziologische Kategorie der Anerkennung.* Konstanz

— (2001): *Zwischen Selbstausbeutung und Selbstverwirklichung. Wandlungen im Arbeitsmodell Hochqualifizierter Angestellter.* Arbeitspapier Nr. 44. Bremen

— (2003): Leistungsgerechtigkeit und Verteilungsgerechtigkeit: Konkurrierende Gerechtigkeitsempfindungen in Betriebsratgremien. In: *Industrielle Beziehungen.* 10 (4). S. 491–511

— (2005): »Call me Barney«. In: M. Faust/M. Funder/M. Moldaschl (Hg.): *Die ›Organisation‹ der Arbeit.* München/Mering. S. 73–103

— /Reindl, Josef (1990): *Die soziale Welt kleiner Betriebe.* Göttingen

— /Reindl, Josef (1991): Sozialordnung und Interessenvertretung in Klein- und Mittelbetrieben. In: E. Hildebrandt (Hg.): *Betriebliche Sozialverfassung und Veränderungsdruck. Konzepte, Varianten, Entwicklungstendenzen.* Berlin. S. 114–129

— /Wagner, Alexandra (2008): *Die Leistungsträger. Führungskräfte im Wandel der Firmenkultur – eine Follow-up-Studie.* Berlin

Krafft, Lutz (2001): *Internet/E-Commerce Gründungen in Deutschland. Segment-Analyse: Multimedia-Agenturen.* Oestrich-Winkel

Kratzer, Nick (2003): *Arbeitskraft in Entgrenzung – Grenzenlose Anforderungen, erweiterte Spielräume, begrenzte Ressourcen.* Berlin

— /Boes, Andreas/Döhl, Volker/Marrs, Kira/Sauer, Dieter (2004): Entgrenzung von Unternehmen und Arbeit – Grenzen der Entgrenzung. In: U. Beck/C. Lau (Hg.): *Entgrenzung und Entscheidung.* Frankfurt a. M. S. 329–359

Kubicek, Herbert, Hagen, Martin (1999): Gesellschaftliche Partizipation per Internet? Zur Anschlußbedürftigkeit interaktiver Medien. In: T. Breisig (Hg.): *Mitbestimmung – Gesellschaftlicher Auftrag und ökonomische Ressource.* München/Mering. S. 374–406

Kühl, Stefan (2002): Jenseits der Face-to-Face-Organisation. Wachstumsprozesse in kapitalmarktorientierten Unternehmen. In: *Zeitschrift für Soziologie.* (31) 3. S. 186–210

Küpper, Willi/Ortmann, Günther (Hg.) (1988): *Mikropolitik. Rationalität, Macht und Spiele in Organisationen.* Opladen

Ladendorff, Dierk (2003): Sind Internet- und Multimedia-Dienstleister anders? Entwicklungstrend von Branche und Berufen. In: N. Mayer-Ahuja/H. Wolf (Hg.) (2003): *Arbeit und Organisation in Neuen Medien und Kulturindustrie – Modelle für die Zukunft?* Göttingen. S. 17–28

Läpple, Dieter/Thiel, Joachim/Wixforth, Jürgen/Menze, Axel (2002): *Chancen und Risiken in neuen Arbeitsfeldern der Informationsgesellschaft: das Beispiel der Multimediabranche.* Hamburg

Lammers, Cornelis J. (1973): Two Conceptions of Democratization in Organizations. In: E. Pusic (Hg.): *Participation and Self-Management.* Vol. 4. Hierarchial Organizations. Zagreb. S. 57–73

Lane, Robert E. (1966): The decline of politics and ideology in a knowledgeable society. In: *American Sociological Review* (5). S. 649ff.

Lange, Helmut/Feseker, Klaus/Städtler, Andre (2005): *Interessenregulierung in der New Economy.* Bremen

Lehndorff, Steffen (2003): The long good-bye? Tarifvertragliche Arbeitszeitregulierung und gesellschaftlicher Arbeitszeitstandard. In: *Industrielle Beziehungen.* 10 (2). S. 273–295.

Leminsky, Gerhard (1985): Mitbestimmung am Arbeitsplatz – Erfahrungen und Perspektiven. In: *Gewerkschaftliche Monatshefte.* (3). S. 151–160

— (2001): Gewerkschaften und Mitbestimmung in Deutschland: Historischer Rückblick und Handlungsprospekt für die Zukunft. In: J. Abel/P. Ittermann (Hg.): *Mitbestimmung an den Grenzen?* München/Mering. S. 39–68

Lengfeld, Holger (1998): Kollektive Interessen, Politik und symbolische Interaktion im Betrieb. In: *Industrielle Beziehungen.* 5 (4). S. 438–456

— (2003): *Mitbestimmung und Gerechtigkeit. Zur moralischen Grundstruktur betrieblicher Verhandlungen.* München/Mering

— /Liebig, Stefan (1999): Betriebspolitik und innerbetriebliche Gerechtigkeitsvorstellung – Theorie innerbetrieblicher Verhandlungsbeziehungen. In: German Industrial Relations Association (GIRA) (Hg.): *Theorieansätze für die Analayse Industrieller Beziehungen.* Discussion Papers für die GIRA-Jahrestagung. Trier. S. 45–72

Lepsius, Rainer M. (1960): *Strukturen und Wandlungen im Industriebetrieb – Industriesoziologische Forschung in Deutschland.* München

Liebold, Renate (2001): *»Meine Frau managt das ganze Leben zu Hause ...« Partnerschaft und Familie aus der Sicht männlicher Führungskräfte.* Wiesbaden

Liebig, Stefan (1997): *Soziale Gerechtigkeitsforschung und Gerechtigkeit im Unternehmen.* München/Mering

Littek, Wolfgang/Heisig, Ulrich/Gondek, Hans-Dieter (1991) (Hg.): *Organisation von Dienstleistungsarbeit. Sozialbeziehungen und Rationalisierung im Angestelltenbereich.* Berlin

Lohmann, Andrea/Prümper Jochen (2002): *Partizipation im Call Center. CCall-report 7.* Hamburg

Luczak, Holger/Volpert, Walter (Hg.) (1997): *Handbuch Arbeitswissenschaft.* Stuttgart

Lutz, Burkhart (1987): Das Ende des Technikdeterminismus und die Folgen – soziologische Technikforschung vor neuen Aufgaben und Problemen. In: B. Lutz (Hg.): *Technik und sozialer Wandel.* Frankfurt/New York. S. 34–52

Machlup, Fritz (1962): *The Production and Distribution of Knowledge in the United States.* Princeton

— (1980): *Knowledge: Its Creation, Distribution, and Economic Significance. Band 1: Knowledge and Knowledge Production.* Princeton

Marshall, Thomas (1964): *Class, Citizenship, and Social Development.* Garden City

Martens, Helmut (2003): *Primäre Arbeitspolitik und Interessenvertretung in der New Economy. Erste empirische Befunde im Lichte konzeptioneller Debatten und aktueller empirischer Untersuchungen.* Dortmund

— (2004): *Nach dem Ende des Hype – Zwischen Interessenvertretungsarbeit und Arbeitspolitik. Primäre Arbeitspolitik und Interessenvertretung in der informationalen Ökonomie.* Münster

Matthies, Hildegard/Mückenberger, Ulrich/Offe, Claus/Peter, Edgar/Raasch, Sybille (1994): *Arbeit 2000. Anforderungen an eine Neugestaltung der Arbeitswelt.* Hamburg

Mayer-Ahuja, Nicole/Wolf, Harald (Hg.) (2003): *Arbeit und Organisation in Neuen Medien und Kulturindustrie – Modelle für die Zukunft?* Göttingen

— /Wolf, Harald (2004): Jenseits des Hype: Arbeit bei Internetdienstleistern. In: *SOFI Mitteilungen* (32). Göttingen. S. 79–96

— /Wolf, Harald (2004a): *Work and Knowledge in the Internet Industry: The German Case.* Vortrag auf dem internationalen Workshop »Studying New Forms of Work: Concepts and Practices in Cultural Industries and Beyond". Freie Universität Berlin 26./27. März 2004. Berlin

Mayntz, Renate (1958): *Die soziale Organisation des Industriebetriebs.* Stuttgart

Menez, Raphael/Töpsch, Karin (2003): *Arbeitsregulation in der IT-Branche – Organisationsbedarf und Organisationsfähigkeit aus gewerkschaftlicher Sicht.* Arbeitsbericht 231. Stuttgart

Merkel, Wolfgang (2003): ›Eingebettete‹ und ›defekte‹ Demokratien: Theorie und Empirie. In: C. Offe (Hg.): *Demokratisierung der Demokratie. Diagnosen und Reformvorschläge.* Frankfurt/New York. S. 43–71

Merton, Robert K./Kendall, Patricia L. (1979): Das fokussierte Interview. In: C. Hopf/E. Weingarten (Hg.): *Qualitative Sozialforschung*. Stuttgart. S. 171–204

Meyer, John W./Rowan, Brian (1977): Institutionalized Organizations. Formal structures as myth and ceremony. In: *American Journal of Sociology*. 83. S. 340–263

Midler, Christophe (1995): ›Projectification‹ of the firm: The Renault case. In: *Scandinavian Journal of Management*. 11 (4). S. 363–375

Mikl-Horke, Gertraude (1997): *Industrie- und Arbeitssoziologie*. 4. Auflage. München

Minssen, Heiner (1993): Lean production – Herausforderung für die Industriesoziologie. In: *Arbeit – Zeitschrift für Arbeitsforschung, Arbeitsgestaltung, Arbeitspolitik*, 2 (1). S. 36–52

— (1999): Direkte Partizipation contra Mitbestimmung? Herausforderung durch diskursive Koordinierung. In: W. Müller-Jentsch (Hg.): *Konfliktpartnerschaft*. 3. Auflage. München/Mering. S. 129–156

— (1999a): *Von der Hierarchie zum Diskurs? Die Zumutungen der Selbstregulation*. München/Mering

— (2001): Kooperation und Konflikt – der Fall Gruppenarbeit. In: J. Abel/H. J. Sperling (Hg.): *Umbrüche und Kontinuitäten – Perspektiven nationaler und internationaler Arbeitsbeziehungen*. München/Mering. S. 83–99

— (2006): *Arbeits- und Industriesoziologie – Eine Einführung*. Frankfurt/New York

— (2007): Entgrenzte Arbeit – Subjektivierte Arbeit. In: *Soziologische Revue*. 30 (2). S. 131–141

— /Howaldt, Jürgen/Kopp, Ralf (1991): Gruppenarbeit in der Automobilindustrie. Das Beispiel Opel Bochum. In: *WSI Mitteilungen*. 44 (7). S. 434–441

— /Riese, Christian (2007): *Professionalität der Interessenvertretung – Arbeitsbedingungen und Organisationspraxis von Betriebsräten*. Berlin

Moldaschl, Manfred (2002): Subjektivierung – eine neue Stufe in der Entwicklung der Arbeitswissenschaft? In: M. Moldaschl/G.G. Voß (Hg.): *Subjektivierung von Arbeit*. München/Mering. S. 23–52

— /Sauer, Dieter (2000): Internalisierung des Marktes – Zur neuen Dialektik von Kooperation und Herrschaft. In: H. Minssen (ed.): *Begrenzte Entgrenzungen* Berlin. S. 205–224

Modrow-Thiel, Brita (1999): Partizipative Organisationsstrukturen und traditionelle Mitbestimmung in kleinen und mittleren Unternehmen – unvereinbare Konkurrenz oder konstruktive Ergänzung? In: T. Breisig (Hg.): *Mitbestimmung – Gesellschaftlicher Auftrag und ökonomische Ressource*. München/Mering. S. 203–227

Müller-Jentsch, Walther (1994): Über Produktivkräfte und Bürgerrechte. In: N. Beckenbach/W. van Treeck (Hg.): *Umbrüche gesellschaftlicher Arbeit*. Soziale Welt, Sonderband 9. S. 643–661

— (1996): Theorien Industrieller Beziehungen. In: *Industrielle Beziehungen*. 3 (1). S. 36–64

— (1997): *Soziologie der Industriellen Beziehungen. Eine Einführung*. 2. Auflage. Frankfurt/New York

— (1998): Der Wandel der Unternehmens- und Arbeitsorganisation und seine Auswirkungen auf die Interessenbeziehungen zwischen Arbeitgebern und Arbeitnehmern. In: *Mitteilungen aus der Arbeitsmarkt- und Berufsforschung.* 31 (3). S. 575–584

— (1999): Die deutsche Mitbestimmung – ein Auslaufmodell im globalem Wettbewerb? In: H. G. Nutzinger (Hg.): *Perspektiven der Mitbestimmung: historische Erfahrungen und moderne Entwicklungen vor europäischem und globalen Hintergrund.* Marburg. S. 287–304

— (2002): Welche Mitbestimmung braucht das (nachfordistische) Produktionsmodell? In: FIAB (Hg.): *Jahrbuch Arbeit, Bildung, Kultur.* Vol. 19/20. Recklinghausen. S. 101–114

— (2004): Mitbestimmung in Organisationen: Soziale cum/versus ökonomische Rationalität. Eine Arguementation in acht Thesen. In: I. Artus/R. Trinczek (Hg.): *Über Arbeit, Interessen und andere Dinge.* München/Mering. S. 143–158

— (2007): *Strukturwandel der industriellen Beziehungen. ›Industrial Citizenship‹ zwischen Markt und Regulierung.* Wiesbaden

— (2008): *Arbeit und Bürgerstatus. Studien zur sozialen und industriellen Demokratie.* Wiesbaden

— /Ittermann, Peter (2000): *Industrielle Beziehungen. Daten, Zeitreihen, Trends 1950–1999.* Frankfurt/New York

— /Seitz, Beate (1998): Betriebsräte gewinnen Konturen. Ergebnisse einer Betriebsratsbefragung im Maschinenbau. In: *Industrielle Beziehungen.* 5 (4). S. 361–387

— /Sperling, Hans Joachim (1995): Towards a Flexible Triple System? Continuity and Structural Changes in German Industrial Relations. In: R. Hoffmann/O. Jacobi/M. Weiss (Hg.): *German Industrial Relations Under the Impact of Structural Change, Unification and European Integration.* Düsseldorf. S. 9–29

Naphtali, Fritz (1977): *Wirtschaftsdemokratie.* (zuerst 1928). Frankfurt a. M.

Neuloh, Otto (1956): *Die deutsche Betriebsverfassung und ihre Sozialformen bis zur Mitbestimmung.* Tübingen

NFO (2003): *Monitoring Informationswirtschaft. 6. Faktenbericht 2003.* München

Nordhause-Janz, Jürgen/Pekruhl, Uli (Hg.) (2000): *Arbeiten in neuen Strukturen. Partizipation, Kooperation, Autonomie und Gruppenarbeit in Deutschland.* München/Mering

Osterloh, Margit (1993): *Interpretative Organisations- und Mitbestimmungsforschung.* Stuttgart

Paul, Gerd (1999): An der Wissensarbeiterfront? Das Beispiel der industriellen Softwareproduktion. In: W. Konrad/W. Schumm (Hg.): *Wissen und Arbeit. Neue Konturen von Wissensarbeit.* Münster. S. 77–91

Pekruhl, Uli (2001): *Partizipatives Management – Konzepte und Kulturen.* München/Mering

Petersen, Olaf (2004): *Unternehmensgestaltung zwischen Hierarchie und Egalität: Dynamik, Konflikte und Commitment in IT-Startups*. Dissertationsschrift. Freie Universität Berlin

Piore, Michel/Sabel, Charles F. (1989): *Das Ende der Massenproduktion. Studie über die Requalifizierung der Arbeit und die Rückkehr der Ökonomie in die Gesellschaft*. Frankfurt a. M.

Pirker, Theo/Braun, Siegfried/Lutz, Burkhart/Hammelrath, Fro (1955): *Arbeiter, Management, Mitbestimmung*. Stuttgart/Düsseldorf

Politik-digital.de (2001): *»Are We Family?!« Umfang und Formen der Mitarbeiter-Mitbestimmung in der New Economy*. Berlin

Pongratz, Hans J./Voß, Günter (2000): Vom Arbeitnehmer zum Arbeitskraftunternehmer – Zur Entgrenzung der Ware Arbeitskraft. In: H. Minssen (Hg.): *Begrenzte Entgrenzungen*. Berlin. S. 225–247

— /Voß, Günter (2003): *Arbeitskraftunternehmer – Erwerbsorientierungen in entgrenzten Arbeitsformen*. Berlin.

— /Voß, Günter (2004a): Arbeitskraft und Subjektivität – Einleitung und Stellungnahme aus Sicht der Arbeitskraftunternehmer-These. In: H. J. Pongratz/G. G. Voß (Hg.): *Typisch Arbeitskraftunternehmer – Befunde der empirischen Arbeitsforschung*. Berlin. S. 7–31

Popitz, Heinrich/Bardt, Hans Paul/Jüres, Ernst August/Kesting, Hanno (1957): *Das Gesellschaftsbild des Arbeiters – soziologische Untersuchungen in der Hüttenindustrie*. Tübingen

Popp, Gerfried (2001): *Belegschaftsrechte ernst genommen. Status quo und Perspektiven der Demokratisierung am Arbeitsplatz*. München/Mering

Pries, Ludger (1991): *Betrieblicher Wandel in der Risikogesellschaft. Empirische Befunde und konzeptionelle Überlegungen*. Opladen

— (1991a): Die betriebliche Produktion von Wirklichkeit im Arbeitshandeln. In: *Zeitschrift für Soziologie*. 20 (3). S. 257–274

— (1998): *Betrieblicher Wandel in der Risikogesellschaft*. 2. Auflage. München/Mering

— (1998a): »Arbeitsmarkt« oder »erwerbsstrukturierende Institutionen«? Theoretische Überlegungen zu einer Erwerbssoziologie. In: *Kölner Zeitschrift für Soziologie und Sozialpsychologie*. 50 (2). S. 159–175

— (2001): Industrielle Beziehungen im globalen Wandel. In: J. Abel/H. J. Sperling (Hg.): *Umbrüche und Kontinuitäten. Perspektiven nationaler und internationaler Arbeitsbeziehungen*. München/Mering. S. 295–313

— (2005): *Kräftefelder der Strukturierung und Regulierung von Erwerbsarbeit. Überlegungen zu einer entwicklungs- und institutionenorientierten Sozialwissenschaft der Erwerbsarbeit*. SOAPS-papers 1. Bochum

— (2005a): Das Scharnier Mitbestimmung. In: *Frankfurter Rundschau* vom 28. 7. 2005. Frankfurt a. M. S. 6

— /Ittermann, Peter/Abel, Jörg (2002): Neue Wirtschaft – neue Mitbestimmung? In: *Die Mitbestimmung*. (5). S. 32–35

— /Schmidt, Rudi/Trinczek, Rainer (1990): *Entwicklungspfade von Industriearbeit. Chancen und Risiken betrieblicher Produktionsmodernisierung.* Opladen

Regalia, Ida (1995): *Humanize Work and Increase Profitability? Direct participation in organisational change viewed by the social partners in Europe.* Dublin

Roland Berger & Partner GmbH (2000): *Der Beitrag der am Neuen Markt gelisteten Unternehmen für die Beschäftigung in Deutschland.* Berlin

Rosenstock, Eugen (1922): *Werkstattaussiedlung.* Berlin

Rudolph, Wolfgang/Wassermann, Wolfram (2006): Übergänge zwischen Betriebsratslosigkeit und Betriebsratsgründung: Neue Betriebsratsgründungen im Bereich kleiner Betriebe und Reformen der Betriebsverfassung 2001. In: I. Artus/ S. Böhm/S. Lücking/R. Trinczek (Hg.): *Betriebe ohne Betriebsrat. Informelle Interessenvertretung in Unternehmen.* Frankfurt a. M.. S. 81–106

Satzer, Rolf (2001): *Nicht nur Traumjobs – Vom Arbeiten und Verdienen in den Medien.* Frankfurt a. M.

Sauer, Dieter (Hg.) (2002): *Dienst-Leistung(s)-Arbeit. Kundenorientierung und Leistung in tertiären Organisationen.* München

— /Döhl, Volker (1997): Die Auflösung des Unternehmens? Entwicklungstendenzen der Unternehmensreorganisation in den 90er Jahren. In: IFS/INIFES/ ISF/SOFI (Hg.): *Jahrbuch sozialwissenschaftliche Technikberichterstattung 1996: Schwerpunkt Reorganisation.* Berlin. S. 19–76

Saurwein, Rainer G. (2000): Zur Diffussion von Gruppenarbeit im Maschinenbau – Gestaltung und Dynamik. In: U. Widmaier (Hg.): *Der deutsche Maschinenbau in den neunziger Jahren – Kontinuität und Wandel einer Branche.* Frankfurt/New York. S. 147–176

Schanz, Günther (1992): Partizipation. In: E. Frese (Hg.): *Handwörterbuch der Organisation.* 3. Auflage. Stuttgart. Sp. 1901–1914

Schelsky, Helmut (1964): Industrie- und Betriebssoziologie. In: A. Gehlen/H. Schelsky (Hg.): *Soziologie. Ein Lehr- und Handbuch zur modernen Gesellschaftskunde.* 5. Auflage. Düsseldorf/Köln. S. 159–203

Schienstock, Gerd (1985): Sozialwissenschaftliche Theoriebildung im Bereich der Arbeitsbeziehungen. In: G. Endruweit/E. Gaugler/W. Staehle (Hg.): *Handbuch der Arbeitsbeziehungen.* Berlin/New York. S. 305–325

Schleiter, Andre (2001): Unternehmenskultur im virtuellen Unternehmen? – das Beispiel Rauser Advertainment AG. In: Hans-Böckler-Stiftung/Bertelsmann Stiftung (Hg.): *Praxis Unternehmenskultur.* Vol. 6. Gütersloh. S. 95–118

Schmidt, Rudi/Trinczek, Rainer (1989): »Verbetrieblichung« und innerbetriebliche Austauschbeziehungen. In: G. Aichholzer/G. Schienstock (Hg): *Arbeitsbeziehungen im technischen Wandel.* Berlin. S. 135–146

— /Trinczek, Rainer (1993): Duales System: tarifliche und betriebliche Interessenvertretung. In: W. Müller-Jentsch (Hg.): *Konfliktpartnerpartnerschaft.* 2. Auflage. München/Mering. S. 167–200

— /Trinczek, Rainer (1999): Der Betriebsrat als Akteur der Industriellen Beziehungen. In: W. Müller-Jentsch (Hg.): *Konfliktpartnerpartnerschaft.* 3. Auflage. München/Mering. S. 103–128

Schmierl, Klaus (2001): Hybridisierung der industriellen Beziehungen in der Bundesrepublik – Übergangsphänomen oder neuer Regulationsmodus? In: *Soziale Welt.* 52 (4). S. 427–447

— (2003): Wird das deutsche Modell der Arbeitsregulierung die Umschichtungen in der Arbeitsgesellschaft überleben? In: *WSI-Mitteilungen.* 56. S. 651–658.

— (2006): Neue Muster der Interessendurchsetzung in der Wissens- und Dienstleistungsökonomie- Elemente einer Hybridisierung Industrieller Beziehungen. In: I. Artus/S. Böhm/S. Lücking/R. Trinczek (Hg.): *Betriebe ohne Betriebsrat. Informelle Interessenvertretung in Unternehmen.* Frankfurt/New York. S. 171–194

Schmoller, Gustav (1892): Großbetrieb und Gesellschaftsintegration. Abdruck in: F. Fürstenberg (1959): *Industriesoziologie I.* Neuwied. S. 229–245

Schnabel, Claus/Wagner, Joachim (2001): Arbeitnehmerpartizipation in Industriebetrieben. In: *Industrielle Beziehungen.* 8 (4). S. 445–462

Scholz, Christian/Stein, Volker/Eisenbeis, Uwe (2001): *Die TIME-Branche: Konzepte – Entwicklungen – Standorte.* München/Mering

Schubert, Hans-Joachim/Zink, Klaus J.(1990). Partizipation Psychologische Grundlagen eines Leitprinzips von Arbeits- und Organisationsgestaltungsmaßnahmen. In: *Zeitschrift für Arbeitswissenschaft*, 44. S. 82–89

Scott, Richard W. (1995): *Institutions and Organizations.* Thousand Oaks

Seltz, Rüdiger/Hildebrandt, Eckart (1985): Produktion, Politik und Kontrolle. In: F. Naschold (Hg.): *Arbeit und Politik.* Frankurt a. M. S. 91–123

Sennett, Richard (1998): *Der flexible Mensch. Die Kultur des neuen Kapitalismus.* Berlin

Siegelkow, Rainer (1975): Wirtschaftsdemokratie. In: U. Alemann (Hg.): *Partizipation – Demokratisierung – Mitbestimmung.* Opladen. S. 118–137

Sohn-Rethel, Alfred (1970): *Geistige und körperliche Arbeit. Zur Theorie der gesellschaftlichen Synthesis.* Frankfurt a. M.

Sperling, Hans Joachim (1997): *Restrukturierung von Unternehmens- und Arbeitsorganisation – eine Zwischenbilanz.* Marburg

Städler, Andre/Feseker, Klaus/Lange, Helmuth (2004): Arbeits- und Interessenregulierung in klein- und mittelständischen Unternehmen der digitalen Wirtschaft. In: *Arbeit – Zeitschrift für Arbeitsforschung, Arbeitsgestaltung und Arbeitspolitik.* 13 (2). S. 148–163

Staehle, Wolfgang (1994): *Management.* 7. Auflage überarbeitet von Peter Conrad und Jörg Sydow. München

Stehr, Nico (2001): *Wissen und Wirtschaften. Die gesellschaftlichen Grundlagen der Ökonomie.* Frankfurt a. M.

Strauss, George (1998): An Overview. In: F. Heller/E. Pusic/G. Strauss/B. Wilpert (Hg.): *Organizational Participation. Myth and Reality.* Oxford. S. 8–39

Streeck, Wolfgang (1999): Einige Anmerkungen zu Helmut Martens ›kritischer Würdigung‹ des Mitbestimmungsberichts von 1998. In: *Soziale Welt.* 50 (1). S. 87–92

Streeck, Wolfgang (2002): Auf dem Weg in die Betriebsverfassung – Die Arbeitsbeziehungen in der neuen Ökonomie nähern sich zunehmend dem traditionellen Modell. In: Bertelsmann Stiftung/Hans-Böckler-Stiftung (Hg.): *Mitbestimmung in der digitalen Wirtschaft – (k)ein Widerspruch.* Gütersloh. S. 27–29

Syben, Gerd (1997): *Interessenvertretung in Kleinbetrieben im Baugewerbe.* BAQ Forschungsinstitut. Bremen

Sydow, Jörg/van Well, Bennet (1996): Wissensintensiv durch Netzwerkorganisationen. In: G. Schreyögg, P. Conrad (Hg.): *Managementforschung* 6. Berlin/New York. S. 192–234

— /Windeler, Arnold (1999): Projektnetzwerke: Management von (mehr als) temporären Systemem. In: J. Engelhard/E. Sinz (Hg.): *Kooperation im Wettbewerb.* Wiesbaden. S. 211–235

— /Wirth, Carsten (1999): Von der Unternehmung zum Unternehmungsnetzwerk – Interessenvertretungsfreie Zonen statt Mitbestimmung? In: W. Müller-Jentsch (Hg.): *Konfliktpartnerschaft.* München/Mering. S. 157–184

Teutenberg, Hans J. (1961): *Geschichte der industriellen Mitbestimmung in Deutschland.* Tübingen

Tns infratest (2004): *Monitoring Informationswirtschaft.* München

Töpsch, Karin/Menez, Raphael/Malanowski, Norbert (2001): Ist Wissensarbeit regulierbar? Arbeitsregulation und Arbeitsbeziehungen am Beispiel der IT-Branche. In: *Industrielle Beziehungen.* 8 (3). S. 306–332

Trautwein-Kalms, Gudrun/Ahlers, Elke (2002): Software/IT-Dienstleistungen: Der Markt, die Kunden, die Arbeit. In: D. Sauer (Hg.): *Dienst-Leistung(s)-Arbeit.* München. S. 207–223.

Trinczek, Rainer (1989): Betriebliche Mitbestimmung als soziale Interaktion. Ein Beitrag zur Analyse innerbetrieblicher industrieller Beziehungen. In: *Zeitschrift für Soziologie.* 18. S. 444–456

— (2004): Management und betriebliche Mitbestimmung. Eine interessentheoretisch fundierte Typologie kollektiver Orientierungsmuster. In: I. Artus/R. Trinczek (Hg.): *Über Arbeit, Interessen und andere Dinge.* München/Mering. S. 181–212

— (2006): Betriebe ohne Betriebsrat: Zur Einleitung. In: I. Artus/S. Böhm/S. Lücking/R. Trinczek (Hg.): *Betriebe ohne Betriebsrat. Informelle Interessenvertretung in Unternehmen.* Frankfurt/New York. S. 9–39

Tullius, Knut (1999): Dezentralisierung, Vermarktlichung und diskursive Koordinierung: Neue Rationalisierungsstrategien und deren Auswirkungen auf die unteren Produktionsvorgesetzten. Eine Fallstudie aus der Automobilindustrie. In: *SOFI-Mitteilungen* (27). Göttingen. S. 65–82

Ulich, Eberhard (1991): *Arbeitspsychologie.* Zürich/Stuttgart

Vilmar, Fritz/Sattler, Karl-Otto (1978): *Wirtschaftsdemokratie und Humanisierung der Arbeit.* Frankfurt a. M.

Voß, Günter G./Pongratz, Hans (1998): Der Arbeitskraftunternehmer – Eine neue Form der Grundform Arbeitskraft? In: *Kölner Zeitschrift für Soziologie und Sozialpsychologie.* 50. S. 131–158

Wächter, Hartmut (1984): Partizipation und Mitbestimmung in der Krise. In: W. Staehle/E. Stoll (Hg.): *Betriebswirtschaft und ökonomische Krise: kontroverse Beiträge zur ökonomischen Krisenbewältigung.* Wiesbaden. S. 307–319

Wall, Toby D./Lisheron, Joseph A. (1980): Zum Begriff der Partizipation. In: W. Grunwald/H.-G. Lilge (Hg.): *Partizipative Führung. Betriebswirtschaftliche und sozialpsychologische Aspekte.* Bern/Stuttgart. S. 73–79

Wassermann, Wolfram (1992): *Arbeiten im Kleinbetrieb. Interessenvertretung im deutschen Alltag.* Köln

— (2003): Daten zu Betriebsräten. Hohe Dunkelziffer. In: *Die Mitbestimmung.* (5). S. 5–59

Webb, Beatrice/Webb, Sydney (1892): *Die Geschichte der britischen Trade-Unions.* Stuttgart

Webb, Beatrice/Webb, Sydney (1897): *Industrial Democracy.* London

Weber, Hajo (1981): *Soziologie des Betriebsrats. Managementstrategien und Handlungssituationen betrieblicher Interessenvertreter.* Frankfurt a. M.

Weber, Max (1972): Wirtschaft und Gesellschaft. 5. Auflage. Tübingen

Weber, Wolfgang G. (1999): Organisationale Demokratie - Anregungen für innovative Arbeitsformen jenseits bloßer Partizipation? In: *Zeitschrift für Arbeitswissenschaft,* 53 (4). S. 270–281

Weiss, Manfred/Krieger, Hubert (Hg.) (1990): *Die Arbeitsbeziehungen in Bundesrepublik Deutschland. Glossar.* Baden-Baden

Weisser, Gerhard (1956): Wirtschaft. In: W. Ziegenfuss (Hg.): *Handbuch der Soziologie.* Stuttgart. S. 970–1101

Weitbrecht, Hansjörg (2001): Der theoretische Blick auf die sich verändernde Wirklichkeit der industriellen Beziehungen – Der Theorieansatz Walther Müller-Jentschs und seine Erweiterung. In: J. Abel/H. J. Sperling (Hg.): *Umbrüche und Kontinuitäten.* München/Mering. S. 15–30

— /Mehrwald, Silvia (1999): Mitbestimmung, Human Resource Management und neue Beteiligungskonzepte. In: B. Frick/N. Kluge/W. Streeck (Hg.): *Die wirtschaftlichen Folgen der Mitbestimmung,* Frankfurt/New York. S. 89–128

Weltz, Friedrich/Lullies, Veronika (1984): Das Konzept der innerbetrieblichen Handlungskonstellation als Instrument der Analyse von Rationalisierungsprozessen in der Verwaltung. In: U. Jürgens/F. Naschold, F. (Hg.): *Arbeitspolitik.* Opladen. S. 155–170

Williams, Colin C. (2004): The Myth of Marketization. An Evaluation of the persistence of Non-Market Activities in advanced Economies. In: *International Sociology.* 19 (4). S. 437–449

Willke, Helmut (1998): *Systemisches Wissensmanagement.* Stuttgart

— (2004): Globalisierung und Wissensgesellschaft. Auswirkungen auf Erwerbsarbeit und soziale Sicherung. In: FES (Hg.): *Deutschland in der globalen Wissensgesellschaft. Auswirkungen und Anforderungen.* Berlin. S. 93–159

Wilpert, Bernhard (1993): Das Konzept der Partizipation in der Arbeits- und Organisationspsychologie. In: W. Bungard/T. Hermann (Hg.): *Arbeits- und Organisationspsychologie im Spannungsfeld zwischen Grundlagenorientierung und Anwendung.* Bern. S. 357–368

Windeler, Arnold/Sydow, Jörg (2001): Strukturationstheoretische Perspektive Industrieller Beziehungen – soziale Praktiken der Arbeitsregulation im Fokus. In: J. Abel/H. J. Sperling (Hg.): *Umbrüche und Kontinuitäten. Perspektiven nationaler und internationaler Arbeitsbeziehungen.* München/Mering. S. 31–48

— /Wirth, Carsten (2004): Arbeitsregulation in Projektnetzwerken. Eine strukturationstheoretische Analyse. In: *Industrielle Beziehungen.* 11 (4). S. 295–319

Wirth, Carsten (1999): *Unternehmungsvernetzung. Externalisierung von Arbeit und industrielle Beziehungen.* München/Mering

— (1999a): Negotiation of order in industriellen Beziehungen – Industrielle Beziehungen als negotiated order. In: German Industrial Relations Association (GIRA) (Hg.): *Theorieansätze für die Analayse industrieller Beziehungen.* Discussion Papers für die GIRA-Jahrestagung. Trier. S. 241–268

Wolf, Harald (2003): *Partizipatives Management – was bleibt?* Expertise für die Hans-Böckler-Stiftung. Göttingen

Womack, James/Jones, Daniel/Roos, Daniel (1991): *The Machine That Changed the World.* New York

WSI (2005): *WSI-Tarifhandbuch.* Frankfurt a. M.